HR拿来即用的任职资格体系全案

杨序国◎编著

中国铁道出版社有限公司
CHINA RAILWAY PUBLISHING HOUSE CO., LTD.

2024·北京

图书在版编目（CIP）数据

HR 拿来即用的任职资格体系全案 / 杨序国编著 . —北京：中国铁道出版社有限公司，2024.5
ISBN 978-7-113-31036-3

Ⅰ.①H… Ⅱ.①杨… Ⅲ.①人力资源管理 Ⅳ.①F243

中国国家版本馆 CIP 数据核字（2024）第 041651 号

书　　名：	HR 拿来即用的任职资格体系全案 HR NA LAI JI YONG DE RENZHI ZIGE TIXI QUANAN
作　　者：	杨序国

责任编辑：郭景思	编辑部电话：（010）51873007	编辑邮箱：guojingsi@sina.cn
封面设计：末末美书		
责任校对：苗　丹		
责任印制：赵星辰		

出版发行：中国铁道出版社有限公司（100054，北京市西城区右安门西街 8 号）
印　　刷：北京联兴盛业印刷股份有限公司
版　　次：2024 年 5 月第 1 版　2024 年 5 月第 1 次印刷
开　　本：787 mm×1 092 mm　1/16　印张：19.5　字数：478 千
书　　号：ISBN 978-7-113-31036-3
定　　价：88.00 元

版权所有　侵权必究

凡购买铁道版图书，如有印制质量问题，请与本社读者服务部联系调换。电话：（010）51873174
打击盗版举报电话：（010）63549461

序 言

近年来，数字化转型成了企业界的热词，"人大物云"（人工智能、大数据、物联网、云计算）等数字技术，在社会治理、产业发展、企业改革，甚至金融、消费、流通，以及今天的组织重构上，都处于互联网一网打尽、大数据无孔不入、智能化无处不在的数字化时代。

亚马逊公司创始人杰夫·贝佐斯很早就预言："数字化转型会席卷所有行业。"埃森哲公司在《技术展望2020》报告中指出："数字化已无处不及、无时不在，人们的工作方式、社会交往以及思想行为都呈现出数字时代的新面貌。"

华为公司中央研究院发布评估报告称："现代信息化收益正常是常规固定资产投资收益的7.3倍！"因为是"7.3"倍，所以许多企业就热火朝天地大力投资新基建，包括ERP（企业资源计划）、物联网、5G（第五代移动通信技术）、网络平台等技术在内的数字化体系建设。

数字化转型的重点不是数字化，而是转型，即意识、组织与文化的转型。

100多年来，泰勒的科学管理理论创立了一个非常好的结构，以及非常有效的分工，这个理论中，"人"只不过是整个生产链条中的一个环节。人们听到最多的话就是"我是一颗螺丝钉""我是一块砖""我们"。在这样的时代里，"人"是"工具"而不是"目的"。但是到了今天，泰勒创立的结构及分工受到了非常大的挑战，原因在于人们更希望自由，更希望自主，特别是"90"后、"95"后甚至是"00"后的出现，他们表现出来的跃跃欲试的创业欲望，以及无边界的创新能力让人惊叹。当今这个时代，"我"取代了"我们"，"人"成为了"目的"。

当今很多新兴企业，如海尔、腾讯等，构筑了新的个体与组织关系，目的就是更彰显个体价值，让个体更自由地发挥。

然而，我们翻开任何一本人力资源教科书，都绕不开"工作分析"这个专业名词。其实，工作分析就是泰勒科学管理理论的延伸，而这种基于工作分析的人力资源管理体系，其根基不是基于人，而是基于工作、岗位和事，人的特性与需求并没有或者很少被考虑。于是，动态的人被迫去适配静态的岗位，这显然是一个违背人性的设计。这种对人的背叛显而易见，但是对组织的背叛则要隐晦得多。工作分析看似是解决了组织的需求，组织中的所有工作都能落到岗位，进而通过人岗匹配落到个人头上，但它极大地削弱了组织应对不确定性和复杂性的能力（刘东畅语）。

2016年，华为公司将岗位分成了两大类：确定性岗位与非确定性岗位。在华为看来，无法企图用确定性的流程、岗位和人，去面对一个不确定性的世界，去创造一个确定性的未来。

以对抗复杂性和不确定性为目的管理变革，是以人为最基本出发点。从此，人不再是工具和资源，甚至也不再是资本，而是活生生的人。他们有自己的态度、认识、情感和性格。因此，人在作为企业应对复杂性和不确定性的最重要资源的今天，组织必然是围绕着人这个中心进行设计。

通俗地说，如果说人是"萝卜"，那么岗位就是"坑"。过去是先规划一个"坑"（标准化的流程产生了标准化的"坑"），然后再去找一个标准化的"萝卜"；而现在则是先有"萝卜"，才去设计一个适合的"坑"，并且随着"萝卜"的变化，"坑"也在变化。

我们要打碎一个旧世界，也要创造一个新世界。作为对基于工作分析的传统人力资源管理体系的否定，我们必然要提出一个足以替代旧体系，并且是去掉了旧体系潜在危险与缺陷的新体系。这个新体系必然不会输出一个静态的岗位，也不能让一个动态的人去适配一个静态的岗位，而是要创造一个动态、足以应对不确定性和复杂性，并且是以"人"为中心，以"人"为"目的"的新体系。这个新体系就是基于任职资格的人才管理体系。

我们看到有些企业正信心百倍地迎接未来，这不仅是他们实现了意识、组织与文化的转型，更重要的是他们建立了一种"先人后事"的机制，即"以人为中心"的机制。在这种机制下，企业可以准确地把握每一位员工成长的内在规律，在员工达到某个阶段时及时给予相应的加薪、晋职等，满足员工获得企业认可与承认的渴望，留住人才并充分地调动大家的工作积极性。

这个机制就是任职资格管理机制。很明显，任职资格管理体系是以"人"为中心的，它的出发点和最终应用都是动态的"人"，而不是静态的岗位，使其能够灵活应对复杂性和不确定性。

毫无疑问，正如岗位管理成为人力资源管理体系的基础与核心一样，任职资格体系也将成为人才管理体系的基础与核心。因为人不是企业发展的工具，而是企业发展的目的！

我 2009 年编写了《任职资格管理》，其内容侧重任职资格体系是什么、为什么；2016 年编写了《任职资格管理 3.0》，其内容侧重任职资格体系怎么做；2021 年编写了《用好任职资格体系：案例·方法·工具》，其内容侧重任职资格体系怎么用。这三本书出版后，我觉得有必要为读者呈现一本任职资格体系全案的书，让广大读者对任职资格体系有一个更直观的认识，并且能直接应用于实践，于是就有了本书的出版。

杨序国
2024 年 2 月于长沙

目 录

第1篇 某软件公司任职资格体系

1 职位分类分层 / 2
    1.1 职位分类 / 2
    1.2 职位分层 / 3

2 研发族职级标准 / 5
    2.1 产品经理职级标准 / 5
    2.2 架构师职级标准 / 8
    2.3 产品规划师职级标准 / 18
    2.4 需求分析师职级标准 / 21
    2.5 开发工程师职级标准 / 26
    2.6 交互设计师职级标准 / 33
    2.7 视觉设计师职级标准 / 39
    2.8 测试设计工程师职级标准 / 45
    2.9 测试执行工程师职级标准 / 54

3 营销族职级标准 / 62
    3.1 产品市场经理职级标准 / 62
    3.2 市场推广通道职级标准 / 68
    3.3 产品销售职级标准 / 72
    3.4 渠道管理师职级标准 / 79
    3.5 电话营销售职级标准 / 85
    3.6 售前顾问职级标准 / 93

4 服务族职级标准 / 100
    4.1 PMO职级标准模型 / 100
    4.2 实施项目经理职级标准 / 107
    4.3 实施顾问职级标准 / 112
    4.4 客户化开发工程师职级标准 / 118
    4.5 服务交付工程师职级标准 / 125

5 职能族职级标准 / 133
    5.1 内部审计师职级标准 / 133
    5.2 HRCOE职级标准 / 136
    5.3 HRBP职级标准 / 142
    5.4 HRSCC职级标准 / 146

6 任职资格管理制度 / 151
    6.1 职位管理办法 / 151
    6.2 任职资格管理办法 / 160
    6.3 任职资格等级认证办法 / 169

第2篇 某制造企业任职资格体系

7 职业发展通道 /186
7.1 管理族及所属职类 /186
7.2 营销族及所属职类 /187
7.3 研发技术族及所属职类 /192
7.4 服务族及所属职类 /196
7.5 专业族及所属职类 /199
7.6 生产族及所属职类 /204

8 营销族任职资格标准 /210
8.1 产品规划类行为标准 /210
8.2 产品规划类贡献标准 /214
8.3 产品规划类能力标准 /215
8.4 渠道销售类行为标准 /218
8.5 渠道销售类贡献标准 /222
8.6 渠道销售类能力标准 /223
8.7 市场策划及推广类行为标准 /225
8.8 市场策划及推广类贡献标准 /231
8.9 市场策划及推广类能力标准 /232
8.10 市场研究类行为标准 /234
8.11 市场研究类贡献标准 /237
8.12 市场研究类能力标准 /238
8.13 直销类行为标准 /240
8.14 直销类贡献标准 /245
8.15 直销类能力标准 /246

9 研发族任职资格标准 /248
9.1 标准化类行为标准 /248
9.2 标准化类贡献标准 /257
9.3 标准化类能力标准 /258
9.4 电气研发类行为标准 /260
9.5 电气研发类贡献标准 /264
9.6 电气研发类能力标准 /266
9.7 机械研发类行为标准 /268
9.8 机械研发类贡献标准 /272
9.9 机械研发类能力标准 /275

10 服务族任职资格标准 /277
10.1 安装维护类行为标准 /277
10.2 安装维护类贡献标准 /281
10.3 安装维护类能力标准 /283
10.4 产品调试类行为标准 /284
10.5 产品调试类贡献标准 /289
10.6 产品调试类能力标准 /290
10.7 技术培训类行为标准 /291
10.8 技术培训类贡献标准 /295
10.9 技术培训类能力标准 /296
10.10 方案解决类行为标准 /298
10.11 方案解决类贡献标准 /302
10.12 方案解决类能力标准 / 303

致谢 / 305

第1篇
某软件公司任职资格体系

1 职位分类分层

职位分类分层包括职位分类和职位分层两部分内容。

1.1 职位分类（见表1.1）

表1.1 职位分类

职位族	职位类	职位子类
技术族	研究类	研究
	产品经理类	产品经理
	架构类	架构
	规划需求类	规划需求
	UE设计类	UE设计
	开发设计类	设计开发、移动端开发、前端开发、后端开发
	测试类	测试
	运维类	系统运维、网络、安全、DBA、数据分析
	项目管理类	研发项目管理、研发质量管理、研发项目监理
营销族	品牌与市场类	品牌、媒体、公共关系、市场推广
	售前类	售前
	销售类	产品销售、渠道销售、服务销售、电话销售、互联网客户运营
交付服务族	交付类	实施、客户化开发、伙伴服务、管理咨询
	服务类	服务交付、培训
	项目管理类	交付项目管理、PMO
职能支持族	运营流程类	运营管理、流程管理
	供应链类	订单、采购、生产、物流
	财务与审计类	管理会计、财务会计、内部审计
	行政服务类	行政、秘书、翻译
	法务类	法律、知识产权管理
	人力资源类	COE、HRP、SSC、企业文化
管理族	管理类	管理

注：职位分类为三个层次：第一个层次称为职位族，第二个层次称为职位类，第三个层次称为职位子类。

根据业务价值链，将所有工作职责、任职能力相近的职位进行层层归集，最终划分为以下五大职位族：

1. 技术族。从事基础研究、软件产品、互联网产品、IT（互联网技术）系统开发与运维，以及研发项目管理等相关的工作，满足市场对产品的要求，为内、外部客户提供优质的互联网、IT系统服务，对产品或者信息系统的性能先进性、推广适用性、质量稳定性承担责任的职位的集合。

2. 营销族。从事品牌、市场、销售、售前等相关工作，洞察客户需求，建立客户关系，拓展产品市场，对销售额、回款承担责任的职位的集合。

3. 交付服务族。从事交付、服务等相关工作，满足客户需求，对回款、客户满意度承担责任的职位的集合。

4. 职能支持族。依靠战略规划、投资、财务、审计、法务、人力资源、运营服务、行政服务等领域的专业知识技能，支持公司经营业务开展和管理决策，对公司战略规划、流程制度建设、资源获取、风险控制和决策参谋工作的有效性承担责任的职位的集合。

5. 管理族。对公司经营战略、经营目标，以及各级经营管理工作承担策划、组织和监督执行责任，有一定数量的直接下属，对决策的正确性及最终结果承担责任的职位的集合。

1.2 职位分层（见表1.2）

表1.2 职位分层（主要职位）

职位族	职位类	职位子类	职位				
技术族	产品经理类	产品经理	互联网产品专家	资深互联网产品经理	高级互联网产品经理	互联网产品经理	助理互联网产品经理
			产品战略规划专家	高级产品战略规划师	产品战略规划师	—	
			产品专家	资深产品经理	高级产品经理	产品经理	
	架构类	架构	架构专家	资深架构师	高级架构师	架构师	—
	规划需求类	规划需求	规划需求专家	资深规划需求工程师	高级规划需求工程师	规划需求工程师	助理规划需求工程师
	UE设计类	UE设计	UE设计专家	资深UE设计师	高级UE设计师	UE设计师	助理UE设计师
	开发设计类	移动端开发	移动端开发专家	资深移动端开发工程师	高级移动端开发工程师	移动端开发工程师	助理移动端开发工程师
		前端开发	前端开发专家	资深前端开发工程师	高级前端开发工程师	前端开发工程师	助理前端开发工程师
		后端开发	后端开发专家	资深后端开发工程师	高级后端开发工程师	后端开发工程师	助理后端开发工程师
		设计开发	设计开发专家	资深设计开发工程师	高级设计开发工程师	设计开发工程师	助理设计开发工程师
	测试类	测试	测试专家	资深测试工程师	高级测试工程师	测试工程师	助理测试工程师
	运维类	系统运维		资深系统运维工程师	高级系统运维工程师	系统运维工程师	助理系统运维工程师	—
		网络	网络专家	资深网络工程师	高级网络工程师	网络工程师	助理网络工程师
		数据分析	数据分析专家	资深数据分析师	高级数据分析师	数据分析师	助理数据分析师
		安全	安全专家	资深安全工程师	高级安全工程师	安全工程师	助理安全工程师
		DBA	DBA专家	资深DBA工程师	高级DBA工程师	DBA工程师	助理DBA工程师
	项目管理类	研发质量管理	—	资深质量管理工程师	高级质量管理工程师	质量管理工程师	—
		研发项目监理	项目监理专家	资深项目监理	高级项目监理	项目监理	—
		研发项目管理	研发项目管理专家	高级研发项目经理	研发项目经理	—	—

续表

职位族	职位类	职位子类	职 位				
营销族	品牌与市场类	品牌	品牌管理专家	资深品牌管理师	高级品牌管理师	品牌管理师	助理品牌管理师
		公共关系	—	资深公共关系师	高级公共关系师	公共关系师	助理公共关系专家
		媒体	媒体推广专家	资深媒体推广师	高级媒体推广师	媒体推广师	助理媒体推广师
		市场推广	市场推广专家	资深市场推广师	高级市场推广师	市场推广师	助理市场推广师
	销售类	电话销售	—	—	高级电话销售师	电话销售师	助理电话销售师
		产品销售	—	资深销售工程师	高级销售工程师	销售工程师	助理销售工程师
		互联网客户运营	互联网市场推广专家	资深互联网市场推广师	高级互联网市场推广师	互联网市场推广师	助理互联网市场推广师
		渠道销售	渠道销售专家	资深渠道管理师	高级渠道管理师	渠道管理师	助理渠道管理师
		服务销售	服务销售专家	资深服务销售工程师	高级服务销售工程师	服务销售工程师	助理服务销售工程师
	售前类	售前	售前专家	资深售前顾问	高级售前顾问	售前顾问	助理售前顾问
交付服务族	交付类	实施	实施专家	资深实施顾问	高级实施顾问	实施顾问	助理实施顾问
		客户化开发	客户化开发专家	资深客户化开发工程师	高级客户化开发工程师	客户化开发工程师	助理客户化开发工程师
		伙伴服务	伙伴服务专家	资深伙伴服务管理师	高级伙伴服务管理师	伙伴服务管理师	助理伙伴服务管理师
		管理咨询	咨询专家	资深咨询顾问	高级咨询顾问	咨询顾问	助理咨询顾问
	服务类	服务	服务专家	资深服务工程师	高级服务工程师	服务工程师	助理服务工程师
		培训讲师	培训专家	资深培训讲师	高级培训讲师	服务培训讲师	助理培训师
	项目管理类	交付项目管理	交付项目管理资深专家	交付项目管理专家	资深交付项目经理	高级交付项目经理	交付项目经理
		PMO	PMO专家	资深PMO	高级PMO	PMO	助理PMO
职能支持族	法务类	法律	法律专家	资深法律顾问	高级法律顾问	法律顾问	助理法律顾问
		知识产权管理	知识产权管理专家	资深知识产权管理师	高级知识产权管理师	知识产权管理师	助理知识产权管理师
	行政服务类	秘书	—	资深秘书	高级秘书	秘书	助理秘书
		行政	—	资深行政管理师	高级行政管理师	行政管理师	助理行政管理师
	财务与审计类	管理会计	管理会计专家	资深管理会计师	高级管理会计师	管理会计师	助理管理会计师
		财务会计	财务会计专家	资深财务会计师	高级财务会计师	财务会计师	助理财务会计师
	人力资源类	COE	COE专家	资深COE	高级COE	COE	助理COE
		企业文化	—	资深企业文化管理师	高级企业文化管理师	企业文化管理师	助理企业文化管理师
		SSC	—	—	高级SSC	SSC	助理SSC
		HRP	—	资深HRP	高级HRP	HRP	助理HRP

2 研发族职级标准

研发族职级标准包括产品经理、架构师、产品规划师、需求分析师、开发工程师、交互设计师、视觉设计师、测试设计工程师、测试执行工程师等职级标准。

2.1 产品经理职级标准（见表 2.1 至表 2.3）

表 2.1 产品经理职级标准（概览）

职级	定位	经验 岗位工作经验	经验 领域/行业工作经验	技能 产品生命周期管理	技能 演讲能力	技能 写作能力	技能 产品营销能力	核心素质 客户导向	核心素质 追求卓越	核心素质 创新能力
4级	公司产品业务环节的负责人，负责策划公司产品业务环节有关的活动，包括负责分析市场并利用这些信息为产品制定营销目标和战略、拟定关于价格、广告、促销、分销渠道、体验和服务的决策	至少3年产品经理工作经验或取得上一职级后继续连续从事3年以上的产品经理工作	12年以上某一相关领域/行业的工作经验	5级	5级	5级	5级	5级	4级	5级
3级	公司整体产品线的业务负责人，负责策划公司整体产品线有关的活动，包括负责分析市场并利用这些信息为产品制定营销目标和战略、拟定关于价格、广告、促销、分销渠道、体验和服务的决策	至少3年产品经理工作经验或取得上一职级后继续连续从事2年以上的产品经理工作	9年以上某一相关领域/行业的工作经验	5级	5级	5级	4级	4级	4级	4级
2级	公司产品线的带头人，负责策划产品线有关的活动，包括负责分析市场并利用这些信息为产品制定营销目标和战略、拟定关于价格、广告、促销、分销渠道、体验和服务的决策	至少3年产品经理工作经验或取得上一职级后继续连续从事1年以上的产品经理工作	7年以上某一相关领域/行业的工作经验	5级	4级	4级	4级	4级	3级	4级
1级	公司产品业务领域的带头人，负责在产品总监的统筹计划中，落实执行业务领域内产品有关的活动，包括负责分析市场并利用这些信息为产品制定营销目标和战略、拟定关于价格、广告、促销、分销渠道、体验和服务的决策	至少2年产品经理工作经验	6年以上某一相关领域/行业的工作经验	4级	3级	4级	4级	4级	3级	3级

表 2.2　产品经理职级标准（技能）

职级	名称	等级	描述	相关证据		
				项目经历	典型工作成果	知识共享
4级	产品生命周期管理	5级	对产品生命周期管理有丰富经验和全面认识，能推动公司各个环节协同展开工作，能对各阶段工作提出有独特见解，有效改进工作效率	完整主导或参与3个产品的推广	1. 全产品线的营销工具（产品解决方案、竞争分析、营销指导手册、产品宣传资料、成功案例） 2. 全产品线市场分析报告 3. 全产品线战略规划报告 4. 全产品线的投资-收益分析 5. 全产品线营销计划	成功案例分享30次/年
	演讲能力	5级	1. 能够结合听众的特点与关注的焦点，灵活的调整演讲内容的深度与广度 2. 通过与听众的互动，善于挖掘听众的隐藏需求并引发听众的共鸣，使演讲获得超出预期的效果			
	写作能力	5级	1. 能与国内外专家共事，并能制订和开发文档标准及工具 2. 能提炼概括出新的方法或工具，运用实用的新概念或新方法，开发和制作出复杂而有艺术水准的书面成果			
	产品营销能力	5级	对地区的经济环境、文化及客户习惯、价值观等方面有深入的了解，并有丰富的产品推广经验及成功案例，能够完成全产品线的竞争分析、设计思想、管理理念、卖点、客户价值的提炼，并能够主导产品营销战略和业务发展战略；能够提供超越同行业水平的创造性的营销计划，并通过良好的组织领导，在某一行业或领域的市场推广获得超乎预期的效果，引导市场潮流、发掘更大的市场空间			
3级	产品生命周期管理	5级	对产品生命周期管理有丰富经验和全面认识，能推动公司各个环节协同展开工作，能对各阶段工作提出有独特见解，有效改进工作效率	完整主导或参与3个产品的推广	1. 全产品线的营销工具（产品解决方案、竞争分析、营销指导手册、产品宣传资料、成功案例） 2. 全产品线市场分析报告 3. 全产品线战略规划报告 4. 全产品线的投资-收益分析 5. 全产品线营销计划	成功案例分享30次/年
	演讲能力	5级	1. 结合听众的特点与关注的焦点，灵活的调整演讲内容的深度与广度 2. 通过与听众的互动，善于挖掘听众的隐藏需求并引发听众的共鸣，使演讲获得超出预期的效果			
	写作能力	5级	1. 能与国内外专家共事，并能制定和开发文档标准及工具 2. 能提炼概括出新的方法或工具，运用实用的新概念或新方法，开发和制作出复杂而有艺术水准的书面成果			
	产品营销能力	4级	对市场变化反应迅速，能敏锐地洞察隐藏的市场机会，并能够利用市场信息指导他人完成产品某一行业或领域的竞争分析、设计思想、管理理念、卖点、客户价值的提炼；能够提供超越同行业水平的创造性的营销计划，并通过良好的沟通协调技巧，在某一行业或领域的很好地开展市场推广工作，并获得超乎预期的效果			
2级	产品生命周期管理	5级	对产品生命周期管理有丰富经验和全面认识，能推动公司各个环节协同展开工作，能对各阶段工作提出有独特见解，有效改进工作效率	完整主导或参与2个产品的推广	1. 产品线的营销工具（产品解决方案、竞争分析、营销指导手册、产品宣传资料、成功案例） 2. 产品线市场分析报告 3. 产品线战略规划报告 4. 产品线的投资-收益分析 5. 产品线营销计划 6. PDT业务计划	成功案例分享20次/年
	演讲能力	4级	1. 口才极好地提出观点和想法，并在听众间营造热烈氛围 2. 对有争议的问题或难相处的观众，善于有效沟通			
	写作能力	4级	1. 能面对不同层面的受众，灵活自如的运用各种书写技巧和工具，将新的观念、想法、概念等抽象的思维转换其易于理解的各种形式的书面成果 2. 能够指导他人提高书写技巧，并制作较为复杂的书面成果			
	产品营销能力	4级	对市场变化反应迅速，能敏锐地洞察隐藏的市场机会，并能够利用市场信息指导他人完成产品某一行业或领域的竞争分析、设计思想、管理理念、卖点、客户价值的提炼；能够提供超越同行业水平的创造性的营销计划，并通过良好的沟通协调技巧，在某一行业或领域的很好地开展市场推广工作，并获得超乎预期的效果			

续表

职级	名称	等级	描述	相关证据 项目经历	相关证据 典型工作成果	相关证据 知识共享
1级	产品生命周期管理	4级	熟悉某领域的规划，能提出领域的产品发展纲要，兼顾了年度总体规划和近期版本的规划，有效管理系统间的接口统一性，平衡了客户需求，竞争差异化和对资源的管理	完整参与1个产品的推广	1. 业务领域内的营销工具（产品解决方案、竞争分析、营销指导手册、产品宣传资料、成功案例） 2. 业务领域市场分析报告 3. 业务领域产品战略规划报告 4. 产品业务领域的投资-收益分析 5. 业务领域内产品营销计划 6. PDT业务计划	成功案例分享12次/年
1级	演讲能力	3级	1. 在报告中，当不起作用时，改变策略 2. 在小组面前演讲时，紧密关注小组进行过程			
1级	写作能力	4级	1. 能面对不同层面的受众，灵活自如的运用各种书写技巧和工具，将新的观念、想法、概念等抽象的思维转换其易于理解的各种形式的书面成果 2. 能够指导他人提高书写技巧，并制作较为复杂的书面成果			
1级	产品营销能力	4级	对市场变化反应迅速，能敏锐地洞察到隐藏的市场机会，并能够利用市场信息指导他人完成产品某一行业或领域的竞争分析、设计思想、管理理念、卖点、客户价值的提炼；能够提供超越同行业水平的创造性的营销计划，并通过良好的沟通协调技巧，在某一行业或领域很好地开展市场推广工作，并获得超乎预期的效果			

表2.3　产品经理职级标准（素质）

职级	名称	级别	描述	绩效/行为表现
4级	客户导向	5级	成为客户信赖的伙伴，带动团队成员 能够成为客户遇到问题、寻求帮助时足以信赖的咨询顾问角色，为客户提供专业的咨询和支持 分享经验和方法，以自身的实践影响团队其他成员，共同致力于为客户提供卓越的服务	1. 敏锐地捕捉到宏观经济环境的变化、行业市场的变化、管理理论动态，从产品线和业务线之间的协调发展角度，主导并推动公司业务发展战略决策的制定和落实 2. 随时掌握竞争对手的产品发展和市场策略变化，主导并推动差异化的产品发展策略和市场推广策略的制定和落实 3. 根据市场发展，主导并推动创新性的业务模式及营销策略的制定和落实，并提出有竞争性的产品价格政策提案 4. 根据产品发展的阶段，对PDT团队的协作模式和产品研发的重点与进度提出优化决策
4级	追求卓越	4级	在完成任务前有做成本-效益分析：在仔细计算过投入和产出的基础上做决定 定先后或选定目标：对潜在利润、投资盈利率或成本效益分析做详细明确考虑	
4级	创新能力	5级	领导公司或全产品运作流程的创新，受到公司创新奖励 经常对公司的关键工作和关键流程提出突破性的创新想法，并在公司范围内推广成功，为公司节源增效，受到公司创新奖励	
3级	客户导向	4级	主动服务，努力满足差异性需求 工作中总是遵循"explore-offer-action-confirm"主动了解客户需求、快速响应和解决问题并实时反馈，满足客户需求；并努力采取行动为顾客创造可以预见的成果，经常满足客户的需求甚至超过客户的期望，获得客户认可	1. 根据产品或业务领域主动提出产品的营销战略，能够从产品线和业务线之间的协调发展角度，系统性提出公司业务发展战略上的提案 2. 随时掌握竞争对手的产品发展和市场策略变化，提出差异化的产品策略及产品线组合和细分市场发展的战略性提案 3. 根据市场发展，提出创新性的业务模式和营销策略，及有竞争性的产品价格政策 4. 根据产品发展的阶段，对PDT团队的协作模式和产品研发的重点与进度提出合理的优化决策
3级	追求卓越	4级	在完成任务前有做成本-效益分析：在仔细计算过投入和产出的基础上做决定 定先后或选定目标：对潜在利润、投资盈利率或成本效益分析做详细明确考虑	
3级	创新能力	4级	领导本业务领域的创新，创新成果推广，得到广泛认可 能就本业务领域的关键工作提出业界认可的、突破性的理论或模型，并能在公司范围内推广实施	

续表

职级	名称	级别	描述	绩效/行为表现
2级	客户导向	4级	主动服务，努力满足差异性需求 工作中总能遵循"explore-offer-action-confirm"主动了解客户需求、快速响应和解决问题并实时反馈，能够满足客户需求；并努力采取行动为顾客创造可以预见的成果，满足客户的需求甚至超过客户的期望，获得客户认可	1. 根据产品的市场竞争变化，主导和组织产品线中长期规划的制定和落实 2. 随时掌握竞争对手的产品发展和市场策略变化，提出基于产品线级的差异化的产品策略 3. 根据市场发展，提出产品线级创新性的业务模式和市场营销策略，及有竞争性的产品价格政策 4. 主导并推动PDT团队在产品线级的计划的制订与落实
	追求卓越	3级	为日常工作设立目标，并积极努力达到这些目标，为自己的工作设立优秀的标准，并向此标准努力	
	创新能力	4级	领导本业务领域的创新，创新成果推广，得到广泛认可 能就本业务领域的关键工作提出业界认可的、突破性的理论或模型，并能在公司范围内推广实施	
1级	客户导向	4级	主动服务，努力满足差异性需求 工作中总能遵循"explore-offer-action-confirm"主动了解客户需求、快速响应和解决问题并实时反馈，能够满足客户需求；并努力采取行动为顾客创造可以预见的成果，经常满足客户的需求甚至超过客户的期望，获得客户认可	1. 根据业务领域内的市场竞争变化，主导和组织产品线的中长期规划的制定和落实 2. 随时掌握竞争对手的产品发展和市场策略变化，提出基于业务领域内的差异化的产品策略 3. 根据市场发展，提出业务领域内创新性的业务模式和市场营销策略，有竞争性的产品价格政策 4. 推动PDT团队产品线级的计划在业务领域内的执行
	追求卓越	3级	为日常工作设立目标，并积极努力达到这些目标，为自己的工作设立优秀的标准，并向此标准努力	
	创新能力	3级	主动学习、创新，可见行为及成果 经常举一反三，提出新想法和思路并积极尝试，将自己实践成功的想法或工作思路在团队内推广，并让他人也能从中受益，取得一定可见成果	

2.2 架构师职级标准（见表2.4至表2.6）

表2.4 架构师职级标准（概览）

职级	定位	经验		知识	技能			核心素质			
		岗位工作经验	领域/行业工作经验		开发技能	设计技能	架构技术	概念思维	客户导向	追求卓越	创新能力
6级	能根据公司总体发展战略，制定公司的产品技术发展战略规划，引领公司产品的技术方向，确保技术方向的正确性和可持续发展性	至少10年软件开发/设计工作经验，或内部晋升须在取得上一职级后继续连续从事3年以上的研发工作	无	参照课程体系	4级	5级	5级	5级	5级	5级	5级
5级	能根据公司总体发展战略，制定本领域技术发展战略规划，引领本领域的技术方向，确保技术方向的正确性和可持续发展性	至少8年软件开发/设计工作经验，或内部晋升须在取得上一职级后继续连续从事2年以上的同岗位工作	无		4级	4级	4级	4级	4级	4级	4级
4级	具有资深的产品架构设计经验，是公司内本领域带头人，该领域的知识和经验十分丰富完备，能参与制定产品设计的规划（策略）	至少7年软件开发/设计工作经验，或内部晋升须在取得上一职级后继续连续从事2年以上的同岗位工作	无		4级	4级	4级	3级	4级	4级	3级
3级	有较深入的开发设计经验，能独立完成架构设计工作，实现核心模块功能的设计，能独立归纳和分析产品设计中的问题，并在新的设计中提出规避方案	至少5年软件开发/设计工作经验，或内部晋升须在取得上一职级后，连续2年从事上一职级的同岗位工作	无		4级	4级	3级	2级	3级	3级	3级
2级	有熟练的开发设计经验，能根据需求完成设计工作，实现模块中核心功能的设计和代码开发，能参考设计规范和指南，做出符合质量要求的设计	至少4年软件开发/设计工作经验	无		4级	3级	2级	1级	2级	2级	3级
1级	有较深入的开发经验，并能够在他人指导或协助下，完成某一模块的功能设计工作	至少3年软件开发/设计工作经验	无		3级	3级	1级	—	2级	2级	2级

表 2.5 架构师职级标准（技能）

职级	名称	等级	描述	相关证据		
^	^	^	^	项目经历	典型工作成果	知识共享
6级	开发技能	4级	**开发技能** 1. 组织代码走读与评审，发现代码和程序结构上的缺陷并给出优化建议 2. 熟练运用多种编程语言，熟悉该语言的核心类库并能合理运用 3. 熟练运用重构技能对程序结构进行优化，熟练编写结构合理、高效的优质代码，提高代码的执行效率和可维护性 4. 根据业务需求和设计模型开发可重用的工具类库封装核心业务逻辑，提高团队的开发效率和程序的可维护性 5. 熟悉所在产品线的核心架构，深刻理解其编程模型和部署模型 **数据库** 1. 熟悉 1 种或多种大型数据库 2. 能够熟练编写高效 SQL 语句实现业务逻辑，并能有意识地避免常见因为 SQL 语句导致的性能问题 3. 理解数据库设计范式，具备一定的数据库建模能力，按设计模型建立结构合理的数据库模型 **性能调优** 根据性能测试报告分析性能问题，并提出局部的优化方案，指导开发人员修复性能漏洞（Bug）	负责定义 1 个新产品的技术发展规划	**开发技能** 开发技能达到 4 级水平 **设计技能** 1. 独立承担公司产品发展的技术架构的制定 2. 组织提出 1 项平台架构改造方案并获通过 3. 完成提出公司级架构方法论方面的高级评审 4. 提供公司级架构设计领域的培训累计 5 次 5. 在面向对象、业务建模等方面发表文章 2 篇以上，或者作为主编出版书籍 1 本 **架构技术** 1. 通过专业架构师认证 2. 最近 2 年对竞争对手、流行的架构技术进行研究，并成功应用于产品中，使竞争产品取得差异化竞争优势 3. 累计研发架构培训 8 次，最近 1 年 3 次 4. 最近研发产品线的公司产品和同行业其他产品的技术架构、Windows 系统、微软企业级架构设计 1 次公司层的公司产品与其他产品集成的架构对比分析报告 5. 最近 2 年参训 1 次或研发公司产品的架构 3 年规划 6. 主导过企业级架构评审	1 年 10 次专题相关的培训、演讲、论文发表、学术文章或传播知识总结分享含以下内容： 1. 通过公司确认的 3 个专利 2. 相关领域的正式期刊发表专业技术文章，或在公开社区发表过自己独立思想（或方法）体系 2 份 3. 完成 2 份对应领域开发相关新技术的学习计划，并以培训、分享，或内部发表学习成果等方式展现学习成果 4. 受邀进行公司外部演讲或培训共 2 次
^	设计技能	5级	掌握多种软件分析、设计方法，具备正确理解软件软件需求转化为方案，规格的设计能力，能独立完成大型软件需求（大于 20 万 LOC）的分析和方案设计，并能对低阶工程师进行工作上的辅导			
^	架构技术	5级	熟悉所研发产品使用的企业级架构技术，Furps 能够超越标杆产品规划目标			

续表

职级	名称	等级	描　述	项目经历	相关证据	
					典型工作成果	知识共享
5级	开发技能	4级	**开发技能** 1. 组织代码走读与评审，发现代码和程序结构上的缺陷并给出优化建议 2. 熟练运用多种编程语言，熟悉该语言的核心类库并能合理运用 3. 熟练运用重构技能对程序结构进行优化，熟练编写结构合理、高效的优质代码，提高既有代码的执行效率和可维护性 4. 根据业务需求参与和设计模型开发可重用的工具类库并表核心业务逻辑，提高团队的开发效率和模型程序的可维护性 5. 熟练所在产品线的核心架构，深刻理解其编程模型和部署模型 **数据库** 1. 熟悉1种或多种大型数据库 2. 熟练编写高效的SQL语句以实现业务逻辑，并能有意识规避常见的因为SQL语句导致的性能问题 3. 理解数据库设计范式，具备一定的数据库建模能力，能够按设计模型建立结构合理的数据库模型 **性能调优** 能够根据性能测试报告分析性能问题，并提出局部的优化方案，指导开发人员修复性能漏洞（Bug）	参与至少2个产品级别的技术规划	**开发技能** 开发技能达到4级水平 **设计技能** 1. 独立承担整个产品的架构设计，在相关产品的集成质量和稳定性有提升 2. 规划技术发展方向专题设计 3. 组织和参与公司产品级架构的评审累计6次 4. 提供设计方法方面的培训累计6次 **架构技术** 1. 通过专业架构师认证 2. 最近2年对竞争对手、流行的架构技术进行研究，使得产品取得差异化的竞争优势 3. 累计研发产品线取得公司产品培训8次，最近1年3次 4. 最近2年提交过1次公司层的架构设计研发产品级架构师培训的3年规划 5. 最近2年参与过1次公司级架构的学习计划 6. 从事过企业级架构师	1年8次专题相关的培训、演讲、论文发表、学术文章等知识总结分享等工作内容，须包含以下内容： 1. 通过公司确认的2个专利 2. 相关领域的正式期刊发表专业技术文章，或在公开社区发表过自己独立思想（或方法）体系1份 3. 完成对应领域开发相关新技术的学习计划，并以培训、分享或内部发表文章等方式展现学习成果，重大专项研究成果2份 4. 受邀进行公司外部演讲或培训1次
	设计技能	5级	掌握多种软件分析、设计化方案，规格的设计能力，能独立完成大型软件（大于20万LOC）的分析和方案设计，并能对低级工程师方法上的辅导			
	架构技术	4级	熟悉所研发产品使用的企业级架构技术，使Furps达到标杆产品规划目标，并且Furps能够达成产品规划目标			

续表

第1篇 某软件公司任职资格体系

| 职级 | 名称 | 等级 | 描述 | 相关证据 |||
				项目经历	典型工作成果	知识共享
4级	开发技能	4级	**开发技能** 1. 组织代码走读与评审，发现代码和程序结构上的缺陷并给出优化建议 2. 熟练运用多种编程语言，如VB、C#、Java等，熟悉该语言的核心类库并能合理运用 3. 熟练运用重构技能对程序结构进行优化，提高代码的执行效率和可维护性、高效的优质代码 4. 根据业务需求和设计重构既有代码，深刻理解其编程模型和部署模型，提高业务开发效率和程序的可维护性 5. 熟悉所在产品线的核心架构，深刻理解其编程模型和部署模型 **数据库** 1. 熟悉1种或多种大型数据库，如Oracle、SQL Server、Sybase 2. 熟练编写高效SQL语句以实现业务逻辑，并能有意识规避常见的因为SQL语句导致的性能问题 3. 理解数据库设计范式，具备一定的数据库建模能力，能够按设计模型建立结构合理的数据库模型 **性能调优** 能够根据性能测试报告分析性能问题，并提出局部的优化方案，指导开发人员修复性能漏洞（Bug）	负责3个项目的设计和4个架构项目的设计（或技术规划）	**开发技能** 开发技能达到4级水平 **设计技能** 1. 独立承担整个产品的架构设计，在相关子系统的集成质量和稳定性有提升 2. 负责完成2个以上产品可行性分析报告 3. 组织和参与公司产品架构级的评审累计4次 4. 推动解决领域内架构设计问题2件以上，开发效率和稳定性提升明显 5. 提供设计方法方面的培训累计4次 6. 在公司内部刊物发表文章2篇或外部正式刊物1篇文章以上，或参与出版专著1本 **架构技术** 1. 最近1年对流行的架构技术进行研究，并在内部进行知识共享 2. 最近1年主导过2个模块级架构设计 3. 协助完成企业级的架构规划方案制订 4. 最近2年对竞争对手的技术架构进行过对比分析并引入一些新特性使得所负责的系统取得差异化竞争优势 5. 累计开发架构培训6次，或对公司产品线的技术架构、Windows系统、微软企业级开发架构文章2份，最近1年2次	1年8次专题相关的培训、演讲、论文发表、学术文章或专业知识总结分享等方式，须包含分享以下内容： 1. 通过公司确认的2个专利 2. 相关领域的正式期刊发表专业技术文章，或在公开社区发表过自己独立思想（或方法）体系1份 3. 完成对应领域开发相关技术的学习计划，并以培训、分享、或内部发表文章等方式展现学习成果、重大专项研究成果2份 4. 受邀进行公司外部演讲或培训1次
4级	设计技能	4级	能独立完成大型模块或软件核心功能的分析及方案设计，有较深刻的业务分析设计理念和面向对象的思想，并能熟练使用UML进行业务建模			
4级	架构技术	4级	熟悉所开发产品使用的企业级架构技术，使Furps能够达成产品规划目标，并且Furps达到标杆产品规划目标			

续表

职级	名称	等级	描述	相关证据		
				项目经历	典型工作成果	知识共享
3级	开发技能	4级	**开发技能** 1. 组织代码走读与评审，发现代码和程序结构上的缺陷并给出优化建议 2. 熟练运用多种编程语言，如VB、C#、Java等，熟悉该语言的核心类库并能合理运用 3. 能够熟练运用重构技能对程序结构进行优化，提高代码的执行效率和可维护性 4. 能够根据优质代码、提高既有代码的执行效率和可重用性 5. 非常熟悉所在产品线的核心架构，深刻理解其编程模型和部署模型 **数据库** 1. 熟悉1种或多种大型数据库 2. 能够熟练编写高效的SQL语句以实现业务逻辑，并能识别和避免常见的因为SQL语句导致的性能问题 3. 理解数据库设计范式，具备一定的数据库设计能力，能够根据设计模型建立结构合理的数据库模型 **性能调优** 能够根据性能测试报告分析性能漏洞（Bug），指导开发人员修复性能漏洞	负责3个项目的设计和2个架构项目的设计	**开发技能** 1. 独立完成过1个以上模块的编码、维护，最近1年工作产品代码BUG量1.5BUG/人天 2. 最近2年处理过分布式组件应用问题超过2起 3. 最近2年工作成果中涉及通信协议的使用，能够使用基于该通信协议的应用框架 4. 进行过开发技能提供评审工作，最近1年1次，培训调查反馈结果85分以上 5. 参与过3个版本开发的代码评审工作，并且发现缺陷高于公司质量要求基线 **设计技能** 1. 独立承担过2个以上跨领域子系统核心功能设计开发，模块质量稳定性较上一版本有提升 2. 使用过UML建模，最近2年设计文档在质量评审中获得优秀 3. 作为专家被邀请对设计进行评审累计6次，最近1年参加评审2次 4. 为研发产品线设计方面培训累计6次，最近1年2次，讲师资格通过公司人力资源认证标准 5. 在公司内部刊物或论坛发表设计相关文章1篇以上 **架构技术** 1. 参加过内部的架构知识的培训并通过考核2次 2. 最近1年对流行的架构技术进行研究，并在内部进行知识共享1次 3. 累计对产品使用的架构知识进行内部培训3次 4. 最近1年主导过1个模块级架构设计 5. 协助完成规划细化方案	1年6次专题相关的培训、演讲、学术文章或论文发表等知识总结分享等形式，通过公司确认的1个专利 包含以下内容： 1. 完成对应领域开发相关新技术的学习计划，并以培训、分享、或内部发表文章等方式展现学习成果，重大专项研究成果2个
	设计技能	4级	能独立完成大型模块或软件核心功能的分析及方案设计，有较深刻的业务分析设计理念和面向对象的思想，并能熟练使用UML进行业务建模			
	架构技术	3级	熟悉所研发产品使用的企业级架构技术，使Furps能够达成产品规划目标，并且Furps中的F、U、P能够超越产品规划目标			

续表

职级	名称	等级	描述	项目经历	相关证据	
					典型工作成果	知识共享
2级	开发技能	4级	开发技能 1. 组织代码走读与评审，发现代码和程序结构上的缺陷并给出优化建议 2. 熟练运用多种编程语言，如 VB、C#、Java 等，熟悉该语言的核心类库并能合理运用 3. 熟练运用重构技能对程序结构进行优化，熟练编写结构合理、高效的优质代码，提高既有代码的执行效率和可维护性 4. 根据业务需求和设计模型的开发可重用的工具类库和程序逻辑，提高团队的开发效率 5. 熟悉所在产品线的核心架构，深刻理解其编程模型和部署模型 数据库 1. 熟悉 1 种或多种大型数据库 2. 熟练编写高效 SQL 语句实现业务逻辑，并能有意识规避常见的因为 SQL 语句导致的性能问题 3. 理解数据库设计范式，具备一定的数据库建模能力，能够按设计模型建立结构合理的数据模型 性能调优 能够根据性能测试报告分析性能问题，并提出局部的优化方案，指导开发人员修复性能漏洞(Bug)	负责 3 个项目的设计	开发技能 1. 独立完成了业务系统核心单据或核心业务功能的开发，如 SCM 的购(销)订单，总账的凭证等 2. 在某个项目周期内，实现单个业务功能产生的漏洞数达到一定的标准 3. 在某个项目周期内，支持客户解决了一定数量的问题，并总结出经验分享文档 4. 在某个项目周期内，对系统中某个可维护性较差、逻辑控制较混乱或者存在较严重性能问题的复杂功能点进行重构，取得了显著效果，比如：性能得到明显提高(需有量化数据) 5. 在某个项目周期内，全表扫描审计等，所负责的核心功能产生的性能漏洞很少，达到一定的标准 6. 在某个项目周期内，提供了多个模块级的可重用工具类库，提升了团队的开发效率 设计技能 1. 独立承担过 2 个以上相关领域子系统的通用功能设计开发，并有效提升开发效率 2. 解决需求或业务方面的实现难点问题 2 次以上 3. 作为专家被邀请对有关设计进行评审累计 4 次，最近 1 年参加评审 2 次 4. 为研发产品线进行自己的设计经验累计 4 次以上 架构设计 1. 参加过内部的架构知识的培训并通过考核 2. 最近 1 年对流行的架构技术进行研究，并在内部进行知识共享 1 次 3. 针对 EAS 或 K3 产品架构进行内部培训 1 次以上 4. 熟悉 EAS 或 K3 产品架构，并对架构优缺点有清楚认识 5. 贯彻架构师的架构设计，并在产品中应用 6. 协助产品主架构师完成模块级架构设计，参与过架构设计中关键部分的详细设计和实现	1 年 4 次专题相关的培训、演讲、学术发表、论文 总结分享或章知识发布(其中含分享 1 次以上培训，分享或内部发表文章或重大专项研究成果 1 份 完成对应领域学习计划，相关新技术的学习分享，分享以下内容：
	设计技能	3级	能独立进行中型模块或软件基本功能的设计，有较好的业务分析设计理念和面向对象的思想，并能熟练使用 UML 进行业务建模			
	架构技术	2级	熟悉所研发产品使用的企业级架构技术，使 Furps 能够达成产品规划目标，并且 Furps 中的 F 和 P 能够超越产品规划目标			

续表

职级	名称	等级	描述	相关证据		
				项目经历	典型工作成果	知识共享
1级	开发技能	3级	**基本技能** 1. 熟练运用所在产品线要求的编程语言，熟悉该语言的核心类库并能合理运用 2. 熟练地编写结构合理、较高效的高质量代码 3. 熟练地运用所在产品线的技术平台和开发框架，独立完成核心业务需求的开发 4. 具备迅速定位并解决开发中的疑难问题的能力 5. 熟悉所在产品线的核心架构，并理解其编程模型和部署模型 **数据库** 1. 熟悉1种大型数据库 2. 能够熟练编写较高效的SQL语句，并能协助设计师定位和分析系统中出现的性能问题 **性能调优** 具备一定的性能调优能力，能够针对已经出现性能问题的功能点产生一定的分析和优化方案，并按优化方案提供准确的开发实现	负责2个项目的开发、1个项目的设计	**开发技能** 1. 独立开发完成了业务中使用频度高，业务逻辑复杂，如：主数据科目、客户、供应商等形态，如H-MD、H-D-D等的多张单据开发实现，包括复杂业务逻辑控制、流程配置、业务数据处理，如反写、冲销等 2. 独立开发完成了多张典型结构的统计报表 3. 独立开发完成了多张典型结构的统计报表 4. 在某个项目周期内，实现单个业务功能产生的漏洞数达到一定的标准 5. 在某个项目周期内，支持客户解决了一定数量的性能问题，并总结出经验分享文档 6. 参与协助对某些功能点产生的性能问题的分析和优化方案实现，并总结出经验分享文档 **设计技能** 1. 独立承担过1个以上相关领域子系统核心功能设计开发，模块质量和稳定性较上一版本有提升 2. 设计出提升计算效率的高效设计算法1件 3. 参加有关设计评审累计4次，最近1年参加评审1次 4. 为部门进行设计方面培训累计2次，最近1年1次 5. 总结并分享自己的设计经验累计2次以上 **架构设计** 1. 参加过内部的架构培训并参加通过考核 2. 最近1年对流行的架构师设计有所研究 3. 熟悉1家公司的产品架构 4. 贯彻架构师的架构设计，在产品中应用 5. 最近1年参与完成架构设计中功能设计，并达成产品规划目标	1年2次专题相关的培训、演讲、论文发表、学术文章等知识总结分享1次（其中含部门一级部门层面的分享）
	设计技能	3级	能独立进行中型模块或软件基本功能的设计，有较好的业务分析设计理念和面向对象的思想，并能熟练使用UML进行业务建模			
	架构技术	1级	熟悉所研发产品使用的企业级架构技术，使Furps能够达成产品规划目标			

表 2.6 架构师职级标准（素质）

职级	名称	等级	描述	绩效/行为表现
6级	概念思维	5级	1. 能通过整合提出实用的新概念或新方法，解决复杂问题 2. 能整合各类不同来源的表面看来不相关的信息，确概定新的方法，增强公司的长期竞争能力	**概念思维** 1. 相关领域的正式期刊发表专业技术文章，或在公开社区发表过自己独立思想（或方法）体系 2 份 / 年 2. 完成对应领域开发相关新技术的学习计划，并以培训、分享，或内部发表文章等方式展现学习成果，重大专项研究成果，2 份 / 年 3. 受邀进行公司外部演讲，培训，2 次 / 年 4. 引进新技术 2 次，并通过评估后主导应用在实际的设计开发过程中，并取得项目成功 **客户导向** 1. 第一时间处理并解决客户反馈的问题或需求，能主动协调资源解决问题，能主动协助成员解决问题 2. 主动进行团队客户导向的交流学习，提升团队客户导向能力 3. 主动组织客户交流或客户调查，至少 1 次 4. 团队 3 次支持标兵或客户表扬 **追求卓越** 1. 完成产品级架构方案，主导完成新产品架构验证 2. 给出产品的发展方向，组织设计方案确定与验证，推动完成产品实现 **创新能力** 1. 领导团队在整个产品系列中使用新的思路和想法改进关键模块，为公司产品或研发流程获得重大改进，并在产品和公司范围积极推广应用 2. 年度至少完成 3 个通过公司确认的专利 3. 领导团队对产品系统架构提出新的解决方案，并推动其实现 4. 获得技术类总裁创新奖（可选项） 5. 至少 1 项对现有设计流程或规范提出具体改进方案被采纳，并取得显著效果（KPI 指标）
6级	客户导向	5级	成为客户信赖的伙伴，带动团队成员 能够成为客户遇到问题、寻求帮助时可以信赖的咨询顾问角色，为客户提供专业的咨询和支持。 分享经验和方法，以自身的实践影响团队其他成员，共同致力于为客户提供卓越的服务。	
6级	追求卓越	5级	明知有风险仍一往无前：为提高效益调动最大资源和（或）时间（明知不一定成功），即改进业绩，实现一个有高难度的目标等	
6级	创新能力	5级	领导公司或全产品运作流程的创新，受到公司创新奖励 经常对公司的关键工作和关键流程提出突破性的创新想法，并在公司范围内推广成功，为公司节源增效，受到公司创新奖励	
5级	概念思维	4级	引进实用的新概念，解释复杂情况或解决复杂问题；整合不同来源的信息，确定新方法，产生新颖的概念，将其与传统概念整合，增强公司的长期竞争能力	**概念思维** 1. 相关领域的正式期刊发表专业技术文章，或在公开社区发表自己独立思想（或方法）体系 1 份 / 年 2. 完成对应领域开发相关新技术的学习计划，并以培训、分享，或内部发表文章等方式展现学习成果，重大专项研究成果，2 份 / 年 3. 受邀进行公司外部演讲，培训，1 次 / 年 4. 引进新技术 1 次，并通过评估后主导应用在实际的设计开发过程中，并取得项目成功 **客户导向** 1. 第一时间处理并解决客户反馈的问题或需求，能主动协调资源解决问题，能主动协助成员解决问题 2. 主动从支持中总结分析，并整理为产品功能 3. 主动收集整理支持文档并进行分享，至少 2 份文档 **追求卓越** 1. 应用新的有效的分析方法，完成系统级设计方案决策，及时总结决策过程与方法经验，形成决策过程资产 2. 针对负责领域结合竞争对手产品实现特点，提出超越对手的设计改造方案 3. 深知产品的商业价值所在，从设计角度考虑产品的长远规划，出具相关的分析文档 4. 勇于对现有产品的架构缺陷提出大的改进方案，并能有效推动实施 **创新能力** 1. 在整个产品系列中使用新的思路和想法改进关键模块，为公司产品或研发流程获得重大改进，并在产品和公司范围积极推广应用 2. 年度至少完成 2 个通过公司确认的专利 3. 担任解决产品重大技术问题的负责人或者主创人员 4. 对产品系统架构提出新的解决方案，并推动其实现 5. 获得技术类总裁创新奖（可选项） 6. 至少 1 项对现有设计流程或规范提出具体改进方案被采纳，并取得显著效果
5级	客户导向	4级	主动服务，努力满足差异性需求 工作中总能遵循 "explore-offer-action-confirm" 主动了解客户需求、快速响应和解决问题并实时反馈，满足客户满足性需求，并努力采取行动为顾客创造可以预见的成果，经常满足客户的需求甚至超过客户的期望，获得客户认可	
5级	追求卓越	4级	在完成任务前有做成本 - 效益分析：在仔细计算过投入和产出的基础上做决定、定先后或选定目标 对潜在利润、投资盈利率或成本效益分析做详细明确考虑	
5级	创新能力	4级	领导本业务领域的创新，创新成果推广，得到广泛认可 能就本业务领域的关键工作提出业界认可的、突破性的理论或模型，并能在公司范围内推广实施	

续表

职级	名称	等级	描述	绩效/行为表现
4级	概念思维	3级	1.注意到图、人际关系或对他人来说不明显的关联 2.能以清晰简洁的方式，展示复杂事物或情况；把问题、观察结果、想法和解释汇集成有凝聚力的均衡的主张 3.在复杂情形下，能迅速确定关键的问题 4.为复杂问题开发新的实用的答案或说明	**概念思维** 1.相关领域的正式期刊发表专业技术文章，或在公开社区发表自己独立思想（或方法）体系1份/年 2.完成对应领域开发相关新技术的学习计划，并以培训，分享，或内部发表文章等方式展现学习成果，重大专项研究成果，2份/年 3.能够主动引进新技术，并参与评估提出应用方案，对实际的设计开发过程有较好的价值 **客户导向** 1.第一时间处理并解决客户反馈的问题或需求，能主动协调资源解决问题，能主动协助成员解决问题 2.主动从支持中总结分析，并整理为产品功能 3.主动收集整理支持文档并进行分享，至少2份文档 **追求卓越** 1.应用新的有效的分析方法，完成系统级设计方案决策，及时总结决策过程与方法经验，形成决策过程资产 2.针对负责领域结合竞争对手产品实现特点，提出超越对手的设计改造方案 3.深知产品的商业价值所在，从设计角度考虑产品的长远规划，出具相关的分析文档 4.勇于对现有产品的架构缺陷提出大的改进方案，并能有效推动实施 **创新能力** 1.在项目中使用新的思路和想法改进关键模块，并在产品和项目中应用 2.年度至少完成2个通过公司确认的专利 3.担任解决产品重大技术问题的负责人或者主创人员 4.对产品系统架构提出新的解决方案，并推动其实现 5.至少1项对现有设计流程或规范提出具体改进方案被采纳，并取得显著效果
4级	客户导向	4级	主动服务，努力满足差异性需求 工作中总能遵循"explore-offer-action-confirm"主动了解客户需求、快速响应和解决问题并实时反馈，满足客户满足性需求，并努力采取行动为顾客创造可以预见的成果，经常满足客户的需求甚至超过客户的期望，获得客户认可	
4级	追求卓越	4级	在完成任务前有做成本-效益分析：在仔细计算投入和产出的基础上做决定、定先后或选定目标；对潜在利润、投资盈利率或成本效益分析做详细明确考虑	
4级	创新能力	3级	主动学习、创新，可见行为及成果 经常举一反三，提出新想法和思路并积极尝试，将自己实践成功的想法或工作思路在团队内推广，并让他人也能从中受益。取得一定可见成果	
3级	概念思维	2级	1.利用理论知识，评估目前的形势；适当运用并改编学到的综合概念，以充分领会形势 2.为适度复杂问题开发实用的答案	**概念思维** 1.完成对应领域开发相关新技术的学习计划，并以培训，分享，或内部发表文章等方式展现学习成果，重大专项研究成果，2份/年 2.能够主动引进新技术，并参与评估提出应用方案2次，对实际的设计开发过程有较好的价值 **客户导向** 1.第一时间处理并解决客户反馈的问题或需求，能主动寻求协助 2.严格执行RMP规范 3.现场积极解决客户紧急问题 4.主动参与Beta测试 5.主动收集整理支持文档并进行分享，至少1份文档 **追求卓越** 1.对设计工作作出阶段性总结，提出领域内设计层面的改进方案 2.针对项目任务不同的设计方案，综合客户、产品、市场的不同需求，确定最优解 3.提出衡量设计工作的评价方法，对现有的工作评价体系提出建设性意见 4.对优秀的设计方案或设计创新及时总结传播 5.1年内在负责领域内找出2个系统设计缺陷，并提出改进方案推动解决 6.对相关领域新的技术及行业标准主动学习，学习完成后主动分享知识 7.既关注功能特性，持续抽象业务模型，也关注非功能特性，持续提升产品品质。设计工作产品中，非功能特性描述详细完备 8.针对处理的本领域常见问题，抽象本质原因，设计并推动实现全局功能或非功能方案、自动化工具或管理制度，彻底避免类似问题的再次发生 **创新能力** 1.在项目中使用新的思路和想法改进关键模块，并在产品和项目中应用 2.获得2次创新标兵 3.年度至少完成1个通过公司确认的专利 4.对所负责的产品子系统架构提出新的解决方案，并推动其实现
3级	客户导向	3级	快速反应，努力满足客户需求 能第一时间响应客户的需求，采取某些行动让事情更完善，具体地为客户提供价值，能为客户着想，让事情做得更完美，并且提供亲切愉快的服务，经常满足客户满意性需求	
3级	追求卓越	3级	为日常工作设立目标，并积极努力达到这些目标，为自己的工作设立衡量优秀的标准，并向此标准努力	
3级	创新能力	3级	主动学习、创新，可见行为及成果 经常举一反三，提出新想法和思路并积极尝试，将自己实践成功的想法或工作思路在团队内推广，并让他人也能从中受益。取得一定可见成果	

续表

职级	名称	等级	描述	绩效/行为表现
2级	概念思维	1级	1. 当分析数据时，注意到图、趋势或缺失的信息 2. 当目前的形势与过去的相似时，能注意到并确定相似处 3. 当开展工作时，能在脑海中保存重要的印象	概念思维 1. 完成对应领域开发相关新技术的学习计划，并以培训、分享或内部发表文章等方式展现学习成果，重大专项研究成果，1份/年 2. 参与设计委员会的技术决策会议，评估提出应用解决方案1次，对实际的设计开发过程有较好的价值 客户导向 1. 第一时间处理并解决客户反馈的问题或需求，能主动寻求协助（KPI指标） 2. 严格执行RMP规范 3. 至少1次支持标兵或客户表扬 4. 现场积极解决客户紧急问题 5. 主动参与Beta测试 6. 主动收集整理支持文档并进行分享，至少1份文档 追求卓越 1. 项目设计工作完成后能阶段性的完成工作经验总结，对设计任务进行全面的分析 2. 1年内在负责业务领域内找出2个系统设计缺陷，并提出改进方案 3. 设计产品符合业务需求，并且对目前产品需求或设计相关内容的评审发现高于项目指标标准 4. 设计文档符合模板及规范，及时更新和维护文档，使之与产品的最新版本保持一致 5. 对所负责领域具有较深认识，主动对此领域开发人员提供培训、开发指导 6. 主动完成设计验证，提交设计验证分析文档 创新能力 在项目中使用新的思路和想法改进关键模块，并在产品和项目中应用
	客户导向	3级	快速反应，努力满足客户需求 能第一时间响应客户的需求，采取某些行动让事情更完善，具体地为客户提供价值，能为客户着想，让事情做得更完美，并且提供亲切愉快得服务，经常满足客户满意性需求	
	追求卓越	2级	能努力将工作做好，达到公司的要求，并对工作过程及成果做出初步分析	
	创新能力	3级	主动学习、创新，可见行为及成果 经常举一反三，提出新想法和思路并积极尝试，将自己实践成功的想法或工作思路在团队内推广，并让他人也能从中受益。取得一定可见成果	
1级	客户导向	2级	较好履行自身职责，努力满足客户基本需求 了解客户需求和自身职责对客户的价值，对客户的询问、需求、埋怨能采取行动，使客户熟悉事件进展	客户导向 1. 及时处理并解决客户反馈的问题或需求，能主动寻求协助 2. 严格执行RMP规范 3. 积极参与需求评审 4. 在设计、测试设计、开发中关注客户场景，保证实现与需求一致 追求卓越 1. 项目设计工作完成后能阶段性的完成工作经验总结，对设计任务进行全面的分析 2. 在1年内对于负责业务领域找到2个系统设计缺陷，并提出改进方案 3. 设计产品符合业务需求，并且对目前产品需求或设计相关内容的评审发现高于项目指标标准 4. 设计文档符合模板及规范，及时更新和维护文档，使之与产品的最新版本保持一致 5. 对所负责领域具有较深认识，主动对此领域开发人员提供培训、开发指导 6. 主动完成设计验证，提交设计验证分析文档 创新能力 在项目中使用新的思路和想法改进所负责的模块，并在产品和项目中应用
	追求卓越	2级	能努力将工作做好，达到公司的要求，并对工作过程及成果做出初步分析	
	创新能力	2级	创新意识，自觉改进行为 能够不时提出新想法、新思路，并尝试应用到实际工作中，能够自觉对自己的工作方法和成果进行改进	

2.3 产品规划师职级标准（见表2.7至表2.9）

表2.7 产品规划师职级标准（概览）

职级	定位	经验 岗位工作经验	经验 领域/行业工作经验	技能 规划能力	技能 业务应用的抽象与设计能力	写作能力	核心素质 客户导向	核心素质 追求卓越	核心素质 创新能力
5级	公认的国际化业务领域专家，能非常敏锐地捕捉到行业发展的趋势和方向，能推动产品级的规划	至少2年需求规划工作经验或取得上一职级后继续连续从事2年以上的规划工作	12年以上某一相关领域/行业的经验	5级	5级	5级	5级	5级	5级
4级	行业内的资深业务专家，能够敏锐地捕捉到行业的发展趋势和方向，能推动产品级的规划	至少2年需求规划工作经验或取得上一职级后继续连续从事2年以上的规划工作	10年以上某一相关领域/行业的经验	5级	5级	4级	4级	4级	4级
3级	公司内的业务领域专家，对该领域的知识和经验十分丰富完备，能制定并推动业务领域的规划	至少2年需求规划工作经验或取得上一职级后继续连续从事2年以上的规划工作	8年以上某一相关领域/行业的经验	4级	5级	4级	4级	4级	4级
2级	能独立承担一个完整业务领域内的产品规划	至少2年需求规划工作经验或取得上一职级后继续连续从事2年以上的需求规划工作	6年以上某一相关领域/行业的经验	4级	4级	4级	4级	3级	3级
1级	能独立承担一个细分业务领域（业务模块）的产品规划	至少1年需求规划工作经验	5年以上某一相关领域/行业的经验	3级	3级	3级	3级	3级	3级

表2.8 产品规划师职级标准（技能）

职级	名称	等级	描述	相关证据 项目经历	相关证据 典型工作成果	相关证据 知识共享
5级	规划能力	5级	能通过对多种信息的全面分析，提出企业管理应用架构模型，提出企业发展纲要见解，且成功主导过该领域的规划	完整参加20个产品版本项目或20个客户项目（完整参与调研、实施跟踪和研发协调）	**规划能力** 三年产品发展规划报告 **业务应用的抽象与设计能力** 产品级业务模型 **写作能力** 产品规划创新的方法、流程与工具	1年15次专题相关的培训、演讲、论文发表、学术文章等知识总结分享或传播（培训为二级部门以上），包括至少1部专著或论文
5级	业务应用的抽象与设计能力	5级	能将多种信息综合起来，全面地进行分析，独立完成跨业务领域的产品功能与流程的抽象、设计，并在业内具有创新性与领先性			
5级	写作能力	5级	1.能与国内外专家共事，并能制定和开发文档标准及工具 2.能提炼概括出新的方法或工具，运用实用的新概念或新方法，开发和制作出复杂而有艺术水准的书面成果			
4级	规划能力	5级	能通过对多种信息的全面分析，提出企业管理应用架构模型，提出企业发展纲要见解，且成功主导过该领域的规划	完整参加15个产品版本项目或15个客户项目（完整参与调研、实施跟踪和研发协调）	**规划能力** 产品年度规划 **业务应用的抽象与设计能力** 产品级系统规划书 **写作能力** 产品规划创新的方法、流程与工具	1年10次专题相关的培训、演讲、论文发表、学术文章等知识总结分享或传播（培训为二级部门以上），包括至少1部专著或论文
4级	业务应用的抽象与设计能力	5级	能将多种信息综合起来，全面地进行分析，独立完成跨业务领域内的产品功能与流程的抽象、设计，并在业内的具有创新性与领先性			
4级	写作能力	4级	1.能面对不同层面的受众，灵活自如的运用各种书写技巧和工具，将新的观念、想法、概念等抽象的思维转换其易于理解的各种形式的书面成果 2.能够指导他人提高书写技巧，并制作较为复杂的书面成果			

续表

职级	名称	等级	描述	相关证据		
				项目经历	典型工作成果	知识共享
3级	规划能力	4级	熟悉某领域的规划,能进行多维度信息的收集和分析,提出该领域的产品发展纲要,兼顾了年度总体规划和近期版本的规划,有效管理系统间的接口统一性,平衡了客户需求,竞争差异化和对资源的管理	完整参加10个产品版本项目或10个客户项目(完整参与调研、实施跟踪和研发协调)	规划能力 1. 产品级规划报告 2. 产品级产品解决方案 业务应用的抽象与设计能力 跨业务领域系统规划书 写作能力 1. 产品级客户调研报告 2. 产品级竞争分析报告	1年8次专题相关的培训、演讲、论文发表、学术文章等知识总结分享或传播(培训为二级部门以上),包括至少1部专著或论文
	业务应用的抽象与设计能力	5级	能将多种信息综合起来,全面地进行分析,独立完成跨业务领域内的产品功能与流程的抽象、设计,并在业内具有创新性与领先性			
	写作能力	4级	1. 能面对不同层面的受众,灵活自如的运用各种书写技巧和工具,将新的观念、想法、概念等抽象的思维转换其易于理解的各种形式的书面成果 2. 能够指导他人提高书写技巧,并制作较为复杂的书面成果			
2级	规划能力	4级	熟悉某领域的规划,能进行多维度信息的收集和分析,提出领域的产品发展纲要,兼顾了年度总体规划和近期版本的规划,有效管理系统间的接口统一性,平衡了客户需求,竞争差异化和对资源的管理	完整参加6个产品版本项目或6个客户项目(完整参与调研、实施跟踪和研发协调)	规划能力 1. 业务领域内产品规划报告 2. 业务领域内产品解决方案 业务应用的抽象与设计能力 1. 系统规划书 2. 需求规约 写作能力 1. 业务领域内客户调研报告 2. 业务领域内竞争分析报告	1年6次专题相关的培训、演讲、论文发表、学术文章等知识总结分享或传播(培训为二级部门以上)
	业务应用的抽象与设计能力	4级	能进行多维度信息的收集和分析,独立完成业务领域内的产品功能与流程的抽象、设计,并在业内的具有创新性与领先性			
	写作能力	4级	1. 能面对不同层面的受众,灵活自如的运用各种书写技巧和工具,将观念、想法、概念等抽象的思维转换其易于理解的各种形式的书面成果 2. 能够指导他人提高书写技巧,并制作较为复杂的书面成果			
1级	规划能力	3级	有较好的业务分析经验,熟练地掌握业务建模的方法,能独立完成1个系统的规划工作,并能结合开发资源和客户需求进行有效优先级管理,确保对客户需求的满足和资源的可实现性,并在市场上具备竞争差异性	完整参加2个产品版本项目或2个客户项目(完整参与调研、实施跟踪和研发协调)	规划能力 1. 细分业务领域内产品规划报告 2. 协助完成业务领域内产品解决方案 业务应用的抽象与设计能力 1. 需求规约 2. 概要需求列表 写作能力 1. 细分业务领域内客户调研报告 2. 细分业务领域内竞争分析报告	1年4次专题相关的培训、演讲、论文发表、专著、学术文章等知识总结分享或传播(培训为二级部门以上)
	业务应用的抽象与设计能力	3级	能透过现象看本质,发现问题的根源,独立完成业务领域内的产品功能与流程的抽象、设计			
	写作能力	3级	1. 能巧妙的组织语言文字和熟练运用图表制作复杂的专业性或技术性的书面成果,行文流畅、逻辑严谨、结构清晰、文字简洁并易于理解 2. 能关注到复杂事物的内在关联,并有效地将观念、想法和概念等转化成准通顺的文字,开发出具有实用性的书面成果 3. 能指导他人有效运用书写技巧制作符合要求的书面成果			

表 2.9 产品规划师职级标准（素质）

职级	名称	等级	描述	绩效/行为表现
5级	客户导向	5级	成为客户信赖的伙伴，带动团队成员 1. 成为客户遇到问题、寻求帮助时足以信赖的咨询顾问角色，为客户提供专业的咨询和支持 2. 分享经验和方法，以自身的实践影响团队其他成员，共同致力于为客户提供卓越的服务	1. 使用新的开拓性的思路和想法，使公司产品或研发流程获得重大改进，并形成行业标准 2. 积极对现有产品的业务架构缺陷提出大的改进方案，并能有效推动实施 3. 相关领域的正式期刊发表专业学术性论文 4. 出版专著 5. 引领行业内的产品发展方向，充分体现公司的管理专家形象
	追求卓越	5级	明知有风险仍一往无前：为提高效益调动最大资源和（或）时间（明知不一定成功），即改进业绩，达到1个有大难度的目标等	
	创新能力	5级	领导公司或全产品运作流程的创新，受到公司创新奖励 经常对公司的关键工作和流程提出突破性的创新想法，并在公司范围内推广成功，为公司节源增效，受到公司创新奖励	
4级	客户导向	4级	主动服务，努力满足差异性需求 工作中总能遵循"explore-offer-action-confirm"主动了解客户需求、快速响应和解决问题并实时反馈，满足客户需求；并努力采取行动为顾客创造可以预见的成果，满足客户的需求甚至超过客户的期望，获得客户认可	1. 通过竞争分析、客户调研、目标市场分析，提出具有可持续发展的产品蓝图或业务蓝图 2. 根据不同行业和不同模式的客户需求的分析，从整体性和适应性方面，抽象出灵活的业务模型和业务处理模式，完成产品线的系统规划和推动产品实现 3. 完成跨业务领域的产品知识传播，包括完成对原型、战略客户的售前支持及实施支持 4. 提交至少2次相关发明或专利获得公司评审通过 5. 在整个产品中使用新的思路和想法改进关键模块，为公司产品或研发流程获得重大改进，并在产品和公司范围积极推广应用 6. 勇于对现有产品的业务架构缺陷提出大的改进方案，并能有效推动实施 7. 取得权威机构认证，或受邀进行公司外部演讲，培训 8. 相关领域的正式期刊发表专业文章
	追求卓越	4级	在完成任务前有做成本-效益分析：在仔细计算过投入和产出的基础上做决定 定先后或选定目标：对潜在利润、投资盈利率或成本效益分析做详细明确考虑	
	创新能力	4级	领导本业务领域的创新，创新成果推广，得到广泛认可 能就本业务领域的关键工作提出业界认可的、突破性的理论或模型，并在公司范围内推广实施	
3级	客户导向	4级	主动服务，努力满足差异性需求 工作中总能遵循"explore-offer-action-confirm"主动了解客户需求、快速响应和解决问题并实时反馈，能够经常满足客户需求；并努力采取行动为顾客创造可以预见的成果，经常满足客户的需求甚至超过客户的期望，获得客户认可	1. 通过竞争分析、客户调研、目标市场分析，提出具有可持续发展的产品蓝图或业务蓝图 2. 根据不同行业和不同模式的客户需求的分析，从整体性和适应性方面，抽象出灵活的业务模型和业务处理模式，完成跨业务领域的系统规划和推动产品实现 3. 完成跨业务领域的产品知识传播，包括完成对原型、战略客户的售前支持及实施支持 4. 提交至少2次相关发明或专利获得公司评审通过 5. 至少3次产品研发线认定重大价值的创新或产品缺陷改良 6. 完成每年的能力提升计划内容，并通过考核 7. 取得权威机构认证，或受邀进行公司外部演讲，培训 8. 无团队合作方面的黑色关键事件记录，或团队合作360°评分合格 9. 主导或推动完成跨部门的任务或问题解决
	追求卓越	4级	在完成任务前有做成本-效益分析：在仔细计算过投入和产出的基础上做决定 定先后或选定目标：对潜在利润、投资盈利率或成本效益分析做详细明确考虑	
	创新能力	4级	领导本业务领域的创新，创新成果推广，得到广泛认可 能就本业务领域的关键工作提出业界认可的、突破性的理论或模型，并能在公司范围内推广实施	

续表

职级	名称	等级	描述	绩效/行为表现
2级	客户导向	4级	主动服务，努力满足差异性需求 工作中总能遵循"explore-offer-action-confirm"主动了解客户需求、快速响应和解决问题并实时反馈，满足客户需求，并努力采取行动为顾客创造可以预见的成果，经常满足客户的需求甚至超过客户的期望，获得客户认可	1. 完成原型、战略客户业务领域需求的调研，提出有竞争力的产品蓝图或业务蓝图 2. 根据不同行业和不同模式的客户需求的分析，从整体性和适应性方面，抽象出灵活的业务模型和业务处理模式，完成业务领域内的系统规划和推动产品实现 3. 完成业务领域内的产品知识传播，包括完成对原型、战略客户的售前支持及实施支持 4. 提交1次相关发明或专利获得公司评审通过 5. 至少2次产品研发线认定重大价值的创新或产品缺陷改良 6. 完成每年的能力提升计划内容，并通过考核 7. 取得权威机构认证，或受邀进行公司外部演讲，培训 8. 相关领域的正式期刊发表专业文章 9. 无团队合作方面的黑色关键事件记录，或团队合作360°评分合格 10. 主导跨部门的任务或问题解决
	追求卓越	3级	为日常工作设立目标，并积极努力达到这些目标，为自己的工作设立衡量优秀的标准，并向此标准努力	
	创新能力	3级	主动学习、创新，可见行为及成果 经常举一反三，提出新想法和思路，并积极尝试，将自己实践成功的想法或工作思路在团队内推广，并让他人也能从中受益。取得一定可见成果	
1级	客户导向	3级	快速反应，努力满足客户需求 第一时间响应客户的需求，采取某些行动让事情更完善，具体地为客户提供价值，能为客户着想，让事情做得更完美，并且提供亲切愉快的服务，经常满足客户满意性需求	1. 在业务蓝图的指导下，完成针对业务特性和产品价值的业务模块的产品规划，并推动产品实现 2. 根据不同行业和不同模式的客户需求的分析，从整体性和适应性方面，抽象出灵活的业务模型和业务处理模式，完成业务模块内的系统规划和推动产品实现 3. 完成业务模块内的产品知识传播 4. 至少2次以上产品研发线认定重大价值的创新或产品缺陷改良 5. 完成每年的能力提升计划内容，并通过考核（KPI指标） 6. 取得权威机构认证，或受邀进行公司外部演讲，培训 7. 无团队合作方面的黑色关键事件记录，或团队合作360°评分合格 8. 根据客户需求的分析，系统性提出缺陷产品的优化方法，创新性解决产品中的疑难问题
	追求卓越	3级	为日常工作设立目标，并积极努力达到这些目标，为自己的工作设立衡量优秀的标准，并向此标准努力	
	创新能力	3级	主动学习、创新，可见行为及成果 经常举一反三，提出新想法和思路，并积极尝试，将自己实践成功的想法或工作思路在团队内推广，并让他人也能从中受益。取得一定可见成果	

2.4 需求分析师职级标准（见表2.10至表2.12）

表2.10 需求分析师职级标准（概览）

职级	定位	经验		技能			核心素质		
		岗位工作经验	领域/行业工作经验	写作能力	业务应用的抽象与设计能力	产品功能的使用与操作能力	客户导向	追求卓越	创新能力
5级	公司内公认的资深产品专家，深入了解产品的技术与业务架构，并能在产品级进行有效的创新	至少3年需求分析工作经验或取得上一职级后继续连续从事2年以上的需求分析工作	在本领域有至少6年的调研、支持、实施、推广、客户应用、软件测试或具体的业务工作经验	4级	5级	5级	5级	4级	4级
4级	公司内公认的产品专家，能独立完成业务领域内的需求分析工作，并能在业务领域内进行有效的业务创新	至少2年以上需求分析工作经验或取得上一职级后继续连续从事2年以上的需求分析工作	在本领域有至少5年的调研、支持、实施、推广、客户应用、软件测试或具体的业务工作经验	4级	4级	3级	4级	4级	3级

续表

职级	定位	经验		技能			核心素质		
		岗位工作经验	领域/行业工作经验	写作能力	业务应用的抽象与设计能力	产品功能的使用与操作能力	客户导向	追求卓越	创新能力
3级	能独立完成细分业务领域的需求分析工作，并能在业务领域内进行有效的业务创新	至少2年需求分析工作经验	在本领域有至少3年的调研、支持、实施、推广、客户应用、软件测试或具体的业务工作经验	3级	3级	3级	3级	3级	3级
2级	能独立完成细分业务领域的需求分析工作，并能有效推进需求的落实与执行	—	在本模块有至少3年的调研、支持、实施、推广、客户应用、软件测试或具体的业务工作经验	3级	2级	3级	2级	3级	3级
1级	有一定需求分析经验，在他人指导下能很好完成细分业务领域的需求分析工作	—	有至少2年的客户应用经验。曾成功完成过调研、支持、项目实施、市场推广、软件测试等工作中的一种或从事具体业务工作	2级	1级	2级	2级	2级	2级

表2.11 需求分析师职级标准（技能）

职级	名称	等级	描述	相关证据		
				项目经历	典型工作成果	知识共享
5级	写作能力	4级	1.能面对不同层面的受众，灵活自如的运用各种书写技巧和工具，将新的观念、想法、概念等抽象的思维转换为易于理解的各种形式的书面成果 2.能够指导他人提高书写技巧，并制作较为复杂的书面成果	完整参加10个产品版本项目或10个客户项目（完整参与调研、实施跟踪和研发协调）	写作能力 1.产品需求规格说明书的审核、指导与培训 2.需求规格说明的标准、模板 3.客户完整的业务流程调研报告 4.客户个性化的产品流程方案与功能PPT 业务应用的抽象与设计能力 1.需求规格说明的标准、模板 2.创新业务领域的产品需求规格说明 产品功能的使用与操作能力 产品级的产品功能说明-参考指南的审核、指导	1年8次专题相关的培训、演讲、论文发表、学术文章等知识总结分享或传播（培训为二级部门以上），包括至少1部专著或论文
	业务应用的抽象与设计能力	5级	能将多种信息综合起来，全面地进行分析，独立完成跨业务领域内的产品功能与流程的抽象、设计，并在业内的具有创新性与领先性			
	产品功能的使用与操作能力	5级	通过产品功能操作能够再现多种行业、多种客户实际的管理应用			
4级	写作能力	4级	1.能面对不同层面的受众，灵活自如的运用各种书写技巧和工具，将新的观念、想法、概念等抽象的思维转换为易于理解的各种形式的书面成果 2.能够指导他人提高书写技巧，并制作较为复杂的书面成果	完整参加6个产品版本项目或6个客户项目（完整参与调研、实施跟踪和研发协调）	写作能力 1.跨业务领域内的概要需求列表 2.跨业务领域内的需求规格说明书 3.细分业务领域内的客户需求调研报告 4.客户个性化的产品流程方案与功能PPT 业务应用的抽象与设计能力 跨业务领域内的产品功能说明-参考指南 产品功能的使用与操作能力 跨业务领域内的产品功能说明-参考指南的审核、指导	1年6次专题相关的培训、演讲、论文发表、学术文章等知识总结分享或传播（培训为二级部门以上）
	业务应用的抽象与设计能力	4级	能进行多维度信息的收集和分析，独立完成业务领域内的产品功能与流程的抽象、设计，并在业内的具有创新性与领先性			
	产品功能的使用与操作能力	3级	能够熟练使用公司及同行产品的相关业务领域的功能，并能进行业务流程级操作			

第1篇　某软件公司任职资格体系

续表

职级	名称	等级	描述	相关证据		
				项目经历	典型工作成果	知识共享
3级	写作能力	3级	1. 能巧妙的组织语言文字和熟练运用图表制作复杂的专业性或技术性的书面成果，行文流畅、逻辑严谨、结构清晰、文字简洁并易于理解 2. 能关注到复杂事物的内在关联，并有效地将观念、想法和概念等转化成准确通顺的文字，开发出具有实用性的书面成果 3. 能指导他人有效运用书写技巧，制作符合要求的书面成果	完整参加2个产品版本项目或2个客户项目（完整参与调研、实施跟踪和研发协调）	**写作能力** 1. 业务领域内的概要需求列表 2. 业务领域内的需求规格说明书 3. 业务领域内的客户需求调研报告 4. 产品特色、流程、功能演示脚本 5. 产品特色、流程、功能介绍PPT 6. 同行竞争分析 **业务应用的抽象与设计能力** 业务领域内的需求规格说明书 **产品功能的使用与操作能力** 业务领域内的产品功能说明-参考指南	1年4次专题相关的培训、演讲、论文发表、专著、学术文章等知识总结分享或传播（培训为二级部门以上）
	业务应用的抽象与设计能力	3级	能透过现象看本质，发现问题的根源，独立完成业务领域内的产品功能与流程的抽象、设计			
	产品功能的使用与操作能力	3级	能够熟练使用公司及同行产品的相关业务领域的功能，并能进行业务流程级操作			
2级	写作能力	3级	1. 能巧妙的组织语言文字和熟练运用图表制作复杂的专业性或技术性的书面成果，行文流畅、逻辑严谨、结构清晰、文字简洁并易于理解 2. 能关注到复杂事物的内在关联，并有效地将观念、想法和概念等转化成准确通顺的文字，开发出具有实用性的书面成果 3. 能指导他人有效运用书写技巧，制作符合要求的书面成果	无要求	**写作能力** 1. 细分业务领域内的概要需求列表 2. 细分业务领域内的需求规格说明书 3. 细分业务领域内的客户需求调研报告 4. 细分业务领域内产品功能演示脚本 5. 细分业务领域内产品功能介绍PPT **业务应用的抽象与设计能力** 细分业务领域内的需求规格说明书 **产品功能的使用与操作能力** 细分业务领域内的产品功能说明-参考指南	1年2次专题相关的培训、演讲、论文发表、学术文章等知识总结分享或传播（其中含1次二级部门）
	业务应用的抽象与设计能力	2级	能独立完成细分业务领域的产品功能与流程的抽象、设计			
	产品功能的使用与操作能力	3级	能够熟练使用公司及同行产品的相关业务领域的功能，并能进行业务流程级操作			
1级	写作能力	2级	1. 制作较为复杂的书面成果时，行文准确、通顺、简洁和富有逻辑性 2. 运用受众易于理解的专业词汇和句子结构书写 3. 适当地利用图表来传达内容	无要求	**写作能力** 1. 细分业务领域内的概要需求列表 2. 细分业务领域内的需求规格说明书 **业务应用的抽象与设计能力** 细分业务领域内的需求规格说明书 **产品功能的使用与操作能力** 细分业务领域内的产品功能说明-参考指南	1年1次知识共享，包括但不限于专题相关的培训、演讲、论文发表、学术文章等知识总结分享或传播等
	业务应用的抽象与设计能力	1级	在他人的指导与协助下能够进行现状分析和任务分解，完成细分业务领域的产品功能与流程的抽象、设计			
	产品功能的使用与操作能力	2级	能够熟练使用公司产品的相关业务领域的功能，并能进行业务流程级操作			

表 2.12 需求分析师职级标准（素质）

职级	名称	级别	描述	绩效/行为表现	绩效/行为表现
5级	客户导向	5级	成为客户信赖的伙伴，带动团队成员 1. 能够成为客户遇到问题、寻求帮助时足以信赖的咨询顾问角色，为客户提供专业的咨询和支持 2. 分享经验和方法，以自身的实践影响团队其他成员，共同致力于为客户提供卓越的服务	1. 根据产品规划的业务蓝图，能从不同的客户角色出发，进行客户体验的分析，提出需求实现的模式创新 2. 主动了解产品的技术架构和设计模式，提出高性能的业务处理模式和业务实现方式 3. 通过需求的分析和客户需求的反馈，抽象产品的业务实现，为产品规划提出优化建议 4. 从产品提供客户价值和服务增值的角度，设计产品的可实施性、可维护性和可升级性的业务实现	1. 根据产品规划的业务蓝图，能从不同的客户角色出发，进行客户体验的分析，提出需求实现的模式创新 2. 提交至少2次相关发明或专利并获得公司评审通过 3. 至少3次产品研发线认定重大价值的创新或工作改进 4. 取得权威机构认证，或受邀进行公司外部演讲，培训（KPI指标） 5. 主动了解产品的技术架构和设计模式，提出高性能的业务处理模式和业务实现方式 6. 通过需求的分析和客户需求的反馈，抽象产品的业务实现，为产品规划提出优化建议 7. 能及时处理并解决客户反馈的跨产品线的问题或需求，并能主动沟通和协调 8. 主动保持与客户和开发人员的沟通，确保跨产品线的需求能体现客户的真实需要 9. 根据产品规划的业务蓝图，能从不同的客户角色出发，进行客户体验的分析，设计需求实现
5级	追求卓越	4级	在完成任务前有做成本-效益分析：在仔细计算过投入和产出的基础上做决定 定先后或选定目标：对潜在利润、投资盈利率或成本效益分析做详细明确考虑		
5级	创新能力	4级	创新成果推广，得到广泛认可 能就本业务领域的关键工作提出业界认可的、突破性的理论或模型，并能在公司范围内推广实施，受到公司创新奖励		
4级	客户导向	4级	主动服务，努力满足差异性需求 工作中总能遵"explore-offer-action-confirm"主动了解客户需求、快速响应和解决问题并实时反馈，满足客户需求，并努力采取行动为顾客创造可以预见的成果，经常满足客户的需求甚至超过客户的期望，获得客户认可	1. 根据产品规划的业务蓝图，能从不同的客户角色出发，进行客户体验的分析，设计需求实现 2. 主动了解产品的技术架构和设计模式，提出高性能的业务处理模式和业务实现方式 3. 通过需求的分析和客户需求的反馈，抽象产品的业务实现 4. 从产品提供客户价值和服务增值的角度，设计产品的可实施性、可维护性和可升级性的业务实现	1. 主动了解产品的技术架构和设计模式，提出跨业务领域高性能的业务处理模式和业务实现方式 2. 通过需求的分析和客户需求的反馈，抽象产品的业务实现，提交需求分析、推动跨业务领域需求实现并进行需求验证 3. 提交1次相关发明或专利获得公司评审通过 4. 至少2次产品研发线认定重大价值的创新或工作改进 5. 无团队合作方面的黑色关键事件记录，或团队合作360度评分合格 6. 能及时处理并解决客户反馈的产品线的问题或需求，并能主动沟通和协调 7. 主动保持与客户和开发人员的沟通，确保跨业务领域的需求能体现客户的真实需要 8. 根据产品规划的业务蓝图，能从不同的客户角色出发，进行客户体验的分析，设计跨业务领域的需求实现
4级	追求卓越	4级	在完成任务前有做成本-效益分析：在仔细计算过投入和产出的基础上做决定 定先后或选定目标：对潜在利润、投资盈利率或成本效益分析做详细明确考虑		
4级	创新能力	3级	主动学习、创新，可见行为及成果 经常举一反三，提出新想法和思路并积极尝试，将自己实践成功的想法或工作思路在团队内推广，并让他人也能从中受益。取得一定可见成果		
3级	客户导向	3级	快速反应，努力满足客户满意性需求 能第一时间响应客户的需求，采取某些行动让事情更完善，具体地为客户提供价值，能为客户着想，让事情做得更完美，并且提供亲切愉快的服务，经常满足客户需求	1. 根据产品规划的业务蓝图，能从不同的客户角色出发，进行客户体验的分析，设计需求实现	1. 主动了解产品的技术架构和设计模式，提出业务领域内高性能的业务处理模式和业务实现方式 2. 通过需求的分析和客户需求的反馈，抽象产品的业务实现，提交需求分析、推动业务领域内需求实现并进行需求验证

续表

职级	名称	级别	描述	绩效/行为表现	绩效/行为表现
3级	追求卓越	3级	为日常工作设立目标,并积极努力达到这些目标,为自己的工作设立衡量优秀的标准,并向此标准努力	2. 主动了解产品的技术架构和设计模式,提出高性能的业务处理模式和业务实现方式 3. 从产品提供客户价值和服务增值的角度,设计产品的可实施性、可维护性和可升级性的业务实现	3. 至少2次以上产品研发线认定重大价值的创新 4. 完成每年的能力提升计划内容,并通过考核 5. 无团队合作方面的黑色关键事件记录,或团队合作360度评分合格 6. 能及时处理并解决客户反馈的业务领域内的问题或需求,并能主动沟通和协调 7. 主动保持与客户和开发人员的沟通,确保业务领域的需求能体现客户的真实需要 8. 根据产品规划的业务蓝图,能从不同的客户角色出发,进行客户体验的分析,设计业务领域的需求实现
	创新能力	3级	主动学习、创新,可见行为及成果 经常举一反三,提出新想法和思路并积极尝试,将自己实践成功的想法或工作思路在团队内推广,并让他人也能从中受益。取得一定可见成果		
2级	客户导向	2级	了解客户需求和自身职责对客户的价值,对客户的询问、需求、埋怨能采取行动,使客户熟悉事件进展,但不去了解、探求客户的根本问题和需求,不能抓住客户需求的核心	1. 根据产品规划的业务蓝图,能从不同的客户角色出发设计需求实现 2. 主动了解产品的技术架构和设计模式,提出满足性能要求的业务处理模式和业务实现方式 3. 从产品提供客户价值和服务增值的角度,设计产品的可实施性、可维护性和可升级性的业务实现	1. 主动了解产品的技术架构和设计模式,提出业务模块内满足性能要求的业务处理模式和业务实现方式 2. 通过需求的分析和客户需求的反馈,抽象产品的业务实现,提交需求分析、推动业务模块内需求实现并进行需求验证 3. 至少2次以上产品研发线或部门内认定重大价值的创新 4. 完成每年的能力提升计划内容,并通过考核 5. 无团队合作方面的黑色关键事件记录,或团队合作360度评分合格 6. 能及时处理并解决客户反馈的业务领域内的问题或需求,并能主动沟通和协调 7. 主动保持与客户和开发人员的沟通,确保业务模块内的需求能体现客户的真实需要 8. 根据产品规划的业务蓝图,能从不同的客户角色出发设计业务模块
	追求卓越	3级	为日常工作设立目标,并积极努力达到这些目标,为自己的工作设立衡量优秀的标准,并向此标准努力		
	创新能力	3级	主动学习、创新,可见行为及成果 经常举一反三,提出新想法和思路并积极尝试,将自己实践成功的想法或工作思路在团队内推广,并让他人也能从中受益。取得一定可见成果。		
1级	客户导向	2级	了解客户需求和自身职责对客户的价值,对客户的询问、需求、埋怨能采取行动,使客户熟悉事件进展,但不去了解、探求客户的根本问题和需求,不能抓住客户需求的核心	1. 根据产品规划的业务蓝图,能从不同的客户角色出发设计需求实现 2. 在业务处理模式和业务实现方式上要考虑性能要求,并满足可实施性、可维护性和可升级性的业务要求 3. 从客户需求反馈的分析中,归纳总结需求分析的规律,能够举一反三,从提单的处理中解决类似问题的方法	1. 主动了解产品的技术架构和设计模式,在他人指导下提出业务模块内满足性能要求的业务处理模式和业务实现方式 2. 通过需求的分析和客户需求的反馈,抽象产品的业务实现,在他人指导下提交需求分析、推动业务模块内需求实现并进行需求验证(KPI指标) 3. 至少2次以上产品研发线或部门内认定重大价值的创新 4. 完成每年的能力提升计划内容,并通过考核 5. 无团队合作方面的黑色关键事件记录,或团队合作360度评分合格 6. 能及时处理并解决客户反馈的业务模块内的问题或需求 7. 主动保持与客户和开发人员的沟通,在他人指导下确保业务模块的需求能体现客户的真实需要 8. 根据产品规划的业务蓝图,在他人指导下能从不同的客户角色出发设计业务模块内的需求实现
	追求卓越	2级	能努力将工作做好,达到公司的要求,并对工作过程及成果做出初步分析		
	创新能力	2级	创新意识,自觉改进行为 能够不时提出新思路,并尝试应用到实际工作中,能够自觉对自己的工作方法和成果进行改进		

2.5 开发工程师职级标准（见表 2.13 至表 2.15）

表 2.13 开发工程师职级标准（概览）

职级	定位	经验		技能			核心素质		
		岗位工作经验	领域/行业工作经验	开发技能	设计技能	架构技术	客户导向	追求卓越	创新能力
6级	本领域的权威，能根据公司总体发展战略，制定本领域技术发展战略（规划），引领本领域的技术方向，确保技术方向的正确性和可持续发展性	至少8年软件开发工作经验，或取得上一级之职称后继续连续从事2年以上的研发工作	无	5级	3级	3级	4级	4级	4级
5级	具有公司多个子系统的开发经验，是多个业务领域或技术领域的专家，对软件开发的知识和经验十分丰富完备	至少6年软件开发工作经验，或取得上一级之职称后继续连续从事2年以上的研发工作	无	5级	3级	2级	4级	4级	3级
4级	有较深入的开发经验，是某一领域的产品技术专家，能独立归纳问题和分析问题	至少4年软件开发工作经验	无	4级	2级	不要求	4级	3级	3级
3级	能独立完成编码工作，实现核心模块功能，能独立发现和解决模块开发或维护中的疑难问题。能够指导他人进行开发工作	至少3年软件开发工作经验	无	3级	2级	不要求	3级	3级	3级
2级	有一定开发经验，独立完成过一个或者多个模块的开发；能够独立解决开发中部分一般技术问题	至少2年软件开发工作经验	无	2级	1级	不要求	2级	2级	2级
1级	具备扎实软件开发理论知识，有一定初级开发经验，在导师指导下能承担部分编码的工作，能协助实现模块的部分功能	至少1年软件开发工作经验	无	1级	不要求	不要求	2级	2级	2级

表2.14 开发工程师职级标准(技能)

职级	名称	等级	描述	相关证据			
				项目经历	典型工作成果(开发工程师适用)	典型工作成果(构建工程师适用)	知识共享
	开发技能	5级	**基本技能** 1. 能制定开发编程规范并总结最佳实践与实现模式 2. 能根据典型业务场景抽象开发实现框架或系统级服务 3. 能够把握开发技术发展方向,领导新技术的预研,通过原型开发方式为公司新产品的研发提供技术上的探索 4. 深刻理解编程语言的底层原理和机制,能够解决比较底层的技术难题 5. 能够熟练运用重构技能,指导开发人员对程序结构进行优化,提高既有代码的执行效率和可维护性 **数据库** 1. 熟悉一种或多种大型数据库 2. 理解数据库事务、索引等的底层原理,能够定位和解决相关的数据库问题 3. 能够结合业务需求对系统设计模型进行分析优化,从模块的数据规模、可能存在的性能瓶颈、数据库结构上进行针对性优化 **性能调优** 1. 能够根据性能测试报告,如RPC日志、全表扫描报告等性能分析问题,并提出平台优化方案,指导开发人员修复性能漏洞 2. 能够运用一些性能分析方法和工具,如JProfiler、TPTP或研发所定的性能分析工具来分析定位系统的性能问题,并提出优化方案	完整参与6个大型软件项目(1000人天以上)并在其中担任核心技术人员	1. 有5项典型工作成果 2. 跨产品领域的可复用框架的研究和开发 3. 建立某种开发体系方法方法论,大幅度提升产品质量和开发效率	**开发技能** 1. 在代码走读与评审中发现的较深层缺陷(具有典型价值)分析以及经验总结,解决方案分享等 2. 领导开发人员完成了重大业务专题,构建系统领域和产品安装任务分解等 3. 构建领域重大技术问题案例和分享 4. 解决的重大技术问题案例和分享 5. 为公司新产品研发进行技术预研,并开发了验证原型 6. 建立某种性能评估机制或者方法,并在产品线性能分析中得到了实践验证 **设计技能** 组织建立构建安装开发人员可执行和必须遵守的规范,制定开发体系的标准体系和方法论,完善构建构建管理体系 **架构技能** 1. 参与构建系统的相关功能的概要设计案例 2. 建立了多个业务功能点的概要设计模型,并提供开发实现方案	10次不同专题相关的培训、演讲、论文发表、学术文章、创新提案等知识总结和传播(其中含部门层面),2次通过的专利
	设计技能	3级	能独立进行中型模块基本功能的设计,有较好的业务分析设计理念和面向对象的思想,熟练使用UML进行业务建模				
	架构技术	3级	熟悉所研发产品使用的企业级架构技术,使furps能够达成产品规划目标,并且furps中的F、U、P能够超越产品规划目标				

续表

职级	名称	等级	描述	相关证据			
				项目经历	典型工作成果（开发工程师适用）	典型工作成果（构建工程师适用）	知识共享
5级	开发技能	5级	**基本技能** 1. 能制定开发编程规范并总结最佳实践与实现模式 2. 能够根据典型业务场景开发实现框架或系统服务 3. 能够把握开发技术发展方向，领导新技术的预研，通过原型开发等方式为公司新产品的研发提供技术上的探索 4. 深刻理解编程语言的底层原理和机制，能够解决比较底层的技术难题 5. 能够熟练运用重构技能，指导开发人员对程序结构进行优化，提高既有代码的执行效率和可维护性 **数据库** 1. 熟悉一种或多种大型数据库 2. 理解数据库锁、事务、索引等的底层原理，能够定位和解决相关的数据库问题 3. 能够结合业务需求和系统设计分析出核心模块的数据规模，可能存在的性能瓶颈，并从数据库结构上进行针对性优化 4. 能针对目前数据库备份恢复升级等业务提出优化和改进建议，并独立或者配合相关部门完成数据库相关工具的设计（构建工程师适用） **性能调优** 1. 能够根据性能测试报告，如 RPC 日志、全表扫描报告等分析性能问题，并提出平台优化方案，指导开发人员修复性能漏洞（Bug） 2. 能够运用一些性能分析方法和工具，如 JProfiler、TPTP 或单独开发的性能分析工具等分析和定位系统的性能问题，并提出优化方案	完整参与5个大型软件项目（1 000人天以上）并在其中担任核心技术人员	**开发技能** 1. 在代码走读与评审中发现的较深层缺陷（具有典型价值）分析以及经验总结，解决方案分享等 2. 领导开发人员完成了重大业务专题，如 SCM 集团业务开发任务点分解等 3. 某业务领域专题性能优化案例和分享，如虚拟模式分页取数优化等 4. 解决的重大技术问题案例和分享 5. 为公司新产品研发进行技术预研，并开发了验证原型 6. 建立某种性能评估机制或者在产品线性能分析中得到了实践验证 **设计技能** 制定了所在产品线或研发中心 ××× 编程规范 **架构技术** 规划并领导开发了应用框架或系统级服务，如对账中心、单据转换平台等	**开发技能** 1. 在代码走读与评审中发现的较深层缺陷（具有典型价值）分析以及经验总结，解决方案分享等 2. 领导开发人员完成了重大业务专题和分享 3. 解决的重大技术问题案例和分享 4. 为公司新产品研发进行技术预研，并开发了验证原型 **设计技能** 组织建立构建安装的标准体系和方法论，制定开发人员执行和必须遵守的规范，完善研发构建管理体系 **架构技能** 1. 参与构建系统的相关功能点的概要设计模型案例 2. 建立了多个业务功能的概要设计模型，并提供开发实现方案	8次专题相关的培训、演讲，论文发表学术文章，创新提案等知识总结分享或传播（其中含二级部门层面），至少1个通过的专利
5级	设计技能	3级	能独立进行中型模块基本功能的设计，有较好的业务分析设计理念和面向对象的思想，并能熟练使用 UML 进行业务建模				
	架构技术	2级	熟悉所研发产品使用的企业级架构技术（构建工程师适用），使 Furps 能够达成产品规划目标，并且 furps 中的 F 和 P 能够超越产品规划目标				

续表

第1篇 某软件公司任职资格体系

职级	名称	等级	描述	相关证据			
				项目经历	典型工作成果（开发工程师适用）	典型工作成果（构建工程师适用）	知识共享
4级	开发技能	4级	**开发技能** 1. 领导代码走读与评审，发现代码和程序结构上的缺陷并给出优化建议 2. 熟练运用多种编程语言，如VB、C#、Java等，非常熟悉该语言的核心类库并能对程序结构进行优化，熟练编写结构合理、高效的优质代码，提高既有代码的执行效率和可维护性 3. 能够根据业务需求和设计模型开发可重用的工具类库封装业务逻辑，提高团队的开发效率和程序的可维护性 4. 非常熟悉所在产品线部署的核心架构，深刻理解其编程模型和部署模型 **数据库** 1. 熟悉一种或多种大型数据库 2. 能够熟练编写高效SQL语句实现业务逻辑，能有意识规避常见的因为SQL语句导致效率低下的问题 3. 理解数据库设计范式，具备一定的数据库建模能力，能够按设计模型建立结构合理的数据库模型 **性能调优** 能够根据性能测试报告分析出性能问题，并提出部分的优化方案，指导开发人员修复性能漏洞（Bug） **操作系统**（构建工程师适用） 1. 熟悉Linux/Unix系统架构和功能扩展，能够指导解决安装部署过程中发现的问题 2. 熟练各种运维管理工具的使用	完整参与过3个大型软件项目（1000人天以上）并在其中担任核心技术人员	**开发技能** 1. 独立完成了业务系统核心单据或核心业务功能的开发 2. 在某个项目周期内，实现单个业务功能产生的漏洞数目达到一定的标准 3. 在某个项目周期内，支持客户解决了一定数量的问题，并总结出经验分享文档 4. 在某个项目周期内，对系统中某个维护性较差、逻辑控制较混乱，或者存在较严重护性问题的复杂性能问题进行重构，取得了显著效果，如性能得到明显提高（需有量化数据）进行重构 5. 在全表扫描性能审计等，所负责的核心功能产生的性能漏洞很少，达到一定的标准 6. 在某个项目周期内，提供了多个模块级的可重用工具类库，提升了团队的开发效率 **设计技能** 1. 参与某些业务功能点的概要设计案例 2. 建立了一定的开发模式或设计方案，并提供开发实现 3. 采用既有设计模型或设计模式等手段对既有设计模型或代码结构进行重构的成功案例	**开发技能** 1. 独立高效完成了构建系统核心功能的开发，且能保证良好的性能和稳定性 2. 在某个项目周期内，并总结出经验分享文档 3. 在某个项目周期内，对系统中某个维护性较差、逻辑控制较混乱，或者存在较严重性能问题的复杂功能点进行重构，取得了显著效果，如性能得到明显提高（需有量化数据）等 4. 在某个项目或优化的流程、提升整体工作效率 5. 在重构系统和调研过程中，发现构建思路的深层漏洞，提出解决方案并实现 6. 配合公司策略和产品线调整，及时完成构建系统和安装包的调整，并能保证良好的性能和稳定性 7. 参与建立构建安装的标准体系和方法论，制定开发人员必须遵守的规范，完成研发项目管理体系 **设计技能** 1. 参与构建系统的相关功能点的概要设计 2. 建立了多个业务功能点的概要设计案例，并提供开发实现方案	1年5次专题相关的培训、论文、学术文章、创新提案等知识分享结果，传播1次以上合计（其中二级门层面）
设计技能	2级		在他人指导下能进行基础模块或软件基本功能的设计，熟悉面向对象的设计思想，熟练使用UML建模工具进行建模				

续表

职级	名称	等级	描述	相关证据			
				项目经历	典型工作成果（开发工程师适用）	典型工作成果（构建工程师适用）	知识共享
3级	开发技能	3级	**基本技能** 1. 熟练运用所在产品线要求的编程语言，如VB、C#、Java等，熟悉该语言的核心类库并能合理运用 2. 能够熟练编写结构合理、较高效的高质量代码 3. 熟练地运用所在产品线的技术平台和开发框架，独立完成业务需求的开发 4. 具备迅速定位并解决开发中的疑难问题的能力 5. 熟悉所在产品线的核心架构，并理解其编程模型和部署模型 **数据库** 1. 熟悉一种大型数据库 2. 熟练编写较高效的SQL语句，并有意识规避常见的因为SQL语句导致的性能问题 3. 掌握数据库备份和恢复的基本原理，具备一定数据库升级和新建库的开发实现 **性能调优** 具备一定的性能调优能力，能够协助设计师定位和分析系统中出现的性能问题，并按优化方案提供准确的开发实现 **操作系统** 1. 熟悉Linux/Unix的配置和部署 2. 熟悉各种远程管理工具的使用	完整参与3个软件项目（500人天以上）并在其中担任主要技术人员	**开发技能** 1. 独立开发完成了业务中使用频度高、业务逻辑复杂，如H-MD、H-D-D等的核心开发 2. 独立开发完成了多种形态，如包括复杂业务逻辑实现，业务数据控制，流程配置，业务数据处理，如反写、冲销等 3. 独立开发完成了多张典型结构的统计报表，如×××明细表、×××汇总表等 4. 在某个项目周期内，解决了一定数量的×××性能问题，支持客户对某些功能点产生的性能问题的分析和优化方案实现，并总结出经验分享文档 **设计技能** 1. 参与某业务功能点的概要设计方案 2. 建立了多个业务功能点的设计模型，并提供开发实现方案 3. 多个采用设计模式或其他重构手段对既有设计模型或代码结构进行重构的成功案例	**开发技能** 1. 独立开发完成构建系统中使用复杂的系统功能 2. 在某个项目周期内，支持业务部门解决了一定数量的问题，并总结出经验分享文档 3. 参与协助完成功能点产生的性能问题的分析和优化方案分享 4. 独立开发构建系统的新功能，维护构建系统的漏洞，迅速定位开发人员提出的问题并提出解决方案 5. 能在给定时间内完成符合行业标准的安装包制作，并能满足大多数特殊需求。能及时维护安装包的数据 6. 熟练开发SQL脚本，实现自动化的数据库备份和恢复，并能指导别人进行此工作 7. 对某个流程提出的问题及时总结和传播 8. 能够熟练定位和解决Linux/Unix安装部署过程中的配置问题，并指导第三方软件的安装使用 **设计技能** 在构建系统功能开发的设计过程中，能够简单应用UML等设计工具	1年4次专题相关培训，论文发表、创新提案等知识总结分享传播（其中二级1次门层面）
3级	设计技能	2级	在他人指导下能进行基础模块或软件基本功能的设计，熟悉面向对象的设计思想，熟练使用UML建模工具进行建模				

续表

职级	名称	等级	描 述	项目经历	典型工作成果（开发工程师适用）	典型工作成果（构建工程师适用）	知识共享
2级	开发技能	2级	**基本技能** 1. 能够运用所在产品线要求的编程语言，如 VB、C#、Java、ant、perl、shell、批处理、安装包脚本语言（构建工程师适用）等展开开发 2. 能够熟练地运用所在产品线（或岗位）的技术平台和开发框架，开发中心编程规范，能够实现模型设计表达成业务需求 3. 熟悉研发中心编程规范，能够严格遵守规范编写可读性好、结构较合理的代码 **数据库** 1. 熟悉一种大型数据库 2. 熟悉标准 SQL 语法，了解研发 SQL 语法规范（KSQL），能编写复杂的 SQL 语句 **操作系统（构建工程师适用）** 1. 熟悉 Linux/Unix 的安装和简单配置，了解 Unix 基本结构和命令 2. 熟悉各种远程管理工具的使用	完整参与项目1个软件项目（500人天以上）并在其中担任主要技术人员	**开发技能** 1. 独立完成结构较复杂或者具有一些结构控制的基础资料开发，如 Tree-List 结构的业务结构开发，包括简单的业务流程配置、业务逻辑控制、编码规则等开发 2. 独立完成了多张简单结构的业务逻辑控制、权限控制、编码规则等的开发，包括相关流程配置、业务逻辑控制、权限控制、编码规则等的引用 3. 能够及时修复所开发功能存在的程序存在漏洞 **设计技能** 严格遵照设计师提供的概要设计模型，创建业务对象的元数据模型	**开发技能** 1. 能按照指定需求应用合适的编程语言完成工具的开发 2. 能按照指定需求完成安装包脚本新增、修改、维护，执行打包操作并保证其能正常运行 3. 能使用脚本语言实现一些简单的自动化功能 4. 能正确使用配置管理工具进行代码的备管理 5. 能运行工具对不同数据库进行日常的备份恢复 6. 能独立安装 Linux/Unix 操作系统，运用 Linux/Unix 相关命令进行维护和日常配置 **设计技能** 在构建系统功能开发的设计过程中，能够简单应用 UML 等设计工具	1年2次专题相关的（如培训、演讲、学术发表、论文、创新提案、知识分享平台）等知识总结分享或传播
1级	设计技能	1级	了解面向对象的设计思想，在他人指导下会使用 UML 建模工具进行建模；能在他人指导下参与概要设计工作				
1级	开发技能	1级	**基本技能** 1. 能够运用所在产品线要求的编程语言，比如：VB、C#、Java 等展开开发 2. 了解研发中心编程规范，能够严格遵守规范编写可读性较好的代码 3. 了解一些脚本语言，并会写简单的脚本语言处理程序（构建工程师适用） 4. 了解安装 Linux/Unix 的使用和工作流程（构建工程师适用） **数据库** 1. 熟悉一种大型数据库 2. 熟悉标准 SQL 语法，了解研发 SQL 语法规范（KSQL），能编写简单的 SQL 语句	有类似项目经历（参与项目）	1. 在导师的指导下完成实践案例的 Demo 开发，包含要求的技术点并实现案例的业务需求 2. 运用所在产品线的技术平台和开发框架，协助完成了多个基础资料或功能的开发 3. 正确修复了一定数量的功能漏洞	**开发技能** 1. 在导师指导下可以完成构建系统原型的模拟和维护 2. 在导师指导下可以维护日常的构建、安装工具，以及简单功能漏洞的跟踪修复	1年1次知识总结分享或传播

表2.15 开发工程师职级标准（素质）

职级	名称	等级	描述	绩效/行为表现
6级	客户导向	4级	主动服务，努力满足差异性需求 工作中总能遵循"explore-offer-action-confirm" 主动了解客户需求、快速响应和解决问题并实时反馈，满足客户需求；并努力采取行动为顾客创造可以预见的成果，经常满足客户的需求甚至超过客户的期望，获得客户认可	**客户导向** 1. 具有强烈的客户导向思维，在客户支持过程中获得客户认可 2. 支持标兵或客户书面表扬信2次/年 3. 客户实践或现场支持5天/年，无相关客户投诉或者内部审计发现的质量事故，补丁发放及时率高于90%的指标 **追求卓越** 1. 积极参与质量评审，并获得较高的评审质量 2. 主动优化系统，提出产品品质2个/年方案 3. 主动进行相关的流程优化和规范修订，合理化建议2次/年 **创新能力** 具有强烈的创新意识，并积极推广，创新提案4件/年，创新标兵2次/年，专利1件/年
6级	追求卓越	4级	在完成任务前有做成本-效益分析：在仔细计算过投入和产出的基础上做决定 定先后或选定目标：对潜在利润、投资盈利率或成本效益分析做详细明确考虑	^
6级	创新能力	4级	领导本业务领域的创新，创新成果推广，得到广泛认可 能就本业务领域的关键工作提出业界认可的、突破性的理论或模型，并能在公司范围内推广实施，受到周围同事的尊敬	^
5级	客户导向	4级	主动服务，努力满足差异性需求 工作中总能遵循"explore-offer-action-confirm" 主动了解客户需求、快速响应和解决问题并实时反馈，满足客户需求；并努力采取行动为顾客创造可以预见的成果，经常满足客户的需求甚至超过客户的期望，获得客户认可	**客户导向** 1. 具有强烈的客户导向思维，在客户支持过程中获得客户认可 2. 支持标兵或客户书面表扬信2次/年 3. 客户实践或现场支持5天/年，无相关客户投诉或者内部审计发现的质量事故，补丁发放及时率高于90%的指标 **追求卓越** 1. 积极参加外部认证PMP/CPIM/CPA 2. 积极参与质量评审，并获得较高的评审质量 3. 主动优化系统，提出产品品质2个方案/年 4. 主动进行相关的流程优化和规范修订，合理化建议2次/年 **创新能力** 具有强烈的创新意识，并积极推广，创新提案4件/年，创新标兵2次/年，专利1件
5级	追求卓越	4级	在完成任务前有做成本-效益分析：在仔细计算过投入和产出的基础上做决定 定先后或选定目标：对潜在利润、投资盈利率或成本效益分析做详细明确考虑	^
5级	创新能力	3级	主动学习、创新，可见行为及成果 经常举一反三，提出新想法和思路并积极尝试，将自己实践成功的想法或工作思路在团队内推广，并让他人也能从中受益。取得一定可见成果	^
4级	客户导向	4级	主动服务，努力满足差异性需求 工作中总能遵循"explore-offer-action-confirm" 主动了解客户需求、快速响应和解决问题并实时反馈，满足客户满足性需求；并努力采取行动为顾客创造可以预见的成果，经常满足客户的需求甚至超过客户的期望，获得客户认可	**客户导向** 1. 具有强烈的客户导向思维，在客户支持过程中获得客户认可 2. 支持标兵或客户书面表扬信2次/年 3. 客户实践或现场支持5天/年，无相关客户投诉或者内部审计发现的质量事故，补丁发放及时率高于90%的指标 **追求卓越** 1. 注重工作产品品质，获得质量标兵/先进标兵/年度优秀1次/年 2. 积极参与质量评审，并获得较高的评审质量 3. 主动优化系统，提出产品品质1个方案/年 4. 主动进行相关的流程优化和规范修订，合理化建议1次/年 **创新能力** 具有强烈的创新意识，创新提案3件/年，创新标兵1次/年
4级	追求卓越	3级	为日常工作设立目标，并积极努力实现这些目标，为自己的工作设立优秀的标准，并向此标准努力	^
4级	创新能力	3级	主动学习、创新，可见行为及成果 经常举一反三，提出新想法和思路并积极尝试，将自己实践成功的想法或工作思路在团队内推广，并让他人也能从中受益。取得一定可见成果	^

续表

职级	名称	等级	描述	绩效/行为表现
3级	客户导向	3级	快速反应，努力满足客户满意性需求 1. 能第一时间响应客户的需求，采取某些行动让事情更完善，具体地为客户提供价值 2. 能为客户着想，让事情做得更完美，并且提供亲切愉快的服务，经常满足客户满意性需求	**客户导向** 1. 具有较强的客户导向思维，在客户支持过程中获得客户认可 2. 支持标兵或客户书面表扬信1次/年，无相关客户投诉或者内部审计发现的质量事故，补丁发放及时率达到90%的指标 **追求卓越** 1. 注重工作产品品质，获得质量标兵/先进标兵/年度优秀1次/年 2. 积极参与质量评审，并获得较高的评审质量 3. 主动优化系统，提升产品品质1个方案/年 4. 主动进行工作相关的流程优化和规范修订工作，合理化建议1次/年 **创新能力** 具有强烈的创新意识，创新提案3件/年，创新标兵1次/年
	追求卓越	3级	1. 为日常工作设立目标，并积极努力达到这些目标 2. 为自己的工作设立衡量优秀的标准，并向此标准努力	
	创新能力	3级	主动学习、创新，可见行为及成果 经常举一反三，提出新想法和思路并积极尝试，将自己实践成功的想法或工作思路在团队内推广，并让他人也能从中受益。取得一定可见成果	
2级	客户导向	2级	了解客户需求和自身职责对客户的价值，对客户的询问、需求、埋怨能采取行动，使客户熟悉事件进展，但不去了解、探求客户的根本问题和需求，不能抓住客户需求的核心	**客户导向** 具有较强的客户导向思维，积极主动应对客户提出的问题，并高效处理 **追求卓越** 积极参与质量评审，达成或超出评审的耗费投入和效率指标 **创新能力** 具有较强的创新意识，不断提出有益的想法并予以实践，创新提案1件/年
	追求卓越	2级	能努力将工作做好，达到公司的要求，并对工作过程及成果做出初步分析	
	创新能力	2级	创新意识，自觉改进行为 1. 能够不时提出新想法、新思路，并尝试应用到实际工作中 2. 能够自觉对自己的工作方法和成果进行改进。	
1级	客户导向	2级	了解客户需求和自身职责对客户的价值，对客户的询问、需求、埋怨能采取行动，使客户熟悉事件进展，但不去了解、探求客户的根本问题和需求，不能抓住客户需求的核心	**客户导向** 具有较强的客户导向思维，在客户支持过程中获得客户认可，无相关客户投诉或者内部审计发现的质量事故，补丁发放及时率高于90%的指标 **追求卓越** 积极参与质量评审，达成或超出评审的耗费投入和效率指标 **创新能力** 具有较强的创新意识，不断提出有益的想法并予以实践，创新提案1件/年
	追求卓越	2级	能努力将工作做好，达到公司的要求，并对工作过程及成果做出初步分析	
	创新能力	2级	创新意识，自觉改进行为 1. 能够不时提出新想法、新思路，并尝试应用到实际工作中 2. 能够自觉对自己的工作方法和成果进行改进	

2.6 交互设计师职级标准（见表2.16至表2.18）

表2.16 交互设计师职级标准（概览）

职级	定位	经验		技能			核心素质		
		岗位工作经验	领域/行业工作经验	交互设计	视觉设计	用户研究	客户导向	追求卓越	创新能力
6级	本领域的权威，能根据公司总体发展战略，制定本领域的发展战略（规划），引领本领域的发展方向，确保方向的正确性和可持续发展性	至少8年设计工作经验，或取得上一级之职称后继续连续从事2年以上的设计工作	无	5级	3级	3级	4级	4级	4级

续表

职级	定位	经验		技能			核心素质		
^	^	岗位工作经验	领域/行业工作经验	交互设计	视觉设计	用户研究	客户导向	追求卓越	创新能力
5级	具有公司多个子系统的设计经验，是设计领域的专家，对软件设计知识和经验十分丰富完备	6年软件设计工作经验，或取得上一级之职称后继续连续从事2年以上的设计工作	无	5级	2级	3级	4级	4级	3级
4级	有较深入的设计经验，是某一领域的产品技术专家，能独立归纳问题和分析问题	至少4年软件设计工作经验	无	4级	2级	2级	4级	3级	3级
3级	能独立完成重要模块功能的设计工作，能独立发现和解决设计中的疑难问题。能够指导他人进行设计工作	至少3年软件设计工作经验	无	3级	2级	2级	3级	3级	3级
2级	有一定设计经验，工作中能独立完成过一个或者多个模块的设计，能够独立处理一般性设计问题	至少2年软件设计工作经验	无	2级	1级	1级	2级	2级	2级
1级	具备扎实的软件设计理论知识，有初级设计经验，在导师指导下能承担部分设计的工作，能协助他人完成部分模块功能的设计	至少1年软件设计工作经验	无	1级	—	—	2级	2级	2级

表2.17 交互设计师职级标准（技能）

职级	名称	等级	描述	相关证据		
^	^	^	^	项目经历	典型工作成果	知识共享
6级	交互设计	5级	1. 对用户体验有深刻的理解，精通UCD的设计思想，精通常用交互设计方法 2. 独立主导完成过大型应用软件的交互设计，有非常强的综合分析设计能力，有很强的创新能力，能够提炼和总结交互原则，同时能够指导设计师进行设计 3. 系统严谨的完成文档或文档体系，并能指导别人完成高质量的文档；能制作高标准的模板。 4. 精通常用交互设计工具、常用办公软件；能够培训指导他人使用；精通CSS及HTML网页设计 5. 对产品用户体验规范的构成及内容非常了解，能够打破传统，根据自己的经验对规范结构及内容进行创新	完整参与6个大型软件项目（1 000人天以上）并在其中担任核心设计人员	交互设计 1. 指导他人或独立完成完整产品的用户体验规划设计，在设计上存在重大创新 2. 重大交互方式创新，获得创新标兵2次 3. 创新改变设计流程，能够大幅提升产品用户体验设计水平 4. 独立承担公司产品的用户体验战略制定 5. 组织和参与公司产品的用户体验评审 6. 在公司内部分享网站上发表原创文章4篇以上 7. 分享项目总结经验文档至少4次 8. 开展用户体验相关知识培训至少3次 视觉设计 1. 达到视觉设计3级水平 2. 在视觉方案评审会议上，提出专业的意见，并被采纳 3. 协助视觉设计师完成视觉方案设计，设计良好体现了交互设计思路及目标 用户研究 1. 独立或与他人合作完成1项用户研究工作，输出高质量的用户研究报告，并最终影响了产品规划设计 2. 独立或与他人合作完成1项用户测试工作，分析结果、找出原因，并提出改进方案 3. 为用户研究提供研究方向2次以上	10次不同专题相关的培训、演讲、论文发表、学术文章、创新提案等知识总结分享或传播（其中含2次一级部门层面），2次通过的专利
^	视觉设计	3级	1. 拥有良好的审美观，拥有良好的色彩搭配、立体构成、平面构成知识，能够原创专业绘图作品，以及人物、静物描绘。熟练掌握的素描色彩绘画技巧 2. 熟悉本行业的整体情况，明确当前的流行趋势 3. 能够在吸收设计流行趋势的基础上进行创新，能够独立设计全套风格，包括设计定位分析、设计理念、界面原型 4. 在设计中能够考虑可用性、可开发性 5. 熟练使用Photoshop等像素绘图工具，独立完成高质量的视觉设计，并能清晰表达设计意图；能够手绘草图	^	^	^
^	用户研究	3级	1. 熟练掌握用户研究、心理学、统计分析理论，熟练掌握用户研究方法，熟练运用理论于实际工作中 2. 能够与他人合作完成高质量的用户研究工作 3. 熟练掌握用户研究常用的工具软件，如Access、Excel等，及其他专业工具使用	^	^	^

续表

职级	名称	等级	描述	相关证据		
				项目经历	典型工作成果	知识共享
5级	交互设计	5	1. 对用户体验有深刻的理解，精通UCD的设计思想，精通常用交互设计方法 2. 独立主导完成过大型应用软件的交互设计，有非常强的综合分析设计能力，有很强的创新能力，能够提炼和总结交互原则，同时能够指导设计师进行设计 3. 系统严谨的完成文档或文档体系，并能指导别人完成高质量的文档；能制作高标准的模板。 4. 精通常用交互设计工具、常用办公软件，能够培训导他人使用；精通CSS及HTML网页设计 5. 对产品用户体验规范的构成及内容非常了解，能够打破传统，根据自己的经验对规范结构及内容进行创新	完整参与5个大型软件项目（1 000人天以上）并在其中担任核心设计人员	**交互设计** 1. 指导他人或独立完成完整产品的用户体验规划设计至少2次，并在设计上存在重大创新 2. 重大交互方式创新，获得创新标兵至少1次 3. 创新改变设计流程，能够大幅提升产品用户体验设计水平 4. 独立承担公司产品的用户体验战略制定 5. 组织和参与公司产品的用户体验评审 6. 在公司内部分享网站上发表原创文章4篇以上 7. 分享项目总结经验文档至少4次 8. 开展用户体验相关知识培训至少3次 **视觉设计** 1. 达到视觉设计2级水平 2. 在视觉方案评审会议上，提出建设性的意见，并最终影响产品设计 3. 协助视觉设计师完成视觉方案设计，设计良好体现了交互设计思路及目标 **用户研究** 1. 独立或与他人合作完成1项用户研究工作，输出高质量的用户研究报告，并最终影响了产品规划设计 2. 独立或与他人合作完成1项用户测试工作，分析结果、找出原因，并提出改进方案 3. 为用户研究提供研究方向2次以上	8次专题相关的培训、演讲、论文发表、学术文章、创新提案等知识总结分享或传播（其中含2次二级部门层面），至少1个通过的专利
	视觉设计	2	1. 拥有基本的审美观，拥有基本的色彩搭配、立体构成、平面构成知识，掌握基本的素描色彩绘画技巧 2. 熟悉本行业的整体情况，基本熟悉当前的流行趋势 3. 把握设计流行趋势并合理的应用于工作内容 4. 熟练使用Photoshop等像素绘图工具，完成具体功能的视觉设计。能够手绘草图			
	用户研究	3	1. 熟练掌握用户研究、心理学、统计分析理论，熟练掌握用户研究方法，熟练运用理论于实际工作中 2. 能够与他人合作完成高质量的用户研究工作 3. 熟练掌握用户研究常用的工具软件，如Access、Excel等，及其他专业工具使用			
4级	交互设计	4	1. 对用户体验有深刻的理解，熟悉UCD的设计思想，精通常用交互设计方法 2. 参与过大型软件的框架交互设计，有很好的综合分析设计能力及创新能力。并能熟练使用交互设计工具，设计比较高质量的产品 3. 系统严谨的完成文档或文档体系 4. 精通常用交互设计工具、常用办公软件；能够培训指导他人使用；精通CSS及HTML网页设计 5. 精通产品用户体验规范的构成及内容，能独立完成规范结构的建立及内容的编写	完整参与3个大型软件项目（1 000人天以上）并在其中担任核心设计人员	**交互设计** 1. 独立完成1个独立产品的交互原型设计，并获得产品经理好评 2. 针对公司产品提出交互设计发展趋势建议 3. 完成1个概念产品的规划设计，并获得产品经理认可 4. 建立1套全新的用户体验规范体系 5. 参与公司产品的用户体验评审 6. 在公司内部分享网站上发表原创文章3篇以上 7. 分享项目总结经验文档至少3次 8. 开展用户体验相关知识培训至少2次 **视觉设计** 1. 达到视觉设计2级水平 2. 在视觉方案评审会议上，提出建设性的意见，并最终影响产品设计 3. 协助视觉设计师完成视觉方案设计，设计良好体现了交互设计思路及目标 **用户研究** 1. 在他人指导下完成1项用户研究工作，输出优秀的用户研究报告，并对产品规划设计产生影响 2. 在他人指导下完成1项用户测试工作，分析结果、找出原因，并改良了设计方案 3. 为用户研究提供研究方向1次以上	1年5次专题相关的培训、演讲、论文发表、学术文章、创新提案等知识总结分享或传播（其中含1次二级部门层面）
	视觉设计	2	1. 拥有基本的审美观，拥有基本的色彩搭配、立体构成、平面构成知识，掌握基本的素描色彩绘画技巧 2. 熟悉本行业的整体情况，基本熟悉当前的流行趋势 3. 把握设计流行趋势并合理的应用于工作内容 4. 熟练使用Photoshop等像素绘图工具，完成具体功能的视觉设计。能够手绘草图			
	用户研究	2	1. 基本掌握用户研究、心理学、统计分析理论，基本掌握用户研究的方法 2. 在导师指导下能进行完整的用户研究工作，并输出有价值的研究成果 3. 掌握用户研究常用的工具软件，如Access、Excel等，及其他专业工具的使用			

续表

职级	名称	等级	描述	相关证据		
				项目经历	典型工作成果	知识共享
3级	交互设计	3级	1. 对用户体验有自己的见解，精通常用交互设计方法 2. 有较好的综合分析设计能力和归纳总结能力，能够独立完成高质量的专题分析 3. 完成比较完善的设计文档，并按规则清晰地表达自己的设计意图 4. 精通常用交互设计工具、常用办公软件；能够培训指导他人使用；熟练使用CSS及HTML进行网页设计 5. 对产品用户体验规范的构成及内容非常了解，能独立完成规范内容的编写	完整参与3个软件项目（500人天以上）并在其中担任主要设计人员	交互设计 1. 独立完成1个模块的交互原型设计，并通过评审 2. 分享项目总结经验文档至少2次 3. 针对当前工作流程提出改进建议 4. 开展用户体验相关知识培训至少1次 5. 完成至少2个章节的规范内容的编写 6. 在公司内部分享网站上发表原创文章2篇以上 视觉设计 1. 达到视觉设计2级水平 2. 在视觉方案评审会议上，提出建设性的意见，并最终影响产品设计 3. 协助视觉设计师完成视觉方案设计，设计良好体现了交互设计思路及目标 用户研究 1. 在他人指导下完成1项用户研究工作，输出优秀的用户研究报告，并对产品规划设计产生影响 2. 在他人指导下完成1项用户测试工作，分析结果、找出原因，并改良了设计方案 3. 为用户研究提供研究方向1次以上	1年4次专题相关的培训、演讲、论文发表、学术文章、创新提案等知识总结分享或传播（其中含1次二级部门层面）
	视觉设计	2级	1. 拥有基本的审美观，拥有基本的色彩搭配、立体构成、平面构成知识，掌握基本的素描色彩绘画技巧 2. 熟悉本行业的整体情况，基本熟悉当前的流行趋势 3. 能够把握设计流行趋势并合理的应用于工作内容 4. 熟练使用Photoshop等像素绘图工具，完成具体功能的视觉设计，能够手绘草图			
	用户研究	2级	1. 基本掌握用户研究、心理学、统计分析理论，基本掌握用户研究的方法 2. 在导师指导下能进行完整的用户研究工作，并输出有价值的研究成果 3. 掌握用户研究常用的工具软件，如Access、Excel等，及其他专业工具的使用			
2级	交互设计	2级	1. 基本掌握用户体验概念，掌握常用的交互设计方法 2. 有效编写、解释、讲解可用性专题、规范专题，并完成分析任务 3. 基本掌握文档编写的方法，能对自己的设计编写优秀的说明文档 4. 熟练掌握常用交互设计工具、常用办公软件；基本掌握CSS及HTML网页设计 5. 基本掌握产品用户体验规范的构成及内容，在上一级指导下可进行部分规范内容的编写	完整参与1个软件项目（500人天以上）并在其中担任主要设计人员	交互设计 1. 在导师协助下完成1个完整功能的界面原型设计 2. 编写针对上述原型的交互说明文档，并通过评审 3. 在指导下完成至少1次对现有规范内容的修订 4. 分享项目总结经验文档至少1次 5. 在公司内部分享网站上发表原创文章1篇以上 视觉设计 1. 达到视觉设计1级水平 2. 了解至少1个视觉设计工具的使用 用户研究 1. 协助参与1项用户研究工作，负责其中至少1项工作 2. 协助参与1项用户测试工作，负责其中至少1项工作	1年2次专题相关的（如培训、演讲、论文发表、学术文章、创新提案、知识分享平台）等知识总结分享或传播
	视觉设计	1级	1. 拥有初步的审美观，拥有初步的色彩搭配、立体构成、平面构成知识，了解初步的素描色彩绘画技巧 2. 了解本行业的整体情况，了解当前的流行趋势 3. 借鉴设计流行趋势并应用于工作内容 4. 使用Photoshop等像素绘图工具，完成基本界面草图设计			
	用户研究	1级	1. 了解用户研究、心理学、统计分析基本理论，了解用户研究的流程及方法 2. 在导师指导下完成简单的用户研究工作，并输出成果 3. 了解用户研究常用的工具软件，如Access、Excel等			

续表

职级	名称	等级	描述	相关证据		
				项目经历	典型工作成果	知识共享
1级	交互设计	1级	1. 了解用户体验概念，初步掌握常用的交互设计方法 2. 能够按规范、模板和计划开展可用性项目 3. 了解文档的编写方法，能对自己的设计编写合理的说明文档 4. 基本掌握常用交互设计工具、常用办公软件；了解 CSS 及 HTML 网页设计 5. 了解产品用户体验规范的基本组成部分	有类似项目经历（参与过相关项目）	交互设计 1. 在导师的指导下完成单个界面的原型设计 2. 编写针对上述原型的交互说明文档	1年1次知识总结分享或传播
	视觉设计	N/A	N/A	有类似项目经历（参与过相关项目）		

表 2.18　交互设计师职级标准（素质）

职级	名称	等级	描述	绩效/行为表现
6级	客户导向	4级	主动服务，努力满足差异性需求 工作中总能遵循"explore-offer-action-confirm"主动了解客户需求、快速响应和解决问题并实时反馈，满足客户满意性需求，并努力采取行动为顾客创造可以预见的成果，经常满足客户的需求甚至超过客户的期望，获得客户认可	**客户导向** 1. 具有强烈的客户导向思维，主动挖掘用户深层次的需求，采用以用户为中心的设计思想及方法进行交互设计，严格执行 UCD 流程 2. 至少进行 3 次用户调研 3. 至少进行 3 次用户测试 4. 积极带动周围的人采用"以用户为中心"的思考及工作方式
	追求卓越	4级	在完成任务前有做成本-效益分析：在仔细计算过投入和产出的基础上做决定、定先后或选定目标：对潜在利润、投资盈利率或成本效益分析做详细明确考虑	**追求卓越** 1. 积极参加外部相关用户体验培训认证 2. 卓越的完成交互设计任务，并为他人的设计提供有益帮助 3. 主动优化系统，提出产品用户体验水平 2 个方案/年 4. 主动进行相关流程优化和规范修订，合理化建议 2 次/年 **创新能力**（KPI 指标） 具有强烈的创新意识，并积极推广，创新提案 4 件/年，创新标兵 2 次/年，专利 1 件/年
	创新能力	4级	领导本业务领域的创新，创新成果推广，得到广泛认可 能就本业务领域的关键工作提出业界认可的、突破性的理论或模型，并能公司范围内推广实施，受到周围同事的尊敬	
5级	客户导向	4级	主动服务，努力满足差异性需求 工作中总能遵循"explore-offer-action-confirm"主动了解客户需求、快速响应和解决问题并实时反馈，满足客户满意性需求；并努力采取行动为顾客创造可以预见的成果，经常满足客户的需求甚至超过客户的期望，获得客户认可	**客户导向** 1. 具有强烈的客户导向思维，主动采用以用户为中心的设计思想及方法进行交互设计，严格执行 UCD 流程；至少进行 3 次用户调研 2. 至少进行 3 次用户测试 3. 以"以用户为中心"的思考方式影响周围的人 **追求卓越** 1. 积极参加外部相关用户体验培训认证 2. 卓越的完成交互设计任务，并为他人的设计提供有益帮助 3. 主动优化系统，提出产品用户体验水平 2 个方案/年 4. 主动进行相关流程优化和规范修订，合理化建议 2 次/年 **创新能力** 具有强烈的创新意识，并积极推广，创新提案 4 件/年，创新标兵 2 次/年，专利 1 件/年
	追求卓越	4级	在完成任务前有做成本-效益分析：在仔细计算过投入和产出的基础上做决定 定先后或选定目标：对潜在利润、投资盈利率或成本效益分析做详细明确考虑	
	创新能力	3级	主动学习、创新，可见行为及成果 经常举一反三，提出新想法和思路并积极尝试，将自己实践成功的想法或工作思路在团队内推广，并让他人也能从中受益。取得一定可见成果	

续表

职级	名称	等级	描述	绩效/行为表现
4级	客户导向	4级	主动服务，努力满足差异性需求 工作中总能遵循"explore-offer-action-confirm"主动了解客户需求、快速响应和解决问题并实时反馈，满足客户满足性需求，并努力采取行动为顾客创造可以预见的成果，经常满足客户的需求甚至超过客户的期望，获得客户认可	客户导向 1. 具有强烈的客户导向思维，主动采用以用户为中心的设计思想及方法进行交互设计，严格执行UCD流程 2. 至少进行3次用户调研 3. 至少进行3次用户测试 4. 以"以用户为中心"的思考方式影响周围的人 追求卓越 1. 注重工作产品品质，获得质量标兵/先进标兵/年度优秀1次/年 2. 卓越的完成交互设计任务，并为他人的设计提供有益帮助 3. 主动优化系统，提升产品用户体验水平1个方案/年 4. 主动进行工作相关的流程优化和规范修订工作，合理化建议1次/年 创新能力 具有强烈的创新意识，创新提案3件/年，创新标兵1次/年
	追求卓越	3级	为日常工作设立目标，并积极努力达到这些目标，为自己的工作设立衡量优秀的标准，并向此标准努力。	
	创新能力	3级	主动学习、创新，可见行为及成果 经常举一反三，提出新想法和思路并积极尝试，将自己实践成功的想法或工作思路在团队内推广，并让他人也能从中受益。取得一定可见成果	
3级	客户导向	3级	快速反应，努力满足客户满足性需求 能第一时间响应客户的需求，采取某些行动让事情更完善，具体地为客户提供价值，能为客户着想，让事情做得更完美，并且提供亲切愉快的服务，经常满足客户满意性需求	客户导向 1. 具有较强的客户导向思维，工作中采用以用户为中心的设计思想及方法进行交互设计，严格执行UCD流程 2. 至少进行2次用户调研 3. 至少进行2次用户测试 追求卓越 1. 注重工作产品品质，获得质量标兵/先进标兵/年度优秀1次/年 2. 卓越的完成交互设计任务，并为他人的设计提供有益帮助 3. 主动优化系统，提升产品用户体验水平1个方案/年 4. 主动进行工作相关的流程优化和规范修订工作，合理化建议1次/年 创新能力 具有强烈的创新意识，创新提案3件/年，创新标兵1次/年
	追求卓越	3级	为日常工作设立目标，并积极努力达到这些目标，为自己的工作设立衡量优秀的标准，并向此标准努力	
	创新能力	3级	主动学习、创新，可见行为及成果 经常举一反三，提出新想法和思路并积极尝试，将自己实践成功的想法或工作思路在团队内推广，并让他人也能从中受益。取得一定可见成果	
2级	客户导向	2级	了解客户需求和自身职责对客户的价值，对客户的询问、需求、埋怨能采取行动，使客户熟悉事件进展，但不去了解、探究客户的根本问题和需求，不能抓住客户需求的核心	客户导向 1. 具有较强的客户导向思维，在设计中始终以用户需求为设计出发点，严格执行UCD流程，严格执行UCD流程 2. 至少进行1次用户调研 3. 至少进行1次用户测试 追求卓越 认真对待每项设计任务，并积极为同事的设计出谋划策 创新能力 具有较强的创新意识，不断提出有益的想法并予以实践，创新提案1件/年
	追求卓越	2级	能努力将工作做好，达到公司的要求，并对工作过程及成果做出初步分析	
	创新能力	2级	创新意识，自觉改进行为 能够不时提出新想法、新思路，并尝试应用到实际工作中，能够自觉对自己的工作方法和成果进行改进	
1级	客户导向	2级	了解客户需求和自身职责对客户的价值，对客户的询问、需求、埋怨能采取行动，使客户熟悉事件进展，但不去了解、探究客户的根本问题和需求，不能抓住客户需求的核心	客户导向 1. 具有较强的客户导向思维，在设计中始终以用户需求为设计出发点，严格执行UCD流程，严格执行UCD流程 2. 至少进行1次用户调研 3. 至少进行1次用户测试 追求卓越 认真对待每项设计任务，并积极为同事的设计出谋划策 创新能力 具有较强的创新意识，不断提出有益的想法并予以实践，创新提案1件/年
	追求卓越	2级	能努力将工作做好，达到公司的要求，并对工作过程及成果做出初步分析	
	创新能力	2级	创新意识，自觉改进行为 能够不时提出新想法、新思路，并尝试应用到实际工作中，能够自觉对自己的工作方法和成果进行改进	

2.7 视觉设计师职级标准（见表2.19至表2.21）

表2.19 视觉设计师职级标准（概览）

职级	定位	经验		技能			核心素质		
^	^	岗位工作经验	领域/行业工作经验	交互设计	视觉设计	用户研究	客户导向	追求卓越	创新能力
6级	本领域的权威，能根据公司总体发展战略，制定本领域的发展战略（规划），引领本领域的发展方向，确保方向的正确性和可持续发展性	至少8年设计工作经验，或取得上一职级后继续连续从事2年以上的设计工作	无	3级	5级	3级	4级	4级	4级
5级	具有公司多个子系统的设计经验，是设计领域的专家，对软件设计知识和经验十分丰富完备	至少6年软件设计工作经验，或取得上一职级后继续连续从事2年以上的设计工作	无	2级	5级	2级	4级	4级	3级
4级	有较深入的设计经验，是某一领域的产品技术专家，能独立归纳问题和分析问题	至少4年软件设计工作经验	无	2级	4级	2级	4级	3级	3级
3级	能独立完成重要模块功能的设计工作，能独立发现和解决设计中的疑难问题。能够指导他人进行设计工作	至少3年软件设计工作经验	无	2级	3级	1级	3级	3级	3级
2级	有一定设计经验，工作中能独立完成过一个或者多个模块的设计；能够独立处理一般性设计问题	至少2年软件设计工作经验	无	1级	2级	—	2级	2级	2级
1级	具备扎实的软件设计理论知识，有初级设计经验，在导师指导下能承担部分设计的工作，能协助他人完成部分模块功能的设计	至少1年软件设计工作经验	无	—	1级	2级	2级	2级	2级

表2.20 视觉设计师职级标准（技能）

职级	名称	等级	描述	相关证据		
^	^	^	^	项目经历	典型工作成果	知识共享
6级	交互设计	3级	1. 对用户体验有自己的见解，精通常用交互设计方法 2. 有较好的综合分析设计能力和归纳总结能力，能够独立完成高质量的专题分析 3. 能够完成比较完善的设计文档，并按规则清晰地表达自己的设计意图 4. 精通常用交互设计工具、常用办公软件；能够培训指导他人使用；熟练使用CSS及HTML进行网页设计 5. 对产品用户体验规范的构成及内容非常了解，能独立完成规范内容的编写	完整参与6个大型软件项目（1 000人天以上）并在其中担任核心设计人员	视觉设计 1. 重大产品的界面视觉设计，且在设计上引领业界潮流 2. 创新改变设计流程，能够大幅提升产品用户体验设计水平 （接下）	10次不同专题相关的培训、演讲、论文发表、学术文章、创新提案等知识总结分享或传播（其中含2次一级部门层面），2次通过的专利

续表

职级	名称	等级	描述	相关证据		
				项目经历	典型工作成果	知识共享
6级	视觉设计	5级	1. 出色的审美感，能敏锐把握最新趋势。在色彩、立体构成、平面构成知识方面具有权威性，对各画种绘画技巧非常了解 2. 能把握和推卷色彩流行趋势，明确用户预期，根据项目特点制定有效的色彩搭配体系，具有很强的造型及配色能力 3. 能够很好把握国内外流行时尚，把握宏观方向并有效推导未来发展趋势。设计理念定位准确，作品达到国际领先水平 4. 精通掌握 Photoshop，一种矢量图工具、图标工具来完成视觉设计工作。熟练掌握草图绘制和说明	完整参与6个大型软件项目（1000人天以上）并在其中担任核心设计人员	（接上） 交互设计 1. 了解至少2个交互设计工具的使用 2. 协助参与至少4个交互设计项目 3. 在交互设计评审会议上，提出专业意见，并被采纳 用户研究 1. 独立或与他人合作完成1项用户研究工作，输出高质量的用户研究报告，并最终影响了产品视觉设计 2. 独立或与他人合作完成1项用户测试工作，分析结果、找出原因，并提出改进方案 3. 为用户研究提供研究方向2次以上	10次不同专题相关的培训、演讲、论文发表、学术文章、创新提案等知识总结分享或传播（其中含2次一级部门层面），2次通过的专利
	用户研究	3级	1. 熟练掌握用户研究、心理学、统计分析理论，熟练掌握用户研究方法，熟练运用理论于实际工作中 2. 能够与他人合作完成高质量的用户研究工作 3. 熟练掌握用户研究常用的工具软件，如 Access、Excel 等，及其他专业工具使用			
5级	交互设计	2级	1. 基本掌握用户体验概念，掌握常用的交互设计方法 2. 能够有效编写、解释、讲解可用性专题、规范专题，并完成分析任务 3. 基本掌握文档编写的方法，能对自己的设计编写优秀的说明文档 4. 熟练掌握常用交互设计工具、常用办公软件；基本掌握 CSS 及 HTML 网页设计 5. 基本掌握产品用户体验规范的构成及内容，在上一级指导下可进行部分规范内容的编制	完整参与5个大型软件项目（1000人天以上）并在其中担任核心设计人员	视觉设计 1. 指导他人或独立完成完整产品的视觉设计至少2次，并在视觉效果上存在重大创新 2. 设计作品水平具有业界领先水平，获得创新标兵至少1次 3. 独立承担公司产品的品牌塑造 4. 组织和参与公司产品的用户体验评审 5. 在公司宣传用户体验知识而具有较大的影响力 6. 在公司内部分享网站上发表原创文章4篇以上 7. 分享项目总结经验文档至少4次 8. 开展用户体验相关知识培训至少3次 交互设计 1. 了解至少1个交互设计工具的使用 2. 协助参与至少2个交互设计项目 3. 在交互设计评审会议上，提出建设性的意见，并最终影响产品设计 用户研究 1. 在他人指导下完成1项用户研究工作，输出优秀的用户研究报告，并对产品规划设计产生影响 2. 在他人指导下完成1项用户测试工作，分析结果、找出原因，并改良了设计方案 3. 为用户研究提供研究方向1次以上	8次专题相关的培训、演讲、论文发表、学术文章、创新提案等知识总结分享或传播（其中含2次二级部门层面），至少1个通过的专利
	视觉设计	5级	1. 出色的审美感，能敏锐把握最新趋势。在色彩、立体构成、平面构成知识方面具有权威性，对各画种绘画技巧非常了解 2. 能把握和推卷色彩流行趋势，明确用户预期，根据项目特点制定有效的色彩搭配体系，具有很强的造型及配色能力 3. 能够很好把握国内外流行时尚，把握宏观方向并有效推导未来发展趋势。设计理念定位准确，作品达到国际领先水平 4. 精通掌握 Photoshop，一种矢量图工具、图标工具来完成视觉设计工作。熟练掌握草图绘制和说明			
	用户研究	2级	1. 基本掌握用户研究、心理学、统计分析理论，基本掌握用户研究的方法 2. 在导师指导下能进行完整的用户研究工作，并输出有价值的研究成果 3. 掌握用户研究常用的工具软件，如 Access、Excel 等，及其他专业工具的使用			

续表

职级	名称	等级	描述	相关证据		
				项目经历	典型工作成果	知识共享
4级	交互设计	2级	1. 基本掌握用户体验概念，掌握常用的交互设计方法 2. 能够有效编写、解释、讲解可用性专题、规范专题，并完成分析任务 3. 基本掌握文档编写的方法，能对自己的设计编写优秀的说明文档 4. 熟练掌握常用交互设计工具、常用办公软件；基本掌握 CSS 及 HTML 网页设计 5. 基本掌握产品用户体验规范的构成及内容，在指导下可进行部分规范内容的编写	完整参与3个大型软件项目（1 000人天以上）并在其中担任核心设计人员	**视觉设计** 1. 独立完成1个独立产品的视觉设计，并获得产品经理好评 2. 针对公司产品提出视觉发展趋势建议 3. 完成1个概念产品的视觉设计，并区产品经理认可 4. 在公司宣传用户体验知识而具有一定的影响力 5. 完成1套视觉规范的建立 6. 在公司内部分享网站上发表原创文章3篇以上 7. 分享项目总结经验文档至少3次 8. 开展用户体验相关知识培训至少2次 **交互设计** 1. 了解至少1个交互设计工具的使用 2. 协助参与至少2个交互设计项目 3. 在交互设计评审会议上，提出建设性的意见，并最终影响产品设计 **用户研究** 1. 在他人指导下完成1项用户研究工作，输出优秀的用户研究报告，并对产品规划设计产生影响 2. 在他人指导下完成1项用户测试工作，分析结果、找出原因，并改良了设计方案 3. 为用户研究提供研究方向1次以上	1年5次专题相关的培训、演讲、论文发表、学术文章、创新提案等知识总结分享或传播（其中含1次二级部门层面）
	视觉设计	4级	1. 出色的审美感，能敏锐把握最新趋势。具有专业的色彩、立体构成、平面构成知识，具有较强的造型及配色能力，对各画种绘画技巧有一定程度的了解 2. 熟悉本行业的整体情况，能根据整体态势进行分析，有效的提取和过滤有用信息，分析并支持设计 3. 图形设计方面独树一帜，能够引领团队和国内时代潮流。在设计、构思、创意方面综合表现非常出色 4. 在设计中能够考虑可用性、可开发性 5. 精通掌握 Photoshop、一种矢量图工具、图标工具来完成视觉设计工作，熟练掌握草图绘制和说明			
	用户研究	2级	1. 基本掌握用户研究、心理学、统计分析理论，基本掌握用户研究的方法 2. 在导师指导下能进行完整的用户研究工作，并输出有价值的研究成果 3. 掌握用户研究常用的工具软件，如 Access, Excel 等，及其他专业工具的使用			
3级	交互设计	2级	1. 基本掌握用户体验概念，掌握常用的交互设计方法 2. 能够有效编写、解释、讲解可用性专题、规范专题，并完成分析任务 3. 基本掌握文档编写的方法，能对自己的设计编写优秀的说明文档 4. 熟练掌握常用交互设计工具、常用办公软件；基本掌握 CSS 及 HTML 网页设计 5. 基本掌握产品用户体验规范的构成及内容，在上一级指导下可进行部分规范内容的编写	完整参与3个软件项目（500人天以上）并在其中担任主要设计人员	**视觉设计** 1. 独立完成1个模块的视觉设计，并通过评审 2. 完成至少2个视觉规范的编写 3. 独立完成至少1次客户支持项目 4. 针对当前工作流程提出改进建议 5. 开展视觉设计相关知识培训至少1次 6. 在公司内部分享网站上发表原创文章2篇以上	1年4次专题相关的培训、演讲、论文发表、学术文章、创新提案等知识总结分享或传播（其中含1次二级部门层面）

续表

职级	名称	等级	描述	相关证据		
				项目经历	典型工作成果	知识共享
3级	视觉设计	3级	1. 拥有良好的审美观，拥有良好的色彩搭配、立体构成、平面构成知识，能够原创专业绘图作品，以及人物、静物描绘。熟练掌握的素描色彩绘画技巧 2. 熟悉本行业的整体情况，明确当前的流行趋势 3. 能够在吸收设计流行趋势的基础上进行创新，能够独立设计全套风格，包括设计定位分析、设计理念、界面原型 4. 在设计中能够考虑可用性、可开发性 5. 熟练使用Photoshop等像素绘图工具，独立完成高质量的视觉设计，并能清晰表达设计意图；能够手绘草图	完整参与3个软件项目（500人天以上）并在其中担任主要设计人员	交互设计 1. 了解至少1个交互设计工具的使用 2. 协助参与至少2个交互设计项目 3. 在交互设计评审会议上，提出建设性的意见，并最终影响产品设计 用户研究 1. 协助参与1项用户研究工作，负责其中至少1项工作 2. 协助参与1项用户测试工作，负责其中至少1项工作	1年4次专题相关的培训、演讲、论文发表、学术文章、创新提案等知识总结分享或传播（其中含1次二级部门层面）
	用户研究	1级	1. 了解用户研究、心理学、统计分析基本理论，了解用户研究的流程及方法 2. 能够在导师指导下完成简单的用户研究工作，并输出成果 3. 了解用户研究常用的工具软件，如Access、Excel等			
2级	交互设计	1级	1. 了解用户体验概念，初步掌握常用的交互设计方法 2. 能够按规范、模板和计划开展可用性项目 3. 了解文档的编写方法，能对自己的设计编写合理的说明文档 4. 基本掌握常用交互设计工具、常用办公软件；了解CSS及HTML网页设计 5. 了解产品用户体验规范的基本组成部分	完整参与1个软件项目（500人天以上）并在其中担任主要设计人员	视觉设计 1. 在导师协助下完成1个完整功能的视觉设计，并输出视觉规范 2. 完成产品或功能模块图标的设计 3. 在指导下完成至少1次视觉规范编写 4. 分享项目总结经验文档至少1次 5. 在公司内部分享网站上发表原创文章1篇以上 交互设计 1. 了解至少1个交互设计工具的使用 2. 协助参与至少1个交互设计项目 用户研究 不要求	1年2次专题相关的（如培训、演讲、论文发表、学术文章、创新提案、知识分享平台）等知识总结分享或传播
	视觉设计	2级	1. 拥有基本的审美观，拥有基本的色彩搭配、立体构成、平面构成知识，掌握基本的素描色彩绘画技巧 2. 熟悉本行业的整体情况，基本熟悉当前的流行趋势 3. 能够把握设计流行趋势并合理的应用于工作内容 4. 熟练使用Photoshop等像素绘图工具，完成具体功能的视觉设计。能够手绘草图			
	用户研究	N/A	N/A			
1级	交互设计	N/A	N/A	有类似项目经历（参与过相关项目）		
	视觉设计	1级	1. 拥有初步的审美观，拥有初步的色彩搭配、立体构成、平面构成知识，了解初步的素描色彩绘画技巧 2. 了解本行业的整体情况，了解当前的流行趋势 3. 能够借鉴设计流行趋势并应用于工作内容 4. 能够使用Photoshop等像素绘图工具，完成基本界面草图设计	有类似项目经历（参与过相关项目）	视觉设计 1. 在导师的指导下完成单个界面的视觉设计 2. 在导师的指导下完成工具栏图标的设计	1年1次知识总结分享或传播

表 2.21 视觉设计师职级标准（素质）

项目职级	名称	等级	描述	绩效/行为表现
6级	客户导向	4级	主动服务，努力满足差异性需求 工作中总能遵循"explore-offer-action-confirm" 主动了解客户需求、快速响应和解决问题并实时反馈，满足客户满足性需求；并努力采取行动为顾客创造可以预见的成果，经常满足客户的需求甚至超过客户的期望，获得客户认可	**客户导向** 1. 具有强烈的客户导向思维，主动挖掘用户深层次的需求，采用以用户为中心的设计思想及方法进行交互设计，严格执行 UCD 流程 2. 至少进行 3 次用户调研 3. 至少进行 3 次用户测试 **追求卓越** 1. 积极参加外部相关用户体验培训认证 2. 主动优化系统，提升产品用户体验水平 2 个方案/年 3. 主动进行工作相关的流程优化和规范修订工作，合理化建议 2 次/年 **创新能力** 具有强烈的创新意识，并积极推广，创新提案 4 件/年，创新标兵 2 次/年，专利 1 件/年
6级	追求卓越	4级	在完成任务前有做成本-效益分析：在仔细计算过投入和产出的基础上做决定 定先后或选定目标：对潜在利润、投资盈利率或成本效益分析做详细明确考虑	^
6级	创新能力	4级	领导本业务领域的创新，创新成果推广，得到广泛认可 能就本业务领域的关键工作提出业界认可的、突破性的理论或模型，并能公司范围内推广实施，受到周围同事的尊敬	^
5级	客户导向	4级	主动服务，努力满足差异性需求 工作中总能遵循"explore-offer-action-confirm" 主动了解客户需求、快速响应和解决问题并实时反馈，满足客户满足性需求；并努力采取行动为顾客创造可以预见的成果，经常满足客户的需求甚至超过客户的期望，获得客户认可	**客户导向** 1. 具有强烈的客户导向思维，主动采用以用户为中心的设计思想及方法进行交互设计，严格执行 UCD 流程 2. 至少进行 3 次用户调研 3. 至少进行 3 次用户测试 **追求卓越** 1. 积极参加外部相关用户体验培训认证 2. 主动优化系统，提升产品用户体验水平 2 个方案/年 3. 主动进行工作相关的流程优化和规范修订工作，合理化建议 2 次/年 **创新能力** 具有强烈的创新意识，并积极推广，创新提案 4 件/年，创新标兵 2 次/年，专利 1 件/年
5级	追求卓越	4级	在完成任务前有做成本-效益分析：在仔细计算过投入和产出的基础上做决定 定先后或选定目标：对潜在利润、投资盈利率或成本效益分析做详细明确考虑	^
5级	创新能力	3级	主动学习、创新，可见行为及成果 经常举一反三，提出新想法和思路并积极尝试，将自己实践成功的想法或工作思路在团队内推广，并让他人也能从中受益。取得一定可见成果	^
4级	客户导向	4级	主动服务，努力满足差异性需求 工作中总能遵循"explore-offer-action-confirm" 主动了解客户需求、快速响应和解决问题并实时反馈，满足客户满足性需求；并努力采取行动为顾客创造可以预见的成果，经常满足客户的需求甚至超过客户的期望，获得客户认可	**客户导向** 1. 具有强烈的客户导向思维，主动采用以用户为中心的设计思想及方法进行交互设计，严格执行 UCD 流程 2. 至少进行 3 次用户调研 3. 至少进行 3 次用户测试 **追求卓越** 1. 注重工作产品品质，获得质量标兵/先进标兵/年度优秀 1 次/年 2. 卓越地完成交互设计任务，并为他人的设计提供有益帮助 3. 主动优化系统，提升产品用户体验水平 1 个方案/年 4. 主动进行工作相关的流程优化和规范修订工作，合理化建议 1 次/年 **创新能力** 具有强烈的创新意识，创新提案 3 件/年，创新标兵 1 次/年
4级	追求卓越	3级	为日常工作设立目标，并积极努力达到这些目标，为自己的工作设立衡量优秀的标准，并向此标准努力	^
4级	创新能力	3级	主动学习、创新，可见行为及成果 经常举一反三，提出新想法和思路并积极尝试，将自己实践成功的想法或工作思路在团队内推广，并让他人也能从中受益。取得一定可见成果	^

续表

项目职级	名称	等级	描述	绩效/行为表现
3级	客户导向	3级	快速反应，努力满足客户满足性需求 能第一时间响应客户的需求，采取某些行动让事情更完善，具体地为客户提供价值，能为客户着想，让事情做得更完美，并且提供亲切愉快的服务，经常满足客户满意性需求	**客户导向** 1. 具有较强的客户导向思维，工作中采用以用户为中心的设计思想及方法进行交互设计，严格执行UCD流程 2. 至少进行2次用户调研 3. 至少进行2次用户测试 **追求卓越** 1. 注重工作产品品质，获得质量标兵/先进标兵/年度优秀1次/年 2. 主动优化系统，提升产品用户体验水平1个方案/年 3. 主动进行工作相关的流程优化和规范修订工作，合理化建议1次/年 **创新能力** 具有强烈的创新意识，创新提案3件/年，创新标兵1次/年
	追求卓越	3级	为日常工作设立目标，并积极努力达到这些目标，为自己的工作设立衡量优秀的标准，并向此标准努力	
	创新能力	3级	主动学习、创新，可见行为及成果 经常举一反三，提出新想法和思路并积极尝试，将自己实践成功的想法或工作思路在团队内推广，并让他人也能从中受益。取得一定可见成果	
2级	客户导向	2级	了解客户需求和自身职责对客户的价值，对客户的询问、需求、埋怨能采取行动，使客户熟悉事件进展，但不去了解、探求客户的根本问题和需求，不能抓住客户需求的核心	**客户导向** 1. 具有较强的客户导向思维，在设计中始终以用户需求为设计出发点，严格执行UCD流程，严格执行UCD流程 2. 至少进行1次用户调研 3. 至少进行1次用户测试 **追求卓越** 1. 认真对待每项设计任务，并积极为同事的设计出谋划策 **创新能力** 2. 具有较强的创新意识，不断提出有益的想法并予以实践，创新提案1件/年
	追求卓越	2级	能努力将工作做好，达到公司的要求，并对工作过程及成果做出初步分析	
	创新能力	2级	创新意识，自觉改进行为 能够不时提出新想法、新思路，并尝试应用到实际工作中，能够自觉对自己的工作方法和成果进行改进	
1级	客户导向	2级	了解客户需求和自身职责对客户的价值，对客户的询问、需求、埋怨能采取行动，使客户熟悉事件进展，但不去了解、探求客户的根本问题和需求，不能抓住客户需求的核心	**客户导向** 1. 具有较强的客户导向思维，在设计中始终以用户需求为设计出发点，严格执行UCD流程，严格执行UCD流程 2. 至少进行1次用户调研 3. 至少进行1次用户测试 **追求卓越** 1. 认真对待每项设计任务，并积极为同事的设计出谋划策 **创新能力** 2. 具有较强的创新意识，不断提出有益的想法并予以实践，创新提案1件/年
	追求卓越	2级	能努力将工作做好，达到公司的要求，并对工作过程及成果做出初步分析	
	创新能力	2级	创新意识，自觉改进行为 能够不时提出新想法、新思路，并尝试应用到实际工作中，能够自觉对自己的工作方法和成果进行改进	

2.8 测试设计工程师职级标准（见表2.22至表2.24）

表2.22 测试设计工程师职级标准（概览）

职级	定位	经验		技能			核心素质		
		岗位工作经验	领域/行业工作经验	测试执行技能	测试技术技能	测试设计技能	客户导向	追求卓越	创新能力
6级	根据公司总体发展战略，制定ERP产品的测试战略，引领技术方向，确保技术方向的正确性和可持续发展性	至少10年软件开发或测试工作经验或取得上一职级后继续连续从事2年以上的研发工作；能不断完善公司测试体系，熟悉CMM4流程，有CMM4框架下完整的项目经历	无	3级	5级	5级	5级	5级	5级
5级	根据公司总体发展战略，制定多个业务领域的测试战略，引领多个业务领域的测试技术发展方向	至少8年软件开发或测试工作经验或取得上一职级后继续连续从事2年以上的研发工作；能不断完善公司测试体系，熟悉CMM4流程，有CMM4框架下完整的项目经历	无	3级	4级	5级	5级	5级	4级
4级	公司内本领域专家，对该领域的知识和经验十分丰富完备，能独立制订产品的测试设计规划	至少6年软件研发工作经验或取得上一职级后继续连续从事2年以上的软件研发工作；能不断完善公司测试体系，熟悉CMM4流程，有CMM4框架下完整的项目经历	无	3级	4级	4级	4级	5级	4级
3级	能独立完成本领域内的用例设计工作，能够把控本领域内的测试设计质量	至少4年软件研发工作经验，深入理解公司测试体系，并能在项目测试过程中熟练应用，达到CMM3的要求，在公司参加过完整的项目测试，熟悉项目研发过程	无	3级	3级	4级	3级	4级	3级
2级	能独立完成核心模块的用例设计工作，能独立发现和解决的一般问题	至少3年软件研发工作经验，深入理解公司测试体系，并能在项目测试过程中熟练应用，达到CMM3的要求，在公司参加过完整的项目测试，熟悉项目研发过程	无	3级	2级	3级	3级	3级	2级
1级	有一定测试用例设计经验，在他人指导下能完成部分模块用例设计工作	至少2年软件研发工作经验，理解公司测试体系，了解KDSP基本框架及跟工作相关的核心工作流程，达到CMM2的要求，了解项目测试过程	无	2级	2级	2级	2级	2级	2级

表 2.23 测试设计工程师职级标准（技能）

职级	名称	等级	描述	项目经历	典型工作成果（以下要求的"可选"部分至少达到2项）	知识共享
	测试执行技能	3级	能严格遵照缺陷管理要求，结合业务自身特点和测试计划，独立制订测试用例，执行测试，并保证测试用例的高效执行，缺陷发现质量和有效性在团队内部名列前茅，能提前提交较高质量要求的测试成果		**测试执行技能** 1. 在每个项目中，发现重大缺陷（数据、性能、需求缺陷，或评选出的有价值漏洞）的比例在5%以上 2. 测试用例发现漏洞率达到65%以上 3. 漏洞解决率达到项目平均水平 4. 漏洞失效率低于平均水平，并达到项目公约要求（可选） 5. 漏洞发现数量达到平均水平（可选） 6. 获得测试部评选优秀（可选） 7. 获研发质量标兵（可选） 8. 漏洞解决率在98%以上（可选）	
	测试技术技能	5级	掌握所负责产品的多平台集群模式应用；自动化部署；数据库框架应用（2种以上）知识；性能测试调优	负责9个项目的设计（含1个产品的测试设计规划）	**测试技术技能** 1. 每个项目中，需求评审阶段，能够针对公司产品，提出有重大价值的5个及以上的评审缺陷，并被采纳 2. 能够独立解决所负责产品环境部署过程中常见问题 3. 最近1年至少完成1个自动化测试用例脚本调试，或1次合并测试库建立并测试开展灰盒测试，日志中含有效的数据库验证进行数据独立进行数据库验证测试开展灰盒测试，每个项目有1个及以上的灰盒分析，或掌握基本的数据库知识，能够对公司2个产品提出有价值的评审缺陷并被采纳测试成果 4. 在规划评审阶段，能够对公司2个产品提出有价值的评审缺陷规划和方案	10次专题相关的培训，演讲、论文发表、学术文章等知识总结分享或传播（其中含4次一级部门层面）
6级	测试设计技能	5级	独立主导过大型项目的测试设计、精通测试设计方法，有非常强的能够指导测试设计人员进行测试需求分析和测试用例的设计与编写工作		**测试设计技能** 1. 每个项目中，完成整个项目的测试设计总体规划和方案 2. 每个项目中，作为主要测试设计者，有2个跨系统或跨领域测试设计用例的成果输出，或由部门认定具有一定难度的专项测试设计计划（KPI） 3. 每年本组，参与本组测试设计评审3次，评审发现高于平均设计用例的95%以上的测试设计评审成果 4. 参加其他组的测试设计方法进行设计（可选） 5. 使用新的测试设计方法进行测试设计（可选） 6. 获有价值的测试设计与评审发现（可选）	

续表

| 职级 | 名称 | 等级 | 描述 | 相关证据 |||
				项目经历	典型工作成果（以下要求的"可选"部分至少达到2项）	知识共享
	测试执行技能	3级	能严格遵照缺陷管理要求，结合业务自身特点和测试用例，独立制订测试执行计划，并保证测试用例的高效执行，缺陷发现质量和有效性在团队内部名列前茅，能提前提交较高质量要求的测试成果		测试执行技能 1. 在每个项目中，发现漏洞数量在65%以上 2. 测试用例解决率达到项目平均水平 3. 漏洞失效率低于项目平均水平，并且达到项目公约要求 4. 漏洞发现数量达到项目公约要求（可选） 5. 漏洞评选达到优秀（可选） 6. 获得测试部评选优兵（可选） 7. 获研发质量标兵（可选） 8. 漏洞解决率在98%以上（可选）	
5级	测试技术技能	4级	掌握所负责产品的多平台集群模式部署；自动化脚本调试能力；数据库（2种以上）操作；性能测试问题定位	负责7个项目的设计（包括1个项目的整体测试方案）	测试技术技能 1. 产品客户端 & 服务端 Windows 环境部署 2. 数据库基本应用（建库、备份、恢复）等基本操作 3. 产品客户端 & 服务端多平台集群模式部署 4. 产品客户端 & 服务端多平台集群模式部署（可选） 5. 性能测试方案的执行（可选）（性能测试必选） 6. 性能测试脚本开发（可选）（性能测试必选） 7. 性能问题定位 & 性能调优工作成果输出（可选） 8. 至少有1个开发的测试用例工具输出（A类）（可选） 9. 至少1个灰盒测试用例输出（可选） 10. 自动化部署、执行 11. 自动化日志分析 12. 自动化脚本开发 & 脚本调试（可选）（自动化必选） 13. 自动化框架建立 & 应用	10次专题相关的培训、演讲，论文发表，学术文章等知识总结分享或传播（其中含3次一级部门层面）
	测试设计技能	5级	独立主导过大型项目的测试设计，有非常强的测试设计分析能力，能指导测试设计人员进行测试需求和测试用例的设计与编写工作		测试设计技能 1. 每个项目中，完成整个项目的测试设计总体规划和方案 2. 每个项目中，作为主要设计者，有2个系统或跨领域内的方案测试用例的成果输出，或由部门认定具有一定难度的专项测试用例设计成果 3. 每个项目中，主导本领域内测试设计评审95%以上的测试用例评审、评审发现高于项目管理的要求 4. 参加其他组的测试设计评审3次，评审发现高于项目管理的要求 5. 参加跨部门的评审（包含但不限于项目规划、需求评审），评审发现高于项目管理的要求 6. 使用新的测试方法进行测试设计（可选） 7. 获有价值的评审发现	

续表

职级	名称	等级	描述	项目经历	相关证据		
					典型工作成果（以下要求的"可选"部分至少达到2项）	知识共享	
4级	测试执行技能	3级	能严格遵照缺陷管理要求，结合业务自身特点和测试计划，独立制订测试用例，并保证测试执行用例的高效执行，缺陷发现质量和有效性在团队内部名列前茅，能提前提交较高质量要求的测试成果		**测试执行技能** 1. 在每个项目中，发现重大缺陷（数据、性能、需求缺陷，或评选出的有价值漏洞）的比例在5%以上 2. 测试用例发现漏洞数量达到项目平均水平65%以上 3. 漏洞解决率达到子平均水平，并且达到项目公约要求 4. 漏洞失效率低于子平均水平（可选） 5. 漏洞发现数量达到平均水平（可选） 6. 获得测试部评选优秀（可选） 7. 获研发质量标兵（可选） 8. 漏洞解决率在98%以上（可选）		
	测试技术技能	4级	掌握所负责产品的多平台集群模式部署；自动化脚本调试能力；数据库（2种以上）操作；性能测试问题定位	负责5个项目的设计（其中含2个子系统）	**测试技术技能** 1. 产品客户端 & 服务端 Windows 环境部署 2. 数据库基本应用（建库、备份、恢复）等基本操作 3. 产品客户端 & 服务端多平台集群模式部署（可选） 4. 产品客户端 & 服务端多平台集群模式部署（性能测试必选） 5. 性能测试方案脚本开发（可选）（性能测试必选） 6. 性能测试脚本执行（可选）（性能测试必选） 7. 性能调优 & 性能调优测试工具输出（可选） 8. 至少有1个开发的测试用例的工作成果输出（可选） 9. 至少1个灰盒测试用例输出（A类）（可选） 10. 自动化部署、执行 11. 自动化日志分析 12. 自动化脚本开发 & 脚本调试（可选）（自动化必选） 13. 自动化框架建立 & 应用（可选）	8次专题相关的培训、演讲、论文发表、学术文章或知识总结分享传播（其中含一级部门层面）	
	测试设计技能	4级	熟练使用测试设计方法，作为骨干参与过大型项目的测试设计，在测试需求和测试用例设计过程中，能够经常进行总结分析和深入思考，对测试设计进行优化，有助于提升测试执行效率和测试质量		**测试设计技能** 1. 每个项目中，完成1个系统，或专项，或测试组的方案设计的规划定具有一定难度的专项测试方案设计或跨系统或跨领域的测试用例设计成果 2. 每个项目中，作为主要设计者，有1个测试系统的方案设计的成果输出 3. 参加其他组的测试用例设计评审90%以上的测试用例评审，评审发现高于项目的要求 4. 参加本组的测试用例设计评审2次，评审发现高于项目管理的要求 5. 每个项目中完成1项的测试设计方案评审（可选） 6. 获得测试组测试设计方法评优、一、二、三等奖（可选） 7. 使用新的测试设计方法进行测试设计评审（可选） 8. 获有价值的测试设计评审发现（可选）	2次一级部门层面	

续表

职级	名称	等级	描述	项目经历	相关证据	
					典型工作成果（以下要求的"可选"部分至少达到2项）	知识共享
3级	测试执行技能	3级	能严格遵照缺陷管理要求，结合业务自身特点和测试用例，独立制订测试执行计划，并保证测试用例的高效执行，缺陷发现质量和有效性在团队内部名列前茅，能提前提交较高质量要求的测试的成果		**测试执行技能** 1. 在每个项目中，发现重大缺陷（数据、性能、需求缺陷，或评选出的有价值漏洞）的比例在5%以上 2. 测试用例发现漏洞数量在65%以上 3. 漏洞解决率达到项目平均水平 4. 漏洞失效率低于项目平均水平，并目达到项目公约要求（可选） 5. 漏洞发现数量达到平均水平（可选） 6. 获得测试部评选优秀（可选） 7. 成为质量标兵（可选） 8. 漏洞解决率在98%以上（可选） **测试技术技能** 1. 产品客户端 & 服务端 Windows 环境部署 2. 数据库基本应用（建库、备份、恢复）等基本操作 3. 产品客户端 & 服务端多平台环境部署 4. 产品客户端 & 服务端多平台集群模式部署（可选） 5. 性能测试方案的执行（可选）（性能测试必选） 6. 性能测试脚本开发（可选）（性能测试必选） 7. 性能问题定位 & 性能调优方案的工具成果输出（可选） 8. 至少有1个开发的测试用例的工具输出（A类）（可选） 9. 至少1个灰盒测试用例输出（A类）（可选） 10. 自动化部署、执行 11. 自动化日志分析 12. 自动化脚本开发 & 脚本调试（可选）（自动化必选） 13. 自动化框架建立 & 应用（可选）	
	测试技术技能	3级	掌握所负责产品的多平台部署；自动化脚本调试能力；数据库（2种以上）操作；性能测试脚本开发	负责3个项目的设计（其中含1个子系统）		
	测试设计技能	4级	熟练使用测试设计方法，作为骨干参与过大型项目的测试设计，在测试需求和测试用例的设计过程中，和测试经常进行总结反思和深入思考，对测试设计进行优化，有助于提升测试执行效率和测试执行质量		**测试设计技能** 1. 每个项目中，完成1个系统，或专项，有1个跨系统或跨领域的方案测试用例的成果输出，或由部门认定具有一定难度的专项测试任务的规划 2. 每个项目中，作为主要设计者，有1个跨系统或跨领域的方案测试设计的规划 3. 每个项目中，参与本组90%以上的测试用例评审 4. 参加其他项目的测试设计评审2次，评审发现高于项目管理的要求 5. 每个项目中，完成整个项目的测试设计体系规划和方案（可选） 6. 获得测试用例设计评审优秀、一、二、三等奖（可选） 7. 使用新的测试设计方法进行测试设计（可选） 8. 获有价值的测试设计评审发现（可选）	1年5次专题相关的培训，演讲、学术文发表等知识总结分享或传播（其中含1次一级部门层面的培训）

续表

职级	名称	等级	描述	项目经历	相关证据	
					典型工作成果（以下要求的"可选"部分至少达到2项）	知识共享
2级	测试执行技能	3级	能严格遵照缺陷管理要求，结合业务自身特点和测试用例，独立制订测试用执行计划，并保证测试用例的高效执行，缺陷发现质量和有效性在团队内部名列前茅，能提前提交较高质量要求的测试的成果		**测试执行技能** 1. 在每个项目中，发现重大缺陷（数据、性能、需求缺陷，或评选出的有价值漏洞）的比例在5%以上。 2. 测试用例发现漏洞数量在65%以上 3. 漏洞解决率达到项目平均水平 4. 漏洞失效率低于平均水平，并且达到项目公约要求（可选） 5. 漏洞发现数量达到平均水平（可选） 6. 获得测试部评选优秀（可选） 7. 获研发质量标兵（可选） 8. 漏洞解决率在98%以上（可选）	
	测试技术技能	2级	掌握所负责产品的Windows平台部署；自动化日志分析能力；数据库（2种以上）基本操作；性能测试方案执行能力	负责1个项目的测试执行，2个项目的模块设计（其中含1个核心模块）	**测试技术技能** 1. 产品客户端 & 服务端 Windows 环境部署 2. 数据库基本应用（建库、备份、恢复）等基本操作 3. 产品客户端 & 服务端多平台环境部署（可选） 4. 产品客户端 & 服务端多平台集群模式部署（可选） 5. 性能测试方案的执行（可选）（性能测试必选） 6. 性能测试脚本开发（可选） 7. 性能问题定位 & 性能调优方案的工作成果输出（可选） 8. 至少有1个开发的测试用例输出（A类）（可选） 9. 至少1个灰盒测试用例输出（可选） 10. 自动化部署、执行 11. 自动化日志分析（可选）（自动化必选） 12. 自动化脚本开发 & 脚本调试（可选） 13. 自动化框架建立 & 应用（可选）	1年4次专题相关的培训，演讲、论文发表、学术文章等知识总结分享或传播（其中含1次二级部门层面）
	测试设计技能	3级	掌握测试设计方法并能在测试用例设计过程中运用，能够给出测试资源和时间等客观因素根据业务本身的特点，进行测试需求和测试用例的设计，通过两者的紧密结合及不同类型测试用例设计安排，保证测试设计的有效性		**测试设计技能** 1. 在每个项目中，作为主要设计者，有1个跨系统或跨领域的方案测试用例的成果输出，或由部门认定具有一定难度的专项测试成果 2. 在每个项目中，有各户场景类，复杂流程类，数据类等用例中的任意2种类型的测试用例输出 3. 在每个项目中，参与本组成本领域80%以上的测试用例设计的评审，评审发现达到项目管理的要求 4. 参加其他组的测试用例评审1次，评审发现1次，评审达到项目管理的要求（可选） 5. 有灰盒测试用例输出（可选） 6. 获得测试用例设计评优奖、一、二、三等奖（可选） 7. 使用新有价值的测试设计方法进行测试发现（可选） 8. 获有价值的测试设计做整体规划（可选） 9. 对项目组测试设计做整体规划（可选）	

续表

| 职级 | 名称 | 等级 | 描述 | 项目经历 | 相关证据 |||
					典型工作成果（以下要求的"可选"部分至少达到2项）	知识共享
1级	测试执行技能	2级	能按照缺陷管理要求和测试设计执行的彻底执行测试，测试设计独立执行，保证测试按时提交符合一定质量要求的测试成果		**测试执行技能** 1. 在每个项目中，漏洞发现效率高于本人上个项目的发现效率，或部门经理层认定合格 2. 测试用例发现缺陷数达到65%及以上 3. 漏洞解决率达到90%及以上 4. 在每个项目中，发现重大缺陷（数据、性能、需求缺陷，或评选出的有价值漏洞）的比例达到项目公约要求（可选） 5. 漏洞失效率低于平均水平，并目达到项目公约要求（可选） 6. 漏洞发现数量达到平均水平（可选） 7. 获得测试部评选优秀（可选） 8. 获研发质量标兵（可选） 9. 漏洞解决率在98%以上（可选）	
	测试技术技能	2级	掌握所负责产品的Windows平台部署；自动化日志分析能力；数据库基本操作（2种以上）；性能测试执行能力	负责1个项目的测试执行，1个项目的模块设计	**测试技术技能** 1. 产品客户端&服务端Windows环境部署 2. 数据库基本应用（建库、备份、恢复）等基本操作 3. 产品客户端&服务端多平台环境部署（可选） 4. 产品客户端&服务端多平台集群模式部署（可选） 5. 性能测试方案的执行（可选）（性能测试必选） 6. 性能测试脚本开发（可选） 7. 性能问题定位&性能调优方案的测试工具输出（可选） 8. 至少有1个开发的测试用例成果输出（A类）（可选） 9. 至少1个灰盒测试用例输出（可选） 10. 自动化部署，执行 11. 自动化日志分析（可选）（自动化必选） 12. 自动化脚本开发&脚本调试（可选） 13. 自动化框架建立&应用（可选）	1年2次包括但不限于专题相关的培训、演讲、学术文章发表、论文发表、专著等知识总结分享或知识传播
	测试设计技能	2级	了解测试设计方法，能够独立完成测试用例设计和测试用例的设计工作，正确选择测试用例类型，保证测试设计用例的完整性和覆盖度		**测试设计技能** 1. 每个项目中完成1个及以上子系统（模块）的A类用例设计 2. 每个项目中，正确使用等价类和边界值等测试方法进行用例设计 3. 每个项目中，正确完成C类或1个B类测试用例设计 4. 每个项目中等价类和边界值组成本领域80%以上的测试用例评审 5. 获得测试用例设计评优奖，参与本项目设计用例评审，评审发现达到项目管理的要求 6. 使用新的测试设计方法进行测试发现（可选） 7. 获有价值的测试设计评选，一、二、三等奖（可选） 8. 对项目组测试设计做整体规划（可选） 9. 有方案级别的测试用例输出（可选）	

表 2.24 测试设计工程师职级标准（素质）

职级	名称	等级	描述	绩效/行为表现
6级	客户导向	5级	成为客户信赖的伙伴，带动团队成员 能够成为客户遇到问题、寻求帮助时足以信赖的咨询顾问角色，为客户提供专业的咨询和支持；分享经验和方法，以自身的实践影响团队其他成员，共同致力于为客户提供卓越的服务	**客户导向** 1. 负责设计或测试的模块（或补丁），无重大的测试责任的质量事故或客户投诉 2. 按照不同级别，完成年度客户实践目标或客户支持活动，并以总结、分享培训、客户场景用例或客户问题 FAQ 等任意一种形式输出工作成果 3. 1 年无违反测试规范部门级黑色关键事件 4. 1 年至少 1 项对现有流程或规范提出具体改进方案被采纳，并取得显著效果 **追求卓越**（或其他指标） 1. 近 1 年，主导或推动完成跨部门的任务或问题解决 1 次，或跨部门的支持工作 1 次，或有冷静、妥善应对及解决团队成员冲突的红色事件 2 次 2. 无团队合作方面的黑色关键事件记录，或团队合作 360° 评分合格 **创新能力** 1. 每年，获得国家专利 1 项，或完成至少 1 项测试相关的预研工作，并有具体的应用 2. 对部门整体工作提出改进意见，或引入新方法，使部门整体工作有重大改进、突破 3. 竞争对手（外部）产品分析，并以培训、分享，或内部发表文章等方式展现学习成果
6级	追求卓越	5级	明知有风险仍一往无前：为提高效益调动最大资源和（或）时间（明知不一定成功），即改进业绩，达到一个有大难度的目标等	
6级	创新能力	5级	领导公司或全产品运作流程的创新，受到公司创新奖励 经常对公司的关键工作和关键流程提出突破性的创新想法，并在公司范围内推广成功，为公司节源增效，受到公司创新奖励	
5级	客户导向	5级	成为客户信赖的伙伴，带动团队成员 能够成为客户遇到问题、寻求帮助时足以信赖的咨询顾问角色，为客户提供专业的咨询和支持；分享经验和方法，以自身的实践影响团队其他成员，共同致力于为客户提供卓越的服务	**客户导向** 1. 负责设计或测试的模块（或补丁），无重大的测试责任的质量事故或客户投诉 2. 按照不同级别，完成年度客户实践目标或客户支持活动，并以总结、分享培训、客户场景用例或客户问题 FAQ 等任意一种形式输出工作成果 3. 1 年无违反测试规范部门级黑色关键事件 4. 1 年至少 1 项对现有流程或规范提出具体改进方案被采纳，并取得显著效果 **追求卓越**（或其他指标） 1. 无团队合作方面的黑色关键事件记录，或团队合作 360° 评分优秀 2. 主导或推动完成跨部门的任务或问题解决 1 次或跨部门的支持工作 1 次，且评价良好 **创新能力** 1. 每年，获得公司级别的创新标兵 1 次，或国家专利 1 项，或完成至少 1 项测试相关的预研工作，并有具体的应用 2. 竞争对手（外部）产品分析，并以培训、分享，或内部发表文章等方式展现学习成果 3. 完成对应级别的能力提升计划内容，并以培训、分享，或内部发表文章等方式展现学习成果
5级	追求卓越	5级	明知有风险仍一往无前：为提高效益调动最大资源和（或）时间（明知不一定成功），即改进业绩，达到一个有大难度的目标等	
5级	创新能力	4级	领导本业务领域的创新，创新成果推广，得到广泛认可 能就本业务领域的关键工作提出业界认可的、突破性的理论或模型，并能公司范围内推广实施，受到周围同事的尊敬	
4级	客户导向	4级	主动服务，努力满足差异性需求 工作中总能遵循"explore-offer-action-confirm"主动了解客户需求、快速响应和解决问题并实时反馈，满足客户满足性需求；并努力采取行动为顾客创造可以预见的成果，经常满足客户的需求甚至超过客户的期望，获得客户认可	**客户导向** 1. 负责设计或测试的模块（或补丁），无重大的测试责任的质量事故或客户投诉 2. 按照不同级别，完成年度客户实践目标或客户支持活动，并以总结、分享培训、客户场景用例或客户问题 FAQ 等任意一种形式输出工作成果 3. 1 年无违反测试规范部门级黑色关键事件 4. 1 年至少 1 项对现有流程或规范提出具体改进方案被采纳，并取得显著效果 **追求卓越**（或其他指标） 1. 无团队合作方面的黑色关键事件记录，或团队合作 360° 评分优秀 2. 主导或推动完成跨部门的任务或问题解决 1 次或跨部门的支持工作 1 次，且评价良好 **创新能力** 1. 每年，获得公司级别的创新标兵 1 次，或国家专利 1 项，或完成至少 1 项测试相关的预研工作，并有具体的应用 2. 竞争对手（外部）产品分析，并以培训、分享，或内部发表文章等方式展现学习成果 3. 完成对应级别的能力提升计划内容，并以培训、分享，或内部发表文章等方式展现学习成果
4级	追求卓越	5级	明知有风险仍一往无前：为提高效益调动最大资源和（或）时间（明知不一定成功），即改进业绩，达到一个有大难度的目标等	
4级	创新能力	4级	领导本业务领域的创新，创新成果推广，得到广泛认可 能就本业务领域的关键工作提出业界认可的、突破性的理论或模型，并能公司范围内推广实施，受到周围同事的尊敬	

续表

职级	名称	等级	描述	绩效/行为表现
3级	客户导向	3级	快速反应，努力满足客户满足性需求 能第一时间响应客户的需求，采取某些行动让事情更完善，具体地为客户提供价值，能为客户着想，让事情做得更完美，并且提供亲切愉快的服务，经常满足客户满意性需求	**客户导向** 1. 负责设计或测试的模块（或补丁），无重大的测试责任的质量事故或客户投诉 2. 按照不同级别，完成年度客户实践目标或客户支持活动，并以总结、分享培训、客户场景用例或客户问题FAQ等任意一种形式输出工作成果 3. 1年无违反测试规范部门级别黑色关键事件 4. 1年至少1项对现有流程或规范提出具体改进方案被采纳 **追求卓越**（或其他指标） 无团队合作方面的黑色关键事件记录，或团队合作360°评分良好 **创新能力** 每年，获得研发以上级别的创新标兵1次，或提交测试相关专利1次（完成技术交底书），或工作创新/改进成果在部门内推广，取得重大价值（部门经理层认定）。
	追求卓越	4级	在完成任务前有做成本-效益分析：在仔细计算过投入和产出的基础上做决定 定先后或选定目标：对潜在利润、投资盈利率或成本效益分析做详细明确考虑	
	创新能力	3级	主动学习、创新，可见行为及成果 经常举一反三，提出新想法和思路并积极尝试，将自己实践成功的想法或工作思路在团队内推广，并让他人也能从中受益。取得一定可见成果	
2级	客户导向	3级	快速反应，努力满足客户满足性需求 能第一时间响应客户的需求，采取某些行动让事情更完善，具体地为客户提供价值，能为客户着想，让事情做得更完美，并且提供亲切愉快的服务，经常满足客户满意性需求	**客户导向** 1. 负责设计或测试的模块（或补丁），无重大的测试责任的质量事故或客户投诉 2. 按照不同级别，完成年度客户实践目标或客户支持活动，并以总结、分享培训、客户场景用例或客户问题FAQ等任意一种形式输出工作成果 3. 1年违反测试规范部门级别黑色关键事件。不超过1次 **追求卓越**（或其他指标） 无团队合作方面的黑色关键事件记录，或团队合作360°评分良好 **创新能力** 近1年中，以文档总结，培训共享或创新标兵申请等形式，公开展现工作创新/改进2次，并且创新/工作改进在组内有实际的推广和应用1次，或近1年中，以文档总结，培训共享或创新标兵申请等形式，公开展现工作创新（改进）3次
	追求卓越	3级	为日常工作设立目标，并积极努力达到这些目标，为自己的工作设立衡量优秀的标准，并向此标准努力	
	创新能力	2级	创新意识，自觉改进行为 能够不时提出新想法、新思路，并尝试应用到实际工作中，能够自觉对自己的工作方法和成果进行改进	
1级	客户导向	2级	较好履行自身职责，努力满足客户基本需求 了解客户需求和自身职责对客户的价值，对客户的询问、需求、埋怨能采取行动，使客户熟悉事件进展，但不去了解、探求客户的根本问题和需求，不能抓住客户需求的核心	**客户导向** 1. 负责设计或测试的模块（或补丁），无重大的测试责任的质量事故或客户投诉 2. 按照不同级别，完成年度客户实践目标或客户支持活动，并以总结、分享培训、客户场景用例或客户问题FAQ等任意一种形式输出工作成果 3. 1年违反测试规范部门级别黑色关键事件。不超过2次 **追求卓越**（或其他指标） 无团队合作方面的黑色关键事件记录，或团队合作360°评分合格 **创新能力** 近1年中，以文档总结，培训共享或创新标兵申请等形式，公开展现工作创新/改进2次，并且创新/工作改进在组内有实际的推广和应用1次，或近1年中，以文档总结，培训共享或创新标兵申请等形式，公开展现工作创新（改进）3次
	追求卓越	2级	能努力将工作做好，达到公司的要求，并对工作过程及成果做出初步分析	
	创新能力	2级	创新意识，自觉改进行为 能够不时提出新想法、新思路，并尝试应用到实际工作中，能够自觉对自己的工作方法和成果进行改进	

2.9 测试执行工程师职级标准（见表 2.25 至表 2.27）

表 2.25 试执行工程师职级标准（概览）

职级	定位	经验		技能			核心素质		
		岗位工作经验	领域/行业工作经验	测试执行能力	测试技术能力	测试设计能力	客户导向	追求卓越	创新能力
6级	测试执行的权威，可独立负责至少3个子系统以上的深度测试工作，并了解某产品线所有子系统的测试执行工作，引领测试执行方向，确保测试执行方法的先进性和可持续发展性	至少8年软研发工作经验或取得上一级之职称后继续连续从事2年以上的研发工作；能不断完善公司测试体系，熟悉CMM4流程，有CMM4框架下完整的项目经历	无	5级	5级	3级	5级	5级	4级
5级	测试执行专家，可独立负责至少2个子系统以上的测试工作，对软件测试的知识和经验十分丰富完备	至少6年软件研发工作经验或取得上一级之职称后继续连续从事2年以上的软件研发工作；能不断完善公司测试体系，熟悉CMM4流程，有CMM4框架下完整的项目经历	无	4级	4级	3级	4级	5级	3级
4级	能独立完成至少1个子系统的测试执行工作，能独立发现和解决一般问题，并能指导他人完成该核心模块的测试	至少4年软件研发工作经验；深入理解公司测试体系，并能在项目测试过程中熟练应用，达到CMM3的要求，在公司参加过完整的项目测试，熟悉项目研发过程	无	4级	3级	3级	3级	4级	3级
3级	能独立完成核心模块的测试执行工作，能独立发现和解决一般问题，并能指导他人完成该核心模块的测试	至少3年软件研发工作经验；深入理解公司测试体系，并能在项目测试过程中熟练应用，达到CMM3的要求，在公司参加过完整的项目测试，熟悉项目研发过程	无	3级	2级	3级	3级	3级	2级
2级	有一定测试经验，可独立负责1个模块的测试（补丁）工作	至少2年软件研发工作经验；理解公司测试体系，了解KDSP基本框架及跟工作相关的核心工作流程，达到CMM2的要求，了解项目测试过程	无	2级	2级	2级	2级	2级	2级
1级	有初级测试经验，在他人指导下能承担部分执行的工作	至少1年软件研发工作经验；理解公司测试体系，了解KDSP基本框架及跟工作相关的核心工作流程，达到CMM2的要求，了解项目测试过程	无	1级	1级	1级	1级	1级

表 2.26 试行工程师职级标准（技能）

职级	名称	等级	描述	相关证据		
				项目经历	典型工作成果	知识共享
6级	测试执行能力	5级	独立主导过大型项目的测试执行工作，能够独立制订高效的测试执行计划，能经常总结和分享测试技巧，并切实提高测试效率		1. 在每个项目中，发现重大缺陷（数据、性能、需求缺陷，或评选出的有价值漏洞）的比例达到要求。 2. 在每个项目中，漏洞发现效率高于本人上个项目的发现效率，或部门经理层认定合格 3. 测试用例解决率达到 98% 及以上 4. 漏洞解决率达到 98% 及以上 5. 漏洞发现阶段比率达到 7/3（功能测试/集成测试）	10 次专题相关的培训、演讲、论文发表、学术文章分享或知识总结分享传播（其中含3次一级部门层面）
	测试技术能力	5级	掌握所负责产品的多平台集群模式部署；自动化框架应用；数据库知识（2种以上）；性能测试调优	负责7个项目的测试执行（至少包括3个子系统的深度执行工作）	测试执行能力 1. 产品客户端 & 服务端 Windows 环境部署 2. 数据库基本应用 3. 产品客户端 & 服务端多平台多集群模式部署 4. 产品客户端 & 服务端多平台多集群模式部署 5. 性能测试方案的执行（可选）（性能测试必选） 6. 性能测试脚本开发（可选）（性能测试必选） 7. 性能问题定位 & 性能调优方案的工作成果输出（可选） 8. 至少有1个开发的测试用例输出（A类）（可选） 9. 至少1个灰盒测试用例输出（可选） 10. 自动化部署、执行 11. 自动化日志分析 12. 自动化脚本开发 & 应用（可选）（自动化必选） 13. 自动化框架建立及应用（可选）（自动化必选） 测试设计能力 1. 每个项目中完成1个及以上子系统（补丁）的A类用例设计 2. 每个项目中，有客户场景类、复杂流程类、数据类用例中的任意1种类型的测试用例输出 3. 每个项目中，参与本组测试用例评审，评审发现达到80%以上的测试用例设计项目管理的要求（可选） 4. 参加其他组测试用例输出（可选） 5. 有灰盒测试用例输出（可选） 6. 获得测试用例设计评优、一、二、三等奖（可选）	
	测试设计能力	3级	掌握测试设计方法并能在测试用例设计过程中运用，能够结合测试业务本身的特点，进行测试用例设计，通过两者的紧密结合及不同类型测试用例的合理安排，保证测试用例设计的有效性			

续表

职级	名称	等级	描述	项目经历	典型工作成果	知识共享
5级	测试执行能力	4级	能始终严格遵照缺陷管理要求，以测试用例为基础，针对业务自身的特点，独立制订较高质量的测试执行计划；经常发现系统深层次的隐藏缺陷，善于总结测试技巧提高测试效率，能经常提前提交高质量要求的测试成果		**测试执行能力** 1. 在每个项目中，发现重大缺陷（数据、性能、需求缺陷、或评选出的有价值漏洞）的比例达到要求 2. 在每个项目中，漏洞发现效率高于本上个项目的发现效率，或部门经理层认定合格 3. 测试用例场次发现漏洞数量在75%以上 4. 漏洞解决率达到95%以上 5. 漏洞发现阶段比率达到7/3（功能测试/集成测试） 6. 漏洞失效率低于平均水平，并且达到项目公约要求 7. 漏洞发现数量达到平均水平（可选） 8. 获得测试部评选优秀（可选） 9. 漏洞解决率在98%以上（可选） 10. 获研发质量标兵（可选）	8次专题相关的培训、演讲、论文发表、学术文章等知识总结分享或传播（其中含2次一级部门层面）
	测试技术能力	4级	掌握所负责产品的多平台集群模式部署；自动化脚本调测能力；数据库（2种以上）操作；性能测试问题定位	负责5个项目的测试执行（其中含2个子系统），至少1个模块的设计	**测试技术能力** 1. 产品客户端 & 服务器端安稳 Windows 环境部署 2. 数据库基本应用（建库、备份、恢复等基本操作） 3. 产品客户端 & 服务器端多平台环境部署 4. 产品客户端 & 服务器端多平台集群模式部署 5. 性能测试脚本开发（可选）（性能测试必选） 6. 性能测试用例设计 & 性能调优方案的测试工具输出（可选） 7. 性能问题定位 & 性能调优方案的测试工具输出（可选） 8. 至少有1个开发的测试用例输出（A类）（可选） 9. 至少1个灰盒测试用例输出（可选） 10. 自动化部署、执行 11. 自动化日志分析 12. 自动化脚本开发 & 脚本调测 13. 自动化框架建立 & 应用（可选）（自动化必选）	
	测试设计能力	3级	掌握测试设计方法并能在测试用例设计过程中运用，能够结合测试资源和时间等特点，进行测试和测试设计，通过两者的紧密结合及不同类型测试用例的合理安排，保证测试设计的有效性		**测试设计能力** 1. 每个项目中完成1个及以上子系统（补丁）的A类用例设计 2. 每个项目中，参与本组成本领域80%以上测试用例评审，评审发现要求达到项目管理用例设计 3. 每个项目中，有行各户场景类、复杂流程类、数据类用例中的任意1种类型测试的要求（可选） 4. 参加其他组测试用例设计评审（可选） 5. 有灰盒测试用例输出（可选） 6. 获得测试用例设计评优奖、一、二、三等奖（可选） 7. 使用新的测试设计方法进行测试发现（可选） 8. 有价值测试用例设计评审发现（可选） 9. 对项目组测试用例设计做整体规划（可选）	

续表

职级	名称	等级	描述	相关证据 项目经历	相关证据 典型工作成果	知识共享
4级	测试执行能力	4级	能始终严格遵照缺陷管理要求，以测试用例为基础，针对业务自身的特点，独立制订测试高质量的执行计划；经常从不同角度发现测试计划；经常总结测试技巧提高测试效率，能经常提前提交高质量要求的测试成果	负责3个项目的测试执行（其中各1个子系统），至少1个模块的设计	测试执行能力 1. 在每个项目中，发现重大缺陷（数据、性能、需求缺陷，或评选出的有价值漏洞）的比例达到要求。 2. 在每个项目中，漏洞发现效率高于本人上个项目的发现效率75%以上合格 3. 测试用例发现漏洞率达到95%及以上 4. 漏洞解决率在75%及以上 5. 漏洞发现阶段比率达到7/3（功能测试/集成测试）	1年5次专题相关的培训、演讲、论文发表、学术文章等知识总结分享或传播（其中各1层次一级部门层面的培训）
	测试技术能力	3级	掌握所负责产品的多平台部署、自动化脚本调试能力；数据库（建库、备份、恢复等基本操作2种以上）操作；性能测试脚本开发		测试技术能力 1. 产品客户端 & 服务端 Windows 环境部署 2. 数据库基本应用 3. 产品客户端 & 服务端多平台环境部署 4. 自动化部署、执行 5. 自动化日志分析 6. 自动化脚本开发 & 脚本调试（可选）	
	测试设计能力	3级	掌握测试设计方法并能在测试用例设计过程中运用，能够结合测试资源和时间特点，进行测试需求和测试用例的设计，通过两者的紧密结合及不同类型测试用例的合理安排，保证测试设计的有效性		测试设计能力 1. 每个项目中完成1个及以上子系统（补丁）的A类用例设计 2. 每个项目中，有客户场景类、数据类流程类、复杂类流程类、数据类用例中的任意1种类型的测试用例输出	
3级	测试执行能力	3级	能严格遵照缺陷管理要求，结合业务自身的特点，独立制订测试执行计划，并保证测试用例的高效执行，缺陷发现有效性和团队内部各方面、能提供较交高质量要求执行能力	负责2个项目的测试执行（含至少1个核心模块），至少1个模块的设计	测试执行能力 1. 在每个项目中，发现重大缺陷（数据、性能、需求缺陷，或评选出的有价值漏洞）的比例达到要求。 2. 在每个项目中，漏洞发现效率高于本人上个项目的发现效率70%以上合格 3. 测试用例发现漏洞率达到93%及以上 4. 漏洞解决率在70%及以上 5. 漏洞发现阶段比率达到7/3（功能测试/集成测试）	1年4次专题相关的培训、演讲、论文发表、学术文章等知识总结分享或传播（其中各1层次二级部门层面）
	测试技术能力	2级	掌握所负责产品的 Windows 平台部署、自动化日志分析能力；数据库（2种以上）基本操作；性能测试方案执行能力		测试技术能力 1. 产品客户端 & 服务端 Windows 环境部署 2. 数据库基本应用（建库、备份、恢复等基本操作） 3. 自动化部署、执行	
	测试设计能力	3级	掌握测试设计方法并能在测试用例设计过程中运用，能够结合测试资源和时间特点，进行测试需求和测试用例的设计，通过两者的紧密结合及不同类型测试用例的合理安排，保证测试设计的有效性		测试设计能力 1. 每个项目中完成1个及以上子系统（补丁）的A类用例设计 2. 每个项目中，有客户场景类、数据类流程类、复杂类流程类、数据类用例中的任意1种类型的测试用例输出	

续表

职级	名称	等级	描述	相关证据		
				项目经历	典型工作成果	知识共享
2级	测试执行能力	2级	能按照缺陷管理要求和测试设计计划独立执行测试，保证测试设计的彻底执行并按时提交符合一定质量要求的测试成果	负责1个项目的测试执行	**测试执行能力** 1. 在每个项目中，漏洞发现效率高于本人上个项目的发现效率，或部门经理层认定合格 2. 测试用例发现漏洞数量在70%以上 3. 漏洞解决率达到90%及以上 4. 漏洞发现阶段比率达到6/4（功能测试/集成测试）	1年2次包括但不限于专题相关的培训、演讲、论文发表、学术文章、专著等知识总结分享或传播
	测试技术能力	2级	掌握所负责产品的Windows平台部署；自动化日志分析能力；数据库（2种以上）基本操作；性能测试方案执行能力		**测试技术能力** 1. 产品客户端&服务端Windows环境部署 2. 数据库基本应用（建库、备份、恢复等基本操作） 3. 性能测试方案的执行（可选）（性能测试必选）	
	测试设计能力	2级	了解测试设计方法，能独立完成测试需求和测试用例类型，正确选择测试用例类型，设计的完整性和覆盖度		**测试设计能力** 1. 每个项目中完成一个及以上子系统（补丁）的A类用例设计 2. 每个项目中，完成一个B类或C类测试用例设计 3. 每个项目中，正确使用等价类和边界值方法进行用例设计 4. 每个项目中，参与本领域80%以上的测试设计评审、评审发现达到项目管理的要求	
1级	测试执行能力	1级	能在他人指导下按照测试计划执行测试，并提交符合一定质量要求的测试成果	无要求	**测试执行能力** 1. 在每个项目中，漏洞发现效率高于本人上个项目的发现效率，或部门经理层认定合格 2. 测试用例发现漏洞数量在60%以上 3. 漏洞解决率达到80%及以上 4. 漏洞发现阶段比率达到6/4（功能测试/集成测试）	1年1次专题相关的培训、演讲、论文发表、学术文章等知识总结分享传播
	测试技术能力	1级	掌握所负责产品的Windows平台部署；自动化部署执行；数据库（任1种）基本操作；性能测试方案执行能力		**测试技术能力** 1. 产品客户端&服务端Windows环境部署 2. 数据库基本应用（建库、备份、恢复等基本操作）	
	测试设计能力	1级	能够理解需求文档，在导师指导下，可以进行的基本测试需求和测试用例的设计工作		**测试设计能力** 1. 每个项目中，完成1个以上模块（补丁）的A类用例设计 2. 每个项目中，正确使用等价类和边界值方法进行用例设计	

表 2.27 试执行工程师职级标准（素质）

职级	名称	等级	描述	绩效/行为表现（以下要求的"可选"部分至少达到2项）
6级	客户导向	5级	成为客户信赖的伙伴，带动团队成员 能够成为客户遇到问题、寻求帮助时足以信赖的咨询顾问角色，为客户提供专业的咨询和支持；分享经验和方法，以自身的实践影响团队其他成员，共同致力于为客户提供卓越的服务	**客户导向** 1. 负责设计或测试的模块（或补丁），无重大的测试责任的质量事故或客户投诉 2. 至少完成6次客户支持总结分享 3. 至少完成3次客户实践 4. 至少获得2次客户表扬 5. 1年无违反测试规范部门级别黑色关键事件 6. 1年至少1项对现有流程或规范提出具体改进方案被采纳，并取得显著效果 **追求卓越** 无团队合作方面的黑色关键事件记录，或团队合作360°评分优秀 **创新能力** 1. 每年，获得公司级别的创新标兵1次，或国家专利1项，或完成至少1项测试相关的预研工作，并有具体的应用 2. 竞争对手（外部）产品分析，并以培训，分享，或内部发表文章等方式展现学习成果 3. 完成每年的能力提升计划内容，并通过具体工作成果的方式展现
	追求卓越	5级	明知有风险仍一往无前：为提高效益调动最大资源和（或）时间（明知不一定成功），即改进业绩，达到一个有大难度的目标等	
	创新能力	4级	领导本业务领域的创新，创新成果推广，得到广泛认可 能就本业务领域的关键工作提出业界认可的、突破性的理论或模型，并能公司范围内推广实施，受到周围同事的尊敬	
5级	客户导向	4级	主动服务，努力满足差异性需求 工作中总能遵循"explore-offer-action-confirm"主动了解客户需求、快速响应和解决问题并实时反馈，能够经常满足客户满足性需求；并努力采取行动为顾客创造可以预见的成果，经常满足客户的需求甚至超过客户的期望，获得客户认可	**客户导向** 1. 负责设计或测试的模块（或补丁），无重大的测试责任的质量事故或客户投诉 2. 至少完成4次客户支持总结分享 3. 至少完成2次以上客户实践 4. 至少获得1次客户的表扬 5. 1年无违反测试规范部门级别黑色关键事件 6. 1年至少1项对现有流程或规范提出具体改进方案被采纳，并取得显著效果 7. 获得客户书面形式的表扬或研发及时奖励（可选） 8. 获得各级别的优秀员工，优秀经理人或同级别正式的个人表彰（可选） 9. 获得权威机构认证（CPA、PMP、CPIM或国家级的中级职称）（可选） 10. 每年，获得研发以上级别的创新标兵1次，或提交测试相关专利1次（完成技术交底书），或工作创新/改进成果在部门内推广，取得重大价值 **追求卓越** 1. 无团队合作方面的黑色关键事件记录，或团队合作360°评分优秀 2. 主导或推动完成跨部门的任务或问题解决1次或跨部门的支持工作1次，且评价良好 3. 有冷静，妥善应对及解决团队成员冲突或主动协助达成团队目标的红色关键事件1次（可选） 4. 成功组织1次部门活动（可选） **创新能力** 1. 获得国家专利（可选） 2. 部门认定重大价值的创新或工作改进（可选） 3. 竞争对手（外部）产品分析，并以培训，分享，或内部发表文章等方式展现学习成果 4. 完成每年的能力提升计划内容，并通过具体工作成果的方式展现
	追求卓越	5级	明知有风险仍一往无前：为提高效益调动最大资源和（或）时间（明知不一定成功），即改进业绩，达到一个有大难度的目标等	
	创新能力	3级	主动学习、创新，可见行为及成果经常举一反三，提出新想法和思路并积极尝试，将自己实践成功的想法或工作思路在团队内推广，并让他人也能从中受益。取得一定可见成果	

续表

职级	名称	等级	描述	绩效/行为表现（以下要求的"可选"部分至少达到 2 项）
4级	客户导向	3级	快速反应，努力满足客户满足性需求 能第一时间响应客户的需求，采取某些行动让事情更完善，具体地为客户提供价值，能为客户着想，让事情做得更完美，并且提供亲切愉快的服务，经常满足客户满意性需求	**客户导向** 1. 负责设计或测试的模块（或补丁），无重大的测试责任的质量事故或客户投诉 2. 至少完成 2 次客户支持总结分享 3. 至少完成 1 次以上客户实践 4. 至少获得 1 次客户的表扬 5. 1 年无违反测试规范部门级别黑色关键事件 6. 1 年至少 1 项对现有流程或规范提出具体改进方案被采纳 **追求卓越** 无团队合作方面的黑色关键事件记录，或团队合作 360° 评分良好 **创新能力** 1. 完成制订的交流学习计划，并以工作成果、交流、培训或发表文章的方式输出学习成果 2. 完成每年的能力提升计划内容，并通过具体工作成果的方式展现
4级	追求卓越	4级	在完成任务前有做成本-效益分析：在仔细计算过投入和产出的基础上做决定 定先后或选定目标：对潜在利润、投资盈利率或成本效益分析做详细明确考虑	
4级	创新能力	3级	主动学习、创新，可见行为及成果 经常举一反三，提出新想法和思路并积极尝试，将自己实践成功的想法或工作思路在团队内推广，并让他人也能从中受益。取得一定可见成果	
3级	客户导向	3级	快速反应，努力满足客户满足性需求 能第一时间响应客户的需求，采取某些行动让事情更完善，具体地为客户提供价值，能为客户着想，让事情做得更完美，并且提供亲切愉快的服务，经常满足客户满意性需求	**客户导向** 1. 负责设计或测试的模块（或补丁），无重大的测试责任的质量事故或客户投诉 2. 按照至少完成 2 次客户支持总结分享 3. 至少完成 1 次客户实践 **追求卓越** 1. 无团队合作方面的黑色关键事件记录，或团队合作 360° 评分良好 2. 主导或推动完成跨部门的任务或问题解决（可选） 3. 有冷静，妥善应对及解决团队成员冲突的红色事件（可选） **创新能力** 1. 近 1 年中，以文档总结，培训共享或创新标兵申请等形式，公开展现工作创新/改进 2 次，并且创新/工作改进在组内有实际的推广和应用 1 次，或近 1 年中，以文档总结，培训共享或创新标兵申请等形式，公开展现工作创新/改进 3 次 2. 获得研发中心创新标兵（可选） 3. 提交测试相关专利获得公司评审通过（可选） 4. 部门认可重大价值的创新或工作改进（可选） 5. 完成制订的交流学习计划，并以工作成果、交流、培训或发表文章的方式输出学习成果
3级	追求卓越	3级	为日常工作设立目标，并积极努力达到这些目标，为自己的工作设立衡量优秀的标准，并向此标准努力	
3级	创新能力	2级	创新意识，自觉改进行为 能够不时提出新想法、新思路，并尝试应用到实际工作中，能够自觉对自己的工作方法和成果进行改进	

续表

职级	名称	等级	描述	绩效/行为表现（以下要求的"可选"部分至少达到2项）
2级	客户导向	2级	较好履行自身职责，努力满足客户基本需求 了解客户需求和自身职责对客户的价值，对客户的询问、需求、埋怨能采取行动，使客户熟悉事件进展，但不去了解、探求客户的根本问题和需求，不能抓住客户需求的核心。	**客户导向** 1. 负责设计或测试的模块（或补丁），无重大的测试责任的质量事故或客户投诉 2. 按照不同级别，完成年度客户实践目标或客户支持活动，并以总结、分享培训、客户场景用例，或客户问题FAQ等任意一种形式输出工作成果 3. 1年违反测试规范部门级别黑色关键事件。不超过2次 **追求卓越** 1. 无团队合作方面的黑色关键事件记录，或团队合作360°评分合格 2. 主导或推动完成跨部门的任务或问题解决（可选） 3. 跨部门的支持工作（可选） 4. 有冷静，妥善应对及解决团队成员冲突的红色事件（可选） 5. 成功组织1次部门活动（可选）
	追求卓越	2级	能努力将工作做好，达到公司的要求，并对工作过程及成果做出初步分析	
	创新能力	2级	创新意识，自觉改进行为 能够不时提出新想法、新思路，并尝试应用到实际工作中，能够自觉对自己的工作方法和成果进行改进	**创新能力** 1. 近1年中，以文档总结，培训共享或创新标兵申请等形式，公开展现工作创新/改进2次，并且创新/工作改进在组内有实际的推广和应用1次，或近1年中，以文档总结，培训共享或创新标兵申请等形式，公开展现工作创新（改进）3次 2. 获得研发中心创新标兵（可选） 3. 提交测试相关专利获得公司评审通过（可选） 4. 部门认定重大价值的创新或工作改进（可选） 5. 完成制订的交流学习计划，并以工作成果、交流，培训或发表文章的方式输出学习成果
1级	客户导向	1级	缺乏客户服务意识 不确切了解客户是谁，客户的需求是什么，工作过程中不能够换位思考，常常从自我出发，经常无法满足客户基本需求，甚至出现客户投诉	**客户导向** 1. 按照计划在规定时间内交付合格的工作成果 2. 按照不同级别，完成年度客户实践目标或客户支持活动，并以总结、分享培训、客户场景用例或客户问题FAQ等任意一种形式输出工作成果 3. 获得客户书面形式的表扬或研发及时奖励（可选） 4. 获得各级别的优秀员工，优秀经理人或同级别正式的个人表彰（可选） 5. 对现有流程或规范提出改进建议并被采纳（可选） 6. 工作成果直接被部门采纳为规范或工作流程，（可选） 7. 获得业务领域的权威机构认证（CPA、PMP、CPIM或国家级的中级职称）（可选） 8. 近1年中，以文档总结，培训共享或创新标兵申请等形式，在项目组内公开展现工作创新或改进1次 **追求卓越** 1. 无团队合作方面的黑色关键事件记录，或团队合作360°评分合格 2. 主导或推动完成跨部门的任务或问题解决（可选） 3. 有冷静，妥善应对及解决团队成员冲突的红色事件（可选） **创新能力** 1. 获得研发中心创新标兵（可选） 2. 提交测试相关专利获得公司评审通过（可选） 3. 部门认定重大价值的创新或工作改进（可选） 4. 完成每年的能力提升计划内容，并通过考核 5. 完成制订的交流学习计划，并以工作成果、交流，培训或发表文章的方式输出学习成果（可选）
	追求卓越	1级	能专注于日常工作，按时完成工作任务，基本保证工作质量	
	创新能力	1级	缺乏创新意识，倾向于按部就班	

3 营销族职级标准

营销族级标准包括产品市场经理、市场推广通道、产品销售、渠道管理师、电话销售、售前顾问等职级标准。

3.1 产品市场经理职级标准（见表3.1至表3.3）

表3.1 产品市场经理职级标准（概览）

职级	角色	角色定义	角色定义（详细）	基本条件 相关技术领域工作年限	基本条件 相关工作经验及例证	技能知识 市场分析	技能知识 解决方案	技能知识 业务提能	技能知识 创造商机	技能知识 促进销售	技能知识 样板营销	素质要求 学习创新	素质要求 客户导向	素质要求 沟通协调	执行力（时间速度结果）
7级	产品市场专家	战略级：本质及趋势把握，战略性决策	1. 能指导公司的产品市场推广 2. 根据公司战略及市场洞察，制定公司整体市场营销推广策略，整合不同资源进行整合营销，资源利用率最大化	至少10年产品市场经理工作经验，并取得上一职级后持续从事产品市场推广工作2年以上	10年以上实际工作经验，负责过公司的整体市场营销推广工作。	5级	4级	4级	4级	5级	5级	5级	5级	5级	5级
6级	资深产品市场经理	策略级：产品级营销策略制定及运作	1. 能指导产品线市场推广 2. 根据不同产品的不同阶段的特性，制定整体市场推广策略，整合不同资源联合市场推广，资源利用率最大化 3. 了解产品线不同产品不同阶段的不同特点，结合当前阶段用户特点和习惯，调配资源整合市场推广，使得产品间相互呼应，形成良性循环的生态链	至少8年产品市场经理工作经验，并取得上一职级后持续从事产品市场推广工作2年以上	8年以上实际工作经验，负责过至少包含3个不同产品的1个完整产品线的整体市场推广工作。	4级	4级	4级	4级	4级	4级	5级	4级	4级	5级
5级	高级产品市场经理	策划级：细分领域的产品市场营销策划	1. 公司重点产品规划、实现及市场推广的主导者 2. 能结合产品特点和用户群指导产品规划和设计，并制订市场推广策略和市场推广计划，指导市场推广团队实现 3. 充分了解用户特点和主流用户的行为特点，指导产品规划和实现，改进用户体验 4. 根据整体目标和策略，在产品的各个生命周期融入市场推广元素，指导市场推广团队达成产品体验、口碑、流量、商机数、收入等市场推广目标	至少7年产品市场经理工作经验，并取得上一职级后持续从事产品市场推广工作2年以上	7年以上实际工作经验，成功指导过3个以上重点产品的规划、实现及市场推广经验	3级	4级	3级	4级	3级	4级	3级	3级	4级	4级

续表

职级	角色	角色定义	角色定义（详细）	基本条件		技能知识						素质要求			执行力（时间速度结果）
				相关技术领域工作年限	相关工作经验及例证	市场分析	解决方案	业务提能	创造商机	促进销售	样板营销	学习创新	客户导向	沟通协调	
4级	产品市场经理	项目级：重大项目策划推进	1.公司产品市场推广计划的独立制定者，并能协同市场推广团队完成 2.根据总体目标，产品、用户特性和资源状况合理的定制市场推广计划，协同市场推广团队共同达成市场推广目标。过程中适时分析及时反馈，协同产品经理进行产品改进迭代	至少5年产品市场经理工作经验，并取得上一职级后持续从事产品市场推广工作2年以上	5年以上实际工作经验，成功制定并执行5个以上产品市场推广计划	3级	3级	3级	3级	3级	3级	3级	3级	3级	3级
3级	产品市场经理（一级）	专项级：熟练开展专项工作，指导初学者	1.公司产品市场推广计划制订的参与者并能独立执行计划的人 2.能协同产品（市场推广）经理进行产品推广计划的定制，根据产品、用户特点提出具体可操作的市场推广意见和建议，在实际执行过程中，根据实际资源情况，选择最佳的方式达成市场推广目的，事后能根据数据和事实进行分析，正确的总结经验教训	至少3年产品市场经理工作经验，并取得上一职级后持续从事产品市场推广工作1年以上	3年以上实际工作经验，成功执行5种以上不同产品市场推广，其中至少参与3个市场推广计划定制	2级	3级	2级	3级	3级	3级	2级	2级	3级	3级
2级	助理产品市场经理（二级）	助理级：独立承担日常工作，并有实质输出	1.公司产品市场推广计划的执行人 2.在产品市场经理指导下，快速理解产品特性和市场推广要点 3.熟悉各种市场推广知识和技能，根据市场推广目标和产品、用户群特点选择有效的方式达到预期效果，事后能提交基于事实和数据的市场推广报告	至少2年产品市场经理工作经验	1年以上实际工作经验，成功执行过3种以上不同的产品市场推广计划	2级	2级	2级	2级	2级	2级	2级	2级	2级	2级
1级	助理产品市场经理（一级）	入门级：指导下开展例行性工作，完成单项或局部业务	1.在指导下开展例行性工作 2.初步了解产品特性和市场推广要点 3.了解市场推广知识和技能。在产品市场经理指导下，完成单项或局部业务	至少1年产品市场经理工作经验	1年以上实际工作经验，成功执行过1种以上产品市场推广计划	1级	1级	1级	1级	1级	1级	1级	1级	1级	1级

63

表 3.2 产品市场经理职级标准（技能）

技能知识	产品市场核心业务	等级	能力描述	具体证据要求
市场分析	1. 数据获取 2. 数据分析	5级	能够结合数据分析理论和产品的业务特点，形成公司级产品市场的洞察报告，确保市场策略指导是以数据分析为基础做出的决策	举证过往 2 年中提交过的产品级市场洞察分析报告，并为公司产品推广策略提供依据，并取得重大突破
		4级	能够结合产品品牌营销的需求，分析产品运营数据，形成产品线级的影响营销决策参考的市场分析报告	举证过往 2 年中对管理决策产生影响的数据分析报告及影响到的管理决策内容
		3级	熟练掌握数据获取及分析方法，并能根据不同的目的、选择数据不同的纬度、使用最合适的方法及其组合，对数据进行综合的数据挖掘，找出内在的隐性规律并给出有价值的市场分析建议报告	举证过往 1 年中独立完成数据收集的市场分析报告，重点展示其中发现的隐性规律及已落实的可执行建议
		2级	深刻理解产品运营数据及指标的作用、内涵和外延，能够独立完成数据的基础分析并给出有价值的报告，同时能够对数据进行进一步的挖掘，找到非正常的原因或者不容易识别的规律	举证过往 1 年中产生实际价值的产品运营数据分析报告，并重点展示其中通过数据挖掘找到的市场营销中出现的非正常的原因或规律及价值点
		1级	了解产品运营涉及的核心数据及指标的含义，能在指导下对产品运营数据进行最基础的分析并给出报告	列举并提交过往 1 年中完成的产品运营数据分析报告
解决方案	1. 确定目标市场 2. 市场洞察与策略 3. 加强体验营销工具 4. 发展联盟云之家 5. 建设方案（体验中心）	5级	行业内认可的产品专家，编制过若干在公司有影响力的产品或行业解决方案文档，并能够预测未来 5 年的产品发展方向	1. 举证发表过的被公司广泛认可并经实践证明的解决方案文档 2. 提交未来 5 年的产品发展预测与研究分析报告
		4级	对相关产品或行业的发展有自己独特的见解和分析，编制过产品解决方案文档，并有机构成功运用的案例，能够预见未来 3 年的产品发展方向	1. 提交过往成功的解决方案文档，并重点介绍其中创新点和价值点 2. 提交对未来行业发展的预测和研究报告
		3级	熟悉相关行业的产品形态，同时对某个产品领域有深入的研究和产品规划成功实践经验，能够预测未来 1~2 年的产品发展方向	1. 举证过往 2 年中在解决方案编制中的成功项目 2. 提交未来 2 年内的产品发展方向及主要价值点的研究报告
		2级	有 2 个以上的相关产品营销相关工作经历及完整产品的体验经验，能够独立进行竞争对手产品的优劣势对比分析，并得出准确的结论来指导新产品的营销推广	1. 举证过往 2 年中的解决方案或竞争分析成果 2. 列举已发布的营销工具中本人提出并主导完成的产品特性
		1级	对相关产品有浓厚的兴趣，对产品形态、主要的厂商有一定的认识，有使用或接触过比较多的相关产品	列举并提交过往 1 年中所接触并了解的 ERP 产品、厂商及相关分析报告
业务提能	1. 确定提能标准 2. 落实提能计划；组织提能培训 3. 推动提能考试	5级	有丰富的产品或行业的理论和实践经验，并能够结合公司和产品特色进行梳理提炼，形成系统化的培训课件及知识库，并成为公司的重要知识财富	举证过往 2 年中主导完成并提交公司大范围使用的产品培训课件及知识库的证明材料
		4级	有敏锐的观察和洞悉能力，熟悉对机构一线对培训提能的需求，并能结合这些需求制作培训课件，并独力承担核心课程的培训和讲解	举证过往 2 年中完成的培训课件，参与过的重大培训课程，并提交相关负责人的评价证明
		3级	有丰富的相关产品推广工作经验，熟悉某个领域的产品功能，并能够提供培训课件及进行培训讲解	举证过往 1 年中成功进行公司范围的提能培训案例成果
		2级	熟悉相关的产品功能，能制作某些产品提能课件和进行培训	举证过往 1 年中进行产品提能培训的课件及培训成果
		1级	了解相关的产品功能，能在指导下，协助进行一些产品提能和培训功能的培训	列举并提交过往工作中协助进行的产品提能和培训工作成果

续表

技能知识	产品市场核心业务	等级	能力描述	具体证据要求
创造商机	1.确定商机目标 2.统筹商机计划 3.落实网络营销 4.落实公司活动	5级	能够根据商机目标，独立策划公司级商机计划及网络营销计划，并能够让策略落地及执行	举证并提交在公司内获得广泛认可的产品商机计划及网络营销计划，并用数据列明所取得的成果
		4级	能够独立策划某条产品线的商机计划及网络营销计划，落地执行	举证并提交产品线的商机计划及网络营销计划，并用数据列明所取得的成果
		3级	能够独立策划1个产品线的某个领域的商机计划及网络营销计划，并落地执行	举证并提交1个产品线的某个领域的商机计划及网络营销计划，并用数据列明所取得的成果
		2级	能够协助完成某个产品领域的商机计划及网络营销计划	协助完成的商机计划及网络营销计划，用数据列明成果
		1级	具备基本的市场营销常识，能够在指导下完成商机计划及网络营销计划的任务	列举并提交过往1年中完成的商机计划及网络营销计划的任务
促进销售	1.确定合同目标 2.统筹促销计划 3.全国市场巡展 4.评价一线能力	5级	深谙相关产品的特质及目标市场，能够进行交叉营销及前瞻性的产品推广工作，是公司及业内知名的专家，有受到追捧的成功力作	1.举证过往工作中至少2件在业内知名的成功营销策划力作 2.提交过往1年中对产品推广工作的工作成果
		4级	能够综合运用理论知识和过往实践，通过创新性的思考和思维模式突破，制定差异化的、有内涵的营销和推广策略，取得超出预期的实际效果	举证过往1年中在营销与推广工作的具有突破和创新意义的策划案例，并提交对应的实际效果与目标的对比评价
		3级	有丰富的产品推广经验，能够结合锁定的目标客户、产品的特质、公司的品牌等，主导市场推广活动的策划及营销策略的确定，并推动协调相关工作执行落地，并能够对渠道进行营销指导，达成预期的目标	1.举证过往2年中主导并成功实施的不同类型产品的影响与推广策划报告 2.举证指导驱动达成营销目标的实例
		2级	熟练掌握所负责产品的推广的模式及方法，能够独立开展产品卖点、理念、客户价值等的提炼，可以协助进行市场推广活动的策划	1.提交过往1年中独立完成并实施的产品营销与推广策略报告 2.举证过往1年中参与策划的市场推广活动及活动效果说明
		1级	熟悉所负责产品的特质及对应的市场推广活动的主要方式及特点，可以完成相关市场推广活动的实施	1.提交过往工作中对所负责产品相关的市场活动工作总结 2.列举并提交组织市场活动的过程和成果资料
样板营销	1.确定行业标杆 2.样板案例调研 3.推荐候选单位	5级	1.能够结合客户现实需求，通过创新的样板案例营销创造或者引导客户需求的产生及延展，进而达到深度挖掘标杆客户价值的目标 2.通过对样板案例的关注和关系营销，产生调动新客户需求和确保老客户忠诚度的目标	1.举证过往1年中通过产品创新创造客户需求并获得成功的案例 2.举证通过产品细节提升客户黏性的案例营销方法及成果
		4级	1.能够结合用户心理学从不同纬度对样板案例的价值进行识别和分析提炼，并体现在样板案例的差异化营销价值的特性中 2.能够系统性的引导客户需求的表达和表现，准确定位和传递客户需求信息	1.提交结合客户核心价值提炼出的产品差异化特性的案例及案例营销的总结报告 2.提交并总结引导客户需求的优秀实践
		3级	1.借助科学的分析和对产品价值的掌握，能够在众多的样板案例的价值中准确识别关键客户价值 2.充分理解样板案例营销的必要性，并能够合理控制的节奏，通过样板客户价值的了解，深入挖掘案例营销对市场推广和营销的价值	1.提交识别关键需求的样板案例和案例营销经验总结 2.举证过往1年中进行的CE项目及产品规划的版本节奏控制的设计和最终结果报告
		2级	1.能够准确识别样板案例核心价值，主动收集客户反馈，并提供给研发进行改进 2.能够在市场营销或其他营销活动中，充分发挥样板案例的价值和影响	1.举证过往1年中主动收集样板案例中发现的改进机会及改进成果 2.举证主导负责并已经被使用的样板案例成功实践总结
		1级	1.熟悉并掌握收集样板案例的调研、采访和案例文章写作技巧 2.能够独立完成有明确目标的样板案例包装的任务	列举并提交过往1年独立完成的样板案例价值总结及分析的过程和成果证明

表 3.3 产品市场经理职级标准（素质）

能力项	等级	能力描述	具体证据要求
学习创新	5级	1. 自度度人，影响团队向学习型团队转变，并成为同行标杆。领导本业务领域的创新 2. 能够带动团队其他成员主动学习，营造团队学习氛围，使学习成为团队的一种习惯 3. 自身业务领域权威，并通晓一定相关业务领域知识，带动团队的业务水平居于组织相同团队前列，成为标杆 4. 经常对公司关键工作提出突破性的创新想法，并在公司范围内推广成功，为公司节源增效，受到周围同事的尊敬	1. 提交在学习型团队培育过程中所采取的措施、开展的活动及取得的成果 2. 举证作为某一业务领域专家所开展的工作及主导完成的标杆团队
学习创新	4级	1. 超越岗位工作需求，学习本业务及相关业务领域知识，利用团队外的知识提高团队业务知识、技能。创新成果推广，得到广泛认可 2. 能够充当起团队外的知识资源协调者的角色，充分利用起团队外的知识资源提升自身业务知识、技能 3. 通过知识共享帮助团队其他成员提高，能使团队的业务水平居于公司其他团队业务水平之上，并有一定的成果体现 4. 能就本业务领域的关键工作提出业界认可的、突破性的理论或模型，并能公司范围内推广实施，受到公司创新奖励	1. 提交过往 1 年中在提升能力方面进行的学习方式和内容的拓展及成果总结 2. 举证过往 1 年中在带动团队共同学习方面所开展的系统性活动及团队负责人对成果的评价
学习创新	3级	1. 主动学习本业务领域知识，能够融会贯通，积极共享。主动学习、创新，可见行为及成果 2. 积极寻求和创造学习机会，善用学习资源，超越岗位需求，学习自身业务领域及相关业务领域的知识 3. 能够运用所学知识举一反三，能够与团队成员交流和分享相关知识、经验，创造良好绩效 4. 经常举一反三，提出新想法和思路并积极尝试，将自己实践成功的想法或工作思路在团队内推广，并让他人也能从中受益。取得一定可见成果	1. 举证过往 1 年中主动进行业务学习并总结成文的成果 2. 提交过往 1 年中在知识共享及传播方面开展的活动：如培训、沙龙、论坛等
学习创新	2级	1. 积极的学习愿望，主动学习，保持专业知识技能的更新。创新意识，自觉改进行为 2. 能够自学或主动向他人学习本业务领域内的知识、技能 3. 了解专业领域的最新发展情况并努力在工作中运用，创造符合岗位要求的绩效 4. 能够不时提出新想法、新思路，并尝试应用到实际工作中，能够自觉对自己的工作方法和成果进行改进	1. 列举过往 1 年中学习掌握的知识、技能及与工作的关系 2. 举证过往 1 年中使用领域内新技术、方法等在工作中的成果体现
学习创新	1级	1. 有学习愿望，能够在指导或者要求下进行学习；缺乏创新意识，倾向于按部就班 2. 能够通过示范式、教练式学习或者指定的学习资源掌握做好自身岗位工作所需要的知识、技能、工具和信息等	1. 提交参加基础业务培训或自学内容的资料证明、学习体会或用之于工作的证明 2. 完成要求的培训并通过对应的考核
客户导向	5级	1. 成为客户信赖的伙伴，带动团队成员 2. 能够成为客户遇到问题、寻求帮助时足以信赖的咨询顾问角色，为客户提供专业的咨询和支持 3. 分享经验和方法，以自身的实践影响团队其他成员，共同致力于为客户提供卓越的服务	举证过往在工作之外寻找和捕捉产品设计灵感、并在产品中取得成功的案例
客户导向	4级	1. 主动服务，努力满足差异性需求 2. 工作中总能遵循 "explore-offer-action-confirm" 主动了解客户需求、快速响应和解决问题并实时反馈，满足客户满意性需求；并努力采取行动为顾客创造可以预见的成果，经常满足客户的需求甚至超过客户的期望，获得客户认可	举证通过非正式的有意识的自觉活动改进产品设计的具体案例和经验总结
客户导向	3级	1. 快速反应，努力满足客户满意性需求 2. 能第一时间响应客户的需求，采取某些行动让事情更完善，具体地为客户提供价值，能为客户着想，让事情做得更完美，并且提供亲切愉快的服务，经常满足客户满意性需求	举证进行产品体验及分享的实例，并提交被自己深入挖掘出的被采纳的产品特性
客户导向	2级	1. 较好履行自身职责，努力满足客户基本需求 2. 了解客户需求和自身职责对客户的价值，对客户的询问、需求、埋怨能采取行动，使客户熟悉事件进展，但不去了解、探求客户的根本问题和需求，不能抓住客户需求的核心	列举过往 1 年中自己体验的非工作中要求的相关产品，并提交改进建议或产品分析的证明资料

续表

能力项	等级	能力描述	具体证据要求
客户导向	1级	1. 缺乏客户服务意识 2. 不确切了解客户是谁，客户的需求是什么，工作过程中不能够换位思考，常常从自我出发，经常无法满足客户基本需求，甚至出现客户投诉	—
沟通协调	5级	1. 惠己及人，重大事件和问题有效沟通和协调 2. 与团队分享有效沟通和协调的经验和方法，带动团队沟通协调能力提升 3. 能够跟上级及投资人进行有效沟通，通过有效的客户价值来传达产品的理念，协调各方资源，从而确保产品 Ideal 的实现 4. 对于突发或复杂问题，能够协调公司的稀缺资源，促成有力的解决方案	1. 举证过往沟通协调公司中的事件的总结报告 2. 举证过往在帮助团队提升沟通能力方面所开展的主要活动及取得的成果
	4级	1. 良好的沟通协调技巧，讲求方式方法 2. 掌握并运用有效沟通的基本原则和技巧，如事前知会、事中沟通、协调，事后汇报，使得工作在团队或跨团队中协调进行，达成共同目标 3. 能够善于因人而异，采取针对性沟通方式方法；经常能够通过有效沟通和协调解决别人感到难以解决的问题，沟通能力受到周围同事普遍认可	1. 提交过往1年中主导的复杂项目任务，并举证其中采取的沟通策略、执行方法及有效解决的主要矛盾和问题、对目标达成的影响和贡献 2. 提交相关业务部门负责人的评价
	3级	1. 主动沟通协调，有效开展工作 2. 总能准确无误、逻辑清晰、简练的表达自己的观点，准确的领悟对方观点，并能引导对方沿着自己的思路展开交流，挖掘客户的显性和隐性需求 3. 当工作出现问题，总能积极的想方设法去寻求帮助，协调工作群体中的其他成员共同解决问题，使工作正常进行	1. 提交过往1年中组织的跨BU沟通协调的会议纪要，解决的主要矛盾和冲突，最终的结果报告 2. 总结并提交在组织跨BU合作过程中使用的方法、技巧及取得的效果等
	2级	1. 良好的主动沟通意识，能够准确理解和被理解 2. 具有良好的沟通意愿，多数情况下都能够有效倾听和理解对方 3. 能准确无误、简练的表达自己的观点，能够进行简单的协调 4. 能够主动跟产品团队内成员进行有效沟通，确保产品目标的顺利达成	提交过往1年中组织的跨部门沟通协调会议纪要及后期的目标达成情况报告
	1级	1. 有主动沟通意愿，但沟通技巧和理解能力不足 2. 能够主动跟对方沟通，完成一般的目标单一、内容简单的沟通任务	举证过往1年中组织的部门内的沟通会议的纪要和解决的主要问题
执行力（时间速度结果）	5级	能领导部门树立执行文化，对突发问题能及时采取有效措施，指导并推动公司战略有序高效的落实与执行，面对久攻不下的难题或困难坚忍不拔，直面挫折，可采取持久的行动，付出不断的努力。并最终能取得成功	1. 举证过往2年中主导成功完成的公司级重大难题或课题 2. 举证过往2年中解决的影响比较大的突发问题
	4级	在计划中事先预测问题的存在并做好准备，面对问题敢于承担一定的风险，通过应变以保证实际的工作效果，面对未来的不确定性，在采取行动使风险最小化的情况下，敢于集中一定的时间和资源进行创新，达成挑战性目标	1. 举证项目过程中成功解决的不确定风险情况 2. 举证项目过程中通过创新完成突发挑战性目标的案例
	3级	对工作计划的执行进行监控，善于应变以保证工作的执行，并能提高工作成果或工作效率，为自己设立富有挑战性的目标，并为达到这些目标而付诸行动	1. 举证过往1年中在提高工作效率或工作质量方面的活动，给出效果分析 2. 举证挑战目标的设立和完成情况报告
	2级	能抓住工作重点，综合多种因素制订工作计划，努力使工作达到优秀的标准，并能为自己设立略富挑战性的目标	提交过去1年中负责的中型项目的工作计划，并举证其中完成的挑战性目标及对应产品总监的评价
	1级	能制订简单的工作计划，保证按时完成工作任务，基本保证工作的质量	提交过往1年中本人负责的至少2个小型项目的工作计划和执行跟踪表和执行结果

3.2 市场推广通道职级标准（见表3.4至表3.6）

表3.4 市场推广通道任职级标准（概览）

职级	定位	经验	素质			专业技能			行为要求		
			客户导向	市场导向	主动性	沟通协调	执行力	规划能力	市场调研	方案策划	推广执行
6级	能够准确把握本专业领域的发展趋势，指导整个体系的有效运作，指导本专业领域内重大、复杂问题的解决（通常被视为本领域专家，能打造1套完善的市场相关的体系、制度或流程，并在全公司推广运用）	≥7年	4级	5级	5级	5级	4级	4级	参与决策，为公司战略提供市场参考	总结提升，总揽全局	关键资源获取，全面统筹和协调
			重视长期效益，超越客户需求	全面掌握市场信息，拓展市场空间	带动他人超额付出，创造机会	调用稀缺，有力解决	系统思考，持续推进	系统规划，成绩显著			
5级	精通本专业2个以上领域的业务，指导细分领域内复杂、重大问题的解决（通常被视为本领域资深业务骨干，能培养至少1名骨干员工晋级）	≥5年	4级	4级	4级	5级	3级	3级	市场导向，支持年度规划	资源整合，大胆创新	关键资源获取，全面统筹和协调
			重视长期效益，超越客户需求	灵活应对市场变化	承担新项目，提前发现及预防	调用稀缺，有力解决	重视战略，积极落实	独立完成领域规划			
4级	熟悉本专业全领域的业务，并能通过改革现有的程序/方法解决复杂、重大的细分领域问题（通常被视为本领域业务骨干及项目带头人）	≥3年	3级	3级	3级	4级	2级	2级	客户导向，深入挖掘需求	解决问题，项目管理	项目经理、内外推广
			快速反应，满足客户需求	洞察市场机会，提出初步设想	超额付出，快速决策	巧妙沟通，解决难题	把握重点，追求优秀	独立完成局部规划			
3级	精通本专业某一细分领域的业务，并能有效指导他人（通常被视为本领域经验丰富，可独当一面的工作人员，可以独立承担完成同一项目中2个以上子项目的全部工作）	≥2年	3级	2级	2级	3级	2级	1级	客户导向，深入挖掘需求	经验积累，独立操刀	独立担当，细化执行
			快速反应，满足客户需求	关注市场动态	应对当前问题	引导交流，协调解决	把握重点，追求优秀	参照模板完成局部规划			
2级	具有本专业细分领域全面的专业知识及技能，能独立完成细分领域复杂的业务（通常被视为本细分领域内可独立开展工作的人员）	≥1年	2级	1级	2级	3级	1级		主动收集、初步分析提炼	专业知识，实战经验	紧密跟进，调整落实
			沟通期望，亲切服务	普通市场信息搜集	应对当前问题	引导交流，协调解决	简单计划，按时推进				
1级	1.具有专业领域所必需的知识、技能，并能适当应用 2.在指导下完成较细分领域复杂的业务，独立完成例行工作	无	1级	1级	1级	2级	1级		常规收集，简单分类汇总	信息支持，协助策划	细节执行，反馈进展
			履行职责，满足客户基本需求	普通市场信息搜集	及时反馈	准确表达，简单协调	简单计划，按时推进				

表 3.5 市场推广通道任职级标准（素质及技能）

职级	指标	具体要求	等级	关键词	通用描述
6级	素质	客户导向	4级	重视长期效益，超越客户需求	1. 以长远的眼光来解决客户的问题，为客户寻找长期的利益，或采取行动为顾客创造可以预见的成果 2. 满足客户的根本性需求，超过客户的期望，获得客户高度认同和评价
		市场导向	5级	全面掌握市场信息，拓展市场空间	根据对地区的经济环境、文化、价值观、客户习惯等方面的深入了解，洞察和发现潜在的市场价值和商机，推出新的产品、服务和竞争策略，引导市场潮流、发掘更大的市场空间
		主动性	5级	带动他人超额付出，创造机会	1. 率领团队付出额外的努力去从事工作 2. 提前行动，避免问题发生及创造良机
	技能	沟通协调	5级	调用稀缺，有力解决	1. 与团队分享有效沟通和协调的经验和方法，带动团队沟通协调能力提升 2. 对于突发或复杂的重大问题，能够协调公司的稀缺资源，促成有力的解决方案
		执行力	4级	系统思考，持续推进	经常进行预见性、全局性、系统性思考，结合组织现实的资源状况、运作模式和企业文化，制订与战略目标一致的具体行动计划，做好风险预估及应对，并在计划实施过程中不断校正计划与战略的偏差以取得良好效果
		规划能力	4级	系统规划，成绩显著	能通过对多种信息的全面分析，提出系统性的整合规划方案并成功实现，为企业取得显著的成绩
5级	素质	客户导向	4级	重视长期效益，超越客户需求	1. 以长远的眼光来解决客户的问题，为客户寻找长期的利益，或采取行动为顾客创造可以预见的成果 2. 满足客户的根本性需求，超过客户的期望，获得客户高度认同和评价
		市场导向	4级	灵活应对市场变化	对市场变化反应迅速，利用市场信息指导产品、市场营销和建立联盟等决策，有意识建立所在区域内的市场变化情报信息体系
		主动性	4级	承担新项目，提前发现及预防	1. 承担超过要求的新项目的任务 2. 提前准备，通过特别的努力来发现机会或减低潜在问题
	技能	沟通协调	5级	调用稀缺，有力解决	1. 与团队分享有效沟通和协调的经验和方法，带动团队沟通协调能力提升 2. 对于突发或复杂的重大问题，能够协调公司的稀缺资源，促成有力的解决方案
		执行力	3级	重视战略，积极落实	1. 基于公司发展战略和业务目标，策划本业务领域全局性计划和策略，使得公司发展战略和业务目标能有效落实 2. 对于影响公司未来发展的事情和变化，予以重视并提出具体的建议或行动措施
		规划能力	3级	独立完成领域规划	熟悉某一领域的规划，能进行多维度信息的收集和分析，提出领域的产品发展方案、制度方案，较好满足客户需求及公司的发展需要
4级	素质	客户导向	3级	快速反应，满足客户需求	工作中总能遵循 "explore-offer-action-confirm" 原则，主动了解客户需求、快速响应和解决问题并实时反馈，能够经常满足客户 "满足性需求"
		市场导向	3级	洞察市场机会，提出初步设想	能够快速准确地获得来自市场的第一手资料，保持对市场变化的敏感，能够洞察到隐藏的市场机会，并且提出合理的捕捉市场机会的设想
		主动性	3级	超额付出，快速决策	付出额外的心力去完成工作；在遇到危机时快速采取行动并做出决策

续表

职级	指标	具体要求	等级	关键词	通用描述
4级	技能	沟通协调	4级	巧妙沟通，解决难题	1. 良好的沟通协调技巧，讲求方式方法 2. 善于因人而异，采取针对性沟通方式方法 3. 经常能够通过有效沟通和协调解决别人感到难以解决的问题，沟通能力受到周围同事普遍认可
		执行力	3级	重视战略，积极落实	1. 基于公司发展战略和业务目标，策划本业务领域全局性计划和策略，使得公司发展战略和业务目标能有效落实 2. 对于影响公司未来发展的事情和变化，予以重视并提出具体的建议或行动措施
		规划能力	3级	独立完成局部规划	熟悉产品、制度、方案等规划的方法论，掌握了相关的规划工具（UML、EPC等），独立完成局部功能规划工作（概要需求列表，需求规约，项目建议书等）
3级	素质	客户导向	3级	快速反应，满足客户需求	工作中总能遵循"explore-offer-action-confirm"原则，主动了解客户需求、快速响应和解决问题并实时反馈，能够经常满足客户"满足性需求"
		市场导向	2级	关注市场动态	密切关注市场经济环境、客户需求的变化、产品技术的发展，能掌握市场变化的信息
		主动性	2级	应对当前问题	1. 辨认和应对目前的机会或问题 2. 发现问题时能采取2个或更多的步骤来克服障碍及困难，虽然事情进展未必顺利，但也不轻言放弃
	技能	沟通协调	3级	引导交流，协调解决	准确的领悟对方观点，并能引导对方沿着自己的思路展开交流；当工作出现问题，总能积极的想方设法去寻求帮助，协调工作群体中的其他成员共同解决问题，使工作正常进行
		执行力	2级	把握重点，追求优秀	1. 能高效地完成各项工作，但在本职工作上偶尔出现缺少预见性、全局性、系统性 2. 能抓住工作重点，综合多种因素制订工作计划，努力使工作达到优秀的标准，并能为自己设立略富挑战性的目标
		规划能力	1级	参照模板完成局部规划	知道产品、制度、方案规划设计相关的工作产品、流程、规范和指南，能进行现状分析，清晰描述出使用者的原始需求，但需要在指导下参照已有的模板等完成局部功能（如应收应付核销）的规划抽象工作
2级	素质	客户导向	2级	沟通期望，亲切服务	与客户在共同的期望上保持清晰的沟通，留意客户的满意度，并提供亲切愉快的服务
		市场导向	1级	普通市场信息搜集	能在工作中通过正规途径对市场的信息进行收集，但缺乏对市场变化的敏感度
		主动性	2级	应对当前问题	辨认和应对目前的机会或问题；发现问题时能采取2个或更多的步骤来克服障碍及困难，虽然事情进展未必顺利，但也不轻言放弃
	技能	沟通协调	3级	引导交流，协调解决	1. 准确的领悟对方观点，并能引导对方沿着自己的思路展开交流 2. 当工作出现问题，总能积极的想方设法去寻求帮助，协调工作群体中的其他成员共同解决问题，使工作正常进行
		执行力	1级	简单计划，按时推进	能制订简单的工作计划，保证按时完成工作任务，基本保证工作的质量
		规划能力	无要求		
1级	素质	客户导向	1级	履行职责，满足客户基本需求	了解客户需求和自身职责对客户的价值，对客户的询问、需求、埋怨能采取行动，使客户熟悉事件进展，但不去了解、探求客户的根本问题和需求，不能抓住客户需求的核心
		市场导向	1级	普通市场信息搜集	能在工作中通过正规途径对市场的信息进行收集，但缺乏对市场变化的敏感度
		主动性	1级	及时反馈	能按要求完成工作；发现问题时，能及时反馈，并跟进处理
	技能	沟通协调	2级	准确表达，简单协调	能准确无误、简练的表达自己的观点，能够进行简单的协调
		执行力	1级	简单计划，按时推进	能制订简单的工作计划，保证按时完成工作任务，基本保证工作的质量
		规划能力	无要求	—	—

表 3.6 市场推广通道任职级标准（行为标准）

职级	行为单元		行为标准项	关键评判指标
6级	市场调研	参与决策，为公司战略提供市场参考	了解宏观、微观市场最新动态，形成战略和主题观点，能正确地指引市场活动的方向，最大程度上服务于营销和品牌	1. 影响公司决策的市场报告3份 2. 公司级市场策划方案3份 3. 公司级市场活动统筹次数2次
	方案策划	总结提升，总揽全局	具备总结经验，升华理论，形成自己独特风格的基本能力和思想	
			能化繁为简，深入浅出，能把复杂的问题用简明扼要的话说清楚的能力的思想	
			无论是在客户提案，还是在理论讲解、方案设计中，能运用自己的理论体系来诠释问题和思想	
			帮助业绩达成、品牌营销等方面高屋建瓴地提出市场营销的理念和构想，并能系统地设计公司年度市场营销策略、方向，形成方案并获得管理层的认同	
	推广执行	关键资源获取，全面统筹和协调	能围绕项目主题和内容梳理并获取关键资源（如嘉宾）	
			全面统筹和推动公司级活动按计划完美落地执行，包含召开跨部门筹备会、各项目分工检查和督促落实；应急备案和预警，人员协调等	
5级	市场调研	市场导向，支持年度规划	时时关注市面上最新的营销、客户需求动态，能形成有效的分析报告，时时为创新品牌和活动做准备	1. 基于竞争对手、市场动态的年度规划2份 2. 品牌调研报告1份 3. 公司级活动策划2次（已经执行） 4. 公司级活动统筹2次，无明显失误
			对于年度规划，侧重市场动态调研、客户需求调研，落实到客户导向层面，从让全年规划贴合实际市场情况	
	方案策划	资源整合，大胆创新	根据公司战略方向，整合业务需求，客户调研及一线反馈初步拟定公司级大型活动主题、内容、地点，并协调管理层、跨部门（至少跨3个以上的不同业务组织）相关同事召开会议，综合各方意见撰写最终方案，并通过管理层的会议讨论	
			策划中体现个人创新的想法和解决问题的思路，并能说服、影响他人，获得认同，最终推动方案的落地。	
	推广执行	关键资源获取，全面统筹和协调	能围绕项目主题和内容梳理并获取关键资源（如嘉宾）	
			全面统筹和推动公司级活动按计划完美落地执行，包含召开跨部门筹备会、各项目分工检查和督促落实；应急备案和预警，人员协调等	
4级	市场调研	客户导向，深入挖掘需求	实际调研客户需求、确定客户信息，初步了解客户对产品和品牌的认知情况	1. 客户需求调研报告、互联网用户行为分析、竞争对手及市场策略分析、品牌调研报告1份 2. 独立完成中型活动策划2次 3. 对内和对外市场推广计划各1份 4. 成功跨组织角色活动全面统筹2次，无明显失误
			准确挖掘客户需求、行业动态信息，竞争对手动态信息	
			研究竞争对手的市场推广行为，为市场方案提供更好的推广方式	
			从互联网或任何可能的渠道了解用户喜好与数据的调研信息，分析客户的购买行为	
	方案策划	解决问题，项目管理	独立承担200人以上活动全部策划工作，能准确挖掘客户需求、确定各关键点（主题、时间和范围等），通过跨部门沟通，收集各方意见，撰写形成完整、可落地的方案	
			随时实际情况灵活调整方案和准备相应备案来解决可能突发的各类问题	
	推广执行	项目经理、内外推广	对内推广：制定整套的对内推广方案，利用线上、线下多种推广手段（新媒体方式），成功将"产品"推广到每个需要的角落	
			对外推广：通过市场调研、数据分析，准确挖掘市场需求、确定广告投放效果好的广告形式及区域，初步确定广告投放宏观计划	
			独立承担项目经理职责，并根据项目需求成立项目执行小组，协调集团各方优质资源，确定各环节项目责任人，明确职责及工作成果，将各项工作按时推进到位	

续表

职级	行为单元		行为标准项	关键评判指标
3级	市场调研	客户导向，深入挖掘需求	实际调研客户需求、确定客户信息，初步了解客户对产品和品牌的认知情况	1. 客户需求调研报告、互联网用户行为分析、竞争对手及市场策略分析、品牌调研报告1份 2. 成功完成2个以上小型项目或子项目的方案策划 3. 完整指定小型或子项目执行计划表，并统筹执行3次，无明显失误
			准确挖掘客户需求、行业动态信息，竞争对手动态信息	
			研究竞争对手的市场推广行为，为市场方案提供更好的推广方式	
			从互联网或任何可能的渠道了解用户喜好与数据的调研信息，分析客户的购买行为	
	方案策划	经验积累，独立操刀	不断尝试和勇于挑战不同项目的方案策划，总结实践，累计经验	
			能基于大型项目总体策划，同时独立同时完成2个以上子项目方案策划	
	推广执行	独立担当，细化执行	能在总体策划方案的指导下，独立完成3个以上的子项目的执行计划表，并按照计划准确、有效得推进执行	
			能独立担当市场活动的推进工作，利用方法论原理指导全国区域能够用一致的方法完成执行工作	
2级	市场调研	主动收集，初步分析提炼	面临困难任务时，想到要尽可能收集多方面的信息来解决问题	1. 信息分享与总结1次 2. 独立完成项目中部分关键事件的执行，无明显失误
			对收集的信息进行分析与总结，形成有价值的观点	
	方案策划	专业知识，实战经验	掌握策划的基本逻辑和思路，学习运用策划的基本方法	
			基于大型项目总体策划和经验人士指导下，完成1个子项目策划	
	推广执行	紧密跟进，调整落实	通过邮件、电话、现场等各种方式，将产品推广计划或市场活动方案下沉到区域或机构	
			紧密跟进计划执行情况，定期反馈和总结，提出调整和改善建议，保证计划无误差落实	
1级	市场调研	常规收集，简单分类汇总	通过常用信息获取渠道收集信息，并对信息简单进行信息的分类汇总	—
	方案策划	信息支持，协助策划	与项目活动的策划，掌握方案策划的基本逻辑和方法，提供信息支持	
	推广执行	细节执行，反馈进展	能按照项目计划书的详细要求，按时、准确地将各类事项落实到位，并时时反馈进展与结果	

3.3 产品销售职级标准（见表3.7至表3.10）

表3.7 产品销售职级标准（概览）

职级	定位	经验与业绩 包括： 1. 相关技术领域工作年限 2. 业绩与绩效	素质						技能				知识			
			开拓创新	诚信自律	主动责任	快速反应	客户导向	沟通交流	团队协作	员工发展	顾问式营销	演讲能力	商务谈判	承受压力	公司产品知识	ERP知识	行业领域知识	竞争对手产品
7级	资深销售工程师	1. 从事销售工作6年以上 2. 三年平均业绩150万元以上/电话营销				高级					专家级	中级	高级	专家级	高级	中级	高级	中级
6级	高级销售工程师（二级）	1. 从事销售工作5年以上 2. 三年平均业绩100万元以上				中级					高级	初级	高级	高级	高级	中级	高级	中级
5级	高级销售工程师（一级）	1. 从事销售工作4年以上 2. 年平均业绩80万元以上				达标					中级	—	中级	中级	高级	中级	初级	中级
4级	销售工程师（二级）	1. 从事销售工作3年以上 2. 年平均业绩40万元以上									中级	中级	中级	中级	中级	中级	—	初级
3级	销售工程师（一级）	1. 从事销售工作2年以上 2. 年平均业绩30万元以上				初级					初级	初级	初级	中级	中级	—	—	
2级	初级销售工程师	1. 从事销售工作1年以上 2. 年平均业绩20万元以上									初级	—	初级	初级	初级	—	—	—

表 3.8 产品销售职级标准（技能）

职级	名称	等级	描 述
7级	顾问式营销	专家级	1. 结合自己经验和知识，公开讲授顾问式营销体系，讲课能够做到深入浅出，生动活泼 2. 差异化营销 3. 能帮助别人诉诸高层（call high），并带领团队
	演讲能力	中级	1. 针对客户或内部人员（20人以上），能够进行40分钟以内的演讲 2. 基本掌握肢体语言，演讲过程中无不良动作 3. 演讲过程中无明显紧张的表现 4. 能够就ERP相关课题进行熟练演讲 5. 能够自己设计演讲课件
	商务谈判	高级	1. 具备全面的商务知识，具有丰富的实战经验，能够指导别人进行商务谈判 2. 充分了解客户真实意图，给客户建立可靠的信任感，有效地推进谈判进程 3. 能够和客户达成共同的谈判目标和进程计划 4. 能够谈出产品的价值，谈出双赢的结果，而不是一味通过价格让步 5. 对客户决策流程十分清晰，能够体察到客户潜在的担忧，并帮助客户渡过决策心理难关
	承受压力	专家级	较长时间承受超常的强度和速度，或者承受较强的缺失，有压力感，有目标并保持一定的乐观状态
6级	顾问式营销	高级	1. 深入掌握顾问式营销知识，指导其他人对销售过程的分析及销售业务改进工作 2. 在销售过程中，引导客户行为或观念，能够控制和改变客户的选型标准 3. 有效地给竞争对手制造障碍，引导客户对竞争对手的感觉 4. 独立完成诉诸高层（call high）工作，有效地推动客户沿销售进程前进
	演讲能力	初级	1. 针对客户或内部人员（10人以上），能够进行15分钟以内的演讲 2. 基本掌握肢体语言，演讲过程中无太多不良动作 3. 演讲前能认真准备，并反复演练，直到能够熟练掌握所讲 4. 熟练进行公司介绍的演讲 5. 演讲过程中无明显紧张的表现
	商务谈判	高级	1. 具备全面的商务知识，具有丰富的实战经验，能够指导别人进行商务谈判 2. 充分了解客户真实意图，给客户建立可靠的信任感，有效地推进谈判进程 3. 和客户达成共同的谈判目标和进程计划 4. 谈出产品的价值，谈出双赢的结果，而不是通过价格让步 5. 对客户决策流程十分清晰，能够体察到客户潜在的担忧，并帮助客户渡过决策心理难关
	承受压力	高级	承受超常的工作强度（相对行业内的人员），或者承受一定的失去，感受较强的压力
5级	顾问式营销	中级	1. 全面掌握顾问式营销知识，能够独立把握销售的过程，能够对销售过程做出全面的过程分析 2. 在销售过程中对客户中参与的相关人员进行全面把握，并采取针对性的措施 3. 在销售过程中对竞争对手的动向及时了解，并作出针对性措施 4. 利用公司资源完成诉诸高层（call high）
	商务谈判	高级	1. 具备全面的商务知识，具有丰富的实战经验，能够指导别人进行商务谈判 2. 充分了解客户真实意图，给客户建立可靠的信任感，有效地推进谈判进程 3. 和客户达成共同的谈判目标和进程计划 4. 谈出产品的价值，谈出双赢的结果，而不是通过价格让步 5. 对客户决策流程十分清晰，能够体察到客户潜在的担忧，并帮助客户渡过决策心理难关
	承受压力	中级	承受一般的工作强度的和一般工作压力
4级	顾问式营销	中级	1. 全面掌握顾问式营销知识，能够独立把握销售的过程，能够对销售过程做出全面的过程分析 2. 在销售过程中对客户中参与的相关人员进行全面把握，并采取针对性的措施 3. 在销售过程中对竞争对手的动向及时了解，并作出针对性措施 4. 利用公司资源完成诉诸高层（call high）
	商务谈判	中级	1. 具备良好的商务知识，能够独立进行商务谈判 2. 给客户建立较好的信任感，能够通过努力（或协调）对客户的要求进行快速响应 3. 将谈判中客户的要求综合考虑，统一作出整体回应或有条件地进行让步 4. 知道客户的购买流程，能够有效促进客户购买流程进程
	承受压力	中级	承受一般的工作强度和一般的工作压力

续表

职级	名称	等级	描述
3级	顾问式营销	初级	1. 基本掌握顾问工具营销知识，能够在上级或他人的帮助下，完成对销售过程的全面分析 2. 从上级的建议中学习或提升自己对销售过程的控制能力 3. 通过自己的影响力，充分利用公司的资源，帮助其完成销售订单
	商务谈判	中级	1. 具备良好的商务知识，能够独立进行商务谈判 2. 给客户建立较好的信任感，能够通过努力（或协调）对客户的要求进行快速响应 3. 能够将谈判中客户的要求综合考虑，统一作出整体回应或有条件地进行让步 4. 知道客户的购买流程，能够有效促进客户购买流程进程
	承受压力	初级	在工作中能够保持良好的体能和稳定的情绪状态，办事能持之以恒，处理问题较有主见
2级	顾问式营销	初级	1. 基本掌握顾问工具营销知识，能够在上级或他人的帮助下，完成对销售过程的全面分析 2. 从上级的建议中学习或提升自己对销售过程的控制能力 3. 通过自己的影响力，充分利用公司的资源，帮助其完成销售订单
	承受压力	初级	在工作中能够保持良好的体能和稳定的情绪状态，办事能持之以恒，处理问题较有主见

表 3.9　产品销售职级标准（素质）

职级	名称	描述
7级	开拓创新	1. 乐于接受有一定难度的任务，对富有挑战性的工作有兴趣 2. 主动要求新的任务和工作，为自己设定具有挑战性的目标，并采取具体行动为实现该目标 3. 为了提高工作效果，在成功的可能性不确定的情况下，经过周密考虑，敢于采取有一定风险的行动，并投入相当数量的人力、物力、财力 4. 对工作流程、工作方法或规章制度提出改善建议或采取行动以提高工作效率，能主动地对公司的产品与服务提出改进建议 5. 支持他人的创新行为，积极参与营造组织内开拓创新的良好氛围
	诚信自律	1. 遵守职业的行为标准与处事原则，自觉遵守国家法律和公司的规章制度 2. 客观提供基于事件本质的正确信息，不夸大或缩小事实，不编造、散布未经正式渠道证实的信息 3. 以诚实的态度对待他人，尽可能客观、全面地让对方充分了解全部信息 4. 公司利益放在第一位，不挖公司墙角 5. 言必行，行必果，遵守自己的承诺
	主动责任	1. 能够明确自己的服务对象，并经常和服务对象进行沟通，了解服务对象的满意度，并逐步改善服务质量 2. 表现出把工作做好的愿望，并且有比别人做得好的意愿 3. 主动为自己订立衡量进步的客观标准（自己对自己有要求），而不是由别人来规定检验的标准 4. 为自己订立具有挑战性的目标，并采取具体行动去实现目标，能够面对失败和压力
	快速反应	1. 对收到的邮件 24 小时内务必回复 2. 对自己职责范围内的事情，在制度规定的范围内予以答复 3. 能在规定的时间内圆满地完成任务 4. 能克服困难在短时间内高效圆满地完成客户的响应
	客户导向	1. 在对客户业务透彻了解的基础上，帮助客户发现潜在的问题，确认其真正的需要 2. 能结合客户的需要和现有的服务项目或产品，帮助客户设计出符合其特点的服务方案 3. 了解客户服务的发展趋势，对市场上客户服务的工具和系统及其作用有一定的认识，并运用于实际工作 4. 对部门的客户服务工作进行指导和监督
	沟通交流	1. 能够就复杂和敏感的问题，通过至少 2 个以上的步骤、论据和形式与各个层次的对象进行沟通，而且每种形式、所需步骤和论据都能调整到与被交流对象整体的具体情况相适应 2. 使别人领会自己没有公开表达或是间接表达的意图并依此行事 3. 能够把握别人没有公开表达出来或表达的含混不清的意思，能够领会字里行间的意思 4. 设计并建立多种有效的沟通渠道，包括上行或下行，并确保其运行的畅通
	团队协作	1. 根据组织的战略目标来确定团队建设的目标、规模及其责任，在全体团队成员中促成理解、达成共识，并得以贯彻实施 2. 确保团队的需要得到满足，为团队争取所需要的各种资源，如人力、财力、物力或有关信息等 3. 确保团队成员之间能力和知识的互补，在分配团队任务的时候，既照顾到员工个人的发展，又能实现团队的目标 4. 化解团队中的冲突，维护和加强团队的名誉 5. 通过团队内有效合作及适当的竞争提高团队的整体绩效

续表

职级	名称	描 述
7级	员工发展	1. 设计个人职业生涯发展规划，并和组织的业务需求及未来发展取得平衡，将学到的知识、技能及时应用到现实的工作生活中 2. 发展自身有关工作指导和团队关系的技能，为员工的职业发展提供咨询和指导 3. 全面认识下属员工的特点，能针对具体情况设计有效的培训课程来提高员工的胜任素质 4. 在分配工作以前确定对下属员工表现的期望，并考虑员工职业发展的需要 5. 对员工的要求给予及时的反馈并解决出现的问题，对员工的表现给予及时、客观的建设性意见 6. 认可个人和团队的努力，使其他员工能够为企业做出更多的贡献并承担更大的责任 7. 主动向上级征询对自己工作表现的反馈意见，以开放的心态欢迎其他同事就自己的工作表现提出反馈意见，并采取相应的改进行动
6级	开拓创新	1. 乐于接受有一定难度的任务，对富有挑战性的工作有兴趣 2. 主动要求新的任务和工作，为自己设定具有挑战性的目标，并采取具体行动为实现该目标 3. 为了提高工作效率，在成功的可能性不确定的情况下，经过周密考虑，敢于采取一定风险的行动，并投入相当数量的人力、物力、财力 4. 对工作流程、工作方法或规章制度提出改善建议或采取行动以提高工作效率，能主动地对公司的产品与服务提出改进建议 5. 支持他人的创新行为，积极参与营造组织内开拓创新的良好氛围
6级	诚信自律	1. 遵守职业的行为标准与处事原则，自觉遵守国家法律和公司的规章制度 2. 客观提供基于事件本质的正确信息，不夸大或缩小事实，不编造、散布未经正式渠道证实的信息 3. 以诚实的态度对待他人，尽可能客观、全面地让对方充分了解全部信息 4. 公司利益放在第一位，不损害公司利益 5. 言必行，行必果，遵守自己的承诺
6级	主动责任	1. 明确自己的服务对象，并经经常和服务对象进行沟通，了解服务对象的满意度，并逐步改善服务质量 2. 表现出把工作做好的愿望，并且有比别人做得好的意愿 3. 主动为自己订立衡量进步的客观标准（自己对自己有要求），而不是由别人来规定检验的标准 4. 为自己订立具有挑战性的目标，并采取具体行动去实现目标，能够面对失败和压力
6级	快速反应	1. 对收到的邮件24小时内务必回复 2. 对自己职责范围内的事情，在制度规定的范围内予以答复 3. 能在规定的时间内圆满地完成任务 4. 能克服困难在短时间内高效圆满地完成客户的响应
6级	客户导向	1. 独立并清楚地了解客户提出的要求，并主动为客户提供服务内容 2. 迅速及时地解决问题，不推卸责任，不拖延 3. 掌握客户服务的理论，能就如何提高客户满意度提出可行性建议，发掘超出客户期望的服务机会 4. 掌握外部客户及其产品的重要知识，并以此为基础协助设计有针对性的服务内容
6级	沟通交流	1. 通过两个或以上的步骤、论据和形式进行一对一或一对多地沟通，并在必要时调整它们的形式及内容，使之适合交流对象整体的水平和兴趣 2. 能够在沟通中有效地运用手势、眼神等肢体语言来辅助自己要表达的意思 3. 经常利用非正式渠道，如通过聚会、讨论会等形式与他人进行交流或改进与别人的关系 4. 在表达自己的意见时，随时估计某个具体的行动和细节对自己及自己的意见在别人心目中的影响，期待并准备应付别人可能会产生的反应 5. 能够通过对方的情绪、语调、面部表情等领会别人间接表达的意思 6. 倾听别人表达意见，根据具体情况在必要时提出问题以获取更加深入的信息。
6级	团队协作	1. 根据工作需要组建小型团队，营造开放、包容和互相支持的气氛，加强集体向心力 2. 为团队成员示范所期望的行为并采用各种方式来提高团队的士气和改进团队的工作效率，确保团队任务的及时完成 3. 明确有碍于达成团队目标的因素，并试图排除这些障碍 4. 鼓励团队成员参加团队讨论与团队决定，倡导团队内部的沟通和合作，以推进团队目标设定与问题的解决 5. 指导其他成员的工作，对其他团队成员的能力和贡献抱着积极的态度，用积极的口吻评价团队成员 6. 利用正式或非正式的沟通渠道，及现有的信息系统在团队内部进行知识和信息的交流与共享
6级	员工发展	1. 以组织业务发展为背景，为个人职业发展设定明确目标，并在追求的过程中平衡个人职业期望与组织需求的关系 2. 以加强专业知识和提高个人素养为目的，持续寻求并利用各方面的学习机会 3. 在工作相关或能力所及的范围内，通过指导或示范，帮助他人完成工作 4. 对同事的表现给予及时的反馈与改进建议，为下属的工作提供具体的支持和帮助 5. 从促进学习和成长提高的角度出发，向他人提供或安排有针对性的工作任务、培训项目或其他实践机会 6. 主动向上级征询对自己工作表现的反馈意见，以开放的心态欢迎其他同事就自己的工作表现提出反馈意见，并采取相应的改进行动。

续表

职级	名称	描述
5级	开拓创新	1. 乐于接受有一定难度的任务，对富有挑战性的工作有兴趣 2. 主动要求新的任务和工作，为自己设定具有挑战性的目标，并采取具体行动为实现该目标 3. 为了提高工作效率，在成功的可能性不确定的情况下，经过周密考虑，敢于采取一定风险的行动，并投入相当数量的人力、物力、财力 4. 对工作流程、工作方法或规章制度提出改善建议或采取行动以提高工作效率，能主动地对公司的产品与服务提出改进建议 5. 支持他人的创新行为，积极参与营造组织内开拓创新的良好氛围
	诚信自律	1. 遵守职业的行为标准与处事原则，自觉遵守国家法律和公司的规章制度 2. 客观提供基于事件本质的正确信息，不夸大或缩小事实，不编造、散布未经正式渠道证实的信息 3. 以诚实的态度对待他人，尽可能客观、全面地让对方充分了解全部信息 4. 公司利益放在第一位，不损害公司利益 5. 言必行，行必果，遵守自己的承诺
	主动责任	1. 能够明确自己的服务对象，并经常和服务对象进行沟通，了解服务对象的满意度，并逐步改善服务质量 2. 表现出把工作做好的愿望，并且有比别人做得好的意愿 3. 主动为自己订立衡量进步的客观标准（自己对自己有要求），而不是由别人来规定检验的标准 4. 为自己订立具有挑战性的目标，并采取具体行动去实现目标，能够面对失败和压力
	快速反应	1. 对收到的邮件24小时内务必回复 2. 对自己职责范围内的事情，在制度规定的范围内予以答复 3. 在规定的时间内圆满地完成任务 4. 克服困难在短时间内高效圆满地完成客户的响应
	客户导向	1. 独立并清楚地了解客户提出的要求，并主动为客户提供服务内容 2. 迅速及时地解决问题，不推卸责任，不拖延 3. 掌握客户服务的理论，能就如何的提高客户满意度提出可行性建议，发掘超出客户期望的服务机会 4. 掌握外部客户及其产品的重要知识，并以此为基础协助设计有针对性的服务内容
	沟通交流	1. 通过两个或以上的步骤、依据和形式进行一对一或一对多地沟通，并在必要时调整它们的形式及内容，使之适合交流对象整体的水平和兴趣 2. 在沟通中有效地运用手势、眼神等肢体语言来辅助自己要表达的意思 3. 经常利用非正式渠道，如通过聚会、讨论会等形式与他人进行交流或改进与别人的关系 4. 在表达自己的意见时，随时估计某个具体的行动和细节对自己及自己的意见在别人心目中的影响，期待并准备应付别人可能会产生的反应 5. 通过对方的情绪、语调、面部表情等领会别人间接表达的意思 6. 倾听别人表达意见，根据具体情况在必要时提出问题以获取更加深入的信息。
	团队协作	1. 根据工作需要组建小型团队，营造开放、包容和互相支持的气氛，加强集体向心力 2. 为团队成员示范所期望的行为，并采用各种方式来提高团队的士气和改进团队的工作效率，确保团队任务的及时完成 3. 明确有碍于达成团队目标的因素，并试图排除这些障碍 4. 鼓励团队成员参加团队讨论与团队决定，倡导团队内部的沟通和合作，以推进团队目标设定与问题的解决 5. 指导其他成员的工作，对其他团队成员的能力和贡献抱着积极的态度，用积极的口吻评价团队成员 6. 利用正式或非正式的沟通渠道，及现有的信息系统在团队内部进行知识和信息的交流与共享
	员工发展	1. 以组织业务发展为背景，为个人职业发展设定明确目标，并在追求的过程中平衡个人职业期望与组织需求的关系 2. 以加强专业知识和提高个人素养为目的，持续寻求并利用各方面的学习机会 3. 在工作相关或能力所及的范围内，通过指导或示范，帮助他人完成工作 4. 对同事的表现给予及时的反馈与改进建议，为下属的工作提供具体的支持和帮助 5. 从促进学习和成长提高的角度出发，向他人提供或安排有针对性的工作任务、培训项目或其他实践机会 6. 主动向上级征询对自己工作表现的反馈意见，以开放的心态欢迎其他同事就自己的工作表现提出反馈意见，并采取相应的改进行动。
1-T级	开拓创新	1. 乐于接受有一定难度的任务，对富有挑战性的工作有兴趣 2. 主动要求新的任务和工作，为自己设定具有挑战性的目标，并采取具体行动为实现该目标 3. 为了提高工作效率，在成功的可能性不确定的情况下，经过周密考虑，敢于采取一定风险的行动，并投入相当数量的人力、物力、财力 4. 对工作流程、工作方法或规章制度提出改善建议或采取行动以提高工作效率，能主动地对公司的产品与服务提出改进建议 5. 支持他人的创新行为，积极参与营造组织内开拓创新的良好氛围

续表

职级	名称	描述
1-T 级	诚信自律	1. 遵守职业的行为标准与处事原则，自觉遵守国家法律和公司的规章制度 2. 客观提供基于事件本质的正确信息，不夸大或缩小事实，不编造、散布未经正式渠道证实的信息 3. 在职业交流台，以诚实的态度对待他人，尽可能客观、全面地让对方充分了解全部信息 4. 公司利益放在第一位，不损害公司利益 5. 言必行，行必果，遵守自己的承诺
	主动责任	1. 明确自己的服务对象，并经经常和服务对象进行沟通，了解服务对象的满意度，并逐步改善服务质量 2. 表现出把工作做好的愿望，并且有比别人做得好的意愿 3. 主动为自己订立衡量进步的客观标准（自己对自己有要求），而不是由别人来规定检验的标准 4. 为自己订立具有挑战性的目标，并采取具体行动去实现目标，能够面对失败和压力
	快速反应	1. 对收到的邮件24小时内务必回复 2. 对自己职责范围内的事情，在制度规定的范围内予以答复 3. 在规定的时间内圆满地完成任务 4. 克服困难在短时间内高效圆满地完成客户的响应
	客户导向	1. 明确自己工作中所面对的内、外部客户，并通过与客户的直接交流深入了解客户的真正需求或问题 2. 认识到客户传递正确消息的重要性，对于客户的询问、要求和抱怨，在上级的指导下向客户提供准确和完整的答复，使客户了解项目进展情况或得到问题解决方案 3. 在客户从多要求中按照重要程度逐一解决，当自己不能立即对客户的询问和要求做出答复时，能将客户的需求传递给最合适解决问题的人，或是尽快寻求解决方法，事后回复客户 4. 保持友好热情的服务态度，注意观察客户对服务是否满意，寻求提高客户满意度的方法 5. 了解重要外部客户及其产品的基本知识 6. 尊重并保守客户的秘密
	沟通交流	1. 就常见问题，运用简单的步骤、论据和形式进行一对一的沟通 2. 认识到合适的手势、眼神和肢体语言等在沟通中的作用，并能在沟通中有意识地运用 3. 能选择适当的渠道或工具，包括非正式渠道，进行有效沟通 4. 在交流过程中能够简明扼要地向对方传递信息，并能通过自己的语言重新表述对方的观点以及时获得确认，保证对方已经准确了解了所传递的内容 5. 在完全了解别人的观点之前，能让其不受干扰地表达意见；理解别人当时明显表达出来的意思，并能够总结别人表达出来的零散的意思
	团队协作	1. 尊重其他团队成员，努力使自己融入团队之中 2. 将个人努力与实现团队目标结合起来，完成自己在团队中的任务，以实际工作支持团队的决定，成为可靠的团队成员 3. 为完成工作和团队成员进行非正式的讨论，在团队决策时适时提出自己的建议及理由，并尊重、认同及执行上级最终制定的相关决策 4. 作为团队一员，随时告知其他成员有关团队活动、个人行动和重要的事件，共享有关的信息 5. 认识到团队成员的不同特点，并且把它作为可以学习知识与获取信息的机会
	员工发展	1. 从岗位需求出发，具有明确的个人发展阶段性目标，并能采取必要的行动来达成该目标 2. 按时、积极地参加组织提供的培训 3. 在日常工作中不断提高自己的业务水平，或掌握新的技能 4. 主动向上级征询对自己工作表现的反馈意见，以开放的心态欢迎其他同事就自己的工作表现提出反馈意见，并采取相应的改进行动。

表3.10 产品销售职级标准（知识）

职级	名称	等级	描述
7级	公司产品知识	高级	1. 对产品的业务流程十分清晰，对产品所涵盖的知识背景十分了解，能够结合客户的实际需求，做出针对性的建议 2. 针对客户的需求，可以针对性地进行产品演示，能够将复杂的业务流程，在较短的时间内清晰地展示出来 3. 就产品部分进行公开的讲授，对内部或客户进行产品培训工作
	ERP知识	中级	1. 深入了解ERP的基本原理，对ERP的核心理念有深刻的学习，熟练掌握ERP中的各种概念 2. 独立地客户就ERP方面进行一些深入沟通 3. 清晰地讲出企业应用ERP的必然趋势及应用的价值

续表

职级	名称	等级	描述
7级	行业领域知识	高级	1. 对该行业的运作有一定独到的见解 2. 结合ERP，为该行业设计标准的解决方案 3. 能够就该行业为课题进行公开讲授
	竞争对手产品	中级	1. 对竞争对手的产品进行深入研究，能够针对公司和竞争对手作对比性演示 2. 找出我们产品和竞争对手的细微的差异点，并能有效地给客户演示出来，并讲出对客户的价值
6级	公司产品知识	高级	1. 对产品的业务流程十分清晰，对产品所涵盖的知识背景十分了解，能够结合客户的实际需求，做出针对性的建议 2. 针对客户的需求，可以针对性地进行产品演示，能够将复杂的业务流程，在较短的时间内清晰地展示出来 3. 就产品部分进行公开的讲授，对内部或客户进行产品培训工作
	ERP知识	中级	1. 深入了解ERP的基本原理，对ERP的核心理念有深刻的学习，熟练掌握ERP中的各种概念 2. 独立地客户就ERP方面进行一些深入沟通 3. 清晰地讲出企业应用ERP的必然趋势及应用的价值
	行业领域知识	中级	1. 了解该行业的发展历史、现状和发展趋势 2. 对该行业的企业遇到的压力和挑战有清晰的认识 3. 对行业的知名企业的信息有全面的了解
	竞争对手产品	中级	1. 对竞争对手的产品进行深入研究，能够针对公司和竞争对手作对比性演示 2. 找出我们产品和竞争对手的细微的差异点，并能有效地给客户演示出来，并讲出对客户的价值
5级	公司产品知识	高级	1. 对产品的业务流程十分清晰，对产品所涵盖的知识背景十分了解，能够结合客户的实际需求，做出针对性的建议 2. 针对客户的需求，可以针对性地进行产品演示，能够将复杂的业务流程，在较短的时间内清晰地展示出来 3. 就产品部分进行公开的讲授，对内部或客户进行产品培训工作
	ERP知识	中级	1. 深入了解ERP的基本原理，对ERP的核心理念有深刻的学习，熟练掌握ERP中的各种概念 2. 独立地客户就ERP方面进行一些深入沟通 3. 清晰地讲出企业应用ERP的必然趋势及应用的价值
	行业领域知识	初级	1. 了解该行业的企业基本运行情况，能够掌握行业术语，能够了解行业独特之处 2. 用行话和客户进行交流
	竞争对手产品	中级	1. 对竞争对手的产品进行深入研究，能够针对公司和竞争对手作对比性演示 2. 找出我们产品和竞争对手的细微的差异点，并能有效地给客户演示出来，并讲出对客户的价值
4级	公司产品知识	中级	1. 熟练掌握产品的功能，能够给客户进行详细的产品演示 2. 了解产品设计原理
	ERP知识	中级	1. 深入了解ERP的基本原理，对ERP的核心理念有深刻的学习，熟练掌握ERP中的各种概念 2. 独立地客户就ERP方面进行一些深入沟通 3. 清晰地讲出企业应用ERP的必然趋势及应用的价值
	竞争对手产品	初级	1. 对竞争对手的产品进行初步研究，能够对照公司介绍的优点，对照产品实际情况了解其是否完全实现 2. 初步找出竞争对手产品的缺点 3. 结合公司的产品，针对竞争对手的产品总结一些应对方案
3级	公司产品知识	中级	1. 熟练掌握产品的功能，能够给客户进行详细的产品演示 2. 了解产品设计原理
	ERP知识	初级	1. 了解ERP的基本原理，及ERP的发展历史，及全球当今的发展形势 2. 和客户就ERP方面进行一些初步沟通
2级	公司产品知识	初级	1. 熟记产品的功能和特性，能够结合标准的产品介绍和客户进行产品概要沟通 2. 熟记公司产品名称及模块名称 3. 了解产品软件的安装配置，产品涉及的数据库结构
	ERP知识	初级	1. 了解ERP的基本原理，及ERP的发展历史，及全球当今的发展形势 2. 和客户就ERP方面进行一些初步沟通

3.4 渠道管理师职级标准（见表3.11至表3.13）

表3.11 渠道管理师职级标准（概览）

职级	定位	经验（软件行业或渠道管理领域）	知识	素质技能					行为标准				
				客户导向	市场导向	主动性	沟通协调能力	执行力	规划	市场	招募	销售	提能
6级	渠道管理领域的专家，能够准确把握渠道管理的发展趋势，指导整个体系的有效运作	≥7年	1.产品知识 2.渠道管理知识 3.销售知识	5级 客户伙伴，团队带领	4级 灵活应对市场变化	5级 带动他人超额付出，创造机会	5级 调用稀缺有力解决	4级 系统思考，持续推进	渠道规划制定，伙伴业务指导	市场洞察及规划	精通谈判技巧，总结传授	大项目支持	洞察需求，搭建体系
5级	精通渠道管理全领域的业务，能解决领域内复杂、重大问题	≥5年		4级 重视长期效益，超越客户需求	4级 灵活应对市场变化	4级 提前发现及预防	4级 巧妙沟通解决难题	3级 重视战略，积极落实	渠道规划制定，伙伴业务指导	市场洞察及规划	挖掘需求，建立信任，指导谈判	中型项目支持	洞察需求，搭建体系
4级	熟悉渠道管理全领域的业务，并能通过改革现有的程序/方法解决复杂、重大的细分领域问题	≥3年		4级 重视长期效益，超越客户需求	3级 洞察市场机会，提出初步设想	3级 超额付出，快速决策	3级 引导交流协调解决	2级 把握重点，追求优秀	渠道策略制定，伙伴业务建议	制订计划推广实施	挖掘需求，建立信任，指导谈判	中型项目支持	制订计划组织执行
3级	精通渠道管理某一细分领域的业务，并能有效指导他人	≥2年		3级 快速反应，满足客户需求	3级 洞察市场机会，提出初步设想	2级 应对当前问题	3级 引导交流协调解决	2级 把握重点，追求优秀	渠道策略制定，伙伴业务建议	制订计划推广实施	运用技巧，引导决策，独立谈判	小项目支持	制订计划组织执行
2级	具有渠道管理某细分领域全面的专业知识及技能，能独立完成细分领域复杂的业务	≥1年		2级 沟通期望，亲切服务	2级 关注市场动态	2级 应对当前问题	2级 准确表达简单协调	1级 主动计划，按时推进	渠道策略执行，伙伴业务支持	执行推广计划	初步拜访，协助谈判	直接支持项目	执行计划知识分享
1级	具有渠道管理所必需的知识、技能，并能适当应用；在上一级指导下完成较复杂的细分领域业务，独立完成例行工作	无		2级 沟通期望，亲切服务	1级 市场信息常规搜集	1级 即时反馈	2级 准确表达简单协调	1级 主动计划，按时推进	指导下参与布局	指导下执行	商机搜寻，指导下拜访	发现问题，及时反馈	执行计划知识分享

表 3.12 渠道管理师职级标准（技能）

职级	素质指标	等级	关键词	通用描述
6级	客户导向	5级	客户伙伴，团队带领	成为客户遇到问题、寻求帮助时足以信赖的咨询顾问角色，为客户提供专业的咨询和支持；分享经验和方法，以自身的实践影响团队其他成员，共同致力于为客户提供卓越的服务
	市场导向	4级	灵活应对市场变化	对市场变化反应迅速，利用市场信息指导产品、市场营销和建立联盟等决策，有意识建立所在区域内的市场变化情报信息体系
	主动性	5级	带动他人超额付出，创造机会	率领团队付出额外的努力去从事工作；提前行动，避免问题发生及创造良机
	沟通协调能力	5级	调用稀缺，有力解决	与团队分享有效沟通和协调的经验和方法，带动团队沟通协调能力提升；对于突发或复杂的重大问题，能够协调公司的稀缺资源，促成有力的解决方案
	执行力	4级	系统思考，持续推进	经常进行预见性、全局性、系统性思考，结合组织现实的资源状况、运作模式和企业文化，制订与战略目标一致的具体行动计划，做好风险预估及应对，并在计划实施过程中不断校正计划与战略的偏差以取得良好效果
	规划能力	4级	系统规划，成绩显著	通过对多种信息的全面分析，提出系统性的整合规划方案并成功实现，为企业取得显著的成绩
5级	客户导向	4级	重视长期效益，超越客户需求	以长远的眼光来解决客户的问题，为客户寻找长期的利益，或采取行动为顾客创造可以预见的成果。满足客户的根本性需求，超过客户的期望，获得客户高度认同和评价
	市场导向	4级	灵活应对市场变化	对市场变化反应迅速，利用市场信息指导产品、市场营销和建立联盟等决策，有意识建立所在区域内的市场变化情报信息体系
	主动性	4级	提前发现及预防	承担远超过要求的新项目的任务；提前准备，通过特别的努力来发现机会或减少潜在问题
	沟通协调能力	4级	巧妙沟通，解决难题	良好的沟通协调技巧，讲求方式方法；善于因人而异，采取针对性沟通方式方法；经常能够通过有效沟通和协调解决别人感到难以解决的问题，沟通能力受到周围同事普遍认可
	执行力	3级	重视战略，积极落实	基于公司发展战略和业务目标，策划本业务领域全局性计划和策略，使得公司发展战略和业务目标能有效落实；对于影响公司未来发展的事情和变化，予以重视并提出具体的建议或行动措施
	规划能力	3级	独立完成领域规划	熟悉某一领域的规划，能进行多维度信息的收集和分析，提出领域的产品发展、方案、制度方案，较好满足客户需求及公司的发展需要
4级	客户导向	4级	重视长期效益，超越客户需求	以长远的眼光来解决客户的问题，为客户寻找长期的利益，或采取行动为顾客创造可以预见的成果。满足客户的根本性需求，超过客户的期望，获得客户高度认同和评价
	市场导向	3级	洞察市场机会，提出初步设想	快速准确地获得来自市场的第一手资料，保持对市场变化的敏感，能够洞察到隐藏的市场机会，并且提出合理的捕捉市场机会的设想
	主动性	3级	超额付出，快速决策	付出额外的心力去完成工作；在遇到危机时快速采取行动并做出决策
	沟通协调能力	3级	引导交流，协调解决	准确的领悟对方观点，并能引导对方沿着自己的思路展开交流；当工作出现问题，总能积极的想方设法去寻求帮助，协调工作群体中的其他成员共同解决问题，使工作正常进行
	执行力	2级	把握重点，追求优秀	高效地完成各项工作，但在本职工作上偶尔出现缺少预见性、全局性、系统性；能抓住工作重点，综合多种因素制订工作计划，努力使工作达到优秀的标准，并能为自己设立略富挑战性的目标
	规划能力	3级	独立完成领域规划	熟悉某一领域的规划，能进行多维度信息的收集和分析，提出领域的产品发展方案、制度，较好满足客户需求及公司的发展需要

续表

职级	素质指标	等级	关键词	通用描述
3级	客户导向	3级	快速反应，满足客户需求	工作中总能遵循"explore-offer-action-confirm"原则，主动了解客户需求、快速响应和解决问题并实时反馈，能够经常满足客户"满足性需求"
	市场导向	3级	洞察市场机会，提出初步设想	快速准确地获得来自市场的第一手资料，保持对市场变化的敏感，能够洞察到隐藏的市场机会，并且提出合理的捕捉市场机会的设想
	主动性	2级	应对当前问题	辨认和应对目前的机会或问题；发现问题时能采取2个或更多的步骤来克服障碍及困难，虽然事情进展未必顺利，但也不轻言放弃
	沟通协调能力	3级	引导交流，协调解决	准确的领悟对方观点，并能引导对方沿着自己的思路展开交流；当工作出现问题，总能积极的想方设法去寻求帮助，协调工作群体中的其他成员共同解决问题，使工作正常进行
	执行力	2级	把握重点，追求优秀	高效地完成各项工作，但在本职工作上偶尔出现缺少预见性、全局性、系统性；能抓住工作重点，综合多种因素制订工作计划，努力使工作达到优秀的标准，并能为自己设立略富挑战性的目标
	规划能力	2级	独立完成局部规划	熟悉产品、制度、方案等规划的方法论，掌握了相关的规划工具（UML，EPC等），独立完成局部功能规划工作（概要需求列表，需求规约，项目建议书等）
2级	客户导向	2级	沟通期望，亲切服务	与客户在共同的期望上保持清晰的沟通，留意客户的满意度，并提供亲切愉快的服务
	市场导向	2级	关注市场动态	密切关注市场经济环境、客户需求的变化、产品技术的发展，能掌握市场变化的信息
	主动性	2级	应对当前问题	辨认和应对目前的机会或问题；发现问题时能采取两个或更多的步骤来克服障碍及困难，虽然事情进展未必顺利，但也不轻言放弃
	沟通协调能力	2级	准确表达，简单协调	准确无误、简练的表达自己的观点，能够进行简单的协调
	执行力	1级	主动计划，按时推进	主动制订工作计划，保证按时完成工作任务，基本保证工作的质量
	规划能力	1级	参照模板完成局部规划	知道产品、制度、方案规划设计相关的工作产品、流程、规范和指南，能进行现状分析，清晰描述出使用者的原始需求，但需要在指导下参照已有的模板等完成局部功能（如应收应付核销）的规划抽象工作
1级	客户导向	2级	沟通期望，亲切服务	与客户在共同的期望上保持清晰的沟通，留意客户的满意度，并提供亲切愉快的服务
	市场导向	1级	市场信息常规搜集	在工作中通过正规途径对市场的信息进行收集
	主动性	1级	即时反馈	按要求完成工作；发现问题时，能及时反馈，并跟进处理
	沟通协调能力	2级	准确表达，简单协调	准确无误、简练的表达自己的观点，能够进行简单的协调
	执行力	1级	主动计划，按时推进	主动制订工作计划，保证按时完成工作任务，基本保证工作的质量
	规划能力	1级	参照模板完成局部规划	知道产品、制度、方案规划设计相关的工作产品、流程、规范和指南，能进行现状分析，清晰描述出使用者的原始需求，但需要在指导下参照已有的模板等完成局部功能（如应收应付核销）的规划抽象工作

表 3.13 渠道管理师职级标准（行为标准）

职级	行为单元	行为要项	行为标准项	关键评判指标
6级	渠道布局与招募	规划布局	渠道规划制定，伙伴业务指导	1. 全面洞察渠道业务的各项内容，包括市场、客户、竞争洞察，全面掌握、分析竞争对手、宏观经济、产业政策、客户需求等市场信息，充分挖掘市场机会，为准确布局规划提供依据 2. 结合各项资料的收集，从渠道业务的整体性出发，思考并制订渠道业务规划与策略；可以用于其他业务经营单位学习及复制相关经验和内容 3. 依据上述分析，指导并带领团队成员完成负责区域渠道布局，达成网格覆盖率以及分产品分行业分类型的有效伙伴布局 4. 主导并帮助伙伴制订经营过程中的全面规划，从人员及团队建设、主要经营方向、商机挖掘与客户经营、市场与提能业务等各方面制订整体业绩经营建议，并能有效促进伙伴业务发展	1. 全面洞察渠道业务的各项内容，自行完成并提交渠道业务规划报告，应具备完整性、有效性、及时性、可复制性等特点；由上级领导评判 2. 按照总部下达有效伙伴数量指标应完成90%以上 3. 空白网格覆盖率应完成总部下达指标的90%以上 4. 业绩指标达成率应超过90%
		市场推广	市场洞察及规划	1. 敏锐捕捉市场变化信息，并准确判别市场动向（需求、购买力、价格、产品、占有率等） 2. 结合市场动向，进行渠道市场规划，精确选择市场推广方式，并指导（统筹）推进 3. 对公司现有的推广模式进行创新，并能有较为显著的成效	1. 市场执行率≥95% 2. 市场规划书 3. 创新的市场活动策划案
		招募谈判	精通谈判技巧，总结传授	1. 精通公司渠道政策，熟练运用各种谈判技巧，实现利润最大化 2. 制作创新性的商业计划书，充分考虑成本收益 3. 和对方建立战略伙伴式的信任感，主导与伙伴高层的谈判进程并实现谈判目标 4. 将谈判过程的各种心得整理成册，供人参考，并能结合自身的经验生动讲授商务谈判的课程	1. 招募业绩：所管渠道的总业绩完成100% 2. 伙伴3年期成活率：90%
	伙伴支持	销售支持	大项目支持	1. 全面了解伙伴大项目（30万元以上）进展情况，并进行项目穿透，协助伙伴准确分析判断 2. 对伙伴大项目（30万元以上）直接进行商务、售前和实施支持，指导并帮助伙伴赢单及成功交付	1. 项目支持成单率：60% 2. 伙伴项目结算金额：80万元
		伙伴提能	洞察需求搭建体系	1. 洞察伙伴培训需求，结合实际情况，合理制订提能计划并付诸实施 2. 因地制宜的搭建伙伴培训体系，有效提升伙伴能力 3. 对核心伙伴进行管理输出	1. 伙伴满意度≥95% 2. 提能辅导核心伙伴数≥3家 3. 培训体系建设和计划执行情况
5级	渠道布局与招募	规划布局	渠道规划制定，伙伴业务指导	1. 全面洞察渠道业务的各项内容，包括市场、客户、竞争洞察，全面掌握、分析竞争对手、宏观经济、产业政策、客户需求等市场信息，充分挖掘市场机会，为准确布局规划提供依据 2. 结合各项资料的收集，从渠道业务的整体性出发，思考并制订渠道业务规划与策略；可以用于其他业务经营单位学习及复制相关经验和内容 3. 依据上述分析，指导并带领团队成员完成负责区域渠道布局，达成网格覆盖率以及分产品分行业分类型的有效伙伴布局 4. 主导并帮助伙伴制订经营过程中的全面规划，从人员及团队建设、主要经营方向、商机挖掘与客户经营、市场与提能业务等各方面制订整体业绩经营建议，并能有效促进伙伴业务发展	1. 全面洞察渠道业务的各项内容，自行完成并提交渠道业务规划报告，应具备完整性、有效性、及时性、可复制性等特点；由上级领导评判 2. 按照总部下达有效伙伴数量指标应完成90%以上 3. 空白网格覆盖率应完成总部下达指标的90%以上 4. 业绩指标达成率应超过90%

续表

职级	行为单元	行为要项	行为标准项	关键评判指标
5级	渠道布局与招募	市场推广 市场洞察及规划	1. 锐捕捉市场变化信息，并准确判别市场动向（需求、购买力、价格、产品、占有率等） 2. 结合市场动向，进行渠道市场规划，精确选择市场推广方式，并指导（统筹）推进 3. 对公司现有的推广模式进行创新，并能有较为显著的成效	1. 市场执行率≥95% 2. 市场规划书 3. 创新的市场活动策划案
		招募谈判 挖掘需求，建立信任，指导谈判	1. 充分了解对方的真实意图，获取对方的信任，达成谈判目标 2. 对目标伙伴的决策流程十分清晰，能够挖掘出对方潜在的担忧和想法，并帮助客户渡过决策心理难关 3. 有效指导他人进行商务谈判	1. 招募业绩：所管理渠道的总业绩完成100% 2. 伙伴两年期成活率：90%
	伙伴支持	销售支持 中型项目支持	1. 全面了解伙伴中型项目（20万~30万元）进展情况，并进行项目穿透，协助伙伴准确分析判断 2. 对伙伴中型项目（20万~30万元）直接进行商务、售前和实施支持，指导并帮助伙伴赢单及成功交付	1. 项目支持成单率：60% 2. 伙伴项目结算金额：60万元
		伙伴提能 洞察需求搭建体系	1. 洞察伙伴培训需求，结合实际情况，合理制订提能计划并付诸实施 2. 因地制宜的搭建伙伴培训体系，有效提升伙伴能力 3. 对核心伙伴进行管理输出	1. 伙伴满意度≥95% 2. 提能辅导核心伙伴数≥3家 3. 培训体系建设和计划执行情况
4级	渠道布局与招募	规划布局 渠道策略制定，伙伴业务建议	1. 搜集并筛选各类资料，对负责区域内的市场情况、竞争情况及公司战略执行情况、当地伙伴发展与网格覆盖情况等予以有效分析；提出适用于负责区域内的差异化的整体规划与策略，并推动执行 2. 结合上述分析，主导完成渠道布局，达成网格覆盖率 3. 根据伙伴实际情况，包括公司规模、发展现状等，帮助伙伴制定个性化发展规划，提出可行性建议，帮助伙伴持续成长	1. 自行完成并提交渠道业务规划报告，应具有适用性、有效性、及时性及完整性等特点，由上级领导评判 2. 按照总部下达有效伙伴数量指标应完成80%以上 3. 空白网格覆盖率应完成总部下达指标的80%以上 4. 业绩指标达成率应超过85%
		市场推广 制订计划推广实施	1. 掌握市场推广的操作技巧，能独立拟定所辖片区的年度推广计划、独立进行活动策划、并组织执行 2. 将公司成功的市场推广经验复制给伙伴，与伙伴确定年度市场活动方案，并指导推进 3. 调用公司资源，帮助伙伴进行活动的组织、监控及宣传，拉动所有伙伴的活动意识	1. 市场执行率≥85% 2. 市场推广计划书
		招募谈判 挖掘需求，建立信任，指导谈判	1. 充分了解对方的真实意图，获取对方的信任，达成谈判目标 2. 对目标伙伴的决策流程十分清晰，能够挖掘出对方潜在的担忧和想法，并帮助客户渡过决策心理难关 3. 有效指导他人进行商务谈判	1. 招募业绩：所管理渠道的总业绩完成100% 2. 伙伴两年期成活率：90%
	伙伴支持	销售支持 中型项目支持	1. 全面了解伙伴中型项目（20万~30万元）进展情况，并进行项目穿透，协助伙伴准确分析判断 2. 对伙伴中型项目（20万~30万元）直接进行商务、售前和实施支持，指导并帮助伙伴赢单及成功交付	1. 项目支持成单率：60% 2. 伙伴项目结算金额：60万元
		伙伴提能 制订计划组织执行	1. 制订培训计划，执行计划并且收集培训反馈 2. 掌握产品讲解，帮助伙伴提升产品能力 3. 收集整理产品、营销、实施、服务等知识，推广给伙伴并引导其学习应用	1. 伙伴满意度≥90% 2. 新加盟伙伴提能辅导≥5家 3. 培训计划执行率≥80%

续表

职级	行为单元	行为要项	行为标准项	关键评判指标
3级	渠道布局与招募	规划布局	渠道策略制定，伙伴业务建议	1. 搜集并筛选各类资料，对负责区域内的市场情况、竞争情况及公司战略执行情况、当地伙伴发展与网格覆盖情况等予以有效分析；提出适用于负责区域内的差异化的整体规划与策略，并推动执行 2. 结合上述分析，主导完成渠道布局，达成网格覆盖率 3. 根据伙伴实际情况，包括公司规模、发展现状等，帮助伙伴制定个性化发展规划，提出可行性建议，帮助伙伴持续成长	1. 自行完成并提交渠道业务规划报告，应具有适用性、有效性、及时性及完整性等特点，由上级领导评判 2. 按照总部下达有效伙伴数量指标应完成80%以上 3. 空白网格覆盖率应完成总部下达指标的80%以上 4. 业绩指标达成率应超过85%
		市场推广	制订计划推广实施	1. 掌握市场推广的操作技巧，能独立拟定所辖片区的年度推广计划、独立进行活动策划，并组织执行 2. 将公司成功的市场推广经验复制给伙伴，与伙伴确定年度市场活动方案，并指导推进 3. 调用公司资源，帮助伙伴进行活动的组织、监控及宣传，拉动所有伙伴的活动意识	1. 市场执行率≥85% 2. 市场推广计划书
		招募谈判	运用技巧，引导决策，独立谈判	1. 熟悉公司（所谈判产品的相关的）价格策略，能够清楚谈出双赢的结果，而不是一味通过价格让步 2. 熟悉对方的决策流程，能够察觉到客户潜在的顾虑，并采取相应的措施引导客户进行决策 3. 独立进行商务谈判，并达成目标	1. 招募业绩：所管理渠道的总业绩完成100% 2. 伙伴1年期成活率：90%
	伙伴支持	销售支持	小项目支持	1. 全面了解伙伴小项目（10万~20万元）进展情况，并进行项目穿透，协助伙伴准确分析判断 2. 对伙伴小项目（10万~20万元）直接进行商务、售前和实施支持，指导并帮助伙伴赢单及成功交付	1. 项目支持成单率：50% 2. 伙伴项目结算金额：50万元
		伙伴提能	制订计划组织执行	1. 制订培训计划，执行计划并且收集培训反馈 2. 掌握产品讲解，帮助伙伴提升产品能力 3. 收集整理产品、营销、实施、服务等知识，推广给伙伴并引导其学习应用	1. 伙伴满意度≥90% 2. 新加盟伙伴提能辅导≥5家 3. 培训计划执行率≥80%
2级	渠道布局与招募	规划布局	渠道策略执行，伙伴业务支持	1. 依据公司及总部渠道业务线已有的工具和模板予以渠道业务的各项分析，包括业绩经营分析、业务管理分析、渠道市场分析、竞争分析等 2. 有效执行总部及其他经营单位渠道业务经营策略与规划，筛选适用于负责区域的策略 3. 依据上述分析，在上级或他人指导或帮助下完成渠道初步布局，达成网格覆盖率 4. 利用及复制总部及其他经营单位已有工具或模板对伙伴经营情况有效分析，提出业务规划建议；并协调资源对伙伴经营的各项业务（包括市场、培训、项目等）予以支持	1. 在指导下及使用已有工具或模板完成并提交渠道业务规划报告；由上级领导评判 2. 按照总部下达有效伙伴数量指标应完成70%以上 3. 空白网格覆盖率应完成总部下达指标的70%以上 4. 业绩指标达成率应超过80%
		市场推广	执行推广计划	1. 参与公司或伙伴的各类市场推广活动，如市场调研、方案策划、推广执行等 2. 全程跟进、监督伙伴的市场推广情况，出具伙伴市场推广总结报告 3. 熟悉市场推广的操作流程及基本的技巧，能独立开展某一类型的市场活动，为伙伴的市场推广活动提供基本的协助	1. 市场执行率≥75% 2. 市场计划书文档质量良好
		招募谈判	初步拜访，协助谈判	1. 独立拜访意向伙伴，沟通并展示合作模式，并准确反馈拜访信息 2. 准备相关谈判资料，协助进行伙伴高层的商务谈判	1. 招募业绩：所管理渠道的总业绩完成80% 2. 伙伴1年期成活率：80%

续表

职级	行为单元	行为要项	行为标准项	关键评判指标
2级	伙伴支持	直接支持项目	1. 全面了解伙伴10万元以下项目的进展情况，并进行项目穿透，协助伙伴准确分析判断 2. 对伙伴10万元以下项目直接进行商务、售前和实施支持，指导并帮助伙伴赢单及成功交付	1. 项目支持成单率：40% 2. 伙伴项目结算金额：40万元
		执行计划知识分享	1. 指导下协调资源，执行培训计划并且收集培训反馈 2. 产品讲解，帮助伙伴提升产品能力 3. 协助进行知识整理及分享，培训推广与总结	1. 伙伴满意度≥85% 2. 新加盟伙伴提能辅导≥3家 3. 培训计划执行率≥70%
1级	渠道布局与招募	规划布局 指导下参与布局	1. 掌握常用的信息搜集方法，多角度搜集渠道信息，以供决策参考之用 2. 指导下参与所在区域的渠道布局	布局参与次数：1次以上
		市场推广 指导下执行	在指导下参与公司或伙伴的各类市场推广活动，如市场调研、方案策划、推广执行等	市场活动参与数：3次以上
		招募谈判 商机搜寻，指导下拜访	1. 通过电话、网络、慧聪商情、IT资料、媒体等寻找潜在的招募商机 2. 指导下拜访意向伙伴，沟通并展示合作模式，并准确反馈拜访信息	1. 有效商机提供数（最终赢单）：5次以上 2. 意向伙伴有效拜访数（有后续接洽）：每月2次以上
	伙伴支持	销售支持 发现问题，及时反馈	1. 了解伙伴项目进展，记录关键事项及节点、及时发现问题，并能按期提供跟进报告 2. 熟悉问题的反馈解决途径，能将问题迅速反馈给省区或总部的对口人员，并跟进解决情况	1. 伙伴项目关注率：登记项目数的90%以上 2. 伙伴项目关注频率：以周为单位提供跟进报告 3. 问题反馈与跟进解决数：5次以上重大问题的反馈，并跟进解决完成
		伙伴提能 执行计划知识分享	1. 指导下协调资源，执行培训计划并且收集培训反馈 2. 产品讲解，帮助伙伴提升产品能力 3. 协助进行知识整理及分享，培训推广与总结	1. 伙伴满意度≥85% 2. 新加盟伙伴提能辅导≥3家 3. 培训计划执行率≥70%

3.5 电话营销售职级标准（见表3.14至表2.17）

表3.14 电话营销售职级标准（概览）

职级	定位	经验与业绩 包括： 1.相关技术领域工作年限 2.业绩与绩效	素质							技能					知识			
			开拓创新	诚信自律	主动责任	快速反应	客户导向	沟通交流	团队协作	员工发展	顾问式营销	电话销售	演讲能力	商务谈判	承受压力	公司产品知识	ERP知识	行业领域知识	竞争对手产品
6级	资深客户经理	1. 从事销售工作6年以上 2. 三年平均业绩150万元以上					高级				专家级	中级	—	中级	高级	专家级	高级	中级	高级	中级
5级	高级客户经理（二级）	1. 从事销售工作5年以上 2. 三年平均业绩100万元以上									高级	—	初级	高级	高级	中级	中级	中级	中级
4级	高级客户经理（一级）	1. 电话销售：从事销售工作2年以上；销售热线客服代表：从事热线工作2年以上 2. 电话销售：年平均商机金额业绩800万元以上；销售热线客服代表：年平均商机金额业绩3 000元万元以上	达标				中级				—	专家级	—	—	中级	中级	初级	中级	初级	初级

续表

职级	定位	经验与业绩 包括： 1. 相关技术领域工作年限 2. 业绩与绩效	素质							技能				知识			
			开拓创新	诚信自律	主动责任	快速反应	客户导向	沟通交流	团队协作	员工发展	顾问式营销	电话销售	演讲能力	商务谈判	承受压力	公司产品知识	ERP知识	行业领域知识	竞争对手产品
3级	客户经理（二级）	1. 从事销售工作 1.5 年以上；售热线客服代表：从事热线工作 1.5 年以上 2. 年平均商机金额业绩 400 万元以上；销售热线客服代表：年平均商机金额业绩 2000 万元以上									—	高级	—	—	中级	中级	—	—
2级	客户经理（一级）	1. 从事销售工作 1 年以上；销售热线客服代表：从事热线工作 1 年以上 2. 年平均商机金额业绩 300 万元以上；销售热线客服代表：年平均商机金额业绩 1 500 万元以上	达标					初级			—	中级	—	—	初级	中级	初级	—
1级	初级客户经理	1. 从事销售工作 3 个月以上；售热线客服代表：从事热线工作 3 个月以上 2. 年平均商机金额业绩 150 万元以上；销售热线客服代表：年平均商机金额业绩 800 万元以上									—	初级	—	—	初级	初级	—	—

表 3.15　电话营销售职级标准（技能）

职级	名称	等级	描述
6级	顾问式营销（电话销售）	专家级	1. 能够结合自己经验和知识，公开讲授顾问式营销体系，讲课能够做到深入浅出，生动活泼 2. 差异化营销 3. 能带助别人诉诸高层（call high），并带领团队
	演讲能力	中级	1. 针对客户或内部人员（20 人以上），能够进行 40 分钟以内的演讲 2. 能够基本掌握肢体语言，演讲过程中无不良动作 3. 演讲过程中无明显紧张的表现 4. 能够就 ERP 相关课题进行熟练演讲 5. 能够自己设计演讲课件
	商务谈判	高级	1. 具备全面的商务知识，具有丰富的实战经验，能够指导别人进行商务谈判 2. 能够充分了解客户真实意图，给客户建立可靠的信任感，有效地推进谈判进程 3. 能够和客户达成共同的谈判目标和进程计划 4. 能够谈出产品的价值，谈出双赢的结果，而不是一味通过价格让步 5. 对客户决策流程十分清晰，能够体察到客户潜在的担忧，并帮助客户渡过决策心理难关
	承受压力	专家级	较长时间承受超常的强度和速度，或者承受较强的缺失，有压力感，有目标并保持一定的乐观状态
5级	顾问式营销	高级	1. 能够深入掌握顾问式营销知识，指导其他人对销售过程的分析及销售业务改进工作 2. 能够在销售过程中，引导客户行为或观念，能够控制和改变客户的选型标准 3. 能够有效地给竞争对手制造障碍，引导客户对竞争对手的感觉 4. 能够独立完成诉诸高层（call high）工作，有效地推动客户沿销售进程前进

续表

职级	名称	等级	描述
5级	演讲能力	初级	1. 针对客户或内部人员（10人以上），能够进行15分钟以内的演讲 2. 能够基本掌握肢体语言，演讲过程中无太多不良动作 3. 演讲前能够认真准备，并反复演练，直到能够熟练掌握所讲 4. 能够熟练进行公司介绍的演讲 5. 演讲过程中无明显紧张的表现
	商务谈判	高级	1. 具备全面的商务知识，具有丰富的实战经验，能够指导别人进行商务谈判 2. 能够充分了解客户真实意图，给客户建立可靠的信任感，有效地推进谈判进程 3. 能够和客户达成共同的谈判目标和进程计划 4. 能够谈出产品的价值，谈出双赢的结果，而不是一味通过价格让步 5. 对客户决策流程十分清晰，能够体察到客户潜在的担忧，并帮助客户渡过决策心理难关
	承受压力	高级	承受超常的工作强度（相对行业内的人员），或者承受一定的失去，感受较强的压力
4级	电话销售	专家级	1. 能够独立设计电话营销话术，项目方案，独立运作与运营电话外呼营销和项目管理 2. 能够对项目的预备、运营、危机、风险防范、关键点和结果等做出准确判断、定位和快速反应 3. 精通掌握电话营销知识，指导项目团队和他人对销售过程和结果的分析及销售培训、业务改进等工作 4. 能帮助别人诉诸高层（call high），能够结合自己经验和知识，公开讲授电话营销体系并带领团队
	承受压力	中级	承受一般的工作强度的和一般工作压力
3级	电话销售	高级	1. 能够灵活、运用话术和流程，并且能够对话术和流程进行提出修改和合理建议，进行外呼营销和项目管理 2. 有较好客户服务意识和沟通、灵活反应技巧，能够对客户商机敏感度、重要性、优先次序、项目危机等做出准确判断、定位和快速反应，引导和改变客户行为、观念、选型标准 3. 能够深入掌握电话营销知识，全面把握销售要素，对销售过程能做出控制和分析 4. 能够完成诉诸高层（call high）工作，有效地推动客户沿销售进程前进
	承受压力	中级	承受一般的工作强度的和一般工作压力
2级	电话销售	中级	1. 能够全面掌握顾问式营销知识，能够独立把握销售的过程，能够对销售过程做出全面的过程分析 2. 能够在销售过程中对客户中参与的相关人员进行全面把握，并采取针对性的措施 3. 能够在销售过程中对竞争对手的动向及时了解，并作出针对性措施 4. 能够利用公司资源完成诉诸高层（call high）
	承受压力	初级	在工作中能够保持良好的体能和稳定的情绪状态，办事能持之以恒，处理问题较有主见
1级	电话销售	初级	1. 基本能够按照设定好的话术和流程，进行外呼营销 2. 基本掌握电话营销知识，能够在上级或他人的帮助下，完成对销售过程的执行和规范录入
	承受压力	初级	在工作中能够保持良好的体能和稳定的情绪状态，办事能持之以恒，处理问题较有主见

表3.16 电话营销售职级标准（素质）

职级	名称	等级	描述
6级	开拓创新	达标	1. 乐于接受有一定难度的任务，对富有挑战性的工作有兴趣 2. 主动要求新的任务和工作，为自己设定具有挑战性的目标，并采取具体行动为实现该目标 3. 为了提高工作效果，在成功的可能性不确定的情况下，经过周密考虑，敢于采取有一定风险的行动，并投入相当数量的人力、物力、财力 4. 对工作流程、工作方法或规章制度提出改善建议或采取行动以提高工作效率，能主动地对公司的产品与服务提出改进建议 5. 支持他人的创新行为，积极参与营造组织内开拓创新的良好氛围

续表

职级	名称	等级	描 述
6级	诚信自律	达标	1. 遵守职业的行为标准与处事原则，自觉遵守国家法律和公司的规章制度 2. 客观提供基于事件本质的正确信息，不夸大或缩小事实，不编造、散布未经正式渠道证实的信息 3. 以诚实的态度对待他人，尽可能客观、全面地让对方充分了解全部信息 4. 公司利益放在第一位，不损害公司利益 5. 言必行，行必果，遵守自己的承诺
	主动责任		1. 明确自己的服务对象，并经经常和服务对象进行沟通，了解服务对象的满意度，并逐步改善服务质量 2. 表现出把工作做好的愿望，并且有比别人做得好的意愿 3. 流行实效，主动为自己订立衡量进步的客观标准（自己对自己有要求），而不是由别人来规定检验的标准 4. 为自己订立具有挑战性的目标，并采取具体行动去实现目标，能够面对失败和压力
	快速反应		1. 对收到的邮件24小时内回复 2. 对自己职责范围内的事情，在制度规定的范围内予以答复 3. 在规定的时间内圆满地完成任务 4. 克服困难，在短时间内高效圆满地完成客户的响应
	客户导向		1. 在对客户业务透彻了解的基础上，帮助客户发现潜在的问题，确认其真正的需要 2. 结合客户的需要和现有的服务项目或产品，帮助客户设计出符合其特点的服务方案 3. 了解客户服务的发展趋势，对市场上客户服务的工具和系统及其作用有一定的认识，并运用于实际工作 4. 对部门的客户服务工作进行指导和监督
	沟通交流		1. 就复杂和敏感的问题，通过至少两个以上的步骤、论据和形式与各个层次的对象进行沟通，而且每种形式、所需步骤和论据都能调整到与被交流对象整体的具体情况相适应 2. 使别人领会自己没有公开表达得是间接表达的意图并依此行事 3. 把握别人没有公开表达出来或表达的含混不清的意思，能够领会字里行间的意思 4. 设计并建立多种有效的沟通渠道，包括上行或下行，并确保其运行的畅通
	团队协作	高级	1. 根据组织的战略目标来确定团队建设的目标、规模及其责任，在全体团队成员中促成理解、达成共识，并得以贯彻实施 2. 确保团队的需要得到满足，为团队争取所需要的各种资源，如人力、财力、物力或有关信息等 3. 确保团队成员之间能力和知识的互补，在分配团队任务的时候，既照顾到员工个人的发展，又能实现团队的目标 4. 化解团队中的冲突，维护和加强团队的名誉 5. 通过团队内有效合作及适当的竞争提高团队的整体绩效
	员工发展		1. 设计个人职业生涯发展规划，并和组织的业务需求及未来发展取得平衡，将学到的知识、技能及时应用到现实的工作生活中 2. 发展自身有关工作指导和团队关系的技能，为员工的职业发展提供咨询和指导 3. 全面认识下属员工的特点，能针对具体情况设计有效的培训课程来提高员工的胜任素质 4. 在分配工作以前确定对下属员工表现的期望，并考虑员工职业发展的需要 5. 对员工的要求给予及时的反馈并解决出现的问题，对员工的表现也给予及时、客观的建设性意见 6. 认可个人和团队的努力，使其他员工能够为企业做出更多的贡献并承担更大的责任 7. 主动向上级征询对自己工作表现的反馈意见，以开放的心态欢迎其他同事就自己的工作表现提出反馈意见，并采取相应的改进行动
5级	开拓创新	达标	1. 乐于接受有一定难度的任务，对富有挑战性的工作有兴趣 2. 主动要求新的任务和工作，为自己设定具有挑战性的目标，并采取具体行动为实现该目标 3. 为了提高工作效果，在成功的可能性不十分确定的情况下，经过周密考虑，敢于采取有一定风险的行动，并投入相当数量的人力、物力、财力 4. 对工作流程、工作方法或规章制度提出改善建议或采取行动以提高工作效率，能主动地对公司的产品与服务提出改进建议 5. 支持他人的创新行为，积极参与营造组织内开拓创新的良好氛围
	诚信自律		1. 遵守职业的行为标准与处事原则，自觉遵守国家法律和公司的规章制度 2. 客观提供基于事件本质的正确信息，不夸大或缩小事实，不编造、散布未经正式渠道证实的信息 3. 以诚实的态度对待他人，尽可能客观、全面地让对方充分了解全部信息 4. 公司利益放在第一位，不损害公司利益 5. 言必行，行必果，遵守自己的承诺

续表

职级	名称	等级	描　　述
5级	主动责任	达标	1. 明确自己的服务对象，并经经常和服务对象进行沟通，了解服务对象的满意度，并逐步改善服务质量 2. 表现出把工作做好的愿望，并且有比别人做得好的意愿 3. 主动为自己订立衡量进步的客观标准（自己对自己有要求），而不是由别人来规定检验的标准 4. 为自己订立具有挑战性的目标，并采取具体行动去实现目标，能够面对失败和压力
	快速反应		1. 对收到的邮件24小时内务必回复 2. 对自己职责范围内的事情，在制度规定的范围内予以答复 3. 能在规定的时间内圆满地完成任务 4. 能克服困难在短时间内高效圆满地完成客户的响应
	客户导向		1. 独立并清楚地了解客户提出的要求，并主动为客户提供服务内容 2. 迅速及时地解决问题，不推卸责任，不拖延 3. 掌握客户服务的理论，能就如何的提高客户满意度提出可行性建议，发掘超出客户期望的服务机会 4. 掌握外部客户及其产品的重要知识，并以为基础协助设计有针对性的服务内容
	沟通交流	中级	1. 通过两个或以上的步骤、论据和形式进行一对一或一对多地沟通，并在必要时调整它们的形式及内容，使之适合交流对象整体的水平和兴趣 2. 在沟通中有效地运用手势、眼神等肢体语言来辅助自己要表达的意思 3. 经常利用非正式渠道，如通过聚会、讨论会等形式与他人进行交流或改进与别人的关系 4. 在表达自己的意见时，随时估计某个具体的行动和细节对自己及自己的意见在别人心目中的影响，期待并准备应付别人可能会产生的反应 5. 通过对方的情绪、语调、面部表情等领会别人间接表达的意思 6. 倾听别人表达意见，根据具体情况在必要时提出问题以获取更加深入的信息。
	团队协作		1. 根据工作需要组建小型团队，营造开放、包容和互相支持的气氛，加强集体向心力 2. 为团队成员示范所期望的行为并采用各种方式来提高团队的士气和改进团队的工作效率，确保团队任务的及时完成 3. 明确有碍于达成团队目标的因素，并试图排除这些障碍 4. 鼓励团队成员参加团队讨论与团队决定，倡导团队内部的沟通和合作，以推进团队目标设定与问题的解决 5. 指导其他成员的工作，对其他团队成员的能力和贡献抱着积极的态度，用积极的口吻评价团队成员 6. 利用正式或非正式的沟通渠道，及现有的信息系统在团队内部进行知识和信息的交流与共享
	员工发展		1. 以组织业务发展为背景，为个人职业发展设定明确目标，并在追求的过程中平衡个人职业期望与组织需求的关系 2. 以加强专业知识和提高个人素养为目的，持续寻求并利用各方面的学习机会 3. 在工作相关或能力所及的范围内，通过指导或示范，帮助他人完成工作 4. 对同事的表现给予及时的反馈与改进建议，为下属的工作提供具体的支持和帮助 5. 从促进学习和成长提高的角度出发，向他人提供或安排有针对性的工作任务、培训项目或其他实践机会 6. 主动向上级征询对自己工作表现的反馈意见，以开放的心态欢迎其他同事对自己的工作表现提出反馈意见，并采取相应的改进行动
4级	开拓创新		1. 乐于接受有一定难度的任务，对富有挑战性的工作有兴趣 2. 主动要求新的任务和工作，为自己设定具有挑战性的目标，并采取具体行动为实现该目标 3. 为了提高工作效果，在成功的可能性不确定的情况下，经过周密考虑，敢于采取有一定风险的行动，并投入相当数量的人力、物力、财力 4. 对工作流程、工作方法或规章制度提出改善建议或采取行动以提高工作效率，能主动地对公司的产品与服务提出改进建议 5. 支持他人的创新行为，积极参与营造组织内开拓创新的良好氛围
	诚信自律	达标	1. 遵守职业的行为标准与处事原则，自觉遵守国家法律和公司的规章制度 2. 客观提供基于事件本质的正确信息，不夸大或缩小事实，不编造、散布未经正式渠道证实的信息 3. 以诚实的态度对待他人，尽可能客观、全面地让对方充分了解全部信息 4. 公司利益放在第一位，不损害公司利益 5. 言必行，行必果，遵守自己的承诺
	主动责任		1. 明确自己的服务对象，并经经常和服务对象进行沟通，了解服务对象的满意度，并逐步改善服务质量 2. 表现出把工作做好的愿望，并且有比别人做得好的意愿 3. 主动为自己订立衡量进步的客观标准（自己对自己有要求），而不是由别人来规定检验的标准 4. 为自己订立具有挑战性的目标，并采取具体行动去实现目标，能够面对失败和压力

续表

职级	名称	等级	描述
4级	快速反应	中级	1. 对收到的邮件24小时内回复 2. 对自己职责范围内的事情，在制度规定的范围内予以答复 3. 能在规定的时间内圆满地完成任务 4. 能克服困难，在短时间内高效圆满地完成客户的响应
	客户导向		1. 独立并清楚地了解客户提出的要求，并主动为客户提供服务内容 2. 迅速及时地解决问题，不推卸责任，不拖延 3. 掌握客户服务的理论，能就如何的提高客户满意度提出可行性建议，发掘超出客户期望的服务机会 4. 掌握外部客户及其产品的重要知识，并以此为基础协助设计有针对性的服务内容
	沟通交流		1. 通过两个或以上的步骤、论据和形式进行一对一或一对多地沟通，并在必要时调整它们的形式及内容，使之适合交流对象整体的水平和兴趣 2. 在沟通中有效地运用手势、眼神等肢体语言来辅助自己要表达的意思 3. 经常利用非正式渠道，如通过聚会、讨论会等形式与他人进行交流或改进与别人的关系 4. 在表达自己的意见时，随时估计某个具体的行动和细节对自己及自己的意见在别人心目中的影响，期待并准备应付别人可能会产生的反应 5. 通过对方的情绪、语调、面部表情等领会别人间接表达的意思 6. 倾听别人表达意见，根据具体情况在必要时提出问题以获取更加深入的信息
	团队协作		1. 根据工作需要组建小型团队，营造开放、包容和互相支持的气氛，加强集体向心力 2. 为团队成员示范所期望的行为并采用各种方式来提高团队的士气和改进团队的工作效率，确保团队任务的及时完成 3. 明确有碍于达成团队目标的因素，并试图排除这些障碍 4. 鼓励团队成员参与团队讨论与团队决定，倡导团队内部的沟通和合作，以推进团队目标设定与问题的解决 5. 指导其他成员的工作，对其他团队成员的能力和贡献抱着积极的态度，用积极的口吻评价团队成员 6. 能够利用正式或非正式的沟通渠道，及现有的信息系统在团队内部进行知识和信息的交流与共享
	员工发展		1. 以组织业务发展为背景，为个人职业发展设定明确目标，并在追求的过程中平衡个人职业期望与组织需求的关系 2. 以加强专业知识和提高个人素养为目的，持续寻求并利用各方面的学习机会 3. 在工作相关或能力所及的范围内，通过指导或示范，帮助他人完成工作 4. 对同事的表现给予及时的反馈与改进建议，为下属的工作提供具体的支持和帮助 5. 从促进学习和成长提高的角度出发，向他人提供或安排有针对性的工作任务、培训项目或其他实践机会 6. 主动向上级征询对自己工作表现的反馈意见，以开放的心态欢迎其他同事就自己的工作表现提出反馈意见，并采取相应的改进行动
1~3级	开拓创新	达标	1. 乐于接受有一定难度的任务，对富有挑战性的工作有兴趣 2. 主动要求新的任务和工作，为自己设定具有挑战性的目标，并采取具体行动为实现该目标 3. 为了提高工作效果，在成功的可能性不十分确定的情况下，经过周密考虑，敢于采取一定风险的行动，并投入相当数量的人力、物力、财力 4. 对工作流程、工作方法或规章制度提出改善建议或采取行动以提高工作效率，能主动地对公司的产品与服务提出改进建议 5. 支持他人的创新行为，积极参与营造组织内开拓创新的良好氛围
	诚信自律		1. 遵守职业的行为标准与处事原则，自觉遵守国家法律和公司的规章制度 2. 客观提供基于事件本质的正确信息，不夸大或缩小事实，不编造、散布未经正式渠道证实的信息 3. 以诚实的态度对待他人，尽可能客观、全面地让对方充分了解全部信息 4. 公司利益放在第一位，不损害公司利益 5. 言必行，行必果，遵守自己的承诺
	主动责任		1. 能够明确自己的服务对象，并经常和服务对象进行沟通，了解服务对象的满意度，并逐步改善服务质量 2. 表现出把工作做好的愿望，并且有比别人做得好的意愿 3. 主动为自己订立衡量进步的客观标准（自己对自己有要求），而不是由别人来规定检验的标准 4. 为自己订立具有挑战性的目标，并采取具体行动去实现目标，能够面对失败和压力
	快速反应		1. 对收到的邮件24小时内回复 2. 对自己职责范围内的事情，在制度规定的范围内予以答复 3. 能在规定的时间内圆满地完成任务 4. 能克服困难在短时间内高效圆满地完成客户的响应

续表

职级	名称	等级	描述
1~3级	客户导向	初级	1. 明确自己工作中所面对的内、外部客户，并通过与客户的直接交流深入了解客户的真正需求或问题 2. 认识到客户传递正确消息的重要性，对于客户的询问、要求和抱怨，在上级的指导下向客户提供准确和完整的答复，使客户了解项目进展情况或得到问题解决方案 3. 在客户从多要求中按照重要程度逐一解决，当自己不能立即对客户的询问和要求做出答复时，能将客户的需求传递给最合适解决问题的人，或是尽快寻求解决方法，事后回复客户 4. 保持友好热情的服务态度，注意观察客户对服务是否满意，寻求提高客户满意度的方法 5. 了解重要外部客户及其产品的基本知识 6. 尊重并保守客户的秘密
	沟通交流	初级	1. 就常见问题，运用简单的步骤、论据和形式进行一对一的沟通 2. 认识到合适的手势、眼神和肢体语言等在沟通中的作用，并能在沟通中有意识地运用 3. 选择适当的渠道或工具，包括非正式渠道，进行有效沟通 4. 在交流过程中能够简明扼要地向对方传递信息，并能通过自己的语言重新表述对方的观点以及时获得确认，保证对方已经准确了解了所传递的内容 5. 在完全了解别人的观点之前，能让其不受干扰地表达意见；理解别人当时明显表达出来的意思，并能够总结别人表达出来的零散的意思
	团队协作	初级	1. 尊重其他团队成员，努力使自己融入团队之中 2. 将个人努力与实现团队目标结合起来，完成自己在团队中的任务，以实际工作支持团队的决定，成为可靠的团队成员 3. 为完成工作和团队成员进行非正式的讨论，在团队决策时适时提出自己的建议及理由，并尊重、认同及执行上级最终制定的相关决策 4. 作为团队一员，随时告知其他成员有关团队活动、个人行动和重要的事件，共享有关的信息 5. 认识到团队成员的不同特点，并且把它作为可以学习知识与获取信息的机会
	员工发展	初级	1. 从岗位需求出发，具有明确的个人发展阶段性目标，并能采取必要的行动来达成该目标 2. 按时、积极地参加组织提供的培训 3. 在日常工作中不断提高自己的业务水平，或掌握新的技能 4. 主动向上级征询对自己工作表现的反馈意见，以开放的心态欢迎其他同事就自己的工作表现提出反馈意见，并采取相应的改进

表 3.17 电话营销售职级标准（知识）

职级	名称	等级	描述
6级	公司产品知识	高级	1. 对产品的业务流程十分清晰，对产品所涵盖的知识背景十分了解，能够结合客户的实际需求，做出针对性的建议 2. 针对客户的需求，可以针对性地进行产品演示，能够将复杂的业务流程，在较短的时间内清晰地展示出来 3. 能够就产品部分进行公开的讲授，对内部或客户进行产品培训工作
	ERP 知识	中级	1. 深入了解 ERP 的基本原理，对 ERP 的核心理念有深刻的学习，熟练掌握 ERP 中的各种概念 2. 独立地客户就 ERP 方面进行一些深入沟通 3. 清晰地讲出企业应用 ERP 的必然趋势及应用的价值
	行业领域知识	高级	1. 对该行业的运作有一定独到的见解 2. 结合 ERP，为该行业设计标准的解决方案 3. 就该行业为课题进行公开讲授
	竞争对手产品	中级	1. 对竞争对手的产品进行深入研究，能够针对公司和竞争对手作对比性演示 2. 找出公司产品和竞争对手的细微差异点，并能有效地给客户演示，并讲出对客户的价值

续表

职级	名称	等级	描述
5级	公司产品知识	高级	1. 对产品的业务流程十分清晰，对产品所涵盖的知识背景十分了解，能够结合客户的实际需求，做出针对性的建议 2. 针对客户的需求，可以针对性地进行产品演示，能够将复杂的业务流程，在较短的时间内清晰地展示出来 3. 就产品部分进行公开的讲授，对内部或客户进行产品培训工作
	ERP知识	中级	1. 深入了解ERP的基本原理，对ERP的核心理念有深刻的学习，熟练掌握ERP中的各种概念 2. 独立地客户就ERP方面进行一些深入沟通 3. 清晰地讲出企业应用ERP的必然趋势及应用的价值
	行业领域知识	中级	1. 了解该行业的发展历史、现状和发展趋势 2. 对该行业的企业遇到的压力和挑战有清晰的认识 3. 对行业的知名企业的信息有全面的了解
	竞争对手产品	中级	1. 对竞争对手的产品进行深入研究，能够针对公司和竞争对手作对比性演示 2. 找出我们产品和竞争对手的细微的差异点，并能有效地给客户演示出来，并讲出对客户的价值
4级	公司产品知识	中级	1. 熟练掌握产品的功能，能够给客户进行详细的产品演示 2. 了解产品设计原理
	ERP知识	中级	1. 深入了解ERP的基本原理，对ERP的核心理念有深刻的学习，熟练掌握ERP中的各种概念 2. 独立地客户就ERP方面进行一些深入沟通 3. 清晰地讲出企业应用ERP的必然趋势及应用的价值
	行业领域知识	初级	1. 了解该行业的企业基本运行情况，能够掌握行业术语，能够了解该行业独特之处 2. 用行话和客户进行交流
	竞争对手产品	初级	1. 对竞争对手的产品进行初步研究，能够对照公司介绍的优点，对照产品实际情况了解其是否完全实现 2. 初步找出竞争对手产品的缺点 3. 结合公司的产品，针对竞争对手的产品总结一些应对方案
3级	公司产品知识	中级	1. 熟练掌握产品的功能，能够给客户进行详细的产品演示 2. 了解产品设计原理
	ERP知识	中级	1. 深入了解ERP的基本原理，对ERP的核心理念有深刻的学习，熟练掌握ERP中的各种概念 2. 独立地客户就ERP方面进行一些深入沟通 3. 清晰地讲出企业应用ERP的必然趋势及应用的价值
2级	公司产品知识	中级	1. 熟练掌握产品的功能，能够给客户进行详细的产品演示 2. 了解产品设计原理
	ERP知识	初级	1. 了解ERP的基本原理，及ERP的发展历史，及全球当今的发展形势 2. 和客户就ERP方面进行一些初步沟通
1级	公司产品知识	初级	1. 熟记产品的功能和特性，能够结合标准的产品介绍和客户进行产品概要沟通 2. 熟记公司产品名称及模块名称 3. 了解产品软件的安装配置，产品涉及的数据库结构
	ERP知识	初级	1. 了解ERP的基本原理，及ERP的发展历史，及全球当今的发展形势 2. 和客户就ERP方面进行一些初步沟通

3.6 售前顾问职级标准（见表3.18至表3.21）

表3.18 售前顾问职级标准（概览）

职级	定位	经验（软件行业或售前领域）	知识	素质					专业技能			行为要求			
^	^	^	^	客户导向	成就导向	逻辑思维	解决问题能力	表达呈现能力	影响力	需求定位	方案制作	价值呈现	传承培养	知识贡献
7级	售前领域权威 能准确把握售前领域的发展方向，在业内具有广泛的影响力。通过对企业管理全局的精确把控赢得大客户	≥15年	1.产品知识：本领域产品未来方向 2.销售知识 3.相关专业领域知识 4.竞争对手产品知识：同类型同级别/产品知识研究 5.项目管理知识 6.社会人文知识	5级 客户伙伴团队带领	5级 承担风险超越成功	5级 创造新的思维模式	5级 发挥影响力整合社会资源	3级 调动听众兴趣达成共识	5级 整合社会资源	领域权威、知心帮手	着眼客户生命周期价值提升	引发共鸣，超出预期	高级售前人才培养	售前体系战略指引
6级	售前专家 精通某一行业的业务运作，能在本行业领域化建设中建立标杆	≥10年 （含2年以上管理经验）		5级 客户伙伴团队带领	5级 承担风险超越成功	5级 创造新的思维模式	4级 整合资源帮助客户提升	3级 调动听众兴趣达成共识	4级 与客户建立密切关系成影响力	领域/行业专家，指导高层销售	产品领域/行业内一流水平	引发共鸣，超出预期	行业内精品课程，全方位培养人才	售前体系变革创新
5级	优秀的售前顾问代表，为客户提供售前管理咨询，主导大项目的售前工作，并能持续培养售前队伍	≥8年 （含2年以上管理经验）	1.产品知识：本领域及关联领域产品功能 2.销售知识 3.相关专业知识：所从事行业领域对应的业务知识，如财务，Hr，供应链，生产制造等 4.竞争对手产品知识 5.项目管理知识	5级 客户伙伴团队带领	5级 承担风险超越成功	4级 复杂事物的核心把握	4级 整合资源帮助客户有效开展工作	3级 调动听众兴趣达成共识	3级 识别权利关系，引导关键决策人	快速定位，引导高层销售	差异化，改变选型	引发共鸣，超出预期	公开课讲授	国家级刊物发表论文
4级	高级售前顾问 能独当一面完成大型（150万元以上）项目	≥5年 （含1年以上管理经验）		4级 重视长期效益超越客户需求	4级 充分考量成本效益	4级 复杂事物的核心把握	3级 设计解决方案有效开展工作	3级 调动听众兴趣达成共识	2级 识别内部关系，达成目标	熟悉行业，需求	差异化解决方案，兼顾实施	巧妙展示，统一认识	全面指导售前工作	省级刊物发表论文
3级	售前顾问 能独当一面完成中型（50-150万元）项目	≥3年	1.产品知识：本领域重点产品知识 2.销售知识	3级 快速反应满足客户需求	3级 设立目标和标准，努力达成	3级 复杂问题简单描述	2级 独立完成售前工作	2级 清晰传递方案价值	1级 与合作方顺畅沟通	准确挖掘适度引导	突出重点结构清晰	阐明观点传递信息快捷	知识共享人员培训完善产品	产品竞争分析，成功售前经验
2级	熟练掌握售前知识与技能，独立运营20万元以上的项目	≥2年		3级 快速反应满足客户需求	3级 设立目标和标准，努力达成	2级 专业分析工具运用	1级 独立完成售前工作	1级 清晰传递方案价值	1级 与合作方顺畅沟通	全面了解，归纳整理	结合产品与管理	结合样板客户清晰呈现信息快信	经验分享	无
1级	助理顾问 具备基本的售前知识与技能，在指导下完成售前工作	≥1年		2级 沟通理解亲切服务	2级 实时分析工作过程及成果		1级 现有资源基础工作	1级 条理清晰指导完成	1级 与合作方顺畅沟通	基础调研	指导下制作	标准产品演示	无	无

93

表 3.19 售前顾问职级标准（技能）

职级	技能指标	等级	关键词	通用描述	个性化描述
7级	解决问题能力	5级	预见性解决，形成案例	1. 预见性解决重大复杂问题，将解决问题的方法形成典型案例，作为今后解决相关问题的标准 2. 分析不明确的问题和复杂的涉及多方面关系的问题，并能针对性地提出预见性问题的防范	运用最新的管理理念，及创新性的方式方法、发挥专家影响力，整合社会资源达成业务目标
	表达呈现能力	3级	1. 调动听众兴趣 2. 达成共识	1. 面对不同层面的受众，灵活自如的运用各种书写技巧和工具将能将新的观念、想法、概念等抽象的思维转换其易于理解的各种形式的书面成果 2. 结合听众的特点与关注的焦点，灵活的调整演讲内容的深度与广度 3. 通过与听众的互动，善于挖掘听众的隐藏需求并引发听众的共鸣，使演讲获得超出预期的效果	能充分调动听众的兴趣及积极性，对所传递的价值达成共识
	影响力	5级	1. 整合社会资源	1. 利用专家或其他第三者造成影响；或采取3个不同的行动，提出复杂的、经过策划的论据 2. 组成政治联盟，为使自己的想法成立赢得"幕后"支持	利用自身感召力，整合社会资源，达成业绩目标
6级	解决问题能力	4级	1. 整合资源 2. 帮助客户提升	1. 对于重大事件或突发问题，能够及时采取措施，控制局面，独立或协调多方资源有效进行解决 2. 从多维度分析问题产的各方面原因，并对发现问题的工具和方法进行总结和归纳和改善	找出客户隐性（管理）需求，设计解决方案，整合多方资源，帮助客户提升管理水平
	表达呈现能力	3级	1. 调动听众兴趣 2. 达成共识	1. 面对不同层面的受众，灵活自如的运用各种书写技巧和工具将能将新的观念、想法、概念等抽象的思维转换其易于理解的各种形式的书面成果 2. 结合听众的特点与关注的焦点，灵活的调整演讲内容的深度与广度 3. 通过与听众的互动，善于挖掘听众的隐藏需求并引发听众的共鸣，使演讲获得超出预期的效果	能充分调动听众的兴趣及积极性，对所传递的价值达成共识
	影响力	4级	与客户建立密切关系有效影响力	1. 以身作则，展示想要他人做出的行为，或采取1个经过认真考虑的不寻常或戏剧性的行动，以便制造1个特定的冲击 2. 采取2个步骤以造成影响，每个步骤都配合特定观众，或为1个特定的效果而策划，或是预先考虑到他人的反应并提前做准备	能与关键客户建立密切关系，并利用自身在领域的专业影响力有效影响关键决策人
5级	解决问题能力	4级	1. 整合资源 2. 帮助客户提升	1. 对于重大事件或突发问题，能够及时采取措施，控制局面，独立或协调多方资源有效进行解决 2. 从多维度分析问题产的各方面原因，并对发现问题的工具和方法进行总结和归纳和改善	找出客户隐性（管理）需求，设计解决方案，整合多方资源，帮助客户提升管理水平
	表达呈现能力	3级	1. 调动听众兴趣 2. 达成共识	1. 面对不同层面的受众，灵活自如的运用各种书写技巧和工具将能将新的观念、想法、概念等抽象的思维转换其易于理解的各种形式的书面成果 2. 结合听众的特点与关注的焦点，灵活的调整演讲内容的深度与广度 3. 通过与听众的互动，善于挖掘听众的隐藏需求并引发听众的共鸣，使演讲获得超出预期的效果	能充分调动听众的兴趣及积极性，对所传递的价值达成共识
	影响力	3级	1. 识别权利关系 2. 引导关键决策人	预计到个人行动或言语的冲击；调整演示文稿或会议、讨论以配合他人的利益和层级；预先考虑到行动或其他细节在人们对说话者的印象上所造成的影响。	能系统识别相关组织的权力关系，并灵活运用不同策略，与关键客户建立关系，引导关键决策人
4级	解决问题能力	3级	1. 设计解决方案 2. 有效开展工作	1. 独立解决业务范畴内具有一定技术难度的问题 2. 发现问题的发展趋势，并进行分析，为控制问题和解决问题提出可能的解决方案	根据目标客户有针对性地进行信息的收集，分析处理、识别客户的关键需求，设计针对性的完整解决方案，对公司资源进行灵活的整合运用，有效开展各项售前工作

续表

职级	技能指标	等级	关键词	通用描述	个性化描述
4级	表达呈现能力	3级	1.调动听众兴趣 2.达成共识	1. 面对不同层面的受众，灵活自如的运用各种书写技巧和工具将能将新的观念、想法、概念等抽象的思维转换其易于理解的各种形式的书面成果 2. 结合听众的特点与关注的焦点，灵活的调整演讲内容的深度与广度 3. 通过与听众的互动，善于挖掘听众的隐藏需求并引发听众的共鸣，使演讲获得超出预期的效果	能充分调动听众的兴趣及积极性，对所传递的价值达成共识
4级	影响力	2级	1.识别内部关系 2.达成目标	1. 采用1~2个步骤的行动进行劝导 2. 未做到配合观众层级和利益的任何明显尝试，包括仔细准备含有各种资料的演示文稿，或在讨论会议中提出2个或2个以上的论据	能基本识别相关组织的内部关系，找出关键决策人，并寻求内部沟通支持，以达成工作目标
3级	解决问题能力	2级	清晰传递方案价值	1. 及时和相关人员交流，独立解决常见问题 2. 善于发现工作过程中的共性问题，透过问题的表面现象，找出问题的根源	在现有资源情况下独立完成售前工作，如售前方案制作、讲解
3级	表达呈现能力	2级	清晰传递方案价值	1. 巧妙的组织语言文字和熟练运用图表制作复杂的专业性或技术性的书面成果，行文流畅、逻辑严谨、结构清晰、文字简洁并易于理解 2. 巧妙提出观点和想法，并在听众间营造热烈氛围 3. 对有争议的问题或难相处的观众，善于有效沟通	利用各项表达及演讲技巧清晰传递解决方案的价值
3级	影响力	1级	与合作方顺畅沟通	1. 表现出特定的具有影响力和冲击力的意图 2. 表现出对声誉、地位和外表的关心 3. 在讨论或演示会议中，使用直接劝导的方式（例如通过推理、资料、更大的目标；利用具体事例、视觉辅助材料、示范说明等）	能够与合作方进行顺畅的沟通协作，基本达成目标
2级	解决问题能力	2级	独立完成售前工作	1. 及时和相关人员交流，独立解决常见问题 2. 善于发现工作过程中的共性问题，透过问题的表面现象，找出问题的根源	在现有资源情况下独立完成售前工作，如售前方案制作、讲解
2级	表达呈现能力	2级	清晰传递方案价值	1. 巧妙的组织语言文字和熟练运用图表制作复杂的专业性或技术性的书面成果，行文流畅、逻辑严谨、结构清晰、文字简洁并易于理解 2. 巧妙地提出观点和想法，并在听众间营造热烈氛围；对有争议的问题或难相处的观众，善于有效沟通	利用各项表达及演讲技巧清晰传递解决方案的价值
2级	影响力	1级	与合作方顺畅沟通	1. 表现出特定的具有影响力和冲击力的意图 2. 表现出对声誉、地位和外表的关心；在讨论或演示会议中，使用直接劝导的方式（例如通过推理、资料、更大的目标；利用具体事例、视觉辅助材料、示范说明等）	能够与合作方进行顺畅的沟通协作，基本达成目标
1级	解决问题能力	1级	1.现有资源 2.基础工作	发现职责范围内的常见问题；并在他人的指导和帮助下解决	在指导下根据现有的资源进行基础的售前工作
1级	表达呈现能力	1级	1.条理清晰 2.指导完成	1. 撰写较为复杂的专业成果时，行文准确、通顺、简洁和富有逻辑性，且能适当地利用图表来传达内容 2. 在演讲中按需运用举例、类推、解释阐明观点和概念，并能依据听众的反应，及时调整演讲策略	语言表达条理清晰、准确无误；指导下完成方案撰写
1级	影响力	1级	与合作方顺畅沟通	1. 表现出特定的具有影响力和冲击力的意图 2. 表现出对声誉、地位和外表的关心 3. 在讨论或演示会议中，使用直接劝导的方式（例如通过推理、资料、更大的目标；利用具体事例、视觉辅助材料、示范说明等）	能够与合作方进行顺畅的沟通协作，基本达成目标

表 3.20 售前顾问职级标准（素质）

职级	素质指标	等级	关键词	通用描述	个性化说明
6~7级	客户导向	5级	客户伙伴，团队带领	1. 成为客户遇到问题、寻求帮助时足以信赖的咨询顾问角色，为客户提供专业的咨询和支持 2. 分享经验和方法，以自身的实践影响团队其他成员，共同致力于为客户提供卓越的服务	洞察客户行业和经营背后的深层疼点，超越客户需求期望的提出令客户信服的思路和解决方案
	成就导向	5级	敢冒风险，追求卓越	明知有风险仍一往无前：为提高效益调动最大资源和（或）时间（明知不一定成功），即改进业绩，达到1个有大难度的目标等	把工作任务当成是挑战自我、为公司做贡献、为客户创造价值
	逻辑思维	5级	创造新的思维模式	创造分析复杂情况或问题的新模式或理论，形成新的思考方法，并有助于提升公司的长期竞争力	能迅速把握并理解客户的业务模式，管理需求
5级	客户导向	5级	客户伙伴，团队带领	1. 能够成为客户遇到问题、寻求帮助时足以信赖的咨询顾问角色，为客户提供专业的咨询和支持 2. 分享经验和方法，以自身的实践影响团队其他成员，共同致力于为客户提供卓越的服务	学会站在客户角度来理解客户需求
	成就导向	5级	敢冒风险，追求卓越	1. 明知有风险仍一往无前 2. 为提高效益调动最大资源和（或）时间（明知不一定成功），即改进业绩，达到1个有大难度的目标等	把工作任务当成是挑战自我、为公司做贡献、为客户创造价值
	逻辑思维	4级	复杂事物的核心把握	能从复杂事物中发现核心或潜在的重大问题，或从不相关的领域当中找出复杂资料中有价值的关系	—
4级	客户导向	4级	重视长期效益，超越客户需求	1. 以长远的眼光来解决客户的问题，为客户寻找长期的利益，或采取行动为顾客创造可以预见的成果 2. 满足客户的根本性需求，超过客户的期望，获得客户高度认同和评价。	—
	成就导向	4级	充分考量成本效益	1. 在完成任务前有做成本-效益分析 2. 在仔细计算过投入与产出的基础上做决定、定先后或选定目标 3. 对潜在利润、投资盈利率或成本效益分析做详细明确考虑。	—
	逻辑思维	4级	复杂事物的核心把握	能从复杂事物中发现核心或潜在的重大问题，或从不相关的领域当中找出复杂资料中有价值的关系	—
2~3级	客户导向	3级	快速反应，满足客户需求	工作中总能遵循"explore-offer-action-confirm"原则，主动了解客户需求、快速响应和解决问题并实时反馈，满足客户"满足性需求"	1. 具有能够站在客户的立场为客户提供服务，能够满足客户需求，并促成高客户满意度的意识 2. 主动了解客户需求、快速响应和解决问题并实时反馈，能够经常满足客户需求
	成就导向	3级	目标管理，努力达成	为日常工作设立目标，并积极努力达到这些目标，为自己的工作设立衡量优秀的标准，并向此标准努力	1. 遵守公司制度规定和社会道德规范，对工作具有较强的责任心，能进行自我约束和自我管理。有较强的是非观念和社会公德意识，严格遵守公司的制度规定和社会道德规范，对工作具有极强的责任心 2. 一贯以认真负责的态度对待各项工作，从而赢得大家的信任
	逻辑思维	3级	复杂问题简单描述	全面准确分析复杂事物，并能用简洁明了的方式描述其中的关系	—
1级	客户导向	2级	沟通期望，亲切服务	与客户在共同的期望上保持清晰的沟通，留意客户的满意度，并提供亲切愉快的服务。	—
	成就导向	2级	实时分析工作过程及成果	努力将工作做好，达到公司的要求，并对工作过程及成果做出初步分析。	—
	逻辑思维	2级	专业分析工具运用	使用专业的思维方法（例如"因果分析""柏拉图分析"）解决实际工作问题	对每个不同客户的方案，要能根据客户的特点，客户关注的核心，总客户需求的核心点扩展为我们解决方案的亮点，在给客户讲解的时候也要围绕客户需求突出我们的亮点，条理清晰的展示我们的解决方案

表 3.21 售前顾问职级标准（行为标准）

职级	行为单元	行为要项		行为标准项	关键评判指标
7级	顾问式营销	需求定位	领域权威，知心帮手	1. 项目过程中能通过自身的权威性及团队的专业性，能引导客户高层进行系统改造 2. 成为客户高层的知心帮手，获得客户高层对项目的直接支持	1. 年售前项目支持金额 2. 平均 UT
		方案制作	着眼客户生命周期价值提升	1. 精通售前及实施领域的全盘知识及技巧，系统思考整个销售过程的管理与运作，在方案撰写时能充分考虑后续的实施延续性 2. 超越项目，从客户生命周期价值出发运作、设计项目	
		价值呈现	引发共鸣，超出预期	1. 结合听众的特点与关注的焦点，灵活的调整演讲内容的深度与广度 2. 通过与听众的互动，善于挖掘听众的隐藏需求并引发听众的共鸣，使价值呈现获得超出预期的效果	
	附加价值体现	传承培养	高级售前人才培养	1. 独立设计、自行讲解 3 门售前、实施、项目管理等领域的精品课程，在公司范围内培训推广，并能形成 2 门行业内的精品课程 2. 为公司直接指导和培养 T7 级以上的高级售前人才	1. 高级售前人才培养 2. 专著出版 3. 体系革新贡献
		知识贡献	售前体系战略指引	洞悉未来的售前发展方向，为公司售前战略及方法论提供正确的指引	
6级	顾问式营销	需求定位	领域（行业）专家，指导高层销售	1. 某行业（领域）内的专家，能为客户就其所在行业领域及其业务流程进行答疑解惑，并能和客户高层剖析问题，帮助客户挖掘潜在的深层次需求，引导客户的需求方向，获得客户高度认同 2. 指导、帮助他人进行 Call High（高层销售），并带领团队	1. 年售前项目支持金额 2. 平均 UT
		方案制作	产品领域（行业）内一流水平	1. 精通客户所在的行业及其业务流程，熟悉客户所处的市场环境（如其竞争对手、客户），并能对其进行全面分析，帮助客户进行整体需求规划 2. 深刻理解公司产品蕴含的管理理念，并能将该理念运用到客户的战略分析，为客户提供 IT 规划和战略咨询方案 3. 与客户高层进行深入的探讨剖析，提供战略性的产品解决方案，达到领域（行业）内的一流水平	
		价值呈现	引发共鸣，超出预期	1. 结合听众的特点与关注的焦点，灵活的调整演讲内容的深度与广度 2. 通过与听众的互动，善于挖掘听众的隐藏需求并引发听众的共鸣，使价值呈现获得超出预期的效果	
	附加价值体现	传承培养	行业内精品课程，全方位培养人才	1. 独立设计、自行讲解 2 门以上售前领域的精品课程，在公司范围内培训推广，并形成 1 门行业内的精品课程 2. 以专家身份积极参与公司各项人员的选择、评议、培养工作，为公司售前人才培养做出显著的贡献	1. 高级售前人才培养 2. 论文发表 3. 体系革新贡献
		知识贡献	售前体系革新	1. 就所在产品领域（行业）领域的信息化解决专题在核心期刊上发表文章 1 篇（第一作者） 2. 能在售前领域进行工具和方法上的革新	
5级	顾问式营销	需求定位	快速定位，高层销售	1. 快速、准确定位客户需求，并与客户的专业部门及领导层进行讨论，且从专业上赢得客户的信任 2. 在调研阶段全面了解客户内部的决策网络，并与关键干系人形成良好的合作关系，为赢单打下坚固的基础 3. 独立完成 Call High（诉诸高层）工作，有效地推动客户沿销售进程前进	1. 年售前项目支持金额 2. 平均 UT
		方案制作	差异化，改变选型	1. 在 1 个以上产品领域或行业具备很深的业务知识，不断更新知识，紧跟时代潮流，关注新理念、新技术、新趋势 2. 精通公司产品体系、熟悉竞争对手的产品，并有效分析产品特点并进行差异化营销，从而控制和改变客户的选型标准 3. 对公司的售前方案进行革新；	

续表

职级	行为单元	行为要项	行为标准项	关键评判指标
5级	顾问式营销	价值呈现	引发共鸣，超出预期	1. 结合听众的特点与关注的焦点，灵活的调整演讲内容的深度与广度 2. 通过与听众的互动，善于挖掘听众的隐藏需求并引发听众的共鸣，使价值呈现获得超出预期的效果	1. 年售前项目支持金额 2. 平均UT
5级	附加价值体现	传承培养	公开课讲授	总结顾问式营销的工具和方法，并公开授课	1. 论文发表 2. 体系革新贡献
		知识贡献	国家级刊物发表论文	1. 就所在产品领域（行业）领域的信息化解决专题在国家级以上专业刊物上发表文章1篇（第一作者） 2. 能在售前领域进行工具和方法上进行局部革新	
4级	顾问式营销	需求定位	熟悉行业，引导需求	1. 精通调研方法及沟通技巧，收集并掌握客户所在行业的业务发展动态以及业务流程框架，以便对客户运营状况提供更准确的诊断服务 2. 把控客户的需求与期望值，并在对客户的业务流程进行全面深入的方案调研的基础上挖掘客户的潜在需求，并对其进行需求引导	1. 年售前项目支持金额：具体标准参见当年度售前顾问考核方案 2. 平均UT
		方案制作	差异化解决方案，兼顾售前与实施	1. 精通公司2个产品领域以上的应用情况，能灵活地选取模块组合来为客户提供区别于竞争对手、差异化的解决方案，并兼顾实施的可行性 2. 对客户所在行业有深刻的理解，能把客户业务与产品体现的管理理念很好地结合，帮助销售人员进行销售规划	
		价值呈现	巧妙展示，统一认识	1. 灵活运用展示技巧，巧妙地展示方案，在听众间营造热烈氛围 2. 熟悉多个样板客户的客户需求重点及信息化应用亮点，能灵活运用于现场的演讲 3. 对有争议的问题或难相处的观众，善于有效沟通，并在现场形成一致意见	
4级	附加价值体现	传承培养	全面指导售前工作	能够深入掌握顾问式营销工具和方法，指导其他人进行售前过程分析、改进售前业务工作	1. 售前顾问工作指导 2. 发表论文
		知识贡献	省级刊物发表论文	1. 就所在产品领域（行业）领域的信息化解决专题在省级以上专业刊物/网站上发表文章1篇（第一作者） 2. 撰写高质量的售前案例，并在公司内部推广运用	
3级	顾问式营销	需求定位	准确挖掘适度引导	1. 掌握调研方法及沟通技巧，有效引导客户沿着自己的思路展开交流 2. 准确理解客户需求、挖掘潜在需求，初步了解客户关系网络 3. 针对企业实际，结合公司方案及产品特点，提出有见解的建议，引领客户思维向有利于销售的方面转变	1. 年售前项目支持金额 2. 平均UT
		方案制作	突出重点结构清晰	1. 依据前期客户需求调研成果，确认产品匹配度，并分析竞争对手产品特点及竞争策略 2. 针对企业管理难点及发展规划，从管理咨询及IT规划角度出发，围绕核心动态定制方案 3. 与项目关键人员沟通，修改解决方案，确保逻辑严谨、结构清晰、重点突出	
		价值呈现	阐明观点传递价值	1. 针对不同阶段、不同层面的受众，通过专业的、富于技巧的演讲，结合听众特点及关注焦点，清晰准确的阐明观点，传递方案价值 2. 熟悉多个样板客户的客户需求重点及信息化应用亮点，能适当地举例以增加说服力 3. 根据企业的实际场景及营运流程，进行产品模拟演示	

续表

职级	行为单元	行为要项	行为标准项	关键评判指标
3级	附加价值体现	传承培养	1. 知识共享 2. 人员培训 3. 完善产品	1. 通过方案共享方式，在公司内部分享知识成果，使个人的经验扩散到组织的层面 2. 对相关部门人员进行产品知识、行业业务和销售技巧、工具的培训 3. 归纳整理客户需求和管理模式，以及行业发展趋势，与研发部门沟通，进一步完善产品	1. 产品分析报告 2. 案例编写
		知识贡献	产品竞争分析，成功售前经验	1. 熟知公司产品与竞争对手的产品差异及核心区别，编写产品竞争分析方案 2. 总结项目售前经验，编写成功案例	
2级	顾问式营销	需求定位	全面了解，归纳整理	1. 具备一定的调研方法及沟通技巧，能与客户顺利交流 2. 全方位了解企业的基本信息、业态属性、管理难点、营运流程、竞争对手等信息 3. 归纳整理，形成客户需求调研成果报告	1. 年售前项目支持金额 2. 平均UT
		方案制作	结合产品与管理	1. 熟悉公司产品结构及特色，结合调研分析结果，依据公司现有方案模板制定解决方案 2. 结合客户企业的发展规划，在方案中突出客户部分管理难点的解决思路，并获客户认可	
		价值呈现	结合样板客户清晰呈现及信息化模拟	1. 精通公司某一产品领域的操作 2. 清晰介绍1个样板客户的客户需求重点（行业特性、企业经营特点）及信息化应用亮点 3. 模拟企业的实际场景及营运流程，进行信息化模拟演示	
	附加价值体现	传承培养	经验分享	1. 就行业的运作流程、行业知识及管理漏洞，以案例方式进行跨二级部门以上的分享 2. 可进行产品演示技巧、模块站点应用等方面进行跨二级部门以上的分享	专题分享
1级	顾问式营销	需求定位	基础调研	1. 了解某一行业或领域的业务知识和流程架构，能与客户就其业务本身的问题进行交流 2. 能对客户的业务流程等进行基础的方案调研	1. 年售前项目支持金额 2. 平均UT
		方案制作	指导下制作	在别人的指导下使用标准的方案资料库制作标准客户方案	
		价值呈现	标准产品演示	1. 熟悉公司某一产品领域的操作 2. 演示标准产品	

4 服务族职级标准

服务族级标准包括PMO、实施项目经理、实施顾问、客户化开发工程师、服务交付工程师等职级标准。

4.1 PMO职级标准模型（见表4.1至表4.3）

表4.1 PMO职级标准模型（概览）

职级	定位	经验	知识	素质				专业技能			行为标准				
													细分方向（四选一）			
				成就导向	主动性	团队合作	沟通协调能力	执行力	规划能力	实施业务	整合管理	销售转实施管理	项目监控	资源调配	知识贡献
7级	PMO权威：能够准确把握实施项目管理的发展趋势，指导整个体系的有效运作	ERP项目管理经验≥8年		5级 敢冒风险，追求卓越	5级 率领团队超额付出，创造机会	5级 激发他人超额努力	5级 1.调用稀缺 2.有力解决	5级 系统思考，持续推进	5级 系统规划，成绩显著	领域权威，战略指引	危机项目处理，赢取商机	特大项目交付方案，击败强敌赢取大单	无	无	无
6级	PMO专家：能有效指导和培养实施项目经理，完成危机项目的实施管理工作	ERP项目管理经验≥8年		5级 敢冒风险，追求卓越	5级 率领团队超额付出，创造机会	5级 激发他人超额努力	4级 1.巧妙沟通 2.解决难题	5级 指导落实，意志坚定	5级 系统规划，成绩显著	高层认同，革新指导，人才培养	危机项目处理，赢取商机	系统建设，提升客户预算	风控专家，协调多方消除风险	无	无
5级	1.资深PMO：精通2个以上领域 2.实施项目管理中的骨干：能统筹运作特大型实施项目	ERP项目管理经验≥5年	1.公司产品知识 2.竞争对手产品知识 3.ERP知识 4.行业领域知识 5.项目管理知识（KC-PMP,T8及以上级别需获专业认证）	4级 充分考量成本效益	5级 率领团队超额付出，创造机会	4级 营造团队合作氛围	4级 1.巧妙沟通 2.解决难题	5级 指导落实，意志坚定	4级 独立完成领域规划	系统改造，项目群管理	大项目推进，整体资源价值最大化	局部改进，生动表，帮助决策	重点项目监控援助	无	无
4级	高级PMO：精通标准产品、行业产品2个以上，能统筹运作大型实施项目	ERP项目管理经验≥3年		4级 充分考量成本效益	4级 超额承担，发现及预防	4级 营造团队合作氛围	3级 1.引导交流 2.协调解决	4级 系统思考，持续推进	4级 独立完成领域规划	引导需求，精通环节，改善管理	创新推进，规避风险，成本可控	准确报价、生动演讲主导谈判	实时监控，提示、防范、控制风险	依据需求，调配内部顶级资源	引入最新、改良运用
3级	PMO：具备丰富的实施项目管理经验及知识要求，能统筹运作中型实施项目	ERP项目管理经验≥3年		3级 目标管理，努力达成	3级 快速决策行动	3级 化解团队的冲突	3级 1.引导交流 2.协调解决	3级 重视战略，积极落实	3级 独立完成局部规划	准确诊断，精通两项核心操作	常规推进，揭示风险，处理建议	撰写并讲解交付方案，支持销售	项目穿透，客观揭示核心	精确掌握，结合成本与效率	熟知运用，准确推送
2级	PMO助理：无实体项目管理经验，但熟悉资源调配、项目监控、知识管理操作，且能独立运作	实施或销售经验≥2年		2级 实时分析工作过程及成果	3级 快速决策行动	2级 根据团队利益来安排日常工作	2级 1.引导交流 2.协调解决	2级 把握重点，追求优秀	2级 独立完成局部规划	熟悉一项核心操作	协助推进	无	定期监控及时预警	了解储备，按需配送	文档完备，实时推送
1级	PMO助理：具备实施管理的基本知识及操作技能，能在指导下开展资源调配、项目监控、知识管理的工作	实施或销售经验≥1年		2级 实时分析工作过程及成果	2级 应对当前问题	1级 有团队意识，乐于合作	2级 准确表达，简单协调	2级 把握重点，追求优秀	2级 参照模板完成局部规划	熟悉实施方法论，指导下完成实施	无	无	项目周报催收与汇总	合理调度、组织提能	及时催收整合，按需传送

表 4.2 PMO 职级标准模型（素质技能）

职级	素质指标	等级	关键词	通用描述
7级	成就导向	5级	敢冒风险，追求卓越	明知有风险仍一往无前：为提高效益调动最大资源和（或）时间（明知不一定成功），即改进业绩，达到一个有大难度的目标等
	主动性	5级	率领团队超额付出，创造机会	1. 率领团队付出额外的努力去从事工作 2. 提前行动，避免问题发生及创造良机
	团队合作	5级	激发他人超额努力	拥有真实的号召力，提出令人折服的远见，激发人们对团队使命的认同热情和承诺，带动他人一起付出超额的努力
	沟通协调能力	5级	调用稀缺，有力解决	1. 与团队分享有效沟通和协调的经验和方法，带动团队沟通协调能力提升 2. 对于突发或复杂的重大问题，能够协调公司的稀缺资源，促成有力的解决方案
	执行力	5级	系统思考，持续推进	1. 分析市场环境的机遇与挑战，组织的优势与劣势，评估战略价值，探寻实现战略的机会，指导并推动公司战略有序高效的落实与执行 2. 面对久攻不下的难题或困难坚忍不拔，直面挫折，可采持久的行动，付出不断的努力，并最终能取得成功
	规划能力	5级	系统规划，成绩显著	通过对多种信息的全面分析，提出系统性的整合规划方案并成功实现，为企业取得显著的成绩
6级	成就导向	5级	敢冒风险，追求卓越	明知有风险仍一往无前：为提高效益调动最大资源和（或）时间（明知不一定成功），即改进业绩，达到一个有大难度的目标等
	主动性	5级	率领团队超额付出，创造机会	率领团队付出额外的努力去从事工作；提前行动，避免问题发生及创造良机
	团队合作	5级	激发他人超额努力	拥有真实的号召力，提出令人折服的远见，激发人们对团队使命的认同热情和承诺，带动他人一起付出超额的努力
	沟通协调能力	4级	巧妙沟通，解决难题	1. 良好的沟通协调技巧，讲求方式方法；善于因人而异，采取针对性沟通方式方法 2. 经常能够通过有效沟通和协调解决别人感到难以解决的问题，沟通能力受到周围同事普遍认可
	执行力	5级	系统思考，持续推进	1. 分析市场环境的机遇与挑战，组织的优势与劣势，评估战略价值，探寻实现战略的机会，指导并推动公司战略有序高效的落实与执行 2. 面对久攻不下的难题或困难坚忍不拔，直面挫折，可采持久的行动，付出不断的努力，并最终能取得成功
	规划能力	5级	系统规划，成绩显著	通过对多种信息的全面分析，提出系统性的整合规划方案并成功实现，为企业取得显著的成绩
5级	成就导向	4级	充分考量成本效益	在完成任务前有做成本 - 效益分析：在仔细计算过投入和产出的基础上做决定先后或选定目标：对潜在利润、投资盈利率或成本效益分析做详细明确考虑
	主动性	5级	率领团队超额付出，创造机会	1. 率领团队付出额外的努力去从事工作 2. 提前行动，避免问题发生及创造良机
	团队合作	4级	营造团队合作氛围	1. 公开表扬他人的良好表现，鼓励和给予他人动力，让他们感觉到自身的价值 2. 采取行动增进友善的气氛、良好的士气及合作，维护并提升团队在外部的声誉
	沟通协调能力	4级	巧妙沟通，解决难题	1. 良好的沟通协调技巧，讲求方式方法 2. 善于因人而异，采取针对性沟通方式方法 3. 经常能够通过有效沟通和协调解决别人感到难以解决的问题，沟通能力受到周围同事普遍认可
	执行力	5级	系统思考，持续推进	1. 分析市场环境的机遇与挑战，组织的优势与劣势，评估战略价值，探寻实现战略的机会，指导并推动公司战略有序高效的落实与执行 2. 面对久攻不下的难题或困难坚忍不拔，直面挫折，可采持久的行动，付出不断的努力，并最终能取得成功
	规划能力	4级	独立完成领域规划	熟悉某一领域的规划，进行多维度信息的收集和分析，提出领域的产品发展、方案、制度方案，较好满足客户需求及公司的发展需要

职级	素质指标	等级	关键词	通用描述
4级	成就导向	4级	充分考量成本效益	在完成任务前有做成本-效益分析；在仔细计算过投入和产出的基础上做决定定先后或选定目标；对潜在利润、投资盈利率或成本效益分析做详细明确考虑
	主动性	4级	超额承担，发现及预防	1. 承担远超过要求的新项目的任务 2. 提前准备，通过特别的努力来发现机会或减低潜在问题
	团队合作	4级	营造团队合作氛围	1. 公开表扬他人的良好表现，鼓励并给予他人动力，让他们感觉到自身的价值 2. 采取行动增进友善的气氛、良好的士气及合作，维护并提升团队在外部的声誉
	沟通协调能力	3级	引导交流，协调解决	1. 准确领悟对方观点，并能引导对方沿着自己的思路展开交流 2. 当工作出现问题，总能积极的想方设法去寻求帮助，协调工作群体中的其他成员共同解决问题，使工作正常进行
	执行力	4级	系统思考，持续推进	经常进行预见性、全局性、系统性思考，结合组织现实的资源状况、运作模式和企业文化，制订与战略目标一致的具体行动计划，做好风险预估及应对，并在计划实施过程中不断校正计划与战略的偏差以取得良好效果
	规划能力	4级	独立完成领域规划	熟悉某一领域的规划，能进行多维度信息的收集和分析，提出领域的产品发展、方案、制度方案，较好满足客户需求及公司的发展需要
3级	成就导向	3级	目标管理，努力达成	为日常工作设立目标，并积极努力达到这些目标，为自己的工作设立衡量优秀的标准，并向此标准努力
	主动性	3级	快速决策行动	付出额外的心力去完成工作；在遇到危机时快速采取行动并做出决策
	团队合作	3级	化解团队的冲突	公开团队里的冲突，不隐藏或回避问题，能采取行动化解冲突，并鼓励或促成有力的冲突解决方案
	沟通协调能力	3级	引导交流，协调解决	1. 准确领悟对方观点，并能引导对方沿着自己的思路展开交流 2. 当工作出现问题，总能积极的想方设法去寻求帮助，协调工作群体中的其他成员共同解决问题，使工作正常进行
	执行力	3级	重视战略，积极落实	1. 基于公司发展战略和业务目标，策划本业务领域全局性计划和策略，使得公司发展战略和业务目标能有效落实 2. 对于影响公司未来发展的事情和变化，予以重视并提出具体的建议或行动措施
	规划能力	3级	独立完成局部规划	熟悉产品、制度、方案等规划的方法论，掌握了相关的规划工具（UML、EPC等），独立完成局部功能规划工作（概要需求列表，需求规约，项目建议书等）
2级	成就导向	2级	实时分析工作过程及成果	努力将工作做好，达到公司的要求，并对工作过程及成果做出初步分析
	主动性	3级	快速决策行动	付出额外的心力去完成工作；在遇到危机时快速采取行动并做出决策
	团队合作	2级	根据团队利益来安排日常工作	以团队工作的业务目标和利益为出发点，自觉地将自己的工作目标与团队目标结合起来，优先安排团队或他人交付的工作，并能很好完成
	沟通协调能力	3级	引导交流，协调解决	1. 准确领悟对方观点，并能引导对方沿着自己的思路展开交流 2. 当工作出现问题，总能积极的想方设法去寻求帮助，协调工作群体中的其他成员共同解决问题，使工作正常进行
	执行力	2级	把握重点，追求优秀	高效地完成各项工作，但在本职工作上偶尔出现缺少预见性、全局性、系统性；能抓住工作重点，综合多种因素制订工作计划，努力使工作达到优秀的标准，并能为自己设立略富挑战性的目标
	规划能力	3级	独立完成局部规划	熟悉产品、制度、方案等规划的方法论，掌握了相关的规划工具（UML、EPC等），独立完成局部功能规划工作（概要需求列表，需求规约，项目建议书等）

续表

职级	素质指标	等级	关键词	通用描述
1级	成就导向	2级	实时分析工作过程及成果	努力将工作做好，达到公司的要求，并对工作过程及成果做出初步分析
	主动性	2级	应对当前问题	1. 辨认和应对目前的机会或问题 2. 发现问题时能采取两个或更多的步骤来克服障碍及困难，虽然事情进展未必顺利，但也不轻言放弃
	团队合作	1级	有团队意识，乐于合作	1. 在日常工作中，愿意接受他人的合作请求，并很好完成他人交付的工作 2. 愿意主动的与他们分享自己的工作体会、技能和掌握的新知识等，让他人受益
	沟通协调能力	2级	准确表达，简单协调	准确无误、简练地表达自己的观点，能够进行简单的协调
	执行力	2级	把握重点，追求优秀	高效地完成各项工作，但在本职工作上偶尔出现缺少预见性、全局性、系统性；能抓住工作重点，综合多种因素制订工作计划，努力使工作达到优秀的标准，并能为自己设立略富挑战性的目标
	规划能力	2级	参照模板完成局部规划	知道产品、制度、方案规划设计相关的工作产品、流程、规范和指南，能进行现状分析，清晰描述出使用者的原始需求，但需要在指导下参照已有的模板等完成局部功能（如应收应付核销）的规划抽象工作

表 4.3 PMO 职级标准模型（行为标准）

职级	行为单元	行为要项	行为标准项	关键评判指标
7级	项目推进	实施业务	领域权威，战略指引	1. 项目实施领域的权威，能引导客户高层进行系统改造 2. 洞悉项目实施未来的发展方向，为公司实施战略及方法论提供正确的指引 3. 在国家级核心刊物发表文献或出版专著，被公认为行业领军人物，并影响行业走向 4. 为公司直接指导和培养T7级以上的高级实施人才	1. 文献发表数（外部核心刊物）3篇，或专著出版1本 2. 高级实施人才培养
		整合管理	危机项目处理，赢取商机	1. 组织推进公司危机项目（获公司认定为危机项目），能协调外部专家资源参与，确保项目如期关闭，并有实际利润贡献 2. 项目过程中能通过自身的权威性及团队的专业性，成为顾客高层的知心帮手，获得客户高层对项目的直接支持 3. 能在项目推进过程中与客户建立伙伴合作关系，帮助公司获取其他商机	1. SPI：大于100% 2. CPI：大于100% 3. 客户满意度：零投诉 4. 危机项目处理数：8个
	细分方向	销售转实施管理	特大项目交付方案，击败强敌赢取大单	1. 精通售前及实施领域的全盘知识及技巧，系统思考销售转实施阶段的管理，确定公司销售转管理的战略路径及蓝本 2. 针对特大项目讲解交付方案，并获得客户高层的高度认同 3. 商务谈判专家，联合售前在关键时刻击败强劲对手（如SAP，ORICAL，用友等），赢取大项目订单	1. 实施占合同比例 2. 顾问总UT目标销售率
6级	项目推进	实施业务	高层认同，革新指导，人才培养	1. 熟悉企业运作的方方面面，能帮助客户解决重大的经营、管理问题，并获得客户高层的认同 2. 对现有的专业实施方法进行革新，推广，并明显提高实施交付效率 3. 在省级核心专业刊物发表文献或出版专著，被公认为行业后备领军人物 4. 以专家身份积极参与公司各项人员的选拔、评议、培养工作，为公司实施项目人才培养做出显著的贡献	1. 文献或专著：专业行业类外部刊物或网站上发表3篇以上 2. 实施项目人才培养

续表

职级	行为单元	行为要项	行为标准项	关键评判指标
6级	项目推进	整合管理	危机项目处理，赢取商机	1. 组织推进公司危机项目，能协调外部专家资源参与，确保项目如期关闭，并有实际利润贡献 2. 项目过程中能通过自身的权威性及团队的专业性，成为顾客高层的知心帮手，获得客户高层对项目的直接支持 3. 在项目推进过程中与客户建立伙伴合作关系，帮助公司获取其他商机	1. SPI：大于100% 2. CPI：大于100% 3. 客户满意度：零投诉 4. 危机项目处理数：8个
6级	细分方向（选其一）	销售转实施管理	系统建设，提升客户预算	1. 透彻领悟售前转实施的管理要点，对该阶段的管理提出系统的建设方案，并在公司培训推广执行 2. 针对复杂项目设计高质量的交付方案、确保方案内容在行业内具有独到的见解，通过演讲方式精彩地呈现出来，获客户高度认同，增加客户预算 3. 将谈判过程的各种心得整理成册，并在公司范围内讲解传授	1. 实施占合同比例 2. 顾问总UT目标销售率
6级	细分方向（选其一）	项目监控	风控专家，协调多方消除风险	风控专家，能对公司特大项目进行全程项目监控，协调多方资源进行风险管理	大型项目风险预判与防范：6次以上
5级	项目推进	实施业务	系统改造，项目群管理	1. 全面了解客户的管理状况，帮助客户从组织、业务、管理等层级进行系统改造 2. 具备项目群的管理经验 3. 指导团队成员、子项目经理推进各项实施工作，输出高质量的工作成果 4. 在省级核心专业刊物发表文献或出版专著，被公认为行业后备领军人物	1. 实施项目人才培养 2. 专业行业类外部刊物或网站上发表3篇以上
5级	项目推进	整合管理	大项目推进，整体资源价值最大化	1. 独立推进单个领域内大型项目（具体见项目等级界定表），项目正常关闭，且实施环节有实际利润贡献 2. 合理调配项目群资源，确保公司整体资源价值的最大化 3. 项目过程中能建立有效的客户支持体系，有效防范因客户内部人员变动所产生的项目风险，确保项目顺利推进、交付执行到位	1. SPI：100% 2. CPI：100% 3. 客户满意度：年投诉不超过1次
5级	细分方向（选其一）	销售转实施管理	局部改进，生动表达，帮助决策	1. 设计或改进当前方法及模板，审议他人提交的交付方案、SOW及人天报价，并能给出高价值的审议意见，帮助控制项目风险 2. 对客户交付方案演讲时现场控制良好，表达生动，客户满意 3. 对客户决策流程十分清晰，能够体察到客户潜在的担忧，并帮助客户度过决策心理难关	1. 实施占合同比例 2. 顾问总UT目标销售率
5级	细分方向（选其一）	项目监控	重点项目监控援助	擅长风险控制管理，能依据项目组或风险监控人员的提请，对重点项目健康检查报告进行核查分析，揭示潜在重大风险，并协调内外部资源解决	1. 大型项目风险预判与防范：3次以上 2. 项目监控报告质量和及时率
4级	项目推进	实施业务	引导需求，精通全环节，改善管理	1. 有效引导客户的需求，帮助客户提高管理水平，并能用企业实际运营数字表述改善前后的变化 2. 精通项目交付方案、蓝图设计、系统实现三个环节操作 3. 撰写高质量的实施案例，并在公司内部推广运用	高质量实施案例贡献：3个

续表

职级	行为单元	行为要项	行为标准项	关键评判指标
4级	细分方向（选其一）	项目推进 整合管理	创新推进，规避风险，成本可控	1. 在实施项目推进过程中，对现有的办法进行局部改进，并获公司采纳推广 2. 提前预估项目风险，采取有效的措施规避绝大部分风险（需公司管理层出面解决的除外） 3. 合理地制定项目预算，确保项目成本在可控范围内 4. 维护客户关系，能够有效处理客户异议，协调客户共同推进	1. SPI：100% 2. CPI：100% 3. 客户满意度：年投诉不超过1次
		销售转实施管理	准确报价，生动演讲、主导谈判	1. 依据客户需求及项目规划，确定的交付方案，SOW及人天报价，后期无争议产生 2. 交付方案演讲时现场控制良好，表达生动，客户满意 3. 掌握全面的商务谈判技巧，能主导商务谈判	1. 实施占合同比例 2. 顾问总UT目标销售率
		项目监控	实时监控，提示、防范、控制风险	具备完整的风险识别、风险评估、风险监控、风险应对知识及技巧，能实时监控、提示项目风险，并协调内部资源防范或解除	1. 大型项目风险预判与防范：2次以上 2. 项目监控报告质量和及时率
		资源调配	依据需求，调配外部资源	1. 掌握行业（领域）内的外部专家资源分布状况，能结合项目需求调配外部顶级资源 2. 能独立设计、自行讲解4门售前、实施、项目管理等领域的精品课程，在公司范围内培训推广，并能形成1门行业内的精品课程	1. 项目组顾问平均UT 2. 主讲培训次数：8
		知识贡献	引入最新、改良运用	1. 熟知全领域的知识资源分布，并准确推送 2. 能引入国外最新实施文档，并改良为公司所用	1. 资料推送及时性：无投诉 2. 内部培训数（跨一级部门以上）：8 3. 国外文档引入及改良
3级	项目推进	实施业务	准确诊断，精通两项核心操作	1. 准确进行业务诊断，获得客户的认同，并适当引导客户的需求 2. 在项目交付方案、蓝图设计、系统实现三个环节中，至少精通两个环节中的操作，并熟悉实施操作全过程 3. 通过方案共享方式，在公司内部分享知识成果，使个人的经验扩散到组织的层面	案例分享数：3
		整合管理	常规推进，揭示风险，处理建议	1. 在公司实施项目管理方法论的指导下，依据项目实施计划推进各项工作 2. 密切进行项目监控，定期出具项目进展报告，揭示进度、质量、成本、资源等方面的项目风险，并提出有效的处理建议 3. 与客户多层面进行交流，关系融洽	1. SPI：100% 2. CPI：100% 3. 客户满意度：年投诉不超过1次
		销售转实施管理	撰写并讲解交付方案，支持销售	1. 依据相应的方法及模板参与销售阶段，与售前合作完成项目交付方案，SOW及人天报价 2. 独立完成交付方案演讲，客户无较大异议 3. 掌握一定的商务谈判技巧，参与商务谈判，帮助销售顺利赢单	1. 实施占合同比例 2. 顾问总UT目标销售率
	资源管理	项目监控	项目穿透，客观揭示核心	1. 定期组织项目穿透会议召开，掌握重点项目进度情况 2. 统计相关报表，通过数据准确展现工时利用情况及项目成本耗费情况	1. 大型项目风险预判与防范：1次以上 2. 项目监控报告质量和及时率
		资源调配	精确掌握，结合成本与效率	1. 精确掌握公司顾问资源的储备情况，能结合效率及成本为项目配送公司内部专业人员 2. 独立设计、自行讲解2门实施精品课程，在公司范围内培训推广	1. 项目组顾问平均UT 2. 主讲培训次数

续表

职级	行为单元	行为要项	行为标准项	关键评判指标
3级	资源管理	知识贡献	熟知运用，准确推送	1.熟悉实施过程中的项目文档运用情况，熟知两个领域内的知识资源分布 2.有效搜寻并引入业内高质量的实施文档 3.向各项目组准确推送项目文档资料，并能为项目文档形成提供建议	1.未及时推送文档：不超过1次 2.内部知识分享：不少于2次
2级	项目推进	实施业务	熟悉一项核心操作	1.依据调查资料，准确归纳客户的需求 2.在项目交付方案、蓝图设计、系统实现三个环节中，至少熟悉一个环节中的操作，能够独立完成项目经理交付的实施工作	—
		整合管理	协助推进	在公司实施项目管理方法论的指导下，协助项目经理推进各项工作	1.SPI：不小于90% 2.CPI：100% 3.客户满意度：年投诉不超过2次
	细分方向（选其一）	项目监控	定期监控，及时预警	1.检查项目经理按期提交的项目周报告内容，出具月度项目监控报表，并能及时预警 2.分析重点项目的健康情况，编写重点项目健康检查报告	项目监控报告质量和及时率
		资源调配	了解储备，按需配送	1.了解公司顾问资源的储备情况，能为项目配送所需的人员 2.独立设计、自行讲解1门实施精品课程，在公司范围内培训推广	1.项目组顾问平均UT 2.主讲培训次数
		知识贡献	文档完备，实时推送	1.有效收集项目各阶段成果，确保实时项目文件的完备性 2.整合文档资源，提炼优秀项目成果及经验，并进行有效推广 3.设计提炼标准化文档 4.依据项目的进度安排，向项目组推送合适的资料文档参考	1.未及时提交文档：不超过1次 2.内部知识分享：不少于2次
1级	项目推进	实施业务	熟悉实施方法论，指导下完成实施	1.熟悉公司的实施方法论，能用实施专业语言与实施项目成员进行顺畅沟通 2.在指导下完成某项模块的实施工作	—
	细分方向（选其一）	项目监控	项目周报催收与汇总	1.跟进、催收项目经理的项目周报，并提供周报提交情况统计表 2.汇总项目周报告内容，出具初步的监控建议	项目周报汇总延期率
		资源调配	合理调度，组织提能	1.分析项目资源情况，合理调度顾问资源 2.协调资源，组织顾问培训，提升顾问能力	1.项目组顾问平均UT 2.主导顾问专题培训次数
		知识贡献	及时催收整合，按需传送	1.跟进、催收项目各阶段成果，确保实时项目文件的完备性 2.依据模版，整合文档资源 3.依据项目组的需求向项目组发送相关参考文档；	1.成果汇总完备性 2.成果汇总延期率

4.2 实施项目经理职级标准（见表 4.4 至表 4.6）

表 4.4 实施项目经理职级标准（概览）

职级	定位	经验	知识	素质技能							行为标准			
				组织承诺	成就导向	团队合作	沟通协调能力	演讲能力	统筹整合	过程控制	价值实现	知识贡献
6级	项目管理权威：能够准确把握实施项目管理的发展趋势，指导整个体系的有效运作	ERP项目管理经验≥8年		5级 为公司利益舍弃本部门利益	5级 敢冒风险，追求卓越	5级 激发他人超额努力	5级 调用稀缺，有力解决	5级 应对自如，听众共鸣	集群引领	创新交付	价值品质	创建体系，行业影响
5级	项目管理专家：能有效指导和培养实施项目经理，完成危机项目的实施管理工作	ERP项目管理经验≥8年	1.公司产品知识 2.竞争对手产品知识 3.ERP知识 4.行业领域知识 5.项目管理知识（KC-PMP，需获专业认证）	5级 为公司利益舍弃本部门利益	5级 敢冒风险，追求卓越	4级 营造团队合作氛围	5级 调用稀缺，有力解决	5级 应对自如，听众共鸣	集群引领	创新交付	价值品质	创新交付，产品影响
4级	资深项目经理：精通领域2个以上 2.实施项目管理中的骨干，能统筹运作特大型实施项目	ERP项目管理经验≥5年		4级 组织需求高于个人需求	4级 充分考量成本效益	4级 营造团队合作氛围	4级 巧妙沟通，解决难题	5级 应对自如，听众共鸣	整体引领	主动控制	提升品质	创新交付，产品影响
3级	高级项目经理：精通标准产品2个以上，行业知识丰富，能统筹运作中大型实施项目	ERP项目管理经验≥3年		4级 组织需求高于个人需求	3级 充分考量成本效益	3级 化解团队的冲突	4级 巧妙沟通，解决难题	4级 氛围热烈，逆境沟通	全局掌控	主动控制	提升品质	内部指导
2级	项目经理：具备丰富的实施项目管理经验及知识要求，能独立运作中型实施项目	ERP项目管理经验≥2年		3级 关注组织，适度承诺	2级 目标管理，努力达成	3级 化解团队的冲突	3级 引导交流，协调解决	4级 氛围热烈，逆境沟通	全局掌控	主动控制	交付品质	按需提炼
1级	初级项目经理：熟悉实施项目管理工作，独立运作小型实施项目	实施或销售经验≥2年		3级 关注组织，适度承诺	2级 实时分析工作过程及成果	2级 根据团队利益来安排日常工作	3级 引导交流，协调解决	3级 恰当的技巧，及时调整	合理管控	顺利推进	交付品质	按需提炼

表 4.5　实施项目经理任职级标准（素质技能）

职级	素质指标	等级	关键词	通用描述	个性化说明
6级	组织承诺	5级	公司利益高于部门利益	为公司长远的发展而牺牲本部门短期的利益（如在自己的部门内愿意降低成本或裁员，承担更多的任务等），要求他人也做出牺牲以符合组织需求	对周围群体做出正面、积极的引导，个人及群体利益让步于公司利益
6级	成就导向	5级	敢冒风险，追求卓越	明知有风险仍一往无前：为提高效益调动最大资源和（或）时间（明知不一定成功），即改进业绩，达到一个有大难度的目标等	勇于主动承担危机项目的运作，能率领团队克服万难，努力完成危机项目交付
6级	团队合作	5级	激发他人超额努力	拥有真实的号召力，提出令人折服的远见，激发人们对团队使命的认同热情和承诺，带动他人一起付出超额的努力	具有极强的领导能力和专业影响力，能有效管理团队目标，整合运用多重激励方式激发双方团队士气，共同推进项目
6级	沟通协调能力	5级	调用稀缺，有力解决	1. 与团队分享有效沟通和协调的经验和方法，带动团队沟通协调能力提升 2. 对于突发或复杂的重大问题，能够协调公司的稀缺资源，促成有力的解决方案	能依据项目需要，快速整合公司内、外部资源，与客户建立起可靠的同盟关系，协调客户共同解决重大（复杂）问题
6级	演讲能力	5级	应对自如，听众共鸣	1. 结合听众的特点与关注的焦点，灵活的调整演讲内容的深度与广度 2. 通过与听众的互动，善于挖掘听众的隐藏需求并引发听众的共鸣，使演讲获得超出预期的效果	—
5级	组织承诺	5级	公司利益高于部门利益	为公司长远的发展而牺牲本部门短期的利益（如在自己的部门内愿意降低成本或裁员，承担更多的任务等），要求他人也做出牺牲以符合组织需求	对周围群体做出正面、积极的引导，个人及群体利益让步于公司利益
5级	成就导向	5级	敢冒风险，追求卓越	明知有风险仍一往无前：为提高效益调动最大资源和（或）时间（明知不一定成功），即改进业绩，达到一个有大难度的目标等	勇于主动承担危机项目的运作，能率领团队克服万难，努力完成危机项目交付
5级	团队合作	4级	营造团队合作氛围	1. 公开表扬他人的良好表现，鼓励并给予他人动力，让他们感觉到自身的价值 2. 采取行动增进友善的气氛、良好的士气及合作，维护并提升团队在外部的声誉	客户对其所带领的团队满意度高，团队成员在项目期间流失率极低
5级	沟通协调能力	5级	调用稀缺，有力解决	1. 与团队分享有效沟通和协调的经验和方法，带动团队沟通协调能力提升 2. 对于突发或复杂的重大问题，能够协调公司的稀缺资源，促成有力的解决方案	能依据项目需要，快速整合公司内、外部资源，与客户建立起可靠的同盟关系，协调客户共同解决重大（复杂）问题
5级	演讲能力	5级	应对自如，听众共鸣	1. 结合听众的特点与关注的焦点，灵活的调整演讲内容的深度与广度 2. 通过与听众的互动，善于挖掘听众的隐藏需求并引发听众的共鸣，使演讲获得超出预期的效果	—
4级	组织承诺	4级	组织需求高于个人需求	1. 将组织需求置于个人需求之上 2. 做个人牺牲以符合组织需求，将组织需求置于个人专业身份、喜好与家庭之上	全身心投入项目实施工作中，为完成项目的实施交付不惜牺牲个人的业余时间
4级	成就导向	4级	充分考量成本效益	在完成任务前有做成本-效益分析：在仔细计算过投入和产出的基础上做决定 定先后或选定目标：对潜在利润、投资盈利率或成本效益分析做详细明确考虑	—
4级	团队合作	4级	营造团队合作氛围	1. 公开表扬他人的良好表现，鼓励并给予他人动力，让他们感觉到自身的价值 2. 采取行动增进友善的气氛、良好的士气及合作，维护并提升团队在外部的声誉	客户对其所带领的团队满意度高，团队成员在项目期间流失率极低
4级	沟通协调能力	4级	巧妙沟通，解决难题	1. 良好的沟通协调技巧，讲求方式方法；善于因人而异，采取针对性沟通方式方法 2. 通过有效沟通和协调解决别人感到难以解决的问题，沟通能力受到周围同事普遍认可	—

续表

职级	素质指标	等级	关键词	通用描述	个性化说明
4级	演讲能力	5级	应对自如，听众共鸣	1. 能够结合听众的特点与关注的焦点，灵活的调整演讲内容的深度与广度 2. 通过与听众的互动，善于挖掘听众的隐藏需求并引发听众的共鸣，使演讲获得超出预期的效果	—
3级	组织承诺	4级	组织需求高于个人需求	1. 将组织需求置于个人需求之上 2. 做个人牺牲以符合组织需求，将组织需求置于个人专业身份、喜好与家庭之上	全身心投入项目实施工作中，为完成项目的实施交付不惜牺牲个人的业余时间
3级	成就导向	4级	充分考量成本效益	在完成任务前有做成本-效益分析；在仔细计算过投入和产出的基础上做决定、定先后或选定目标；对潜在利润、投资盈利率或成本效益分析做详细明确考虑	—
3级	团队合作	3级	化解团队的冲突	公开团队里的冲突，不隐藏或回避问题，能采取行动化解冲突，并鼓励或促成有力的冲突解决方案	有效协调处理甲乙双方团队的冲突；团队建设及团队成员实施方法论培训
3级	沟通协调能力	4级	巧妙沟通，解决难题	1. 良好的沟通协调技巧，讲求方式方法 2. 善于因人而异，采取针对性沟通方式方法 3. 通过有效沟通和协调解决别人感到难以解决的问题，沟通能力受到周围同事普遍认可	—
3级	演讲能力	4级	氛围热烈，逆境沟通	1. 巧妙地提出观点和想法，并在听众间营造热烈氛围 2. 对有争议的问题或难相处的观众，善于有效沟通	—
2级	组织承诺	3级	关注组织，适度承诺	1. 了解组织任务与目标，积极支持 2. 调整自己的活动与重要事项以符合组织的需要 3. 了解合作的重要，以达成较大的组织目标	在项目分配上愿意服从公司的整体安排，并能积极主动地推进项目
2级	成就导向	3级	目标管理，努力达成	为日常工作设立目标，并积极努力达到这些目标，为自己的工作设立衡量优秀的标准，并向此标准努力	热爱本职工作，高标准推进项目
2级	团队合作	3级	化解团队的冲突	公开团队里的冲突，不隐藏或回避问题，能采取行动化解冲突，并鼓励或促成有力的冲突解决方案	1. 能有效协调处理甲乙双方团队的冲突 2. 团队建设及团队成员实施方法论培训
2级	沟通协调能力	3级	引导交流，协调解决	1. 准确领悟对方观点，并能引导对方沿着自己的思路展开交流 2. 当工作出现问题，总能积极的想方设法去寻求帮助，协调工作群体中的其他成员共同解决问题，使工作正常进行	1. 能够找到关键人、组织好资源 2. 沟通到位、有效
2级	演讲能力	4级	氛围热烈，逆境沟通	1. 巧妙地提出观点和想法，并在听众间营造热烈氛围 2. 对有争议的问题或难相处的观众，善于有效沟通	—
1级	组织承诺	3级	关注组织，适度承诺	1. 了解组织任务与目标，积极支持 2. 调整自己的活动与重要事项以符合组织的需要 3. 了解合作的重要，以达成较大的组织目标	在项目分配上愿意服从公司的整体安排，并能积极主动地推进项目
1级	成就导向	2级	实时分析工作过程及成果	努力将工作做好，达到公司的要求，并对工作过程及成果做出初步分析	按照操作流程正常推进
1级	团队合作	2级	根据团队利益来安排日常工作	以团队工作的业务目标和利益为出发点，自觉将自己的工作目标与团队目标结合起来，优先安排团队或他人交付的工作，并能很好完成	配合、协调好项目团队成员间的合作，工作不推诿、不扯皮
1级	沟通协调能力	3	引导交流，协调解决	准确领悟对方观点，并能引导对方沿着自己的思路展开交流；当工作出现问题，总能积极的想方设法去寻求帮助，协调工作群体中的其他成员共同解决问题，使工作正常进行	找到关键人、组织好资源。沟通到位、有效
1级	演讲能力	3	恰当的技巧，及时调整	在演讲中按需运用举例、类推、解释阐明观点和概念，并能依据听众的反应，及时调整演讲策略	—

表4.6 实施项目经理任职级标准（行为标准）

职级	行为指标	关键词	行为标准项	关键评判指标
6级	统筹整合	集群引导	统筹管理、推进项目群，能创造成功的项目群交付模式，并在业界得以推广运用	项目群支持数：1个以上成功经验
	过程控制	创新交付	1. 提前识别潜在风险，并通过有效的手段消除潜在风险 2. 通过对过程的监控发现高质有效加快项目交付的方法并主动调整项目计划 3. 创新性地提出加快进度、降低成本、提高客户满意度的交付方法	1. SPI：大于100% 2. CPI：大于100% 3. 客户满意度：零投诉 4. 危机项目处理数：8个
	价值实现	价值品质	1. 提升客户管理，增强企业行业竞争力，树立行业标杆客户 2. 在项目推进过程中培养顾问成为行业或领域内的专家 3. 挖掘并促成潜在的二次销售商机	1. 项目UT：100% 2. 顾问满意率：100% 3. 二次商机达成数：5
	知识贡献	创建体系，行业影响	1. 对项目客户行业价值链进行提炼，形成行业资料 2. 产出行业内的标杆交付成果，有很强的业内影响力 3. 在国家级核心刊物发表文献或出版专著，被公认为行业领军人物，并影响行业走向	1. 行业标杆交付成果：3次 2. 专业书籍出版：1本以上
5级	统筹整合	集群引导	统筹管理、推进项目群，能创造成功的项目群交付模式，并在业界得以推广运用	项目群支持数：1个以上成功经验
	过程控制	创新交付	1. 提前识别潜在风险，并通过有效的手段消除潜在风险 2. 通过对过程的监控发现高质有效加快项目交付的方法并主动调整项目计划 3. 创新性地提出加快进度、降低成本、提高客户满意度的交付方法	1. SPI：大于100% 2. CPI：大于100% 3. 客户满意度：零投诉 4. 危机项目处理数：8个 5. 大型项目风险预判与防范：6次以上
	价值实现	价值品质	1. 提升客户管理，增强企业行业竞争力，树立行业标杆客户 2. 在项目推进过程中培养顾问成为行业或领域内的专家 3. 挖掘并促成潜在的二次销售商机	1. 项目UT：100% 2. 顾问满意率：100% 3. 二次商机达成数：5
	知识贡献	创新交付，产品影响	1. 交付集团级原型性项目的交付，所形成的交付成果能影响公司产品的发展走向，或者根据对项目的总结提炼创新公司交付体系，提升整个交付体系的价值 2. 在省级核心专业刊物发表文献或出版专著，被公认为行业后备领军人物	1. 公司标杆交付成果：3次 2. 文献或专著：专业行业类外部刊物或网站上发表3篇以上
4级	统筹整合	整体引导	1. 从行业专家的角度出发分析项目需求，前瞻性的根据需求对客户业务进行优化指导，进而引领客户后续需求趋向主动合理 2. 从项目资源、客户需求、公司发展的角度出发对项目进行整体规划，实现客户、公司、顾问的多赢	项目实施数：全程主导2个以上大型项目并辅导3个以上大型项目
	过程控制	主动控制	1. 及时监控和发现项目执行过程中的偏差，通过合理的方法使项目按计划推进 2. 及时预测和发现项目中潜在的风险，并制定有效应对措施避免风险的发生 3. 对于超过合同范围的需求或原计划的变更能及时进行变更管理	1. SPI：100% 2. CPI：100% 3. 客户满意度：年投诉少于1次 4. 危机项目处理数：5个 5. 大型项目风险预判与防范：3次以上
	价值实现	提升品质	1. 提升客户业务运作管理，获得企业较高的满意度 2. 使顾问在交付项目的同时提升个人能力 3. 促成现有的二次商机销售，并挖掘潜在二次销售的商机	1. 项目UT：95% 2. 顾问满意率：90% 3. 二次商机达成数：2
	知识贡献	创新交付，产品影响	1. 交付集团级原型性项目的交付，所形成的交付成果能影响公司产品的发展走向，或者根据对项目的总结提炼创新公司交付体系，提升整个交付体系的价值 2. 在省级核心专业刊物发表文献或出版专著，被公认为行业后备领军人物	1. 公司标杆交付成果：3次 2. 文献或专著：专业行业类外部刊物或网站上发表3篇以上

续表

职级	行为指标	关键词	行为标准项	关键评判指标
3级	统筹整合	全局掌控	1. 从全局角度对客户需求进行优化、合理处理 2. 把控项目全局，使项目完全按照规划的执行 3. 对既有资源进行优化整合，达到资源利用最优化以推进项目	项目实施数：全程主导2个以上大型项目
	过程控制	主动控制	1. 及时监控和发现项目执行过程中的偏差，通过合理的方法使项目按计划推进 2. 及时预测和发现项目中潜在的风险，并制定有效应对措施避免风险的发生 3. 对于超过合同范围的需求或原计划的变更能及时进行变更管理	1.SPI：100% 2.CPI：100% 3. 客户满意度：年投诉少于1次 4. 危机项目处理数：5个 5. 大型项目风险预判与防范：2次以上
	价值实现	提升品质	1. 提升客户业务运作管理，获得企业较高的满意度 2. 使顾问在交付项目的同时提升个人能力 3. 促成现有的二次商机销售，并挖掘潜在的二次销售的商机	1. 项目UT：95% 2. 顾问满意率：90% 3. 二次商机达成数：2
	知识贡献	内部指导	1. 对项目进行总结和归纳，并形成总结性报告等资料 2. 在项目实施的基础上对项目过程资产进行总结，形成内部指导性文献	1. 资料推送及时性：无投诉 2. 内部培训数（跨一级部门以上）：8 3. 文献发表数（含内部）：5
2级	统筹整合	全局掌控	1. 从全局角度对客户需求进行优化、合理处理 2. 把控项目全局，使项目完全按照规划的执行 3. 对既有资源进行优化整合，达到资源利用最优化以推进项目	项目实施数：全程主导2个以上大型项目
	过程控制	主动控制	1. 及时监控和发现项目执行过程中的偏差，通过合理的方法使项目按计划推进 2. 及时预测和发现项目中潜在的风险，并制定有效应对措施避免风险的发生 3. 对于超过合同范围的需求或原计划的变更能及时进行变更管理	1.SPI：100% 2.CPI：100% 3. 客户满意度：年投诉少于1次 4. 危机项目处理数：5个 5. 大型项目风险预判与防范：1次以上
	价值实现	交付品质	1. 按照合同完工标准交付项目 2. 使顾问在各自领域发挥自身能力顺利推进项目 3. 捕捉到现有的二次销售商机	1. 项目UT：75% 2. 顾问满意率：80% 3. 二次商机发现数：2
	知识贡献	按需提炼	按照公司项目管理规范制度及时提交项目资	1. 未及时提交文档：不超过1次 2. 文献发表数（含内部）：3 3. 内部知识分享：不少于2次
1级	统筹整合	合理管控	1. 控制需求不蔓延 2. 合理规划项目，使项目能顺利推进 3. 合理运用人力、软硬件等资源推动项目	项目实施数：有主导5个以上中型项目
	过程控制	顺利推进	1. 在项目基线内完成项目实施 2. 在需求不蔓延的情况下达到满足客户需求	1.SPI：≥90% 2.CPI：100% 3. 客户满意度：年投诉少于2次
	价值实现	交付品质	1. 按照合同完工标准交付项目 2. 使顾问在各自领域发挥自身能力顺利推进项目 3. 扑捉到现有的二次销售商机	1. 项目UT：75% 2. 二次商机发现数：2
	知识贡献	按需提炼	能按照公司项目管理规范制度及时提交项目资	1. 未及时提交文档：不超过1次 2. 文献发表数（含内部）：3 3. 内部知识分享：不少于2次

4.3 实施顾问职级标准（见表4.7至表4.9）

表4.7 实施顾问职级标准（概览）

职级	定位	经验（ERP实施应用领域、业务管理领域）	知识	素质				专业技能			行为要求		
				客户导向	逻辑思维	沟通协调能力	解决问题能力	演讲能力	写作能力	项目定义	蓝图设计	系统实现	项目整体推进
7级	实施专家：能准确把握实施领域的发展方向，提出具有战略意义的指导思想	≥10年		5级 1.客户伙伴 2.团队带领	5级 创造新的思维模式	5级 调用稀缺、有力解决	5级 1.指导落实 2.意志坚定	5级 1.应对自如 2.听众共鸣	5级 拟定文档标准图文并茂	客户高层认同支持	行业一流、业界认同	机制工具革新	大项目推进，整体资源价值最大化
6级	1.资深实施顾问：精通领域2个以上 2.引领新概念，并能持续培养实施人才	≥7年	1.公司产品知识 2.ERP知识 3.行业领域知识 4.公司实施方法体系 5.KC-PMP 6.IT知识	5级 1.客户伙伴 2.团队带领	4级 复杂事物的核心把握	4级 1.巧妙沟通 2.解决难题	5级 1.指导落实 2.意志坚定	5级 1.应对自如 2.听众共鸣	5级 拟定文档标准图文并茂	客户高层认同支持	方法革新、人才培养	机制工具革新	创新推进，规避风险，成本可控
5级	高级实施顾问：精通标准产品、行业产品2个以上，完成实施大项目、大型项目团队开展实施工作	≥5年		4级 重视长期效益超越客户需求	3级 复杂问题简单描述	4级 1.巧妙沟通 2.解决难题	4级 1.系统思考 2.持续推进	4级 氛围热烈逆境沟通	4级 精炼描述新事物	需求沟通、创新推进	方法革新、人才培养	整体落地	常规推进，揭示风险，处理建议
4级	1.实施骨干：精通产品、行业产品2个以上，能独当一面完成大型项目 2.能有效指导实施工作	≥3年		4级 重视长期效益超越客户需求	3级 复杂问题简单描述	3级 1.引导交流 2.协调解决	4级 1.系统思考 2.持续推进	3级 1.恰当的技巧 2.及时调整	4级 精炼描述新事物	识别关键、需求梳理	跨职能整合、优秀蓝图	整体落地	协助推进
3级	实施顾问：熟悉项目实施工作，能独立完成当一面完成中小型项目或参与中型项目的实施	≥2年	1.公司产品知识 2.公司实施方法体系 3.KC-PMP 4.IT知识	1.快速反应 2.满足客户需求	2级 专业思维方法运用	3级 1.引导交流 2.协调解决	3级 1.重视战略 2.积极落实	3级 1.恰当的技巧 2.及时调整	3级 行文流畅，善用图表	主导调研，需求分析	跨职能整合、优秀蓝图	协助开发，应用优化	—
2级	实施顾问：能独立成功运作小实施项目或参与中型项目	≥1年		2级 1.沟通期望 2.亲切服务	2级 专业思维方法运用	2级 1.准确表达 2.简单协调	2级 1.把握重点 2.追求优秀	2级 1.准确传递 2.小范围演讲	2级 1.行文准确 2.使用图表	主导调研，需求分析	业务设计	跟进开发，业务辅导	—
1级	助理实施顾问：具备实施所必需的知识、技能，在适当的指导下完成售前工作的实施	无		2级 1.沟通期望 2.亲切服务	1级 常识分辨、发现差异	2级 1.准确表达 2.简单协调	2级 1.把握重点 2.追求优秀	无	1级 清晰连贯	指导下参与	业务模拟	基础环节独立实现	—

表 4.8 实施顾问职级标准（素质技能）

职级	指标	素质指标	等级	关键词	通用描述	个性化说明
7级	素质指标	客户导向	5级	客户伙伴，团队带领	1. 成为客户遇到问题、寻求帮助时足以信赖的咨询顾问角色，为客户提供专业的咨询和支持 2. 分享经验和方法，以自身的实践影响团队其他成员，共同致力于为客户提供卓越的服务	—
		逻辑思维	5级	创造新的思维模式	创造分析复杂情况或问题的新模式或理论，形成新的思考方法，并有助于提升公司的长期竞争力	—
	技能指标	沟通协调能力	5级	调用稀缺，有力解决	1. 与团队分享有效沟通和协调的经验和方法，带动团队沟通协调能力提升 2. 对于突发或复杂的重大问题，能够协调公司的稀缺资源，促成有力的解决方案。	—
		解决问题能力	5级	预见性解决，形成案例	1. 能够预见性解决重大复杂问题，将解决问题的方法形成典型案例，作为今后解决相关问题的标准 2. 分析不明确的问题和复杂的涉及多方面关系的问题，并针对性地提出预见性问题的防范	—
		演讲能力	4级	应对自如，听众共鸣	1. 能够结合听众的特点与关注的焦点，灵活的调整演讲内容的深度与广度 2. 通过与听众的互动，善于挖掘听众的隐藏需求并引发听众的共鸣，使演讲获得超出预期的效果。	—
		写作能力	5级	拟定文档标准，图文并茂	1. 与国内外专家共事，并能制订和开发文档标准及工具 2. 提炼概括出新的方法或工具，运用实用的新概念或新方法，开发和制作出复杂而有艺术水准的书面成果	—
6级	素质指标	客户导向	5级	客户伙伴，团队带领	1. 成为客户遇到问题、寻求帮助时足以信赖的咨询顾问角色，为客户提供专业的咨询和支持 2. 分享经验和方法，以自身的实践影响团队其他成员，共同致力于为客户提供卓越的服务	—
		逻辑思维	4级	复杂事物的核心把握	从复杂事物中发现核心或潜在的重大问题，或从不相关的领域当中找出复杂资料中有价值的关系	—
	技能指标	沟通协调能力	4级	巧妙沟通，解决难题	1. 良好的沟通协调技巧，讲求方式方法；善于因人而异，采取针对性沟通方式方法 2. 经常能够通过有效沟通和协调解决别人感到难以解决的问题，沟通能力受到周围同事普遍认可	—
		解决问题能力	5级	预见性解决，形成案例	1. 预见性解决重大复杂问题，将解决问题的方法形成典型案例，作为今后解决相关问题的标准 2. 分析不明确的问题和复杂的涉及多方面关系的问题，并能针对性地提出预见性问题的防范	—
		演讲能力	4级	应对自如，听众共鸣	1. 结合听众的特点与关注的焦点，灵活的调整演讲内容的深度与广度 2. 通过与听众的互动，善于挖掘听众的隐藏需求并引发听众的共鸣，使演讲获得超出预期的效果	—
		写作能力	5级	拟定文档标准，图文并茂	1. 与国内外专家共事，并能制订和开发文档标准及工具 2. 提炼概括出新的方法或工具，运用实用的新概念或新方法，开发和制作出复杂而有艺术水准的书面成果	—
5级	素质指标	客户导向	4级	重视长期效益，超越客户需求	1. 以长远的眼光来解决客户的问题，为客户寻找长期的利益，或采取行动为顾客创造可以预见的成果 2. 满足客户的根本性需求，超过客户的期望，获得客户高度认同和评价	要以解决客户问题为出发点与落脚点，而非刻意去套软件，尽力做到超出客户想象

续表

职级	指标	素质指标	等级	关键词	通用描述	个性化说明
5级	素质指标	逻辑思维	3级	复杂问题简单描述	全面准确分析复杂事物,并能用简洁明了的方式描述其中的关系	依据先总体后细化的原则,对复杂的工作事项、实施问题进行精简并准确判断
	技能指标	沟通协调能力	4级	巧妙沟通,解决难题	1. 良好的沟通协调技巧,讲求方式方法;善于因人而异,采取针对性沟通方式方法 2. 通过有效沟通和协调解决别人感到难以解决的问题,沟通能力受到周围同事普遍认可	对于工作中需配合的内外部人员,均能做到积极沟通、换位思考、及时反馈。
		解决问题能力	4级	解决重大问题	1. 遇重大事件或突发问题,能够及时采取措施,控制局面,独立或协调多方资源有效进行解决 2. 从多维度分析问题产的各方面原因,并对发现问题的工具和方法进行总结和归纳和改善	—
		演讲能力	3级	氛围热烈,逆境沟通	1. 巧妙地提出观点和想法,并在听众间营造热烈氛围 2. 对有争议的问题或难相处的观众,善于有效沟通	尽量将积极的态度带给项目实施团队,保证团队的协作、和谐,逆境沟通时,需调整好个人心态注意措辞,抓住问题关键点并尽量向优势的一方引导
		写作能力	4级	精炼描述新事物	面对不同层面的受众,灵活自如地运用各种书写技巧和工具将能将新的观念、想法、概念等抽象的思维转换其易于理解的各种形式的书面成果	—
4级	素质指标	客户导向	4级	重视长期效益,超越客户需求	1. 以长远的眼光来解决客户的问题,为客户寻找长期的利益,或采取行动为顾客创造可以预见的成果 2. 满足客户的根本性需求,超过客户的期望,获得客户高度认同和评价	要以解决客户问题为出发点与落脚点,而非刻意去套软件,尽力做到超出客户想象
		逻辑思维	3级	复杂问题简单描述	全面准确分析复杂事物,并能用简洁明了的方式描述其中的关系	依据先总体后细化的原则,对复杂的工作事项、实施问题进行精简并准确判断
	技能指标	沟通协调能力	3级	引导交流,协调解决	1. 准确的领悟对方观点,并能引导对方沿着自己的思路展开交流 2. 当工作出现问题,总能积极的想方设法去寻求帮助,协调工作群体中的其他成员共同解决问题,使工作正常进行	1. 多倾听对方观点,仔细分析后,给出个人观点,尽量不要否决客户,可通过变通的方式引导 2. 列举需要资源协调的工作,确认核心工作后,再去进行积极协调,避免资源浪费情况。
		解决问题能力	4级	解决重大问题	1. 遇重大事件或突发问题,能够及时采取措施,控制局面,独立或协调多方资源有效进行解决 2. 能从多维度分析问题产的各方面原因,并对发现问题的工具和方法进行总结和归纳和改善	—
		演讲能力	2级	恰当的技巧,及时调整	在演讲中按需运用举例、类推、解释阐明观点和概念,并能依据听众的反应,及时调整演讲策略	
		写作能力	4级	精炼描述新事物	面对不同层面的受众,灵活自如地运用各种书写技巧和工具将能将新的观念、想法、概念等抽象的思维转换其易于理解的各种形式的书面成果	—
3级	素质指标	客户导向	3级	快速反应,满足客户需求	工作中总能遵循"explore-offer-action-confirm"原则,主动了解客户需求、快速响应和解决问题并实时反馈,满足客户"满足性需求"	快速定位客户合理化的核心需求,在保证满足客户基本需求的基础上,可以挖掘客户更深层的需求
		逻辑思维	2级	专业分析工具运用	使用专业的思维方法(例如"因果分析""柏拉图分析""自然淘汰")解决实际工作问题	理解、分析、阐述各种复杂的事务

续表

职级	指标	素质指标	等级	关键词	通用描述	个性化说明
3级	技能指标	沟通协调能力	3级	引导交流，协调解决	1.准确的领悟对方观点，并能引导对方沿着自己的思路展开交流 2.当工作出现问题，总能积极的想方设法去寻求帮助，协调工作群体中的其他成员共同解决问题，使工作正常进行	1.多倾听对方观点，仔细分析后，给出个人观点，尽量不要否决客户，可通过变通的方式引导 2.列举需要资源协调的工作，确认核心工作后，再去进行积极协调，避免资源浪费情况
		解决问题能力	3级	独立解决领域内难题	1.独立解决业务范畴内具有一定技术难度的问题 2.发现问题的发展趋势，并进行分析，为控制问题和解决问题提出可能的解决方案。	透过问题表象，分析问题原因，利用自身能力和经验或协调各方资源快速解决
		演讲能力	2级	恰当的技巧，及时调整	在演讲中按需运用举例、类推、解释阐明观点和概念，并能依据听众的反应，及时调整演讲策略	—
		写作能力	3级	行文流畅，善用图表	巧妙地组织语言文字和熟练运用图表制作复杂的专业性或技术性的书面成果，行文流畅、逻辑严谨、结构清晰、文字简洁并易于理解	—
2级	素质指标	客户导向	2级	沟通期望，亲切服务	与客户在共同的期望上保持清晰的沟通，留意客户的满意度，并提供亲切愉快的服务	1.为客户着想，理解客户需求，解决客户问题 2.换个位置想问题，避免客户产生对立情绪，保持良好氛围
		逻辑思维	2级	专业分析工具运用	使用专业的思维方法（例如"因果分析""柏拉图分析""自然淘汰"）解决实际工作问题	—
	技能指标	沟通协调能力	2级	准确表达，简单协调	准确无误、简练的表达自己的观点，能够进行简单的协调	—
		解决问题能力	2级	独立解决常见问题	及时和相关人员交流，独立解决常见问题；善于发现工作过程中的共性问题，透过问题的表面现象，找出问题的根源	1.出现问题后，首先还原问题，问题筛选 2.如果是正常问题，针对问题的关联性去延伸分析，尽量做到问题排查的客观性，提出个人的处理建议或方案
		演讲能力	1级	准确传递，小范围演讲	1.有效地将资讯传递给少数观众 2.预先考虑信息，以合理的流程组织报告，以可理解的形式提出口头信息	—
		写作能力	2级	行文准确，使用图表	撰写较为复杂的专业成果时，行文准确、通顺、简洁和富有逻辑性，且能适当地利用图标来传达内容	文档的写作要有逻辑性、精简、专业，避免过于夸张的修饰，尽量以易懂的文字撰写，可以多用图片、表格的形式来辅助理解
1级	素质指标	客户导向	2级	沟通期望，亲切服务	与客户在共同的期望上保持清晰的沟通，留意客户的满意度，并提供亲切愉快的服务	
		逻辑思维	1级	常识分辨，发现差异	使用常识和过去的经验，分辨问题和情况。观察到资料中不一致的地方、相关趋势和相互关系，或看到现在的情况和过去发生的事情之间的明显差异	
	技能指标	沟通协调能力	2级	准确表达，简单协调	能准确无误、简练的表达自己的观点，能够进行简单的协调	—
		解决问题能力	2级	独立解决常见问题	1.能及时和相关人员交流，独立解决常见问题 2.善于发现工作过程中的共性问题，透过问题的表面现象，找出问题的根源	—
		写作能力	1级	清晰，连贯	运用正确的语法、拼写和标点，段落要有适当的长度；书面成果语句连贯、逻辑清晰	—

表 4.9 实施顾问职级标准（行为标准）

职级	行为单元	行为要项		行为标准项	关键评判指标
7级	项目实施	项目定义	客户高层认同支持	1. 充分、准确预估项目风险，以专业性获取客户高层的信任，能就如何顺利推进项目与客户高层形成一致意见 2. 协助客户高层进行项目启动准备（如帮助准备启动会宣讲文稿）、控场能力极佳，气氛热烈 3. 统领实施团队进行跨产品领域的业务需求调研及分析，指导形成高价值的分析报告	1. 超大型、大型项目支持并成功实施项目数：6个以上 2. 客户满意度：零投诉 3. 大型项目风险预判与防范：6次以上 4. 文献或专著：专业行业类外部刊物或网站上发表3篇以上 5. 实施项目人才培养
		蓝图设计	行业一流，业界认同	1. 统筹完成特大项目的业务蓝图设计 2. 与客户高层进行深入的探讨剖析，提供战略性的业务蓝图，达到领域/行业内的一流水平 3. 对蓝图设计有很深的造诣，在外部核心专业刊物上撰文或著书阐述蓝图设计、项目实施方面的思想理念，并获业内人士的高度认同	
		系统实现	机制工具革新	1. 率领团队完成特大项目的系统实现工作，并对系统实现过程中的运作机制、工具方法进行革新，高效完成项目交付 2. 承担公司战略客户或样板客户的对口支持与管理 3. 对客户企业管理实践做出抽象模型、概念性总结，并形成指导性的工作成果	
	项目整体管理	项目整体推进能力	大项目推进，整体资源价值最大化	1. 独立推进单个领域内大型项目（具体见项目等级界定表），项目正常关闭，且实施环节有实际利润贡献 2. 合理调配项目群资源，确保公司整体资源价值的最大化 3. 项目过程中能建立有效的客户支持体系，有效防范因客户内部人员变动所产生的项目风险，确保项目顺利推进、交付执行到位	1. SPI：100% 2. CPI：100% 3. 客户满意度：年投诉不超过1次
6级	项目实施	项目定义	客户高层认同支持	1. 充分、准确预估项目风险，以专业性获取客户高层的信任，能就如何顺利推进项目与客户高层形成一致意见 2. 协助客户高层进行项目启动准备（如帮助准备启动会宣讲文稿）、控场能力极佳，气氛热烈 3. 统领实施团队进行跨产品领域的业务需求调研及分析，指导形成高价值的分析报告	1. 项目支持数：年度主导2个以上大型或超大型，项目成功实施经验 2. 客户满意度：零投诉 3. 文献或专著：专业行业类外部刊物或网站上发表3篇以上 4. 大型项目风险预判与防范：3次以上 5. 实施项目人才培养
		蓝图设计	方法革新，人才培养	1. 独立或统筹完成跨产品、领域大型项目的业务蓝图设计 2. 能将客户所属行业领域的最新业务发展融入客户企业的蓝图设计中，并获得实现 3. 不断更新知识，关注实施领域新理念、新技术、新趋势，对公司的蓝图设计方法进行革新，并为公司培养优秀的实施人才（T5.T6）	
		系统实现	机制工具革新	1. 率领团队完成特大项目的系统实现工作，并对系统实现过程中的运作机制、工具方法进行革新，高效完成项目交付 2. 承担公司战略客户或样板客户的对口支持与管理 3. 对客户企业管理实践做出抽象模型、概念性总结，并形成指导性的工作成果	
	项目管理	项目整体推进能力	创新推进，规避风险，成本可控	1. 在实施项目推进过程中，对现有的办法进行局部改进，并获公司采纳推广 2. 提前预估项目风险，采取有效的措施规避绝大部分风险（需公司管理层出面解决的除外） 3. 合理地制定项目预算，确保项目成本在可控范围内 4. 维护客户关系，能够有效处理客户异议，协调客户共同推进	1. SPI：100% 2. CPI：100% 3. 客户满意度：年投诉不超过1次

续表

职级	行为单元	行为要项	行为标准项	关键评判指标
5级	项目实施	项目定义	需求沟通、创新推进	1. 从外部同形态项目、内部期望、内部数据等多角度进行调研,对客户的业务活动进行系统分析 2. 与客户关联职能部门关键干系人沟通全部需求并达成一致 3. 依据项目的个性化特征,视情况对项目策略、项目管理流程进行创新并获得成功 4. 积极协调甲乙双方高层团队,共同参与大项目启动会议,鼓舞双方士气	1. 项目支持数:主导3个以上大型项目或1个超大型项目成功实施经验 2. 客户满意度:年投诉少于2次 3. 文献发表数(含内部):5 4. 大型项目风险预判与防范:2次以上 5. 实施项目人才培养
		蓝图设计	方法革新、人才培养	1. 独立或统筹完成跨产品、领域大型项目的业务蓝图设计 2. 将客户所属行业领域的最新业务发展融入客户企业的蓝图设计中,并获得实现 3. 不断更新知识,关注实施领域新理念、新技术、新趋势,对公司的蓝图设计方法进行革新,并为公司培养中高级实施人才	
		系统实现	整体落地	1. 组织协调客户化开发人员按计划完成差异化方案的开发、测试工作 2. 统筹制定上线方案,并组织执行 3. 管理上线后的系统运行状况,协调资源解决运行中出现的重大问题	
	项目管理	项目整体推进能力	常规推进、揭示风险、处理建议	1. 在公司实施项目管理方法论的指导下,依据项目实施计划推进各项工作 2. 密切进行项目监控,定期出具项目进展报告,揭示进度、质量、成本、资源等方面的项目风险,并提出有效的处理建议 3. 能与客户多层面进行交流,关系融洽	1. SPI:100% 2. CPI:100% 3. 客户满意度:年投诉不超过1次
4级	项目实施	项目定义	识别关键、需求梳理	1. 对销售过程的各项文档进行分析,熟知已承诺内容,从中分析项目可能存在的风险,并主动预防 2. 通过日常接触准确辨识项目的关键人物,指导客户方成立恰当的、有利于项目推进的项目实施小组组织结构 3. 系统调研、全面了解客户业务模式、组织结构、业务流程、管理方式等,获得业务规范化调整的基础信息,梳理详细需求,并形成翔实的分析报告,并与客户高层确定实施范围	1. 项目支持数:有主导5个以上中型项目或2个大型项目的成功实施经验 2. 客户满意度:年投诉少于2次 3. 文献发表数(含内部):3 4. 大型项目风险预判与防范:1次以上
		蓝图设计	跨职能整合、优秀蓝图	1. 独立完成某一产品领域跨职能整合项目的业务蓝图设计 2. 指导他人完成业务调研及蓝图设计 3. 项目过程中形成优秀蓝图设计方案,并改编为案例在专业媒体(含内部知识平台)中发表	
		系统实现	整体落地	1. 组织协调客户化开发人员按计划完成差异化方案的开发、测试工作 2. 统筹制定上线方案,并组织执行 3. 管理上线后的系统运行状况,协调资源解决运行中出现的重大问题	
	项目管理	项目整体推进能力	协助推进	在公司实施项目管理方法论的指导下,协助项目经理推进各项工作	1. SPI:≥90% 2. CPI:100% 3. 客户满意度:年投诉不超过2次
3级	项目实施	项目定义	主导调研、需求分析	1. 编写调研计划,与客户确认并得到认可 2. 寻找合适的干系人,共同按调研计划推进调研工作 3. 主导发问,对客户业务进行调查分析,合理界定客户需求	1. 项目支持数:有主导有独立完成3个以上大中型项目的成功实施经验 2. 客户满意度:年投诉少于2次 3. 文献发表数(含内部):3 4. 项目风险预判与防范:1次以上
		蓝图设计	跨职能整合、优秀蓝图	1. 独立完成某一产品领域跨职能整合项目的业务蓝图设计 2. 指导他人完成业务调研及蓝图设计 3. 项目过程中形成优秀蓝图设计方案,并改编为案例在专业媒体(含内部知识平台)中发表	
		系统实现	协助开发、应用优化	1. 协助解决客户化开发过程中的系列问题,客户较为满意 2. 协助完成上线方案的制定,并推进执行 3. 跟踪上线后的系统运行状况,对系统运行提出优化方案并跟进落实	

续表

职级	行为单元	行为要项	行为标准项	关键评判指标
2级	项目实施	项目定义,主导调研,需求分析	1. 编写调研计划,与客户确认并得到认可 2. 寻找合适的干系人,共同按调研计划推进调研工作 3. 主导发问,对客户业务进行调查分析,合理界定客户需	1. 项目支持数:独立成功实施3个以上单体小型项目 2. 客户满意度:年投诉少于2次
		蓝图设计,业务设计	依据业务分析结果,独立完成单一模块的系统实现方案,并获客户认同	
		系统实现,跟进开发、业务辅导	1. 跟进客户化开发过程,依据蓝图验证产品的实现程度 2. 指导客户完成上线前的准备工作 3. 承担上线后的日常业务辅导	
1级	项目实施	项目定义,指导下参与	1. 在指导下编写调研计划,并参与具体的调研工作 2. 对客户业务部门人员进行调研,准确记录客户信息化状况及需求 3. 在指导下编写中型项目调研报告,独立编写小型项目调研报告	客户满意度:年投诉少于2次
		蓝图设计,业务模拟	1. 熟悉公司产品结构及特色,能在客户现场进行业务模拟 2. 结合产品功能在指导下制定和修改实施方案,并与客户沟通、确认	
		系统实现,基础环节独立实现	1. 实施过程中,针对企业的需求变化进行沟通,并协助确认最终实施方案 2. 依据蓝图,对客户化开发产品进行检测验证 3. 对业务人员进行上线前培训工作,并协助完成上线准备	

4.4 客户化开发工程师职级标准（见表4.10至表4.12）

表4.10 客户化开发工程师职级标准（概览）

职级	定位	经验		技能			岗位素质			核心素质		
		岗位工作经验	领域/行业工作经验	客户化开发能力	设计技能	项目管控能力	分析能力	沟通协调能力	团队合作	客户导向	追求卓越	创新能力
6级	1. 全面掌握IT多领域先进的技术知识,较强的理论知识和较高的业界知名度 2. 具备较强的企业管理及项目管理能力 3. 在项目管理以及部门管理中承担重要职责。	从事软件开发工作8年以上,其中从事项目管理工作或系统设计5年以上	—	5级	4级	5级	5级	4级	5级	5级	4级	5级
5级	1. 资深系统设计和业务设计能力。对公司产品架构深刻的理解 2. 较强的理论知识和较高的业界知名度 3. 具有大型复杂系统的设计能力或在项目管理或部门管理中承担重要职责	从事软件开发工作6年以上,其中从事项目管理工作或系统设计3年以上	—	4级	4级	4级	3级	4级	3级	4级	4级	4级
4级	1. 较强的业务设计能力,掌握系统架构设计、数据库应用技术,熟悉公司××工具和二次开发工具包,理解公司产品技术原理 2. 具有大型系统的系统设计能力或能够完成大型项目的项目管理工作以及复杂业务的需求管理工作	从事软件开发工作4年以上,其中从事项目管理或系统设计工作2年以上	—	3级	3级	3级	3级	3级	4级	4级	3级	3级

续表

职级	定位	经验		技能			岗位素质			核心素质	
		岗位工作经验	领域/行业工作经验	客户化开发能力	设计技能	项目管控能力	分析能力	沟通协调能力	团队合作	客户导向	追求卓越	创新能力
3级	1. 掌握公司BOS工具和二次开发工具包的使用，具备较强的程序开发能力，并且可以独立完成较复杂功能需求的系统设计工作 2. 能够指导他人进行开发工作或完成中小型项目的项目管理工作	1. 从事软件开发工作3年以上 2. 具有项目管理或系统设计的经历	—	3级	2级	2级	3级	3级	3级	3级	3级	3级
2级	编写高质量代码实现系统设计中描述的功能，并能够独立解决开发中一般技术问题，具备中小型项目的系统设计能力	从事软件开发工作2年以上	—	2级	1级	1级	2级	2级	2级	2级	2级	2级
1级	在导师指导下能承担部分编码的工作	从事软件开发工作1年以上	—	1级	—	—	1级	1级	2级	2级	1级	2级

表4.11 客户化开发工程师职级标准（技能）

职级	名称	等级	描述	相关证据	
				项目经历	知识共享
6级	客户化开发能力	5级	**基本技能** 1. 制定客户化开发技术规范并总结最佳实践与实现模式 2. 根据典型业务场景抽象开发实现框架或系统级服务 3. 深刻理解编程语言的底层原理和机制，能够解决比较底层的技术难题 4. 熟练运用重构技能，指导开发人员对程序结构进行优化，提高既有代码的执行效率和可维护性 **数据库** 1. 精通1种或多种大型数据库，如Oracle、Db2、SQL Server、Sybase 2. 理解数据库锁、事务、索引等的底层原理，能够定位和解决相关的数据库问题 3. 结合业务需求和系统设计模型分析出核心模块的数据规模，可能存在的性能瓶颈，并从数据库结构上进行针对性优化 **客户化开发工具** 熟悉公司开发平台的技术架构，能够提出系统级的技术架构优化建议 **性能调优** 1. 根据性能测试报告，如RPC日志，全表扫描报告等分析性能问题，并提出平台优化方案，指导开发人员修复性能问题 2. 能够运用一些性能分析方法和工具，如JProfiler、TPTP或研发的性能分析工具，如RPC日志工具等分析定位系统的性能问题，并提出优化方案	1. 对客户化开发项目管理经验非常丰富，主持并成功交付过至少3个100人天以上的客户化开发项目。 2. 曾在至少1个500人天以上的项目中独自承担项目管理工作或系统设计工作。	1. 8次不同专题相关的培训、演讲、论文发表、学术文章、创新提案等知识总结分享或传播 2. 至少3项客户化开发成果共享成功，使其他兄弟分公司从成果共享中受益
	设计技能	4级	独立完成大型模块或软件核心功能的分析及方案设计，有较深刻的业务分析设计理念和面向对象的思想，并能熟练使用UML进行业务建模		
	项目管控能力	5级	1. 巧妙高效地领导多个项目团队的协同工作，促进这些团队的最佳合作 2. 合理分配资源与时间，果断采取行动,清除妨碍整体成功的障碍（风险），保证多个项目高效地工作		

续表

职级	名称	等级	描述	相关证据	
				项目经历	知识共享
5级	客户化开发能力	4	**基本技能** 1. 精通1种或多种编程语言，如 VB、C#、JAVA 等 2. 精通客户化开发技术规范和软件工程结构，能够严格遵守客户化开发技术规范来编写可读性好、结构合理、高效优质的代码 3. 熟练地运用公司相关产品的开发框架，独立完成客户核心业务需求的开发 4. 具备系统性能调优的能力，能够进行程序代码的优化 **数据库** 1. 精通多种大型数据库，如 SQL Server、Sybase、Oracle、Db2 2. 精通数据库开发，具备数据库性能调优的能力 **客户化开发工具** 1. 精通客户化开发工具包功能的使用 2. 非常熟练地运用公司平台进行客户化开发，了解其应用性能和技术架构	1. 对客户化开发项目管理经验非常丰富，主持并成功交付过至少3个100人天以上的客户化开发项目 2. 曾在至少1个300人天以上的项目中独自承担项目管理工作或系统设计工作	1.1年至少5次不同专题相关的培训、演讲、论文发表、学术文章、创新提案等知识总结分享或传播 2. 至少2项客户化开发成果共享成功，使其他兄弟分公司从成果共享中受益
	设计技能	4	能独立完成大型模块或软件核心功能的分析及方案设计，有较深刻的业务分析设计理念和面向对象的思想，并能熟练使用 UML 进行业务建模		
	项目管控能力	4	1. 丰富的项目管理理论知识 2. 具备大型软件开发项目的规划与管理能力，能够熟悉运用项目管理工具与方法管控项目各个过程 3. 具有较强的项目质量、项目风险及项目成本的管理能力 4. 具备较强的领导力和沟通能力 5. 具有较强的项目风险管理能力及重大项目的危机处理能力		
4级	客户化开发能力	3	**基本技能** 1. 熟练运用编程语言，如 VB、C#、JAVA 等进行较复杂客户化开发程序的编写 2. 熟练编写结构合理，较高效的高质量代码 3. 具备迅速定位并解决客户化开发中的疑难问题的能力 4. 具备一定的性能调优能力，能够分析系统中出现的性能问题 **数据库** 1. 熟悉1种大型数据库，如 Oracle、Db2、SQL Server、Sybase 2. 熟练编写较高效的 SQL 语句，并能有意识规避常见的因为 SQL 语句导致的性能问题． **客户化开发工具** 1. 熟练使用客户化开发工具包功能进行客户化开发 2. 熟练使用公司平台进行客户化开发	1. 对客户化开发项目管理经验丰富，主持并成功交付过至少2个100人天以上的客户化开发项目 2. 曾在至少1个200人天以上的项目中独自承担项目管理工作或系统设计工作	1.1年至少3次不同专题相关的培训、演讲、论文发表、学术文章、创新提案等知识总结分享或传播 2. 至少2项客户化开发成果共享成功，使其他兄弟分公司从成果共享中受益 3.1年至少5次相关技术方案分享或传播
	设计技能	3	能独立进行中型模块或软件基本功能的设计，有较好的业务分析设计理念和面向对象的思想，并能熟练使用 UML 进行业务建模		
	项目管控能力	3	1. 能独立规划大中型的项目，并能够运用各种管理工具与方法保障计划的执行 2. 敏锐地知晓大范围方案的各个组成之间的相互关系 3. 当面对多种需求和多重优先时，根据要求分配时间和资源 4. 预计达成目标和时间表的潜在障碍及其影响		

续表

职级	名称	等级	描述	相关证据	
				项目经历	知识共享
3级	客户化开发能力	3级	**基本技能** 1. 熟练运用编程语言进行较复杂客户化开发程序的编写 2. 熟练编写结构合理，较高效的高质量代码 3. 具备迅速定位并解决客户化开发中的疑难问题的能力 4. 具备一定的性能调优能力，能够分析系统中出现的性能问题 **数据库** 1. 熟悉1种大型数据库 2. 熟练编写较高效的SQL语句，并能有意识规避常见的因为SQL语句导致的性能问题 **客户化开发工具** 1. 熟练使用客户化开发工具包功能进行客户化开发 2. 熟练使用公司平台进行客户化开发	1. 对客户化开发项目管理经验丰富，主持并成功交付过至少2个100人天以上的客户化开发项目 2. 曾在至少1个200人天以上的项目中参与项目管理工作或系统设计工作	1.1年至少2次不同专题相关的培训、演讲、论文发表、学术文章、创新提案等知识总结分享或传播 2. 至少1项客户化开发成果共享成功，使其他兄弟分公司从成果共享中受益 3.1年至少5次以上的相关技术方案分享或传播；
	设计技能	2级	在他人指导下能进行基础模块或软件基本功能的设计，熟悉面向对象的设计思想，熟练使用UML建模工具进行建模		
	项目管控能力	2级	1. 能够独立制订中小项目计划并执行到位 2. 明确项目目标，并能将其转变为可行的活动 3. 根据时间和涉及的资源需求的现实意义定制计划，知晓项目活动的相互影响 4. 有效利用时间和资源，完成理想的效果 5. 监控和追踪进展，以确保所有计划了的协议下达无误，并向适当的人通报项目现状		
2级	客户化开发能力	2级	**基本技能** 1. 运用编程语言进行客户化开发程序的编写 2. 熟悉面向对象编程，熟悉C/S3层结构，有良好的软件工程知识 3. 熟悉客户化开发编码规范，能够严格遵守规范编写可读性好，结构较合理的代码 **数据库** 1. 熟悉多种大型数据库，如SQL Server、Sybase、Oracle、Db2 2. 熟悉标准SQL语法，能编写复杂的SQL语句 **客户化开发工具** 1. 熟练使用客户化开发工具包功能进行客户化开发 2. 熟练使用公司平台进行客户化开发	1. 对客户化开发项目流程比较清楚，完整参与过至少1个100人天以上的客户化开发项目 2. 在项目开发阶段，进行部分功能代码的开发，如函数、存储过程、程序脚本等 3. 独立完成过简单业务功能的项目，如报表开发项目、数据接口项目等。	1.1年至少1次不同专题相关的培训、演讲、论文发表、学术文章、创新提案等知识总结分享或传播 2. 至少1项客户化开发成果共享成功，使其他兄弟分公司从成果共享中受益 3.1年至少2次以上的相关技术方案分享或传播
	设计技能	1级	了解面向对象的设计思想，在他人指导下会使用UML建模工具进行建模；能在他人指导下参与概要设计工作		
	项目管控能力	1级	1. 在别人的指导下编写项目计划 2. 在项目中按计划进行有效的时间管理，完成所承担的工作 3. 清楚知道自己所掌握的资源和工作状况		

续表

职级	名称	等级	描述	相关证据	
				项目经历	知识共享
1级	客户化开发能力	1级	**基本技能** 1. 运用编程语言，如 VB、C# 或 Java 等进行客户化开发程序的编写 2. 了解通用编程规范，能够遵守规范编写可读性较好的代码 **数据库** 1. 熟悉 1 种大型数据库，如 SQL Server、Sybase、Oracle、Db2 2. 熟悉标准 SQL 语法，能编写简单的 SQL 语句 **客户化开发工具** 1. 运用客户化开发工具包进行客户化开发 2. 公司平台的基本功能进行客户化开发	1. 参与过客户化开发项目并且在项目中承担了 50 人天以上的工作量 2. 完成了为实现部分简单功能代码的开发，如函数、存储过程、程序脚本等 3. 在导师指导下完成了简单业务功能模块的开发，如报表、接口等 4. 在项目测试阶段测试出程序漏洞，编写并提交系统测试报告及使用手册	1 年至少 3 次以上的相关技术方案分享或传播；

表4.12 客户化开发工程师职级标准（素质）

职级	名称	等级	描述	绩效/行为表现
6级	团队合作	5级	营造团队合作氛围 1. 公开表扬他人的良好表现，鼓励并给予他人动力，让他们感觉到自身的价值 2. 采取行动增进友善的气氛、良好的士气及合作，维护并提升团队在外部的声誉	1. 从客户 IT 技术规划角度出发，为客户提供创造性价值，为客户提供 IT 技术规划方面的建议，成为客户高层信任的技术咨询专家和顾问，获得客户的表扬 2. 在所从事的工作中无任何违反部门及公司规范、制度的黑色关键事件及通报记录 3. 善于思考，对产品技术架构或客户化开发项目管理工具等方面做出创新性改革或建议，被公司采纳并全面推行，促进公司产品发展或项目管理水平的提高 4. 具很强战略思维与前瞻性并得到同仁的尊敬，对项目潜在问题与风险具有预见性，并预先制订相应的解决方案，消除项目风险 5. 带动团队成长，使得团队稳定成长，促进团队学习提升、积极主动、愉快、高效率工作 6. 无团队合作方面的黑色关键事件记录，跨部门的支持工作并获得好评
	分析能力	5级	1. 分析不明确的问题，分析复杂的涉及多方面关系的问题 2. 必要时采取非正常途径搜集必要信息。将多样的信息数据综合在一起以便有 1 个解决问题的框架	
	沟通协调能力	4级	良好的沟通协调技巧，讲求方式方法 1. 掌握并运用有效沟通的基本原则和技巧，如事前知会、事中沟通、协调，事后汇报，使得工作在团队或跨团队中协调进行，达成共同目标 2. 能够善于因人而异，采取针对性沟通方式方法 3. 经常能够通过有效沟通和协调解决别人感到难以解决的问题，沟通能力受到周围同事普遍认可。	
	客户导向	5级	成为客户信赖的伙伴，带动团队成员 1. 能够成为客户遇到问题、寻求帮助时足以信赖的咨询顾问角色，为客户提供专业的咨询和支持 2. 分享经验和方法，以自身的实践影响团队其他成员，共同致力于为客户提供卓越的服务	
	追求卓越	4级	1. 根据公司发展战略与实际情况，持续不断的改善绩效并设定挑战性的目标 2. 设定部门工作目标与工作标准，通过在系统上或工作方法上做出改变以改善绩效，努力达成工作目标	
	创新能力	5级	领导本业务领域的创新。经常对公司关键工作提出突破性的创新想法，并在公司范围内推广成功，为公司节源增效，受到周围同事的尊敬	

续表

职级	名称	等级	描述	绩效/行为表现
5级	团队合作	4级	化解团队的冲突 公开团队里的冲突，不隐藏或回避问题，能采取行动化解冲突，并鼓励或促成有力的冲突解决方案	1. 从客户IT技术规划角度出发，为客户提供创造性价值，为客户提供IT技术规划方面的建议，成为客户信任的技术咨询专家和顾问，获得客户的表扬 2. 在所从事的工作中无任何违反部门及公司规范、制度的黑色关键事件记录 3. 善于思考，对产品技术应用或客户化开发项目管理工具等做出创新性改革或建议，被公司采纳并全面推行，促进公司产品发展和项目管理水平的提高 4. 具很强战略思维与前瞻性并得到同仁的尊敬，对项目潜在问题与风险具有预见性，并预先制订相应的解决方案，消除项目风险 5. 能够独立指导其他客户化开发经理、项目经理进行客户化开发业务的管理工作 6. 无团队合作方面的黑色关键事件记录，跨部门的支持工作并获得好评 7. 主导或推动完成跨部门的任务或问题解决。
	分析能力	4级	分析多维度问题，分析产生问题的多方面原因。必要时搜集一定时期的信息，综合分析	
	沟通协调能力	3级	主动沟通协调，有效开展工作 1. 总能准确无误、逻辑清晰、简练的表达自己的观点，准确的领悟对方观点，并能引导对方沿着自己的思路展开交流 2. 当工作出现问题，总能积极的想方设法去寻求帮助，协调工作群体中的其他成员共同解决问题，使工作正常进行	
	客户导向	4级	主动服务，努力满足差异性需求 工作中总能遵循"explore-offer-action-confirm"主动了解客户需求、快速响应和解决问题并实时反馈，能够经常满足客户满足性需求，并努力采取行动为顾客创造可以预见的成果，经常满足客户的需求甚至超过客户的期望，获得客户认可	
	追求卓越	4级	1. 根据公司发展战略与实际情况，持续不断的改善绩效并设定挑战性的目标 2. 设定部门工作目标与工作标准，通过在系统上或工作方法上做出改变以改善绩效，努力达成工作目标	
	创新能力	4级	创新成果推广，得到广泛认可 能就本业务领域的关键工作提出业界认可的、突破性的理论或模型，并能公司范围内推广实施，受到公司创新奖励	
4级	团队合作	4级	化解团队的冲突 公开团队里的冲突，不隐藏或回避问题，能采取行动化解冲突，并鼓励或促成有力的冲突解决方案	1. 带领项目团队完成中大型项目的客户化开发管理，或对重要项目中关键技术问题提供有效支持 2. 在所从事的工作中无任何违反公司规范、制度的黑色关键事件及通报记录 3. 能够独立指导其他客户化开发顾问进行客户化开发项目的管理工作 4. 无团队合作方面的黑色关键事件记录 5. 妥善处理客户投诉，无重大被投诉记录；或能够通过沟通解决客户抱怨并提高客户满意度 6. 主导或推动完成跨部门的任务或问题解决，跨部门的支持工作并获得好评 7. 有严格的自律能力，良好的目标导向思维；
	分析能力	3级	发现多元联系，透过问题的表面现象，发现问题的根源。发现问题的发展趋势。分析问题各部分间的联系，拟定可能的解决方案	
	沟通协调能力	3级	主动沟通协调，有效开展工作 1. 总能准确无误、逻辑清晰、简练的表达自己的观点，准确的领悟对方观点，并能引导对方沿着自己的思路展开交流 2. 当工作出现问题，总能积极的想方设法去寻求帮助，协调工作群体中的其他成员共同解决问题，使工作正常进行	
	客户导向	4级	主动服务，努力满足差异性需求 工作中总能遵循"explore-offer-action-confirm"主动了解客户需求、快速响应和解决问题并实时反馈，满足客户满足性需求，并努力采取行动为顾客创造可以预见的成果，经常满足客户的需求甚至超过客户的期望，获得客户认可	
	追求卓越	3级	为日常工作设立目标，并积极努力达到这些目标，为自己的工作设立衡量优秀的标准，并向此标准努力	
	创新能力	3级	主动学习、创新，可见行为及成果 1. 经常举一反三，提出新想法和思路并积极尝试，将自己实践成功的想法或工作思路在团队内推广，并让他人也能从中受益 2. 取得一定可见成果	

续表

职级	名称	等级	描述	绩效/行为表现
3级	团队合作	3级	以团队利益为出发点，安排自己的日常工作 以团队工作的业务目标和利益为出发点，自觉地将自己的工作目标与团队目标结合起来，优先安排团队或他人交付的工作，并能很好完成	1. 独立完成中小型项目的客户化开发任务 2. 在所从事的工作中无任何违反公司规范、制度的黑色关键事件及通报记录 3. 独立指导其他客户化开发顾问进行客户化开发工作 4. 无团队合作方面的黑色关键事件记录 5. 妥善处理客户投诉，无重大被投诉记录；或能够站在客户立场去解决客户问题并获客户表扬 6. 协助负责人完成跨部门的任务或问题解决并提供建议。
	分析能力	3级	1. 发现多元联系，透过问题的表面现象，发现问题的根源。发现问题的发展趋势 2. 分析问题各部分间的联系，拟定可能的解决方案	
	沟通协调能力	3级	主动沟通协调，有效开展工作 1. 总能准确无误、逻辑清晰、简练的表达自己的观点，准确的领悟对方观点，并能引导对方沿着自己的思路展开交流 2. 当工作出现问题，总能积极的想方设法去寻求帮助，协调工作群体中的其他成员共同解决问题，使工作正常进行	
	客户导向	3级	快速反应，努力满足客户满足性需求 第一时间响应客户的需求，采取某些行动让事情更完善，具体地为客户提供价值，能为客户着想，让事情做得更完美，并且提供亲切愉快的服务，经常满足客户满意性需求	
	追求卓越	3级	为日常工作设立目标，并积极努力达到这些目标，为自己的工作设立衡量优秀的标准，并向此标准努力	
	创新能力	3级	主动学习、创新，可见行为及成果 1. 经常举一反三，提出新想法和思路并积极尝试，将自己实践成功的想法或工作思路在团队内推广，并让他人也能从中受益 2. 取得一定可见成果	
2级	团队合作	2级	团队意识，乐于合作 1. 在日常工作中，愿意接受他人的合作请求，并很好完成他人交付的工作 2. 愿意主动的与他们分享自己的工作体会、技能和掌握的新知识等，让他人受益	1. 独立完成小型项目的客户化开发任务 2. 在所从事的工作中无违反公司级规范、制度的黑色关键事件及通报记录 3. 熟悉公司客户化开发项目管理体系，并在实践中勇于思考，积极分享 4. 无团队合作方面的黑色关键事件记录 5. 协助负责人完成跨部门的任务或问题解决并提供建议 6. 工作有计划性：工作计划及周总结，具有项目通报习惯
	分析能力	2级	1. 发现根本联系，迅速意识到现状与过去形势间的相似之处 2. 找出直接的因果关系，得出可能的解决方案	
	沟通协调能力	2级	有沟通意愿，能够准确理解和被理解 1. 具有良好的沟通意愿，多数情况下都能够有效倾听和理解对方 2. 能准确无误、简练的表达自己的观点，能够进行简单的协调	
	客户导向	2级	了解客户需求和自身职责对客户的价值，对客户的询问、需求、埋怨能采取行动，使客户熟悉事件进展，但不去了解、探求客户的根本问题和需求，不能抓住客户需求的核心	
	追求卓越	2级	努力将工作做好，达到公司的要求，并对工作过程及成果做出初步分析	
	创新能力	2级	创新意识，自觉改进行为 不时提出新想法、新思路，并尝试应用到实际工作中，能够自觉对自己的工作方法和成果进行改进	

职级	名称	等级	描述	绩效/行为表现
1级	团队合作	2级	团队意识，乐于合作 1. 在日常工作中，愿意接受他人的合作请求，并很好完成他人交付的工作 2. 愿意主动的与他们分享自己的工作体会、技能和掌握的新知识等，让他人受益	1. 按项目计划开展客户化开发工作，配合项目经理并获得项目经理的好评 2. 在所从事的工作中无违反公司级规范、制度的黑色关键事件及通报记录 3. 客户提出的问题能够合理分析并寻求解决办法，并试图解决或及时反馈问题，寻找解决资源 4. 了解公司客户化开发项目管理，并贯彻执行 5. 无团队合作方面的黑色关键事件记录
	分析能力	1级	任务分解，将任务分解成一系列简单的工作或活动，并分析其现状和本质	
	沟通协调能力	1级	1. 缺乏主动沟通的意愿，不善于表达 2. 如非情不得已，很少主动沟通和协调 3. 沟通过程中常常不注意倾听，或者表达不清晰，难以理解，需要反复说明，或者他人协助解释	
	客户导向	2级	了解客户需求和自身职责对客户的价值，对客户的询问、需求、埋怨能采取行动，使客户熟悉事件进展，但不去了解、探求客户的根本问题和需求，不能抓住客户需求的核心	
	追求卓越	1级	专注于日常工作，按时完成工作任务，基本保证工作质量	
	创新能力	2级	1. 创新意识，自觉改进行为 2. 不时提出新想法、新思路，并尝试应用到实际工作中，能够自觉对自己的工作方法和成果进行改进	

4.5 服务交付工程师职级标准（见表4.13至表4.15）

表4.13 服务交付工程师职级标准（概览）

职级	定位	经验		技能						专业素质				核心素质	
		岗位工作经验	领域/行业工作经验	产品应用能力	计算机应用能力	数据分析能力	专项产品售前能力	专项产品交付能力	专项产品规划能力	问题解决能力	学习能力	沟通能力	客户导向	追求卓越	创新能力
6级	服务技术专家，至少精通至少1个行业以上的ERP应用或1个以上的技术领域。引领客户服务方向，产品确保客户服务的先进性和可持续发展性	至少8年客户服务工作经验，规划及更新公司服务体系、客户服务基本框架、核心流程及客户服务过程	至少2个行业经验	4级	3级	3级	2级	1级	1级	5级	4级	5级	5级	5级	5级
5级	1. 产品服务专家，熟悉至少1个行业的ERP应用或技术领域，能够引领区域专项服务项目售前及交付工作 2. 能够对服务体系、服务产品及服务方法提出改进建议	至少6年客户服务工作经验，精通并不断完善公司服务体系、客户服务基本框架、核心流程及客户服务过程	至少1个行业经验	4级	3级	3级	1级	1级	—	5级	4级	4级	4级	5级	3级
4级	1. 精通产品应用的服务工程师，擅于指导他人进行产品核心模块和扩展模块的学习和工作 2. 独立开展售前支持工作；能够独立完成专项服务产品交付项目	至少4年客户服务工作经验，精通公司服务体系、客户服务基本框架、核心流程及客户服务过程	—	4级	3级	3级	—	—	—	4级	4级	4级	4级	4级	3级

职级	定位	经验		技能						专业素质			核心素质		
		岗位工作经验	领域/行业工作经验	产品应用能力	计算机应用能力	数据分析能力	专项产品售前能力	专项产品交付能力	专项产品规划能力	问题解决能力	学习能力	沟通能力	客户导向	追求卓越	创新能力
3级	1. 熟练且有丰富经验的产品服务工程师，能够独立完成公司产品核心模块的客户服务工作 2. 发现和解决疑难问题，可以指导他人进行产品标准模块的学习和工作 3. 协助营销人员开展售前支持工作；能够辅助他人完成专项服务产品交付项目	至少3年客户服务工作经验，熟悉公司服务体系、客户服务基本框架、核心流程及客户服务过程	—	3级	2级	2级	—	—	—	3级	3级	3级	3级	3级	2级
2级	熟练且有一定经验的产品服务工程师，独立完成标准产品客户服务工作；独立发现和解决复杂问题，偶尔需要指导	至少1年半公司产品客户服务工作经验，熟悉公司服务体系、客户服务基本框架、核心流程及客户服务过程	—	2级	2级	1级	—	—	—	3级	3级	3级	2级	2级	2级
1级	合格的产品服务工程师，有公司产品客户服务经验，在他人指导下能够承担日常客户服务工作	3~6月客户服务工作经验，了解公司服务体系、客户服务基本框架、核心流程及客户服务过程	—	1级	2级	1级	—	—	—	2级	2级	2级	2级	1级	1级

表4.14 服务交付工程师职级标准（技能）

职级	名称	等级	描述	相关证据		
				项目经历	典型工作成果	知识共享
6级	产品应用能力	4级	1. 精通所负责领域的产品，具备较强的产品综合运用能力 2. 擅于指导他人进行产品核心模块和扩展模块的学习和工作 3. 精通所负责领域的专业知识	1. 至少2个行业ERP应用经历 2. 至少参与过2个以上的专项服务项目的交付工作，促进专项服务产品的改进	1. 每年主导至少1个新的服务产品的设计、研发和改进 2. 每年主导的专项产品的业绩达到500万元 3. 独立开展售前支持（应用方案编写、产品讲解、培训等）项目不少于6个 4. 在主导的项目中，项目人员晋升4级不少于2人，晋升5级不少于1人	1. 在杂志（报纸）上发表行业内论文、技术文档不少于5篇（包括PPT、文章或学术文档） 2. 1年8次以上包括但不限于专题相关的培训、演讲等知识总结分享或传播
	计算机应用能力	3级	1. 熟练掌握计算机知识，能够熟练操作计算机操作系统和Office软件 2. 熟悉微软主流操作系统、网络的安装和维护，了解产品的网络架构 3. 精通公司主流产品的安装和配置，对主流产品安装、运行过程中出现的环境问题有一定的解决能力			
	数据分析能力	3级	1. 熟悉基本的数据库知识 2. 熟练掌握SQL语句运用 3. 熟练运用SQL Server或oracle数据库系统 4. 熟练处理产品标准模块的复杂数据问题 5. 指导他人开展数据知识方面的学习和工作			

续表

职级	名称	等级	描述	相关证据		
^	^	^	^	项目经历	典型工作成果	知识共享
6级	专项产品售前能力	2级	1. 精通至少2种专项服务产品的交付（技术类或管理类） 2. 擅于指导他人进行专项服务产品的学习和工作 3. 对至少2个行业及相关行业和领域的企业信息化或IT技术的总结提炼能力	1. 至少2个行业ERP应用经历 2. 至少参与过2个以上的专项服务项目的交付工作，促进专项服务产品的改进	1. 每年主导至少1个新的服务产品的设计、研发和改进 2. 每年主导的专项产品的业绩达到500万元 3. 独立开展售前支持（应用方案编写、产品讲解、培训等）项目不少于6个 4. 在主导的项目中，项目人员晋升4级不少于2人，晋升5级不少于1人	1. 在杂志（报纸）上发表行业内论文、技术文档不少于5篇（包括PPT、文章或学术文档） 2. 1年8次以上包括但不限于专题相关的培训、演讲等知识总结分享或传播
^	专项产品交付能力	1级	1. 精通至少1种专项服务产品的交付（技术类或管理类） 2. 擅于指导他人进行专项服务产品的学习和工作	^	^	^
^	专项产品规划能力	1级	1. 主持过专项服务产品的设计、规划和开发工作 2. 预测信息化应用趋势，并进行所负责方向的产品解决方案的编写，形成售前支持工具，同时负责方案交付工作的推广	^	^	^
5级	产品应用能力	4级	1. 精通所负责领域的产品，具备较强的产品综合运用能力 2. 擅于指导他人进行产品核心模块和扩展模块的学习和工作 3. 精通所负责领域的专业知识	至少1个行业ERP应用经历	1. 主导专项服务产品交付至少1个50万元（标准报价）的项目 2. 独立开展售前支持（应用方案编写、产品讲解、培训等）项目不少于6个 3. 在主导的项目中，项目人员晋升3级不少于2人，晋升4级不少于1人	1年六次以上包括但不限于专题相关的培训、演讲等知识总结分享或传播
^	计算机应用能力	3级	1. 熟练掌握计算机知识，熟练操作计算机操作系统和Office软件 2. 熟悉微软主流操作系统、网络的安装和维护，了解产品的网络架构 3. 精通公司主流产品的安装和配置，对主流产品安装、运行过程中出现的环境问题有一定的解决能力	^	^	^
^	数据分析能力	3级	1. 熟悉基本的数据库知识 2. 熟练掌握SQL语句运用 3. 熟练运用SQL Server或oracle数据库系统 4. 熟练处理产品标准模块的复杂数据问题 5. 指导他人开展数据知识方面的学习和工作	^	^	^
^	专项产品售前能力	1级	1. 优秀的大客户方案（专项服务）售前方案的编写能力，主导大客户服务的售前支持过程 2. 具有很强的方案演讲能力以及客户高层沟通的能力 3. 具备非常强的客户的需求分析能力，挖掘客户深层次的潜在需求，并转化为可实现的落地方案	^	^	^
^	专项产品交付能力	1级	1. 精通至少1种专项服务产品的交付（技术类或管理类） 2. 擅于指导他人进行专项服务产品的学习和工作	^	^	^

续表

职级	名称	等级	描述	相关证据		
				项目经历	典型工作成果	知识共享
4级	产品应用能力	4级	1. 精通所负责领域的产品，具备较强的产品综合运用能力 2. 擅于指导他人进行产品核心模块和扩展模块的学习和工作 3. 精通所负责领域的专业知识	至少2个所申请认证方向（专项服务产品、业务调整优化方案规划）的项目经验	1. 累计开展包括但不限于专题相关的培训、演讲等知识总结分享或传播不少于20课时 2. 担任新员工导师并顺利通过转正，担任老员工能力晋升讲师，开展专题培训每年不少于2次 3. 服务方案、客户应用报告经区域评定人认定优秀 4. 独立开展售前支持（应用方案编写、产品讲解、培训等）项目不少于3个 5. 独立完成专项服务产品交付项目不少于2个，至少1个标准报价为10万元	1. 案例分享（偏重业务或客户关系）每半年至少1篇 2. 1年4次以上包括但不限于专题相关的培训、演讲等知识总结分享或传播
	计算机应用能力	3级	1. 熟练掌握计算机知识，能够熟练操作计算机操作系统和Office软件 2. 熟悉微软主流操作系统和网络的安装和维护，了解产品的网络架构 3. 精通公司主流产品的安装和配置。对主流产品安装、运行过程中出现的环境问题有一定的解决能力			
	数据分析能力	3级	1. 熟悉基本的数据库知识 2. 熟练掌握SQL语句运用 3. 熟练运用SQL Server或oracle数据库系统 4. 能够熟练处理产品标准模块的复杂数据问题 5. 指导他人开展数据知识方面的学习和工作			
3级	产品应用能力	3级	1. 精通产品标准模块的运用，能较好地完成工作 2. 熟练掌握产品标准模块以外其他模块的运用，能够较好地完成这些模块的技术支持工作 3. 可以指导他人进行产品标准模块和扩展模块的学习和工作 4. 熟悉所负责领域的专业知识	至少2个所申请认证方向（专项服务产品、升级、数据库转换、业务调整优化、客户专题培训）的项目经验	1. 工作量（上门服务、远程、热线等工作）不少于部门平均工作量×0.8 2. 维护客户关系，客户满意度评分不低于总分的70% 3. 累计开展包括但不限于专题相关的培训、演讲等知识总结分享或传播不少于10课时 4. 担任新员工导师并顺利通过转正 5. 服务方案、客户应用报告经服务经理认定良好 6. 累计协助营销人员开展售前支持（应用方案编写、产品讲解、培训等）项目不少于2个 7. 辅助他人完成专项服务产品交付项目不少于1个	1. 案例分享（偏重产品）每季度至少1篇 2. 1年2次以上包括但不限于专题相关的培训、演讲等知识总结分享或传播
	计算机应用能力	2级	1. 熟练掌握计算机知识，能够熟练操作计算机操作系统和Office软件 2. 熟悉微软主流操作系统和网络的安装和维护，了解产品的网络架构 3. 对公司主流产品进行安装和配置			
	数据分析能力	2级	1. 熟悉基本的数据库知识 2. 有基本的SQL语句知识 3. 对SQL Server或oracle的基本知识数据库系统有一定的运用能力 4. 独立处理产品标准模块的简单数据问题			
2级	产品应用能力	2级	1. 熟练掌握产品标准模块的运用，能较好地完成工作 2. 掌握产品标准模块以外其他模块的运用，能够独立完成这些模块的技术支持工作，偶尔需要指导 3. 掌握所负责领域的专业知识	至少2个所申请认证方向（升级、年结、培训等）的项目经验	1. 工作量（上门服务、远程、热线等工作）不少于部门平均工作量×0.8 2. 维护客户关系，客户满意度评分不低于总分的70% 3. 服务方案、客户应用报告经服务经理认定合格	1. 案例分享每季度至少1篇 2. 客户培训或内部培训至少1次
	计算机应用能力	2级	1. 熟练掌握计算机知识，能够熟练操作计算机操作系统和Office软件 2. 熟悉微软主流操作系统和网络的安装和维护，了解产品的网络架构 3. 能够独立对公司主流产品进行安装和配置			
	数据分析能力	1级	1. 了解SQL Server或oracle的基本知识 2. 有基本的SQL语句知识			

续表

职级	名称	等级	描述	相关证据		
				项目经历	典型工作成果	知识共享
1级	产品应用能力	1级	掌握产品标准模块的运用，能够独立完成涉及产品标准模块的技术支持工作，偶尔需要指导	无要求	1. 工作量（上门服务、远程、热线等工作）不少于部门平均工作量 ×0.5 2. 维护客户关系，客户满意度评分不低于总分的 70% 3. 服务方案、客户应用报告经服务经理认定合格	无要求
	计算机应用能力	2	1. 熟练掌握计算机知识，能够熟练操作计算机操作系统和 Office 软件 2. 熟悉微软主流操作系统和网络的安装和维护，了解产品的网络架构 3. 能够对公司主流产品进行安装和配置			
	数据分析能力	1	1. 了解 SQL Server 或 oracle 的基本知识 2. 有基本的 SQL 语句知识			

表 4.15 服务交付工程师职级标准（素质）

职级	专业素质			核心素质			绩效/行为表现
	名称	等级	描述	名称	等级	描述	
6级	问题解决能力	5级	预见性解决问题 1. 对于重大事件或突发问题，能够及时采取措施，控制局面，能指导别人解决或协调多方资源有效进行解决 2. 能将解决问题的方法形成典型案例，作为今后解决相关问题的标准	客户导向	5级	成为客户信赖的伙伴，带动团队成员 1. 成为客户遇到问题、寻求帮助时足以信赖的咨询顾问角色，为客户提供专业的咨询和支持 2. 分享经验和方法，以自身的实践影响团队其他成员，共同致力于为客户提供卓越的服务	1. 按照计划在规定时间内交付合格的工作成果 2. 按照不同级别，完成客户支持工作，并以总结、分享培训或客户问题 FAQ 等任意 1 种形式输出工作成果 3. 服务方案、客户应用报告获得客户认可 4. 对现有流程或规范提出改进建议并被采纳（可选） 5. 工作成果直接被部门采纳为规范或工作流程（可选） 6. 获得业务领域的权威机构认证（CPA、PMP、CPIM、Citrix 或国家级的中级职称）（可选） 7. 近 1 年中，以文档总结、培训共享等形式，在项目组内公开展现工作创新或改进 1 次 8. 获得客户电话或书面形式的表扬（可选） 9. 无团队合作方面的需改进关键事件记录，或团队合作 360° 评分合格 10. 部门认定重大价值的创新或工作改进（可选） 11. 完成每年的能力提升计划内容，并通过考核
	学习能力	4级	超越岗位工作需求，学习本业务及相关业务领域知识，利用团队外的知识提高团队业务知识、技能 1. 充当起团队外的知识资源协调者的角色，充分利用起团队外的知识资源提升自身业务知识、技能 2. 通过知识共享帮助团队其他成员提高，能使团队的业务水平居于公司其他团队业务水平之上，并有一定的成果体现	追求卓越	5级	明知有风险仍一往无前：为提高效益调动最大资源和/或时间（明知不一定成功），即改进业绩，达到 1 个有大难度的目标等	
	沟通能力	5级	惠己及人，重大事件和问题有效沟通和协调 1. 与团队分享有效沟通和协调的经验和方法，带动团队沟通协调能力提升 2. 对于突发或复杂问题，能够协调公司的稀缺资源，促成有力的解决方案	创新能力	5级	创新成果推广，得到广泛认可 就本业务领域的关键工作提出业界认可的、突破性的理论或模型，并能公司范围内推广实施，受到公司创新奖励	

续表

职级	专业素质 名称	专业素质 等级	专业素质 描述	核心素质 名称	核心素质 等级	核心素质 描述	绩效/行为表现
5级	问题解决能力	5级	能够预见性解决问题 1. 对于重大事件或突发问题，及时采取措施，控制局面，能指导别人解决或协调多方资源有效进行解决 2. 将解决问题的方法形成典型案例，作为今后解决相关问题的标准	客户导向	4级	主动服务，努力满足差异性需求 工作中总能遵循"explore-offer-action-confirm"主动了解客户需求、快速响应和解决问题并实时反馈，满足客户满足性需求，并努力采取行动为顾客创造可以预见的成果，经常满足客户的需求甚至超过客户的期望，获得客户认可	1. 按照计划在规定时间内交付合格的工作成果 2. 按照不同级别，完成客户支持工作，并以总结、分享培训或客户问题FAQ等任意1种形式输出工作成果 3. 服务方案、客户应用报告获得客户认可 4. 对现有流程或规范提出改进建议并被采纳（可选） 5. 工作成果直接被部门采纳为规范或工作流程（可选） 6. 获得业务领域的权威机构认证（CPA、PMP、CPIM、Citrix或国家级的中级职称）（可选） 7. 近1年中，以文档总结，培训共享等形式，在项目组内公开展现工作创新或改进1次 8. 获得客户电话或书面形式的表扬（可选） 9. 无团队合作方面的需改进关键事件记录，或团队合作360°评分合格 10. 部门认定重大价值的创新或工作改进（可选） 11. 完成每年的能力提升计划内容，并通过考核
5级	学习能力	4级	超越岗位工作需求，学习本业务及相关业务领域知识，利用团队外的知识提高团队业务知识、技能 1. 充当起团体外的知识资源协调者的角色，充分利用起团队外的知识资源提升自身业务知识、技能 2. 通过知识共享帮助团队其他成员提高，能使团队的业务水平居于公司其他团队业务水平之上，并有一定的成果体现	追求卓越	5级	明知有风险仍一往无前：为提高效益调动最大资源和（或）时间（明知不一定成功），即改进业绩，达到1个有大难度的目标等	
5级	沟通能力	4级	良好的沟通协调技巧，讲求方式方法 掌握并运用有效沟通的基本原则和技巧，如事前知会，事中沟通、协调，事后汇报，使得工作在团队或跨团队中协调进行，达成共同目标 善于因人而异，采取针对性沟通方式方法。经常能够通过有效沟通和协调解决别人感到难以解决的问题，沟通能力受到周围同事普遍认可	创新能力	3级	主动学习、创新，可见行为及成果 1. 经常举一反三，提出新想法和思路并积极尝试，将自己实践成功的想法或工作思路在团队内推广，并让他人也能从中受益 2. 取得一定可见成果	
4级	问题解决能力	4级	面对重大事件或突发问题，能控制局面并妥善解决，受到广泛认可 对于重大事件或突发问题，能够及时采取措施，控制局面，能指导别人解决或协调多方资源有效进行解决	客户导向	4级	主动服务，努力满足差异性需求 工作中总能遵循"explore-offer-action-confirm"主动了解客户需求、快速响应和解决问题并实时反馈，满足客户满足性需求，并努力采取行动为顾客创造可以预见的成果，经常满足客户的需求甚至超过客户的期望，获得客户认可	1. 按照计划在规定时间内交付合格的工作成果 2. 按照不同级别，完成客户支持工作，并以总结、分享培训或客户问题FAQ等任意1种形式输出工作成果 3. 服务方案、客户应用报告获得客户认可 4. 获得各级别的优秀员工，优秀经理人或同级别正式的个人表彰（可选） 5. 作为团队主要成员，获得各级别的优秀团队（可选）

续表

职级	专业素质 名称	等级	描述	核心素质 名称	等级	描述	绩效/行为表现
4级	学习能力	4级	超越岗位工作需求，学习本业务及相关业务领域知识，利用团队外的知识提高团队业务知识、技能 1. 充当起团体外的知识资源协调者的角色，充分利用起团队外的知识资源提升自身业务知识、技能 2. 通过知识共享帮助团队其他成员提高，能使团队的业务水平居于公司其他团队业务水平之上，并有一定的成果体现	追求卓越	4级	有做成本-效益分析：在仔细计算过投入和产出的基础上做决定、定先后或选定目标；对潜在利润、投资盈利率或成本效益分析做详细明确考虑	6. 对现有流程或规范提出改进建议并被采纳（可选） 7. 工作成果直接被部门采纳为规范或工作流程（可选） 8. 获得业务领域的权威机构认证（CPA、PMP、CPIM、Citrix 或国家级的中级职称）（可选） 9. 近1年中，以文档总结、培训共享等形式，在项目组内公开展现工作创新或改进1次 10. 获得客户电话或书面形式的表扬（可选） 11. 无团队合作方面的需改进关键事件记录，或团队合作360°评分合格 12. 部门认定重大价值的创新或工作改进（可选） 13. 完成每年的能力提升计划内容，并通过考核
4级	沟通能力	4级	良好的沟通协调技巧，讲求方式方法 1. 掌握并运用有效沟通的基本原则和技巧，如事前知会、事中沟通、协调，事后汇报，使得工作在团队或跨团队中协调进行，达成共同目标。 2. 善于因人而异，采取针对性沟通方式方法。经常能够通过有效沟通和协调解决别人感到难以解决的问题，沟通能力受到周围同事普遍认可	创新能力	3级	主动学习、创新，可见行为及成果 1. 经常举一反三，提出新想法和思路并积极尝试，将自己实践成功的想法或工作思路在团队内推广，并让他人也能从中受益 2. 取得一定可见成果	
3级	问题解决能力	3级	发现并解决较难问题 善于发现工作过程中的共性问题，能够独立解决业务范畴内具有一定技术难度的问题，对于不能独立解决的问题，能够及时反映，并取得资源支持，推动问题的解决	客户导向	3级	快速反应，努力满足客户满足性需求 能第一时间响应客户的需求，采取某些行动让事情更完善，具体地为客户提供价值，能为客户着想，让事情做得更完美，并且提供亲切愉快的服务，经常满足客户满意性需求	1. 按照计划在规定时间内交付合格的工作成果 2. 按照不同级别，完成客户支持工作，并以总结、分享培训或客户问题FAQ等任意1种形式输出工作成果 3. 服务方案、客户应用报告获得客户认可 4. 对现有流程或规范提出改进建议并被采纳（可选） 5. 工作成果直接被部门采纳为规范或工作流程（可选） 6. 获得业务领域的权威机构认证（CPA、PMP、CPIM、Citrix 或国家级的中级职称）（可选） 7. 近1年中，以文档总结、培训共享等形式，在项目组内公开展现工作创新或改进1次 8. 获得客户电话或书面形式的表扬（可选） 9. 无团队合作方面的需改进关键事件记录，或团队合作360°评分合格 10. 部门认定重大价值的创新或工作改进 11. 完成每年的能力提升计划内容，并通过考核 12. 完成制订的学习计划，并以工作成果、交流、培训或发表文章的方式输出学习成果（可选）
3级	学习能力	3级	主动学习本业务领域知识，能够融会贯通，积极共享 积极寻求和创造学习机会，善用学习资源，超越岗位需求，学习自身业务领域以及相关业务领域的知识，具有：能够运用所学知识举一反三，能够与团队成员交流和分享相关知识、经验，创造良好绩效	追求卓越	3级	为日常工作设立目标，并积极努力达到这些目标，为自己的工作设立衡量优秀的标准，并向此标准努力	
3级	沟通能力	3级	主动沟通协调，有效开展工作 1. 准确无误、逻辑清晰、简练的表达自己的观点，准确的领悟对方观点，并能引导对方沿着自己的思路展开交流 2. 当工作出现问题，总能积极的想方设法去寻求帮助，协调工作群体中的其他成员共同解决问题，使工作正常进行	创新能力	2级	创新意识，自觉改进行为 不时提出新想法、新思路，并尝试应用到实际工作中，能够自觉对自己的工作方法和成果进行改进	

续表

职级	专业素质 名称	等级	描述	核心素质 名称	等级	描述	绩效/行为表现
2级	问题解决能力	3级	发现并解决较难问题 善于发现工作过程中的共性问题，能够独立解决业务范畴内具有一定技术难度的问题，对于不能独立解决的问题，能够及时反映，并取得资源支持，推动问题的解决	客户导向	2级	较好履行自身职责，努力满足客户基本需求 了解客户需求和自身职责对客户的价值，对客户的询问、需求、埋怨能采取行动，使客户熟悉事件进展，但不去了解、探求客户的根本问题和需求，不能抓住客户需求的核心	1. 按照计划在规定时间内交付合格的工作成果 2. 按照不同级别，完成客户支持工作，并以总结、分享培训或客户问题FAQ等任意1种形式输出工作成果 3. 服务方案、客户应用报告获得客户认可 4. 对现有流程或规范提出改进建议并被采纳（可选） 5. 工作成果直接被部门采纳为规范或工作流程（可选） 6. 近1年中，以文档总结，培训共享等形式，在项目组内公开展现工作创新或改进1次 7. 无团队合作方面的需改进关键事件记录，或团队合作评分合格 8. 部门认定重大价值的创新或工作改进（可选） 9. 完成每年的能力提升计划内容，并通过考核 10. 完成制订的学习计划，并以工作成果、交流，培训或发表文章的方式输出学习成果（可选） 11. 竞争对手（外部）产品分析，并分享成果（可选） 12. 主导或推动完成跨部门的任务或问题解决 13. 跨部门的支持工作（可选） 14. 有冷静、妥善应对及解决团队成员冲突的优秀事件（可选）
2级	学习能力	3级	主动学习本业务领域知识，能够融会贯通，积极共享 积极寻求和创造学习机会，善用学习资源，超越岗位需求，学习自身业务领域以及相关业务领域的知识，具有：能够运用所学知识举一反三，能够与团队成员交流和分享相关知识、经验，创造良好绩效	追求卓越	2级	努力将工作做好，达到公司的要求，并对工作过程及成果做出初步分析	
2级	沟通能力	3级	主动沟通协调，有效开展工作 1. 总能准确无误、逻辑清晰、简练的表达自己的观点，准确的领悟对方观点，并能引导对方沿着自己的思路展开交流 2. 当工作出现问题，总能积极的想方设法去寻求帮助，协调工作群体中的其他成员共同解决问题，使工作正常进行	创新能力	2级	创新意识，自觉改进行为 能够不时提出新想法、新思路，并尝试应用到实际工作中，能够自觉对自己的工作方法和成果进行改进	
1级	问题解决能力	2级	发现并解决常见问题 发现职责范围内的常见问题，问题出现后，能及时和相关人员交流，能独立解决常见问题	客户导向	2级	较好履行自身职责，努力满足客户基本需求。 了解客户需求和自身职责对客户的价值，对客户的询问、需求、埋怨能采取行动，使客户熟悉事件进展，但不去了解、探求客户的根本问题和需求，不能抓住客户需求的核心	1. 按照计划在规定时间内交付合格的工作成果 2. 按照不同级别，完成客户支持工作，并以总结、分享培训或客户问题FAQ等任意1种形式输出工作成果 3. 服务方案、客户应用报告获得客户认可 4. 对现有流程或规范提出改进建议并被采纳（可选） 5. 工作成果直接被部门采纳为规范或工作流程（可选） 6. 获得业务领域的权威机构认证（CPA、PMP、CPIM、Citrix或国家级的中级职称）（可选） 7. 近1年中，以文档总结，培训共享等形式，在项目组内公开展现工作创新或改进1次 8. 无团队合作方面的需改进关键事件记录，或团队合作360°评分合格 9. 部门认定重大价值的创新或工作改进（可选） 10. 完成每年的能力提升计划内容，并通过考核 11. 完成制订的学习计划，并以工作成果、交流，培训或发表文章的方式输出学习成果（可选） 12. 竞争对手（外部）产品分析，并分享成果（可选） 13. 主导或推动完成跨部门的任务或问题解决 14. 跨部门的支持工作（可选） 15. 有冷静、妥善应对及解决团队成员冲突的优秀事件（可选）
1级	学习能力	2级	积极的学习愿望，主动学习，保持专业知识技能的更新 1. 自学或主动向他人学习本业务领域内的知识、技能 2. 了解专业领域的最新发展情况并努力在工作中运用，创造符合岗位要求的绩效	追求卓越	1级	专注于日常工作，按时完成工作任务，基本保证工作质量	
1级	沟通能力	2级	有沟通意愿，能够准确理解和被理解 1. 具有良好的沟通意愿，多数情况下能够有效倾听和理解对方 2. 准确无误、简练的表达自己的观点，能够进行简单的协调	创新能力	1级	缺乏创新意识，倾向于按部就班。	

5 职能族职级标准

职能族级标准包括内部审计师、HRCOE、HRBP、HRSCC 等职级标准。

5.1 内部审计师职级标准（见表 5.1 至表 5.3）

表 5.1 内部审计师职级标准（概览）

职级	角色	基本条件 经验	知识 财务知识	知识 公司业务知识	技能 审计技术	技能 沟通协调	素质 战略思维	素质 分析能力	素质 原则性	素质 执行监控力
8级	审计专家	8年以上的会计师事务所审计经验或3年IT企业内部审计经验，其中5年以上的公司内部审计经验，具有成功的审计案例	4级	5级	5级	5级	5级	5级	5级	5级
7级	资深审计师	7年以上的会计师事务所审计经验或3年IT企业内部审计经验，其中2年以上的公司内部审计经验，具有成功的审计案例	4级	4级	5级	5级	5级	5级	5级	5级
6级	高级审计师（二级）	6年以上的会计师事务所审计经验或3年IT企业内部审计经验，其中2年以上的公司工作经验，具有成功的审计案例	4级	4级	4级	4级	4级	4级	5级	5级
5级	高级审计师（一级）	4年以上的会计师事务所审计经验或2年IT企业内部审计经验，其中1年以上的公司内部审计经验，具有成功的审计案例	4级	4级	4级	3级	3级	4级	4级	4级
4级	审计师（二级）	2年以上的会计师事务所审计经验或1年IT企业内部审计经验，其中半年以上公司内审经验	3级	3级	4级	3级	2级	3级	4级	3级
3级	审计师（一级）	2年以上的会计师事务所审计经验或半年以上公司内审经验	3级	2级	3级	2级	2级	2级	4级	3级
2级	助理审计师（二级）	相关财务、审计工作经验	2级	1级	2级	2级	1级	2级	3级	2级
1级	助理审计师（一级）	相关财务、审计工作经验	1级	1级	1级	2级	—	1级	3级	2级

表 5.2 内部审计师职级标准（知识）

能力名称	等级	能力描述
公司业务知识	5级	掌握产品、市场、销售、实施服务、HR、采购等业务运行知识，具备优秀的沟通能力，具备从事这方面工作的背景
公司业务知识	4级	掌握产品、市场、销售、实施服务、HR、采购等关键控制点，善于发表专业的意见
公司业务知识	3级	掌握市场、销售、实施服务、HR、采购等关键控制点，熟知整个过程，具备良好的沟通能力与技巧
公司业务知识	2级	能掌握分支机构的基本业务运作模式
财务知识	5级	具备丰富的国际财务及资本市场知识
财务知识	4级	具备丰富的国内和国际财务知识
财务知识	3级	能够独立够设计优秀的内部控制制度。
财务知识	2级	能够完全掌握公司的财务核算体系、财务管理体系
财务知识	1级	掌握基本的会计理论知识

表 5.2　内部审计师职级标准（技能）

能力名称	等级	能力描述	具体证据要求
审计技术	5级	掌握常用的审计技术，能够独立开展审计、专业调查、流程评估设计等工作，能为战略提供咨询服务，是公司公认的管理咨询专家	1.举证审计报告、专业调查报告、流程评估设计文档 2.举证为战略提供决策支持文档与解决方案
	4级	独立开展审计、专业调查、流程评估设计、能为战略提供决策支持，能够提出切实可行的解决方案	1.举证审计报告、专业调查报告、流程评估设计文档 2.举证为战略提供决策支持文档与解决方案
	3级	独立开展财务审计、经营审计、能对较复杂的问题进行独立调查，并提出切实可行的解决方案	举证财务审计、经营审计报告、调查报告与解决方案
	2级	独立开展财务审计，发现问题，反映客观事实	举证财务审计文档
	1级	掌握的基本的审计方法，在他人指导下能完成常规项目的审计	举证常规财务审计文档
沟通协调	5级	惠己及人，重大事件和问题有效沟通和协调 1.与团队分享有效沟通和协调的经验和方法，带动团队沟通协调能力提升 2.对于突发或复杂问题，能够协调公司的稀缺资源，促成有力的解决方案	1.举证与团队分享有效沟通和协调的经验和方法以及带动团队沟通协调能力提升的证据 2.举证对于突发或复杂问题，协调公司稀缺资源，促成有力的解决方案的证据
	4级	良好的沟通协调技巧，讲求方式方法 掌握并运用有效沟通的基本原则和技巧，如事前知会，事中沟通、协调，事后汇报，使得工作在团队或跨团队中协调进行，达成共同目标。 善于因人而异，采取针对性沟通方式方法。经常能够通过有效沟通和协调解决别人感到难以解决的问题，沟通能力受到周围同事普遍认可。	1.举证运用有效沟通的证据 2.举证善于因人而异，采取针对性沟通方式方法的证据以及协调解决别人感到难以解决的问题文档 3.举证周围同事对沟通协调能力的反馈
	3级	主动沟通协调，有效开展工作 1.总能准确无误、逻辑清晰、简练的表达自己的观点，准确的领悟对方观点，并能引导对方沿着自己的思路展开交流 2.当工作出现问题，总能积极的想方设法去寻求帮助，协调工作群体中的其他成员共同解决问题，使工作正常进行	1.举证准确无误、逻辑清晰、简练的表达观点，领悟对方观点，并引导对方沿着自己的思路展开交流的证据 2.举证当工作出现问题时想方设法去寻求帮助，协调工作群体中的其他成员共同解决问题，使工作正常进行的证据
	2级	有沟通意愿，能够准确理解和被理解 1.具有良好的沟通意愿，多数情况下都能够有效倾听和理解对方 2.能准确无误、简练的表达自己的观点，能够进行简单的协调	1.举证有效倾听和理解对方意思的证据 2.举证准确无误、简练的表达自己的观点，进行简单协调的证据
	1级	缺乏主动沟通的意愿，不善于表达 1.如非情不得已，很少主动沟通和协调 2.沟通过程中常常不注意倾听，或者表达不清晰，难以理解，需要反复说明，或者他人协助解释	—

表 5.3　内部审计师职级标准（素质）

能力名称	等级	能力描述	具体证据要求
战略思维	5级	在工作中经常进行预见性、全局性、系统性思考并用于实践，取得良好效果，具有较强的机遇意识	举证工作中经常进行预见性、全局性、系统性思考并用于实践，取得良好效果的证据
	4级	工作中注意整理、分析公司信息，有时能够提出预见性、全局性、系统性的想法，并用于工作实践	举证整理、分析公司信息提出的预见性、全局性、系统性的想法与用于实践的证据
	3级	1.基于公司发展战略和业务目标，自觉地认识本业务领域工作的客观规律，策划本业务领域全局性计划和策略，使得公司发展战略和业务目标能有效落实，对于影响公司未来发展的事情和变化，予以重视并提出具体的建议或行动措施 2.有时能够提出预见性、全局性、系统性的想法，但通常实践意义较小	1.举证基于公司发展战略和业务目标，本业务领域工作的客观规律，策划本业务领域全局性计划和策略 2.举证影响公司未来发展的事情和变化，提出的具体建议或行动措施

续表

能力名称	等级	能力描述	具体证据要求
战略思维	2级	自觉将公司发展战略、业务目标作为自己工作思考出发点，并能高效地完成各项工作，但在本职工作上经常表现为缺少预见性、全局性、系统性	举证公司发展战略、业务目标作为工作思考出发点，并高效完成工作的证据
战略思维	1级	1. 了解和理解相关战略及策略 2. 愿意了解和理解公司战略以及自身岗位相关的业务策略信息，以指导自己的工作方向和目标	—
分析能力	5级	1. 分析不明确的问题，分析复杂的涉及多方面关系的问题 2. 必要时采取非正常途径搜集必要信息。将多样的信息数据综合在一起以便有一个解决问题的框架	举证不明确的问题，分析复杂的涉及多方面关系分析报告
分析能力	4级	分析多维度问题，分析产生问题的多方面原因。必要时搜集一定时期的信息，综合分析	举证多维度问题分析的证据
分析能力	3级	1. 发现多元联系，透过问题的表面现象，发现问题的根源。发现问题的发展趋势 2. 分析问题各部间的联系，拟定可能的解决方案	举证发展趋势文档以及拟定的解决方案
分析能力	2级	1. 发现根本联系，迅速意识到现状与过去形势间的相似之处 2. 找出直接的因果关系，得出可能的解决方案	举证发现的根本联系与找出的直接因果关系的文档与解决方案
分析能力	1级	任务分解，将任务分解成一系列简单的工作或活动，并分析其现状和本质	举证任务分解的证据
原则性	5级	1. 不仅独善其身，且能够通过沟通、宣导，影响他人按原则办事 2. 分析日常工作中所处理的原则性问题，并通过流程规范形式确定这些问题的处理原则	1. 举证通过沟通、宣导，影响他人按原则办事的证据 2. 举证流程规范
原则性	4级	任何时候都以公司利益和大局利益为重，处理事情客观、公正，能顶住压力，为人称道	1. 举证以公司利益和大局利益为重，处理事情客观、公正，能顶住压力的证据 2. 举证他人反馈
原则性	3级	1. 在大的问题上恪守原则，处事公平公正，按原则办事，如有例外情况及时上报并请求决策 2. 在日常业务工作工作中，按既定规章制度办理，如有例外情况及时向上级反馈，由上级决策后再执行	1. 举证在大的问题上恪守原则，处事公平公正，按原则办事的证据 2. 举证按既定规章制度办理，如有例外情况及时向上级反馈，由上级决策后再执行的证据
原则性	2级	多数情况下能够按照原则办事，偶尔在与自身利益相关或者面临较大压力的情况下出现妥协和通融	举证按原则办事的证据
原则性	1级	没有原则意识，常有违背原则、破坏规则的行为发生	—
执行监控力	5级	洞悉公司运作过程的风险，及时防范有关风险产生，确保公司持续发展	举证洞悉到的公司运作过程的风险、防范措施与执行情况文档
执行监控力	4级	洞悉公司治理过程的风险，及时进行预警，并能采取措施解决	举证洞悉公司治理过程的风险、预警记录与措施
执行监控力	3级	对公司内控、制度遵循等问题敏感，能积极推动相关部门解决	举证公司内控、制度遵循等问题敏感，推动相关部门解决的证据
执行监控力	2级	善于对审计处理、整改意见执行进行后续跟踪，对违反公司规定的行为有观察力	举证对审计处理、整改意见执行进行后续跟踪的证据
执行监控力	1级	对审计处理、整改意见执行后续跟踪	举证对审计处理、整改意见执行后续跟踪的证据

5.2 HRCOE 职级标准（见表 5.4 至表 5.6）

表 5.4 HRCOE 职级标准（概览）

职级	定位			经验	技能				专业领域（4 选 1）				素质		
	角色	人力资源领域	角色定义		沟通协调	战略执行力	规划能力	体系建设	招聘调配	考核评价	学习发展	薪酬激励	组织承诺	人际理解	自我控制
5级	COE 专家	全领域	本质把握，系统整合	≥10年	5级	5级	4级	5级	—	—	—	—	5级	5级	5级
4级	资深COE	某一细分领域	本质及趋势把握，战略性决策	≥8年	4级	5级	3级	4级	4级	4级	4级	4级	5级	5级	5级
3级	高级COE	某一细分领域	整体运作，创新解决重大问题	≥5年	4级	5级	3级	3级	3级	3级	3级	3级	4级	4级	4级
2级	COE（二级）	某一细分领域	重大项目策划推进	≥3年	3级	4级	2级	2级	2级	2级	2级	2级	4级	3级	3级
1级	COE（一级）	某一细分领域	熟练开展所有工作，指导初学者	≥2年	3级	4级	2级	1级	1级	1级	1级	1级	3级	3级	3级

表 5.5 HRCOE 职级标准（技能）

能力	等级	关键词	能力描述	具体证据要求
体系建设	5级	人力资源管理全盘搭建	1. 结合公司业务特点及业界先进经验，预测公司人力资源管理发展趋势、提前部署、逐步推进，并能有显著成效（如员工满意度提高，人均产出提升，人工成本控制等） 2. 代表公司积极参与对外高端交流与合作，积极提升公司知名度及专家形象 3. 在业界具有良好的个人口碑和品牌影响力，能整合外部专家资源帮助提升公司整体人力资源管理水平 4. 熟悉公司全盘业务操作，准确理解公司业务发展对人力资源管理提出的本质要求，把握支持业务发展的人力资源管理核心及重点，整合各人力资源模块进行系统构建，并能化繁为简地统筹推动 5. 模块进行系统构建，并能化繁为简地统筹推动 6. 作为公司管理层的战略伙伴，辅导各业务领导人开展人力资源管理工作 7. 作为公司 HR 首席专家，支持公司相关的业务活动，如外部授课、HR 软件或咨询售前	1. 举证主导的人力资源体系建设成果与效果（跨三个以上细分领域） 2. 举证高层人力资源业务辅导案例 3. 举证 3 篇在国家一级期刊发表的文献或 1 部出版的专著 4. 举证 10 次以上业务活动支持（培训、售前、交付、基础研究）证明材料 5. 举证 3 次以上参加的高端交流活动（全国性 HR 峰会）证明材料
	4级	细分领域根源剖析	1. 准确理解公司业务发展对本领域提出的本质要求，把握本领域的发展趋势，综合考虑与人力资源管理其他领域之间的配合关系，提出可支撑未来业务需求的体系架构、制度流程、信息平台，并统筹推进 2. 能作为 HR 细分领域内的专家，支持公司相关的业务活动，如外部授课及 HR 售前、咨询工作 3. 熟悉人力资源其他模块的运作，精通三个以上细分领域的操作	1. 举证体系架构成果 2. 举证参加的 3 次以上业务活动支持（培训、售前、交付、基础研究）证明 3. 举证精通 3 个以上的细分领域的证明材料
	3级	多角度思考，专业审核把关	1. 进行多角度思考，理解本领域与其他相关领域的相互关系和流程、信息平台接口，以支持整体发展为目标，主动、系统优化本领域流程、制度、平台，理解外部接口关系，并推动快速实现对接 2. 能通过方法、体系、标准等方面的整合创新，解决本领域内复杂且重大的问题 3. 在本领域体系建设过程中，能主动地培养团队成员，个人及所带领团队均有显著的成果输出 4. 能从专业角度，对本领域的体系建设进行审核把关，确保体系能顺利落地	1. 举证主导的对外接口项目 2. 举证主导的本领域内制度、流程、活动、平台建设成果

续表

能力	等级	关键词	能力描述	具体证据要求
体系建设	2级	体系内重点项目推进，系统优化	1. 系统地审视本领域管理体系的运作情况，出具本领域系统规划报告，根据业务的发展及时进行调整和优化，确保本领域管理体系的高效运作 2. 能带领团队推进本领域内的重点项目，并充分考虑投入产出比，帮助公司解决人力资源管理问题或直接节约公司人工成本及税收等费用 3. 能指导他人开展本领域内的例行工作，协调资源灵活解决本领域内的棘手问题 4. 了解人力资源其他模块的运作，能积极参与其他模块的调研及研讨，帮助提供建设性意见	1. 举证本领域系统规划报告 2. 举证1次以上的本领域内制度、流程，平台建设与活动证明 3. 举证至少1次支持HR其他领域建设证明
体系建设	1级	政策解读及运用，局部独立建设	1. 关注国家及地方劳动法律法规的颁布信息，并就本领域相关的信息进行解读，提炼政策重点及对本领域制度体系的指导和触动，并给出相关的处理建议 2. 根据明确的要求独立制定（优化）本领域的管理制度、流程及运作指导书，并能推动评审及发文，或独立策划本领域的主题活动，并组织执行 3. 独立或协调资源解决本领域内复杂的执行问题，形成经验沉淀并在部门内分享 4. 充分利用现有各类信息平台和IT工具对各类信息进行分析，从中发现有价值的信息，并在管理中加以应用	1. 举证3次以上政策解读报告 2. 举证3次以上独立负责本领域内制度、流程，平台建设与活动证明 3. 举证成功解决的3次以上复杂的执行问题
专业领域	4级	行情及趋势把握，招聘调配总体指导	招聘调配 1. 精通业界人力资源预算方法，准确把握本领域的发展趋势，并提出支撑公司未来战略发展模式的人力资源预算方法论，并不断优化 2. 掌握公司业务所需各类人才的分布特点与市场行情，对高端及稀缺人才分布特点有清楚的认识，提出符合公司战略要求的具有综合成本优势的人力资源配置策略，为公司人力资源招聘调配业务开展提供指导	1. 举证人力资源预算方法论优化成果 2. 举证人才配置策略文档
专业领域	4级	统筹建设	考核评价 1. 根据公司导向参考业界最佳，在综合考虑人力资源系统均衡的基础上，设计考评标准体系框架及考评方法体系，达到有效支撑业务发展的目的 2. 带领体系人员，完成考评标准体系及考评方法整体体系的建立，并对支撑业务发展产生重大、深远影响	举证考评体系建设成果与效果证明
专业领域	4级	长期培训规划与整体推进	培训发展 1. 开发有效的需求分析、培训规划、培训费用管理、效果评估方法，根据公司业务战略、组织发展及员工绩效分析，组织提炼公司核心培训发展需求，制定长期培训规划 2. 多次主持完成公司级年度培训计划的制订，组织推进，并评估培训效果 3. 对公司讲师管理政策的制定与优化提供决策性意见，组织建设培训专业课程的教师队伍 4. 精通课程体系建设方法，并成功主持建立或优化公司课程体系	1. 举证长期培训规划 2. 举证年度培训计划 3. 举证培训课程体系
专业领域	4级	行情及趋势把握，薪酬福利总体指导	薪酬福利 1. 精通业界薪酬预算及管理方法，准确把握本领域的发展趋势，并提出支撑公司未来战略发展模式的薪酬预算及管理方法论，并不断优化 2. 掌握公司业务所需各类核心人才薪酬行情，设计符合公司战略要求的具有综合成本优势的人力资源薪酬及福利策略，为核心员工的保留和激励创造条件	1. 举证薪酬预算及管理方法论优化成果 2. 举证设计的薪酬福利策略文件
专业领域	3级	高端人才资源把握，招聘调配策略制定	招聘调配 1. 根据业务人力资源预算办法，结合本领域现状及发展趋势，制定人力资源预算办法 2. 在综合分析公司内部和外部人力资源现状和业务需求的基础上，预测公司或组织人力资源预算问题，提出防范措施，组织解决执行过程中影响人力资源预算计划落实的难点问题，推动计划按时完成 3. 根据公司或部门业务规划，分析发现对战略性高端人才的需求，提出有效的外部高端人才资源的建设方案，建立并不断优化外部高端人才库 4. 根据公司的用人政策和用人计划，针对所需人才外部市场行情和招聘渠道特点，制定公司（体系或地区部、招聘平台）范围内切实可行的招聘策略与实施方案	1. 举证人力资源预算办法 2. 举证高端人才资源建设及网罗成果 3. 举证年度招聘方案文件

续表

能力	等级	关键词	能力描述	具体证据要求
专业领域	3级	系统分析，整合创新解决	考核评价 1. 根据公司导向及不同领域之间的相互影响关系，系统分析考评标准及方法体系中存在的重大、复杂的问题，提出问题解决方案并获得公司认可 2. 理解公司导向和业务发展阶段，带领体系人员系统地策划、组织重大复杂的考评工作，深入系统地解决考评工作中的问题 3. 创造性地提出考评效果评估的方案、方法，设置有效的监控点及监控指标，对考评工作进行宏观监控，及时有效地发现、处理潜在或显现的重大、复杂问题，并能总结提炼，优化相关流程或方案	1. 举证考评系统重大问题解决成果 2. 举证考评制度、流程、平台建设成果
		核心培训产品研发与成本控制	培训发展 1. 根据培训需求分析，提炼年度培训目标，组织制定年度培训规划 2. 精通培训产品研发设计的知识、方法、工具，带领团队多次完成公司重大项目的培训需求分析及培训产品研发工作，并获得显著的提能成效 3. 跟踪了解业界相关讲师动态，对内外部讲师的建设提供专家意见，指导他人进行授课技巧的培训，持续优化授课方式 4. 组织形成并陪同审核培训预算，多角度分析培训投入产出，运用有效的预算及培训成本控制方法，使公司及部门培训投入产出比最大化	1. 举证高级讲师内部认证证书 2. 举证数80小时/年授课时数证明（平均满意度88%以上） 3. 举证讲授折3门以上核心专业类课程或管理类课程大纲与授课证明
		精通政策，利益争取，薪酬预算	薪酬福利 1. 透彻研究国家及地方相关法律法规或福利政策，提出合理避税的整体可行方案，并为公司员工实际节约个税缴交；或者争取政府的福利支持，为员工获取实际利益 2. 根据公司战略及业务发展情况，结合本领域现状及发展趋势，制定人力资源薪酬预算办法 3. 在综合分析公司内部和外部人力资源现状和业务需求的基础上，预测公司或组织薪酬预算问题，提出防范措施，组织解决执行过程中影响薪酬预算落实的难点问题	1. 举证合理避税整体方案 2. 举证薪酬预算办法及执行策略
		人员编制预算推进，招聘渠道优化	招聘调配 1. 熟悉人力资源预算方法，深入分析人力资源预算执行情况（结构、层次、地域、满足率等），并在监控过程中提出预警及建议，对过程中的问题及时提出有效解决方案，推动各体系、部门落实 2. 深入分析外部人才市场行情，建立外部招聘渠道信息库，不断优化招聘渠道，有效提高招聘效率和缩短招聘周期 3. 根据公司的用人政策和用人计划，针对所需人才地域分布和时间分布特点，在综合考虑投入产出比的基础上，制定分岗位、分层次、分领域的年度（季度/月度）招聘、调配计划与实施方案并组织推进，预估风险，设置有效的过程监控点，根据执行情况进行动态调整，对最终执行效果进行总结和评估	1. 举证人力资源预算推进成果报告 2. 举证人力资源配置方案、推进成果报告
	2级	重大考评项目推进，深入辅导解答	考核评价 1. 根据业务发展需求及人力资源发展规划，组织优化考评标准及考评方法，所产出的成果获得业务主管的认可，并能培训指导业务主管进行运用 2. 根据业务发展阶段，组织策划并实施重大（适用于全公司）的考评方案，合理性的解决考评工作中的潜在问题 3. 优化考评效果评估方法，建立风险监控机制，从全局监控考评工作的有效实施 4. 能深入全面地辅导考评活动，解答考评中的问题，获得业务主管及员工的认可	1. 举证重大考评项目推进成果报告 2. 举证考评制度、流程、平台建设成果报告
		业务系统全课程设计及独立预算编制	培训发展 1. 分析某一业务系统的培训需求信息，深入挖掘潜在需求，输出培训需求报告，与业务系统共同确定本单元的培训计划，策划、推进、评估较重大的培训活动，并能有效地指导他人 2. 具备独立研发设计培训产品所需要的知识与技能，对某一类培训产品的研发设计有深入了解，能参与大型培训产品的整体研发设计，或独立负责大型产品相关模块的研发设计并成功达成目标 3. 指导他人发展内部兼职教师，寻找选择外部讲师，根据公司相关政策，策划专题活动调动授课讲师积极性 4. 根据公司的相关制度及业务发展需求，独立编制培训预算，设置合理的预算监控点，及时追踪分析预算执行偏差并采取相应的处理措施，提交培训成本分析报告	1. 举证讲师内部认证证书 2. 举证50小时/年并且平均满意度80%以上的授课记录 3. 举证核心专业类课程或文化课程讲授记录

续表

能力	等级	关键词	能力描述	具体证据要求
专业领域	2级	平台或模板创新，统筹推进	薪酬福利 1. 针对合理避税或福利争取问题提出有价值的建议方案，并得以运用和推广 2. 能创新薪资核算或福利管理的模板或平台，提高薪酬核算的准确度及效率，节约人工 3. 能协调多方资源（跨业务单元）共同参与年度薪酬预算，并统筹人力成本监控工作；或协调资源参与福利项目的推进	1. 举证薪酬核算或福利管理模板 2. 举证平台贡献证明
专业领域	1级	外部人才库建立及招聘活动组织	招聘调配 1. 准确理解人力资源预算方法，对人均效益，劳动投入产出等数据进行分析，支撑预算决策，并按计划组织跟进各部门人力资源预算（年度、半年度） 2. 收集整理主要职位外部人才普通信息，了解外部人才分布特点，维护适合公司发展需要的外部招聘渠道信息库及外部人才库 3. 根据用人计划和人员特点，参与制定年度（季度/月度）招聘及调配实施方案 4. 独立组织一般规模的招聘活动，确保达到预期效果，或在他人指导下组织大型、综合型招聘活动	1. 举证外部人才库 2. 举证制定的年度/季度/月度招聘及调配实施方案 3. 举证招聘活动组织分析报告
专业领域	1级	局部考核方案设计实施，正确解答	考核评价 1. 根据公司导向及建设性业务重点，分析考评标准及方法设计中存在的问题、提出完善建议，获得认可，并能就完善方案进行独立的应用培训 2. 根据业务发展需要及存在的问题，组织设计部分人员适用的专项考评方案，独立或指导新员工具体推进。及时发现实施中遇到的重大问题，并制定针对性解决对策 3. 独立设计评估问卷，编制考评工作效果评估报告，深入分析评估结果，提出改进措施 4. 正确解答考评中的问题，合理解决员工关于考评工作的投诉，并给业务部门主管提出考评工作改进方案	1. 举证专项考评方案及解决方案 2. 举证设计评估问卷、编制的考评工作效果评估报告 3. 举证基本解决的考评投诉处理案例
专业领域	1级	中小型培训产品开发设计，师资队伍发展	培训发展 1. 准确把握并及时响应有关培训需求信息，根据培训要求协助他人制订中长期培训计划，独立制订短期培训计划及某类培训方案，跟进并完整记录培训计划（方案）的执行情况 2. 掌握产品研发方法，熟悉公司多个培训产品并掌握某类产品的一般研发管理，在他人指导下参与大型项目的相关模块的开发设计，或独立负责中小型培训产品的开发设计 3. 掌握现有师资信息并与之保持良好的关系，根据课程需要，有效发展内部兼职教师，协助选择外部讲师 4. 编制培训项目预算，按照预算监控点，收集培训费用信息，并根据相关信息，分析培训预算执行情况，撰写培训成本分析报告，并对培训设施进行有效管理	1. 举证讲师内部认证证书 2. 举证40小时/年并且平均满意度80%以上授课记录 3. 举证文化课程讲授记录
专业领域	1级	政策信息捕捉，信息搜集，参与推进	薪酬福利 1. 对国家税法、劳动法等法律法规具有一定的敏感度，能及时捕捉新法中的核心信息，形成分析报告，并提交公司决策参考 2. 掌握科学的信息搜集、统计方法，参与公司整体的内外薪酬/福利调查，提供全面、真实的第一手资料及翔实的分析报告 3. 能依据公司现有的制度方法，参与年度薪酬预算，定期监控人力成本使用情况，并及时提供监控报告及预警；或参与福利项目的推进	1. 举证国家税法、劳动法等法律法规分析报告 2. 举证薪酬/福利调查分析报告 3. 举证人力成本使用情况监控报告
规划能力	4级	系统规划，成绩显著	能通过对多种信息的全面分析，提出系统性的HR中长期整合规划方案并成功实现，取得显著成绩	举证HR体系中长期规划方案以及成绩证明
规划能力	3级	独立完成领域中长期规划	熟悉HR某一职能领域的规划，进行多维度信息的收集和分析，提出某一职能领域的中长期规划方案，较好满足客户需求及公司的发展需要	举证独立或统筹完成HR领域中长期规划及成果证明

续表

能力	等级	关键词	能力描述	具体证据要求
规划能力	2级	独立完成年度规划	熟悉HR规划的方法论，掌握了相关的规划工具，独立完成某一职能领域年度规划	举证独立完成的HR某领域年度规划报告
	1级	参照模板完成规划	了解HR规划相关的流程、规范和指南，在指导下参照现有的模板完成年度规划方案的编制	举证在他人完成的HR某领域年度规划方案
沟通协调	5级	惠己及人，重大事件和问题有效沟通和协调	1. 与团队分享有效沟通和协调的经验和方法，带动团队沟通协调能力提升 2. 对于突发或复杂问题，能够协调公司的稀缺资源，促成有力的解决方案	1. 举证与团队分享有效沟通和协调的经验和方法以及带动团队沟通协调能力提升的证据 2. 举证对于突发或复杂问题，协调公司稀缺资源，促成有力的解决方案的证据
	4级	良好的沟通协调技巧，讲求方式方法	1. 掌握并运用有效沟通的基本原则和技巧，如事前知会、事中沟通、协调，事后汇报，使得工作在团队或跨团队中协调进行，达成共同目标 2. 能够善于因人而异，采取针对性沟通方式方法。经常能通过有效沟通和协调解决别人感到难以解决的问题，沟通能力受到周围同事普遍认可	1. 举证运用有效沟通的证据 2. 举证善于因人而异，采取针对性沟通方式方法的证据以及协调解决别人感到难以解决的问题文档 3. 举证周围同事对沟通协调能力的反馈
	3级	主动沟通协调，有效开展工作	1. 总能准确无误、逻辑清晰、简练的表达自己的观点，准确的领悟对方观点，并能引导对方沿着自己的思路展开交流 2. 当工作出现问题，总能积极的想方设法去寻求帮助，协调工作群体中的其他成员共同解决问题，使工作正常进行	1. 举证准确无误、逻辑清晰、简练的表达观点，领悟对方观点，并引导对方沿着自己的思路展开交流的证据 2. 举证当工作出现问题时想方设法去寻求帮助，协调工作群体中的其他成员共同解决问题，使工作正常进行的证据
	2级	有沟通意愿，能够准确理解和被理解	1. 具有良好的沟通意愿，多数情况下都能够有效倾听和理解对方 2. 能准确无误、简练的表达自己的观点，能够进行简单的协调	1. 举证有效倾听和理解对方意思的证据 2. 举证准确无误、简练的表达自己的观点，进行简单协调的证据
	1级	缺乏主动沟通的意愿，不善于表达	1. 如非情不得已，很少主动沟通和协调 2. 沟通过程中常常不注意倾听，或者表达不清晰，难以理解，需要反复说明，或者他人协助解释	—
战略执行力	5级	指导落实，意志坚定	1. 分析市场环境的机遇与挑战，组织的优势与劣势，评估战略价值，探寻实现战略的机会，指导并推动公司战略有序高效的落实与执行 2. 面对久攻不下的难题或困难坚忍不拔，直面挫折，可采取持久的行动，付出不断的努力，并最终能取得成功 3. 本领域内有其他业务单元人员共同参与、全公司范围或HR全局性复杂项目的推进执行	1. 举证探寻实现战略的机会，指导并推动公司战略有序高效的落实与执行的事件 2. 举证全公司范围或HR全局性复杂项目的推进执行记录与文档
	4级	系统思考，持续推进	1. 经常进行预见性、全局性、系统性思考，结合组织现实的资源状况、运作模式和企业文化，制订与战略目标一致的具体行动计划，做好风险预估及应对，并在计划实施过程中不断校正计划与战略的偏差以取得良好效果 2. 在执行过程中，充分考虑成本收益，做好风险预估，寻求最佳推进方式	1. 举证行动计划 2. 举证考虑成本收益，做风险预估，寻求最佳推进方式的执行活动
	3级	重视战略，积极落实	1. 基于公司发展战略和业务目标，策划本业务领域全局性计划和策略，使得公司发展战略和业务目标能有效落实 2. 对于影响公司未来发展的事情和变化，予以重视并提出具体的建议或行动措施 3. 能主动依据公司战略思考，并寻求合适的推行方式 4. 发现、提炼高价值的信息并向上反馈	1. 举证本业务领域全局性计划和策略文档以及执行记录 2. 举证建议或行动措施

续表

能力	等级	关键词	能力描述	具体证据要求
战略执行力	2级	把握重点，追求优秀	1. 高效地完成各项工作，但在本职工作上偶尔出现缺少预见性、全局性、系统性 2. 抓住工作重点，综合多种因素制订工作计划，努力使工作达到优秀的标准，并能为自己设立略富挑战性的目标	1. 举证高效完成的工作 2. 举证工作计划与目标文档
战略执行力	1级	按时完成工作任务	1. 能制订简单的工作计划，保证按时完成工作任务，基本保证工作的质量 2. 依据公司政策及上级的安排推动本职工作，独立解决工作中的常规问题	—

表 5.6 HRCOE 职级标准（素质）

能力	等级	关键词	能力描述	具体证据要求
组织承诺	5级	公司利益高于部门利益	1. 为公司长远的发展而牺牲本部门短期的利益，要求他人也做出牺牲以符合组织需求 2. 能对周围群体做出正面、积极的引导，个人及群体利益让步于公司利益	1. 举证为公司长远的发展而牺牲本部门短期的利益的事件 2. 举证他人反馈
组织承诺	4级	做个人或专业上的牺牲	1. 将组织需求置于个人需求之上，做出个人牺牲以符合组织需求，将组织需求置于个人专业身份、喜好与家庭之上 2. 有高度的职业敏感性，言语行动与公司利益高度一致，主动承担超额任务	1. 举证做出个人牺牲以符合组织需求的关键事件 2. 举证主动承担超额任务的记录与文档
组织承诺	3级	关注组织，适度承诺	1. 了解组织任务与目标，积极支持，调整自己的活动与重要事项以符合组织的需要 2. 了解合作的重要，以达成较大的组织目标 3. 对公司忠诚，付出额外的努力完成本职工作	1. 举证调整自己的活动与重要事项以符合组织的需要的事件 2. 举证合作并达成组织目标的记录与相关文档 3. 举证付出额外的努力记录或文档
组织承诺	2级	适度忠诚，愿意协作	1. 表现出适度的忠诚度，愿意协助同事完成任务，尊重权威者的期望 2. 认可公司文化，积极融入集体，主动配合同事开展工作	1. 举证认可公司文化，积极融入集体，主动配合同事开展工作的事件 2. 举证同事反馈
组织承诺	1级	适当遵守常规	主动付出，适当尊重组织常规。	—
人际理解	5级	了解复杂的根本问题，积极协助	1. 了解他人的基本态度、行为模式或问题的复杂原因，对通过主动提出或观察得知的问题提供协助 2. 针对突发的、重大的沟通事宜，分析了解对方潜在的深层次需求，并能协调多方资源共同解决	1. 举证主动提出或观察得知的问题提供协助的事件 2. 举证了潜在深层次需求相关文档
人际理解	4级	了解根本，主动回应	1. 了解根本的问题所在，公平看待他人特定的优缺点，积极回应他人关心的事情 2. 针对复杂的沟通事宜，能在对方敌对的氛围下保持客观公正的心态，化解冲突达成一致	1. 举证积极回应他人关心的事情、化解的冲突 2. 举证他人反馈
人际理解	3级	了解潜在想法，预测他人响应	1. 利用倾听与观察，了解他人尚未说明的想法、感受，预测他人的反应并预做准备或敦促他人自动自发地采取行动 2. 能针对特定的沟通事宜，事前预估他人想法及反应，并做出相应的准备，以达成沟通目的	1. 举证了解他人尚未说明的想法、感受，预测他人的反应并预做准备的事件 2. 举证他人反馈
人际理解	2级	主动倾听，设法影响	1. 愿意敞开心扉，刻意营造谈话机会或是积极设法去了解他人感受，并试图影响、培养、帮助或领导他人 2. 主动倾听、了解员工的真实想法，并能给予适度的帮助	1. 举证敞开心扉，试图影响、培养、帮助或领导他人的事件 2. 举证主动倾听、了解员工的真实想法，并能给予适度的帮助的证据
人际理解	1级	被动倾听，理解行为	能倾听他人的感受，了解他人心情并理解他人过去的行为	—

续表

能力	等级	关键词	能力描述	具体证据要求
自我控制	5级	长期抗压,感染他人	1. 能长时间承受超常的工作强度和压力,坚持既定的目标,保持乐观,感染他人,保持团队的战斗力,出色完成任务 2. 在持续的高压环境下,能保持积极乐观的心态,采取有效措施管理团队压力,并以行动带领团队成员共同推进	1. 举证长时间承受超常的工作强度和压力的事件 2. 举证他人反馈
	4级	高压局面控制	1. 在高压情境下,善于采用有效行动,处理好自己和相关人员的情绪,控制局面,保持良好的工作效率,确保工作任务的完成 2. 高压局面下,能保持冷静,沉着应对,坚决抵制外部的利益诱惑	1. 举证处理好自己和相关人员的情绪,控制局面的事件 2. 举证他人反馈
	3级	持续压力管理	1. 使用压力管理技巧来控制反应,避免崩溃、有效处理持续的压力 2. 能承受持续的工作压力,推进复杂或棘手工作事项	1. 举证压力管理技巧来控制反应,避免崩溃、有效处理持续的压力的事件 2. 举证他人反馈
	2级	情绪控制,持之以恒	1. 能控制生气、挫折或压力等强烈的情绪,在工作中能够保持良好的体能和稳定的情绪状态,办事能持之以恒,处理问题较有主见 2. 在日常工作推进过程中,能控制一般的负面情绪,持续提供良好的人力资源管理服务	1. 举证控制一般的负面情绪的事件 2. 举证他人反馈
	1级	制度遵守	在日常的言行中能很好地控制自己的言行举止,表现出对组织制度与规范的尊重和遵守	—

5.3 HRBP 职级标准（见表 5.7 至表 5.9）

表 5.7　HRBP 职级标准（概览）

职级	定位		经验	知识	技能				素质		
	角色	角色定义			规划能力	沟通协调	战略执行力	HR业务咨询服务	组织承诺	人际理解	自我控制
6级	资深 HRBP	本质及趋势把握,战略性决策	≥8年	略	3级	4级	5级	5级	5级	5级	5级
5级	高级 HRBP	整体运作,创新解决重大问题	≥5年	略	3级	4级	5级	4级	5级	4级	4级
4级	HRBP（二级）	重大项目策划推进	≥3年	略	2级	3级	4级	3级	4级	4级	3级
3级	HRBP（一级）	熟练开展所有工作,指导初学者	≥2年	略	2级	3级	4级	4级	3级	3级	3级
2级	助理 HRBP（一级）	独立承担日常工作,指导下参与系统建设,并有实质输出	≥1年	略	1级	2级	3级	1级	2级	2级	2级
1级	助理 HRBP（二级）	指导下开展例行性工作,完成单项或局部业务	无	略	1级	2级	2级	2级	2级	2级	2级

表 5.8　HRBP 职级标准（技能）

能力	等级	关键词	能力描述	具体证据要求
HR业务咨询服务	5级	前瞻性系统支持,成效显著	1. 根据公司人力资源政策导向,所在业务部门过往业务运作的特点及中长期业务规划,前瞻性地制定针对部门组织、队伍建设的 HR 综合改进方案 2. 有效整合 HR 各领域的政策制度、流程工具及专家资源开展工作,促进本组织、本部门组织建设、提高运作效率	1. 举证前瞻性综合支持方案 2. 举证推行实效证明

续表

能力	等级	关键词	能力描述	具体证据要求
HR业务咨询服务	4级	综合HR解决方案	1. 根据部门中短期业务规划和重大项目计划，及HR各领域现有的政策制度，设计综合性的HR解决方案 2. 运用各方面的力量、资源开展工作，为部门规划和重大项目计划的实现提前做好组织、队伍的准备，负责相关工作的执行和落实	1. 举证综合HR解决方案 2. 举证执行情况证明
HR业务咨询服务	3级	重大项目HR支持，HR政策宣导解释及完善	1. 针对业务部门重大工作事项的人力资源需求，能够灵活运用HR各领域的政策工具等，设计综合性的HR解决方案，组织业务部门内部人员共同推进，并取得预期效果 2. 能够把握业务部门目前面临的业务需求，以有利于组织建设、改善组织氛围为出发点，主动发现部门各级主管、员工对HR政策理解上的不足，组织对主管、员工宣传解释政策、制度 3. 根据过往部门管理、业务运作中出现的问题，主动分析现有HR制度、流程中的不足，并提出有效的修改建议	1. 举证重大工作事项HR支持方案 2. 举证执行情况证明 3. 举证提出的现有HR制度、流程修改建议
HR业务咨询服务	2级	及时响应，冲突化解，个性化推进	1. 就业务部门提出的要求、认识与HR相关的部分，及时给予响应，利用自己掌握的HR知识技能、政策工具，协调各方面资源推动工作，及时满足部门要求 2. 发现部门要求与公司HR政策有冲突，向部门主管解释政策，并结合业务需要对相关政策的修订提出建议 3. 根据上级HR部门提出的原则，结合本部门实际情况，对有关政策、制度和工作进行客户化并及时准确地向业务部门传达和推动落实	1. 举证响应业务部门HR要求的事例 2. 举证相关政策的修订建议
HR业务咨询服务	1级	及时反馈，推动落实	1. 就业务部门对HR的明确要求，及时给予响应，利用自己掌握的HR知识技能、政策工具，及时满足业务部门明确提出的要求，对不能满足的要求应及时向上级求助 2. 根据上级HR部门提出的明确要求，及时准确地向业务部门转达、落实有关政策制度及HR项目工作	1. 举证响应业务部门HR要求的事例 2. 举证相关政策的修订建议
规划能力	4级	系统规划，成绩显著	能通过对多种信息的全面分析，提出系统性的HR中长期整合规划方案并成功实现，取得显著成绩	举证HR体系中长期规划方案以及成绩证明
规划能力	3级	独立完成领域中长期规划	熟悉HR某一职能领域的规划，进行多维度信息的收集和分析，提出某一职能领域的中长期规划方案，较好满足客户需求及公司的发展需要	举证独立或统筹完成HR领域中长期规划及成果证明
规划能力	2级	独立完成年度规划	熟悉HR规划的方法论，掌握了相关的规划工具，独立完成某一职能领域年度规划	举证独立完成的HR某领域年度规划报告
规划能力	1级	参照模板完成规划	了解HR规划相关的流程、规范和指南，在他人指导下参照现有的模板完成年度规划方案的编制	举证在他人完成的HR某领域年度规划方案
沟通协调	5级	惠己及人，重大事件和问题有效沟通和协调	1. 与团队分享有效沟通和协调的经验和方法，带动团队沟通协调能力提升 2. 对于突发或复杂问题，能够协调公司的稀缺资源，促成有力的解决方案	1. 与团队分享有效沟通和协调的经验和方法，以及带动团队沟通协调能力提升的证据 2. 举证对于突发或复杂问题，协调公司稀缺资源，促成有力的解决方案的证据
沟通协调	4级	良好的沟通协调技巧，讲求方式方法	1. 掌握并运用有效沟通的基本原则和技巧，如事前知会、事中沟通、协调，事后汇报，使得工作在团队或跨团队中协调进行，达成共同目标 2. 善于因人而异，采取针对性沟通方式方法，经常能通过有效沟通和协调解决别人感到难以解决的问题，沟通能力受到周围同事普遍认可	1. 运用有效沟通的证据 2. 举证善于因人而异，采取针对性沟通方式方法的证据，以及协调解决别人感到难以解决的问题文档 3. 举证周围同事对沟通协调能力的反馈

续表

能力	等级	关键词	能力描述	具体证据要求
沟通协调	3级	主动沟通协调，有效开展工作	1. 总能准确无误、逻辑清晰、简练的表达自己的观点，准确的领悟对方观点，并能引导对方沿着自己的思路展开交流 2. 当工作出现问题，总能积极的想方设法去寻求帮助，协调工作群体中的其他成员共同解决问题，使工作正常进行	1. 准确无误、逻辑清晰、简练的表达观点，领悟对方观点，并引导对方沿着自己的思路展开交流的证据 2. 举证当工作出现问题时想方设法去寻求帮助，协调工作群体中的其他成员共同解决问题，使工作正常进行的证据
沟通协调	2级	有沟通意愿，能够准确理解和被理解	1. 具有良好的沟通意愿，多数情况下都能够有效倾听和理解对方 2. 能准确无误、简练的表达自己的观点，能够进行简单的协调	1. 有效倾听和理解对方意思的证据 2. 举证准确无误、简练的表达自己的观点，进行简单协调的证据
沟通协调	1级	缺乏主动沟通的意愿，不善于表达	1. 如非情不得已，很少主动沟通和协调 2. 沟通过程中常常不注意倾听，或者表达不清晰，难以理解，需要反复说明，或者他人协助解释	—
战略执行力	5级	指导落实，意志坚定	1. 分析市场环境的机遇与挑战，组织的优势与劣势，评估战略价值，探寻实现战略的机会，指导并推动公司战略有序高效的落实与执行 2. 面对久攻不下的难题或困难坚忍不拔，直面挫折，可采取持久的行动，付出不断的努力，并最终能取得成功 3. 本领域内有其他业务单元人员共同参与、全公司范围或HR全局性复杂项目的推进执行	1. 举证探寻实现战略的机会，指导并推动公司战略有序高效的落实与执行的事件 2. 举证全公司范围或HR全局性复杂项目的推进执行记录与文档
战略执行力	4级	系统思考，持续推进	1. 经常进行预见性、全局性、系统性思考，结合组织现实的资源状况、运作模式和企业文化，制订与战略目标一致的具体行动计划，做好风险预估及应对，并在计划实施过程中不断校正计划与战略的偏差以取得良好效果 2. 在执行过程中，充分考虑成本收益，做好风险预估，寻求最佳推进方式	1. 举证行动计划 2. 举证考虑成本收益，做风险预估，寻求最佳推进方式的执行活动
战略执行力	3级	重视战略，积极落实	1. 基于公司发展战略和业务目标，策划本业务领域全局性计划和策略，使得公司发展战略和业务目标能有效落实 2. 对于影响公司未来发展的事情和变化，予以重视并提出具体的建议或行动措施；能主动依据公司战略思考，并寻求合适的推行方式 3. 发现、提炼高价值的信息并向上反馈	1. 举证本业务领域全局性计划和策略文档以及执行记录 2. 举证建议或行动措施
战略执行力	2级	把握重点，追求优秀	1. 高效地完成各项工作，但在本职工作上偶尔出现缺少预见性、全局性、系统性 2. 抓住工作重点，综合多种因素制订工作计划，努力使工作达到优秀的标准，并能为自己设立略富挑战性的目标	举证高效完成的工作 举证工作计划与目标文档
战略执行力	1级	按时完成工作任务	1. 制订简单的工作计划，保证按时完成工作任务，基本保证工作的质量 2. 依据公司政策及上级的安排推动本职工作，独立解决工作中的常规问题	—

表 5.9　HRBP 职级标准（素质）

能力	等级	关键词	能力描述	具体证据要求
组织承诺	5级	公司利益高于部门利益	1. 为公司长远的发展而牺牲本部门短期的利益，要求他人也做出牺牲以符合组织需求 2. 能对周围群体做出正面、积极的引导，个人及群体利益让步于公司利益	1. 举证为公司长远的发展而牺牲本部门短期的利益的事件 2. 举证他人反馈
组织承诺	4级	做个人或专业上的牺牲	1. 将组织需求置于个人需求之上，做出个人牺牲以符合组织需求，将组织需求置于个人专业身份、喜好与家庭之上 2. 有高度的职业敏感性，言语行动与公司利益高度一致，主动承担超额任务	1. 举证做出个人牺牲以符合组织需求的关键事件 2. 举证主动承担超额任务的记录与文档
组织承诺	3级	关注组织，适度承诺	1. 了解组织任务与目标，积极支持，调整自己的活动与重要事项以符合组织的需要 2. 了解合作的重要，以达成较大的组织目标 3. 对公司忠诚，付出额外的努力完成本职工作	1. 举证调整自己的活动与重要事项以符合组织的需要的事件 2. 举证合作并达成组织目标的记录与相关文档 3. 举证付出额外的努力记录或文档
组织承诺	2级	适度忠诚，愿意协作	1. 表现出适度的忠诚度，愿意协助同事完成任务，尊重权威者的期望 2. 认可公司文化，积极融入集体，主动配合同事开展工作	1. 举证认可公司文化，积极融入集体，主动配合同事开展工作的事件 2. 举证同事反馈
组织承诺	1级	适当遵守常规	主动付出，适当尊重组织常规	—
人际理解	5级	了解复杂的根本问题，积极协助	1. 了解他人的基本态度、行为模式或问题的复杂原因，对通过主动提出或观察得知的问题提供协助 2. 针对突发的、重大的沟通事宜，分析了解对方潜在的深层次需求，并能协调多方资源共同解决	1. 举证主动提出或观察得知的问题提供协助的事件 2. 举证了解潜在深层次需求相关文档
人际理解	4级	了解根本，主动回应	1. 了解根本的问题所在，公平看待他人特定的优缺点，积极回应他人关心的事情 2. 针对复杂的沟通事宜，能在对方敌对的氛围下保持客观公正的心态，化解冲突达成一致	1. 举证积极回应他人关心的事情、化解的冲突 2. 举证他人反馈
人际理解	3级	了解潜在想法，预测他人响应	1. 利用倾听与观察，了解他人尚未说明的想法、感受，预测他人的反应并预做准备或敦促他人自动自发地采取行动 2. 针对特定的沟通事宜，事前预估他人想法及反应，并做出相应的准备，以达成沟通目的	1. 举证了解他人尚未说明的想法、感受，预测他人的反应并预做准备的事件 2. 举证他人反馈
人际理解	2级	主动倾听，设法影响	1. 愿意敞开心扉，刻意营造谈话机会或是积极设法去了解他人感受，并试图影响、培养、帮助或领导他人 2. 主动倾听、了解员工的真实想法，并能给予适度的帮助	1. 举证敞开心扉，试图影响、培养、帮助或领导他人的事件 2. 举证主动倾听、了解员工的真实想法，并能给予适度的帮助的证据
人际理解	1级	被动倾听，理解行为	倾听他人的感受，了解他人心情并理解他人过去的行为	—
自我控制	5级	长期抗压，感染他人	1. 长时间承受超常的工作强度和压力，坚持既定的目标，保持乐观，感染他人，保持团队的战斗力，出色完成任务 2. 在持续的高压环境下，能保持积极乐观的心态，采取有效措施管理团队压力，并以行动带领团队成员共同推进	1. 举证长时间承受超常的工作强度和压力的事件 2. 举证他人反馈
自我控制	4级	高压局面控制	1. 在高压情境下，善于采用有效行动，处理好自己和相关人员的情绪，控制局面，保持良好的工作效率，确保工作任务的完成 2. 高压局面下，能保持冷静，沉着应对，坚决抵制外部的利益诱惑	1. 举证处理好自己和相关人员的情绪，控制局面的事件 2. 举证他人反馈

续表

能力	等级	关键词	能力描述	具体证据要求
自我控制	3级	持续压力管理	1. 使用压力管理技巧来控制反应，避免崩溃、有效处理持续的压力 2. 能承受持续的工作压力，推进复杂或棘手工作事项	1. 举证压力管理技巧来控制反应，避免崩溃、有效处理持续的压力的事件 2. 举证他人反馈
	2级	情绪控制，持之以恒	1. 能控制生气、挫折或压力等强烈的情绪，在工作中能够保持良好的体能和稳定的情绪状态，办事能持之以恒，处理问题较有主见 2. 在日常工作推进过程中，能控制一般的负面情绪，持续提供良好的人力资源管理服务	1. 举证控制一般的负面情绪的事件 2. 举证他人反馈
	1级	制度遵守	在日常的言行中能很好地控制自己的言行举止，表现出对组织制度与规范的尊重和遵守	—

5.4 HRSCC 职级标准（见表 5.10 至表 5.12）

表 5.10 HRSCC 职级标准（概览）

职级	定位		经验	知识	技能				素质		
	角色	角色定义			规划能力	沟通协调	战略执行力	基础人事服务	组织承诺	人际理解	自我控制
5级	高级SSC	整体运作，创新解决重大问题	≥5级年	略	3级	4级	5级	4级	5级	4级	4级
4级	SSC（二级）	重大项目策划推进	≥3级年	略	2级	3级	4级	3级	4级	4级	3级
3级	SSC（一级）	熟练开展所有工作，指导初学者	≥2级年	略	2级	3级	4级	2级	3级	3级	3级
2级	助理SSC（二级）	独立承担日常工作，指导下参与系统建设，并有实质输出	≥1级年	略	1级	2级	3级	2级	2级	2级	2级
1级	助理SSC（一级）	指导下开展例行性工作，完成单项或局部业务	无	略	1级	2级	2级	1级	2级	2级	2级

表 5.11 HRSCC 职级标准（技能）

能力	等级	关键词	能力描述	具体证据要求
基础人事服务	4级	风险管控，系统优化	1. 发现、揭示基础人事服务工作中的用工风险，并统筹解决 2. 对基础人事服务工作进行系统优化，并统筹全集团基础人事服务工作，提升人事服务水平	1. 举证用工风险分析报告 2. 举证基础人事服务系统优化方案及成果证明
	3级	模板设计，统筹开展	1. 设计标准化的服务模版，并持续改进 2. 统筹总部本领域工作的开展，有效辅导1级、2级员工开展工作 3. 有效辅导分子公司开展基础人事工作	1. 举证标准化服务模版 2. 举证辅导1级、2级员工以及分公司证明 3. 举证分子公司HR满意度调查结果与无有效投诉证明
	2级	分析及建议	1. 善于在标准化事务推进过程中进行总结与提炼，形成有价值的参考建议，并得以应用 2. 准确分析各类人事基础信息，为公司人力资源管理决策提供基础依据 3. 能对口分子公司，共同推进全盘性的人事服务项目	1. 举证被认可的参考建议（3条以上） 2. 举证人事基础信息分析报告 3. 举证对口分公司推进的全盘性人事服务项目证明
	1级	准确执行，及时反馈	体系建设 1. 准确理解本领域的制度、流程，及相关的法律法规，严格据此开展工作，并对执行过程进行跟踪统计，按期提交统计分析报告 2. 熟练使用本领域各类信息化管理平台，确保各类电子流程的顺畅运作及电子文档的适度共享 3. 在他人的指导下，参与本领域内制度/流程/信息平台建设，并有实质性的输出	1. 举证统计分析报告 2. 提供HR信息系统顺畅运作及电子文档的适度共享证明 3. 举证本领域内制度/流程/信息平台建设成果证明

续表

能力	等级	关键词	能力描述	具体证据要求
基础人事服务	1级	准确执行，及时反馈	基础人事服务 1. 依据公司相关制度规定准确经办各项基础人事工作 2. 及时汇报执行进展，反馈执行中发现的问题并寻求解决 3. 主动提供积极热情的人事服务，亲和力较强	1. 人事服务的准确度：无错误 2. 内部客户满意度：无有效投诉
			薪酬福利 1. 准确执行公司的薪酬福利政策，日常核算无因个人原因造成的错误及延期发生 2. 及时汇报执行进展，发现并反馈执行中发现的问题 3. 熟悉通用的信息搜集及统计方法，参与薪酬福利项目的数据核算及分析	政策执行：无延期，无错误
		协助跟进，简历管理，新人表现跟进	招聘调配 1. 协助他人实施人力资源预算组织工作以及指标分解工作，跟踪业务部门人力资源预算进展，统计业务部门申报的人力资源预算，形成预算执行情况统计分析报告 2. 整理、核对职位发布信息内容，在指定的人才资源渠道发布信息，准确进行简历筛选和分类，并分析简历来源、分布标准，为招聘渠道选择提供依据 3. 在他人的指导下，组织招聘活动或开展例行调配工作，跟踪招聘、调配流程处理过程，及时反馈存在的问题。搜集新到岗人员的相关信息，跟踪试用期的工作表现，为招聘及调配效果评估提供数据支持	1. 招聘信息发布：无延期，无错误 2. 合格简历推送：无投诉 3. 新员工表现跟进统计：及时完整准确
		协助优化，独立推进例行事务	考核评价 1. 结合公司导向和管理现状，正确理解和解释公司现有的考评方法、标准及内涵，主动收集关于现有考评体系执行中存在的一般性问题，并协助优化 2. 独立设计、实施例行的考评方案，并协助上级、业务部门主管设计、实施重大考评方案。并能依据已有的控制点对考评进行全程监控 3. 通过多种渠道搜集整理考评效果信息，编制考评工作效果评估报告，并对问题进行初步分析 4. 正确答复员工及业务主管提出的有关考评的各种咨询	1. 日常工作推进：无错误，无延期 2. 考核监控报告：完整、及时记录并提交 3. 考评问题解答：无错误
		指导下协助开展各项培训工作	培训发展 1. 理解并响应有关培训需求，在他人指导下协助开展培训需求调研、分析工作，并监控培训计划的执行 2. 对产品研发方法、步骤、可借助资源有一定了解，熟悉公司现有的1~2种培训产品，在他人带领下参与过培训产品设计的具体活动并达成活动目标 3. 与教师保持良好关系，根据培训课程及教师信息，合理安排与调配教师，保证培训的正常交付 4. 协助编制培训预算，按照预算监控点，收集培训费用信息，并协助分析预算计划执行情况	1. 已参加并通过TTT培训 2. 授课时数30小时/年，授课效果合格 3. 基础课程讲解
规划能力	4级	系统规划，成绩显著	能通过对多种信息的全面分析，提出系统性的HR中长期整合规划方案并成功实现，取得显著成绩	举证HR体系中长期规划方案以及成绩证明
	3级	独立完成领域中长期规划	熟悉HR某一职能领域的规划，进行多维度信息的收集和分析，提出某一职能领域的中长期规划方案，较好满足客户需求及公司的发展需要	举证独立或统筹完成HR领域中长期规划及成果证明
	2级	独立完成年度规划	熟悉HR规划的方法论，掌握了相关的规划工具，独立完成某一职能领域年度规划	举证独立完成的HR某领域年度规划报告
	1级	参照模板完成规划	了解HR规划相关的流程、规范和指南，在指导下参照现有的模板完成年度规划方案的编制	举证在他人完成的HR某领域年度规划方案

续表

能力	等级	关键词	能力描述	具体证据要求
沟通协调	5级	惠己及人，重大事件和问题有效沟通和协调	1. 与团队分享有效沟通和协调的经验和方法，带动团队沟通协调能力提升 2. 对于突发或复杂问题，能够协调公司的稀缺资源，促成有力的解决方案	1. 与团队分享有效沟通和协调的经验和方法以及带动团队沟通协调能力提升的证据 2. 举证对于突发或复杂问题，协调公司稀缺资源，促成有力的解决方案的证据
	4级	良好的沟通协调技巧，讲求方式方法	1. 掌握并运用有效沟通的基本原则和技巧，如事前知会，事中沟通、协调，事后汇报，使得工作在团队或跨团队中协调进行，达成共同目标 2. 能够善于因人而异，采取针对性沟通方式方法，经常能够通过有效沟通和协调解决别人感到难以解决的问题，沟通能力受到周围同事普遍认可	1. 运用有效沟通的证据 2. 举证善于因人而异，采取针对性沟通方式方法的证据以及协调解决别人感到难以解决的问题文档 3. 举证周围同事对沟通协调能力的反馈
	3级	主动沟通协调，有效开展工作	1. 总能准确无误、逻辑清晰、简练的表达自己的观点，准确的领悟对方观点，并能引导对方沿着自己的思路展开交流 2. 当工作出现问题，总能积极的想方设法去寻求帮助，协调工作群体中的其他成员共同解决问题，使工作正常进行	1. 举证准确无误、逻辑清晰、简练的表达观点，领悟对方观点，并引导对方沿着自己的思路展开交流的证据 2. 举证当工作出现问题时想方设法去寻求帮助，协调工作群体中的其他成员共同解决问题，使工作正常进行的证据
	2级	有沟通意愿，能够准确理解和被理解	1. 具有良好的沟通意愿，多数情况下都能够有效倾听和理解对方 2. 能准确无误、简练的表达自己的观点，能够进行简单的协调。	1. 有效倾听和理解对方意思的证据 2. 举证准确无误、简练的表达自己的观点，进行简单协调的证据
	1级	缺乏主动沟通的意愿，不善于表达	1. 如非情不得已，很少主动沟通和协调 2. 沟通过程中常常不注意倾听，或者表达不清楚，难以理解，需要反复说明，或者他人协助解释	—
战略执行力	5级	指导落实，意志坚定	1. 分析市场环境的机遇与挑战，组织的优势与劣势，评估战略价值，探寻实现战略的机会，指导并推动公司战略有序高效的落实与执行 2. 面对久攻不下的难题或困难坚忍不拔，直面挫折，可采取持久的行动，付出不断的努力，并最终能取得成功 3. 本领域内有其他业务单元人员共同参与、全公司范围或HR全局性复杂项目的推进执行	1. 举证探寻实现战略的机会，指导并推动公司战略有序高效的落实与执行的事件 2. 举证全公司范围或HR全局性复杂项目的推进执行记录与文档
	4级	系统思考，持续推进	1. 经常进行预见性、全局性、系统性思考，结合组织现实的资源状况、运作模式和企业文化，制订与战略目标一致的具体行动计划，做好风险预估及应对，并在计划实施过程中不断校正计划与战略的偏差以取得良好效果 2. 在执行过程中，充分考虑成本收益，做好风险预估，寻求最佳推进方式	1. 举证行动计划 2. 举证考虑成本收益，做风险预估，寻求最佳推进方式的执行活动
	3级	重视战略，积极落实	1. 基于公司发展战略和业务目标，策划本业务领域全局性计划和策略，使得公司发展战略和业务目标能有效落实 2. 对于影响公司未来发展的事情和变化，予以重视并提出具体的建议或行动措施 3. 能主动依据公司战略思考，并寻求合适的推行方式 4. 发现、提炼高价值的信息并向上反馈	1. 举证本业务领域全局性计划和策略文档以及执行记录 2. 举证建议或行动措施

能力	等级	关键词	能力描述	具体证据要求
战略执行力	2级	把握重点，追求优秀	1. 高效地完成各项工作，但在本职工作上偶尔出现缺少预见性、全局性、系统性 2. 抓住工作重点，综合多种因素制订工作计划，努力使工作达到优秀的标准，并能为自己设立略富挑战性的目标	1. 举证高效完成的工作 2. 举证工作计划与目标文档
战略执行力	1级	按时完成工作任务	1. 能制订简单的工作计划，保证按时完成工作任务，基本保证工作的质量 2. 依据公司政策及上级的安排推动本职工作，独立解决工作中的常规问题	—

表 5.12 HRSCC 职级标准（素质）

能力	等级	关键词	能力描述	具体证据要求
组织承诺	5级	公司利益高于部门利益	1. 为公司长远的发展而牺牲本部门短期的利益，要求他人也做出牺牲以符合组织需求 2. 能对周围群体做出正面、积极的引导，个人及群体利益让步于公司利益	1. 举证为公司长远的发展而牺牲本部门短期的利益的事件 2. 举证他人反馈
组织承诺	4级	做个人或专业上的牺牲	1. 将组织需求置于个人需求之上，做出个人牺牲以符合组织需求，将组织需求置于个人专业身份、喜好与家庭之上 2. 有高度的职业敏感性，言语行动与公司利益高度一致，主动承担超额任务	1. 举证做出个人牺牲以符合组织需求的关键事件 2. 举证主动承担超额任务的记录与文档
组织承诺	3级	关注组织，适度承诺	1. 了解组织任务与目标，积极支持，调整自己的活动与重要事项以符合组织的需要 2. 了解合作的重要，以达成较大的组织目标 3. 对公司忠诚，付出额外的努力完成本职工作	1. 举证调整自己的活动与重要事项以符合组织的需要的事件 2. 举证合作并达成组织目标的记录与相关文档 3. 举证付出额外的努力记录或文档
组织承诺	2级	适度忠诚，愿意协作	1. 表现出适度的忠诚度，愿意协助同事完成任务，尊重权威者的期望 2. 认可公司文化，积极融入集体，主动配合同事开展工作	举证认可公司文化，积极融入集体，主动配合同事开展工作的事件 举证同事反馈
组织承诺	1级	适当遵守常规	主动付出，适当尊重组织常规	—
人际理解	5级	了解复杂的根本问题，积极协助	1. 了解他人的基本态度、行为模式或问题的复杂原因，对通过主动提出或观察得知的问题提供协助 2. 针对突发的、重大的沟通事宜，分析了解对方潜在的深层次需求，并能协调多方资源共同解决	1. 举证主动提出或观察得知的问题提供协助的事件 2. 举证了解潜在深层次需求相关文档
人际理解	4级	了解根本，主动回应	1. 了解根本的问题所在，公平看待他人特定的优缺点，积极回应他人关心的事情 2. 针对复杂的沟通事宜，能在对方敌对的氛围下保持客观公正的心态，化解冲突达成一致	1. 举证积极回应他人关心的事情、化解的冲突 2. 举证他人反馈
人际理解	3级	了解潜在想法，预测他人响应	1. 利用倾听与观察，了解他人尚未说明的想法、感受，预测他人的反应并预做准备或敦促他人自动自发地采取行动 2. 能针对特定的沟通事宜，事前预估他人想法及反应，并做出相应的准备，以达成沟通目的	1. 举证了解他人尚未说明的想法、感受，预测他人的反应并预做准备的事件 2. 举证他人反馈
人际理解	2级	主动倾听，设法影响	1. 愿意敞开心扉，刻意营造谈话机会或是积极设法去了解他人感受，并试图影响、培养、帮助或领导他人 2. 主动倾听、了解员工的真实想法，并能给予适度的帮助	1. 举证敞开心扉，试图影响、培养、帮助或领导他人的事件 2. 举证主动倾听、了解员工的真实想法，并能给予适度的帮助的证据
人际理解	1级	被动倾听，理解行为	能倾听他人的感受，了解他人心情并理解他人过去的行为	—

续表

能力	等级	关键词	能力描述	具体证据要求
自我控制	5级	长期抗压，感染他人	1. 能长时间承受超常的工作强度和压力，坚持既定的目标，保持乐观，感染他人，保持团队的战斗力，出色完成任务 2. 在持续的高压环境下，能保持积极乐观的心态，采取有效措施管理团队压力，并以行动带领团队成员共同推进	1. 举证长时间承受超常的工作强度和压力的事件 2. 举证他人反馈
	4级	高压局面控制	1. 在高压情境下，善于采用有效行动，处理好自己和相关人员的情绪，控制局面，保持良好的工作效率，确保工作任务的完成 2. 高压局面下，能保持冷静，沉着应对，坚决抵制外部的利益诱惑	1. 举证处理好自己和相关人员的情绪，控制局面的事件 2. 举证他人反馈
	3级	持续压力管理	1. 使用压力管理技巧来控制反应，避免崩溃、有效处理持续的压力 2. 能承受持续的工作压力，推进复杂或棘手工作事项	1. 举证压力管理技巧来控制反应，避免崩溃、有效处理持续的压力的事件 2. 举证他人反馈
	2级	情绪控制，持之以恒	1. 能控制生气、挫折或压力等强烈的情绪，在工作中能够保持良好的体能和稳定的情绪状态，办事能持之以恒，处理问题较有主见 2. 在日常工作推进过程中，能控制一般的负面情绪，持续提供良好的人力资源管理服务	1. 举证控制一般的负面情绪的事件 2. 举证他人反馈
	1级	制度遵守	在日常的言行中能很好地控制自己的言行举止，表现出对组织制度与规范的尊重和遵守	—

6 任职资格管理制度

任职资格管理制度包括职位管理办法、任职资格管理办法、任职资格等级认证办法等。

6.1 职位管理办法

第一章　总则

第一条　目的

为规范公司职位管理，规范职位名称、职位职责、职责入职条件，建立从职位设置方案编制、职位设置执行、职位管理审计、职位管理改进的机制，夯实人力资源管理基础，制定本办法。

第二条　适用范围

本办法适用于××公司所有职位。

第三条　术语解释（见表6.1）

表6.1　术语解释

名称	说　　明
职位	组织中承担具体责任及工作事项的最基本单位，是每一个工作个体履行职责的平台
职位管理	为实现企业战略目标，对职位变动（例如职位新增、职位撤销、职位合并等）实施的制度化、标准化管理模式，进而实现人员、成本的有效控制
职位分类	按照不同的职位特性（工作职责、任职资格）对职位的类别划分，明确员工的职业发展通道
职位分层	根据同一职位类的从业人员承担职责大小，所需知识技能素质的深度、广度的程度高低进行划分的。职位分层强调的是同一职位类别中从业人员的胜任能力的差异性
职位价值评估	采用一套科学的方法，对职位的价值、重要性进行有效、有序的排列的过程，简称为职位评估
职位价值等级	根据职位价值评估的结果，把公司所有职位按照职位重要性进行的价值排序而形成的职位等级 分级的意义在于区分不同职位的能力、职责和权限，可对员工起到良好的激励作用，并为公司人力资源规划和制定薪酬、绩效、招聘、培训、职业发展等策略奠定管理基础
职位说明书	对职位基本信息、职位职责、入职条件的说明，实施职位管理的重要依据，也是员工日常工作的基本指引
职位定编	是指企业通过数字模型确定每一个职位上员工数量的工作过程，进而建立科学、合理的职位编制，从而有效的控制企业员工成本
职位变动	职位的新增、职位的合并、职位的撤销，统称为职位变动。

第四条　职位管理的原则

（1）战略导向原则。以职位为基础，有效承接公司战略，通过职位的设置、评估、定级、维护与管理，将公司战略要求与职责、职位有机结合。

（2）合理公平原则。对职位管理内容、流程进行科学、合理的分类；对审批关系予以科学、合理的明确；对管理周期做出科学、合理的规定；对职位的设置、调配做出公平、合理的规定。

（3）适用为先原则。根据公司各业务领域（部门）的各种工作特性，有针对性制定相应的管理办法与操作规程或说明，兼顾效率和效力，推动本管理办法的有效落地。

（4）精细管理原则。通过建立职位分类，有效区别公司内职位的工作职责、任职资格，促进公司人力资源体系建设、有效承接公司战略。

第二章 职位分类分层与职位命名规范

第五条 职位分类分层

职位分类分层，参见《任职资格管理办法》。

第六条 职位命名规范（见表 6.2）

职位名称是职位的标识，规范职位名称能准确反映该职位在企业中的职责和价值。规范职位名称不仅便于招聘工作顺利开展，也便于搭建合理通畅的员工职业发展通道，更有利于内外部沟通。

职位名称由人力资源部统一管理，具体的职位名称的命名规则如下：

（1）管理职位的职位名称的命名规则为管理领域或部门名称＋管理职务级别。这种结构能通过职位名称清晰地知道这个管理职位管理的职责领域或者部门，并且也能知道其管理职务级别。

（2）专业技术职位的职位名称的命名规则为专业技术任职资格等级＋职业发展通道名称。这种结构能确保职位名称与职位对任职者的任职资格级别要求、岗位任职者的职业发展通道相互对应，从而确保职位名称和其任职的职位所需能力级别相符。

表 6.2 职位命名规范

类别	职位命名规范		示　　例
管理序列	管理领域或部门名称＋管理职位头衔	×××总裁 ×××总经理 ×××总监 ×××经理	高级副总裁、副总裁、助理总裁 商业服务部总经理、湖南省公司总经理、中山分公司副总经理 财务部总监、交付中心总监 销售一部经理
专业技术序列	能力等级＋职位子类＋头衔	×××专家 资深××× 高级××× ××× 助理×××	售前专家 资深售前顾问 高级售前顾问 售前顾问 助理售前顾问
说明：无法采用上述 2 种命名方式命名的职位，由部门负责人提出命名方案，业务部门 HR 评估，报人力资源部审批后由人力资源部执行。			

第三章 职位说明书与职位价值评估

第七条 职位说明书

1. 职位说明书模板

公司"职位说明书"由基本信息、职位概述、主要职责、入职条件 4 个部分构成。通过"职位说明书"模板，统一规范"职位说明书"文档的条目和内容，以及编排格式。"职位说明书"的模板管理及使用情况的跟进由人力资源部负责。

2. 编写与修改

"职位说明书"编写及修改计划由人力资源部制定，计划主要包括人员组织、时间安排、汇总期限、编写质量要求等。业务部门 HR 负责"职位说明书"编写及修改计划的跟进和实施。

"职位说明书"编写者是职位的现有任职员工和其直接上级，业务部门 HR 提供专业指导。编写者需要对职位有具体和深入了解，能按模板要求对职位进行准确表述。"职位说明书"修改者是业务部门 HR，负责组织协调业务部门员工和直接上级运用"职位说明书（模板）"进行准确的描述，修改者需要对职位具有具体和深入的了解。

"职位说明书"编写和修改的基本原则如下：

（1）"职位说明书"应关注于职位的关键要求和职责，而非单纯罗列任职者每天所做的工作。

（2）"职位说明书"须随着职位和组织架构调整的需要进行动态更新。

3. 审核与审批

"职位说明书"的审核人员原则上是职位所在的部门或者组织的第一负责人，审批下发是人力资源部。

第八条　职位价值评估

职位价值评估是运用"职位价值评估工具"综合评价公司内职位的相对价值，通过对职位价值、重要性的合理排序，建立内部职位公平性，进而确定不同职位在公司内部的相对重要性、价值的大小。

1. 职位价值评估指导原则

（1）战略导向原则。公司通过战略分解，职能划分等一系列方法明确职位承担的职责，由于分工不同导致承担的权限与贡献也不尽相同，突出战略导向的核心职位价值能够有效地指引员工发展。

（2）价值取向原则。职位价值评估是对公司组织架构下的职位价值进行评定，与职位任职者的身份、职务、薪酬水平、福利待遇、行政级别等无关。

（3）客观判断原则。职位价值评估是基于对职位的理解并应用职位价值评级工具做出的相对客观的判断，而非完全的科学计算。

2. 职位价值评估工具与方式

职位价值评估采用定量的方式，明确不同职位在职位价值评估维度上面的不同价值。再通过数据统计、数字换算的方式，明确职位的重要性与价值大小。

人力资源部运用"职位价值评估工具"开展职位价值评估工作，并负责工具日常维护、使用与调整。

3. 建立职位价值评估小组

人力资源部提名职位价值评估小组人员名单，提交公司 CEO 审批，最终确定职位评估小组人员名单，再由人力资源部发出通知，并开展后续职位评估的组织与策划。

4. 职位价值评估和结果的统计

人力资源部为职位价值评估小组成员提供职位评估意义、工具、流程相关讲座，确保小组成员能够充分理解"职位说明书"中内容、职位价值评估工具的工作原理，人力资源部应该就小组成员提出的疑问进行解答，直至小组成员能够就评估工具、"职位说明书"、评估流程达成一致。

评估小组成员对被评估职位进行打分，职位评估助理统一收集、统计职位价值评估结果，最终结果由人力资源部进行整合与分析。

5. 确定职位价值等级

就职位价值评估结果，职位评估小组开展职位价值定级讨论会，进而确定职位价值等级，目的是进一步优化职位价值评估结果，进而使职位价值等级更符合公司未来发展、战略执行的需求。

人力资源部根据讨论会结果对职位价值等级进行调整，最终形成"职位价值等级表"，上报管理层会议审批通过后，由人力资源部执行。

第九条　职位价值等级（职级）

公司所有职位的职位价值等级根据职位的价值、重要性，分为 10 个等级。

第十条　职位价值图谱

职位价值图谱是职位价值等级（职级）与职位分类所形成矩阵，主要可用于向员工传递员工在公司的职业发展路径。

职位分类调整与职位价值重新评估之后，职位价值图谱需随之进行调整。

第四章　职位变动、职位管理审计与改进

第十一条　职位变动

职位变动管理的核心是对执行战略相关的职责进行有效的管理。通过职位变动管理实现对职位职责的管理。职位变动的结果最后统一由人力资源部负责执行，并完成 HR 系统中与职位相关数据的更新。

职位变动分为 3 种情形：职位新增、职位合并、职位撤销。每一次职位变动都将直接影响公司的职位设置、调整、职位分类分层、职位价值定级，以及薪酬体系。

（一）职位新增

1　职位新增的审核和审批

在组织架构不变的情况下，职位新增由职位所在业务部门负责人依据"职位变动申请表"内的相关要求填写表单，完成职位变动申请，并编写新增职位的"职位说明书"，编制"职位试运行报告"，经业务部门 HR 同意，交人力资源部审批后，由人力资源部启动试运行工作。由于组织架构变动发生的职位新增，将由公司战略发展部门进行梳理，按照对应的原则对部门名称、部门级别、职位名称、职位级别提出调整方案，并和相关人员沟通确定后，上报管理层会议审批后交由人力资源部执行。

人力资源部对新增职位而导致的职位编制变化进行预测与分析，其结果纳入"职位试运行报告"。

2　新增职位试运行

新增职位的试运行期为 3 个月。试运行期结束时，由业务部门 HR 组织相关业务部门对新增职位进行全方位评价，编制"新增职位评估报告"，经人力资源部审批后由人力资源部执行。

（二）职位合并

1　职位合并的审核与审批

在组织架构不变的情况下，职位合并由职位所在业务部门负责人依据"职位变动申请表"内的相关要求填写表单，完成职位变动申请，并编写合并后的职位的"职位说明书"，编制"职位试运行报告"，经业务部门 HR 同意后，交人力资源部评估后启动试运行相关工作。由于组织架构变动发生的职位合并，将由公司战略发展部门进行梳理，按照对应的原则对部门名称、部门级别、

职位名称、职位级别提出调整方案，并和相关人员沟通确定后，上报分管管理层成员审批后交人力资源部执行。

人力资源部对合并职位而导致的职位编制变化进行预测与分析，由于职位合并而导致人员职位变化，业务部门 HR 提出人员安置方案，报人力资源部审批后交人力资源部执行。

2　合并职位试运行

职位合并的试运行期为 3 个月。试运行期结束时，由业务部门 HR 组织相关业务部门对合并职位进行全方位评价，编制"职位合并试运行报告"，经人力资源部审批后由人力资源部执行。

（三）职位撤销

在组织架构不变的情况下，职位撤销的直接管理由职位所在部门负责人依据"职位变动申请表"内的相关要求及工具表单，完成职位变动申请，由业务部门 HR 同意后，交人力资源部评估审批后由人力资源部执行。由于组织架构变动发生的职位撤销，将由公司战略发展部门进行梳理，按照对应的原则对部门名称、部门级别、职位名称、职位级别提出调整方案，并和相关人员沟通确定后交人力资源部执行。

人力资源部对撤销职位而导致的职位编制变化进行预测与分析，由于职位撤销而导致众多人员职位变化的申请，业务部门 HR 提出人员安置方案，报人力资源部审批后由人力资源部执行。

第十二条　职位管理审计（见表 6.3）

职位管理审计是指审计部门对职位管理、职位管理相关办法的执行、职位试运行过程中的出现的问题进行的常规性审计与突发事件的审计。审计部门依据自身年度既定的审计计划，明确不定期审计计划，通过汇总、整理职位管理办法执行、职位试运行过程中的问题，编写"职位管理审计报告"。在既定的审计计划中，明确常规性审计计划，通过检查、审核职位管理"审计要点"的执行情况，收集汇总相关信息，编写"职位管理审计报告"。

表 6.3　职位管理审计

审计要点	审计对象	审计内容	审计周期	审计方式
职位管理办法执行情况	人力资源部	审计职位管理办法落实情况，检查是否依照办法贯彻执行	半年度	1. 员工访谈 2. 问卷调查 3. 方案执行情况与效果调查
	业务部门	审计职位方案的执行情况，检查是否依照既定的职位试运行方案贯彻执行		
"职位说明书"真实性	由职位新增、合并而新编写的"职位说明书"	审计"职位说明书"中编写的职责、入职条件等相关内容，检查"职位说明书"的内容及要求是否真实、信息是否全面	半年度	业务部门访谈
职位试运行效果	人力资源部	审计职位方案制定是否符合业务部门的需求	职位试运行周期	1. 业务部门访谈 2. 问卷调查
	职位试运行部门	检查职位试运行效果是否符合业务部门的实际情况 审计内容 1. 职位工作量是否饱满，职位任职资格是否过高或过低 2. 汇报路径是否清晰 3. 职责界定是否清晰 4. 职位之间的流程是否界定清晰并能够支撑职位运转		

第十三条　职位管理改进

职位管理改进是建立在日常管理问题总结、职位管理审计基础之上形成，包括以下内容：

（1）每年3月，业务部门HR总结上一年度业务部门日常职位管理中的问题，人力资源部汇总上一年度公司职位管理中的问题与审计部门出具的职位审计报告中的问题与改进意见。

（2）人力资源部组织问题分析与方案编写。

（3）人力资源部组织相关业务部门就职位管理改进意见与方案进行讨论，听取意见与建议，汇总并形成职位管理改进报告。

（4）经审批后，人力资源部执行职位改进方案，并总结执行过程中的意见、建议与问题。

（5）人力资源部汇总执行过程中给的意见、建议与问题，结合审计报告，编写职位管理改进执行报告。

第五章　职位管理职责分工

第十四条　职责分工（见表6.4）

表6.4　职位管理职责分工

职位管理部门	职　责
管理层会议	审批公司年度职位调整与编制方案
人力资源部	1. 制定公司年度职位调整（含职位实施计划、职位试运行效果总结与分析、职位价值定级、编制人数）与编制方案（含职位编制人数变动方案、新职位定编原则及标准、年度人员编制实施计划、上一年度人员编制执行效果总结与分析） 2. 组织编写、修订、发布"职位说明书" 3. 开展公司职位价值评估、职位价值定级工作 4. 审计分析公司职位、编制调整方案的执行情况，并提出措施或改进建议
业务部门HR	1. 制定业务部门组织年度职位调整（含职位实施计划、职位试行效果总结与分析、职位价值定级、编制人数）与编制方案（含职位编制人数变动方案、新职位定编原则及标准、年度人员编制实施计划、上一年度人员编制执行效果总结与分析） 2. 协助业务部门负责人执行年度职位调整与编制方案 3. 组织编写、修订各业务部门"职位说明书" 4. 协助业务部门负责人提出职位增加、合并、撤销的专业意见 5. 审计分析业务部门职位、编制调整方案的执行情况，并提出措施或改进建议
各业务部门	1. 执行年度职位调整 2. 根据部门实际工作情况，提出职位增加、合并、撤销的需求 3. 组织部门员工完成本部门"职位说明书"的编写、修订工作 4. 对职位变动试行中存在的问题提出整改措施和实施计划。
员工	配合职位调整、编制调整各项工作

第六章　附则

第十五条　本办法由人力资源部制定，管理层会议审批。人力资源部负责解释与修订。

第十六条　本办法自颁布之日起实施。本办法实施后，原有职位相关办法自行终止，与本办法有抵触的规定一律以本办法为准。

附件1：职位说明书（见表6.5）

表6.5 职位说明书

一、基本信息					
职位名称		所在部门		职位编号	
直接上级职位		对应任职资格等级		职位编制	
直接下级职位				职位类别	

二、职位概述

三、主要职责		
序号	职责领域	具体职责描述
1		
2		
3		
4		
5		
6		
7		
8		

四、入职条件			
基本条件	基本生理状况		
	教育水平		
	所需专业		
	工作经验	外部招聘	
		内部选拔	
	资格证书		
知识与专业技能			
素质能力			

附件2：职位变动申请表（见表6.6）

表6.6 职位变动申请表

申请部门			
申请职位所在部门			
申请职位基础信息	职位名称		
	职位分类		
	职业发展通道名称		
	任职资格等级		
	职位标准编制		
	职位直接上级		
	职位直接下级		
	所辖直接下级人数		
申请原因			
职位说明书	（作为附件，附在申请表后面）		
职位核心业务流程			
职位变动后的部门组织架构图			

	姓名	现任职位名称	现任任职资格通道与等级	原因
适合职位要求后备人选				

申请部门经理意见	
申请部门主管领导意见	
业务部门HR意见	
人力资源部意见	

附件3：职位试运行报告（见表6.7）

表6.7 职位试运行报告

申请部门				
申请职位基础信息	职位名称			
	职位分类			
	职业发展通道名称			
	任职资格等级			
	职位标准编制			
	职位直接上级			
	职位直接下级			
	所辖人数			
申请原因				
职位试运行记录	试运行评审项目	试运行评价维度		计算方式
	战略承接	1.很不符合；2.不太符合；3.符合；4.超出预期		平均分高于3分，视为通过
	职位工作量饱满程度	1.75%以下；2.75%~85%；3.85%~95%；4.95%~100%		
	职位流程清晰度	1.很不清晰；2.不太清晰；3.清晰；4.超出预期		
	工作内容的清晰程度	1.很不清晰；2.不太清晰；3.清晰；4.超出预期		
	规范与标准的成熟度	1.很不成熟；2.不太成熟；3.成熟；4.超出预期		
	职位编制的合理性	1.很不合理；2.不太合理；3.合理；4.超出预期		
	人员配置的难易程度	1.很困难；2.比较困难；3.比较容易；4.很容易		
申请部门经理意见				
申请部门主管领导意见				
业务部门HR意见				
人力资源部意见				

6.2 任职资格管理办法

第一章 总则

第一条 目的

为加强员工队伍建设，规划员工职业发展通道，规范任职资格标准结构、应用，明确任职资格管理组织及职责，特制定本办法。

第二条 适用范围

本办法适用于××××公司全体员工。

第三条 术语解释

1. 任职资格标准

以职位的任职者完成该职位所要求的工作职责，并取得良好绩效的条件下，对任职者的经验、知识、技能及素质等的具体要求。

2. 任职资格管理

围绕公司目标，在公司内部构建科学合理的员工职业发展通道，明确任职资格标准，牵引员工成长，优化公司整体人力资源配置、利用的全过程管理。

第四条 任职资格管理原则

1. 职位管理为基础

任职资格标准以支撑公司业务发展为根本出发点，其任职资格标准设计、任职资格等级（职级）认证（以下简称"认证"）均以职位需要为依据。

2. 任职能力为核心

任职资格管理关注的核心是员工任职能力的提升。

3. 关注核心职位与绩优员工

核心职位是任职资格标准建立的重点，任职资格管理体系为绩优员工提供更多的发展机会。

第五条 任职资格管理体系推行价值

1. 公司层面

可将员工的任职能力与公司的战略目标相结合，便于公司掌握员工的能力状况及发展方向。

2. 业务部门层面

有助于强化人才队伍建设并最大限度地提高部门整体绩效，并有助于在团队中识别和培养人才。

3. HR层面

人力资源管理体系的基础，有助于提高整体人力资源管理水平。

4. 员工层面

明确员工职业发展方向，通过学习—认证—学习，不断提高任职能力。

第二章 员工职业发展通道

第六条 职业发展双通道

通过任职资格管理，建立员工职业发展通道，为管理岗位人员建立管理通道的同时，为专业技术岗位人员建立专业技术发展通道，使各专业技术人员能够通过自己的努力，在所从事的领域成为内部专家，并取得相应的发展和回报，如图6.1所示。

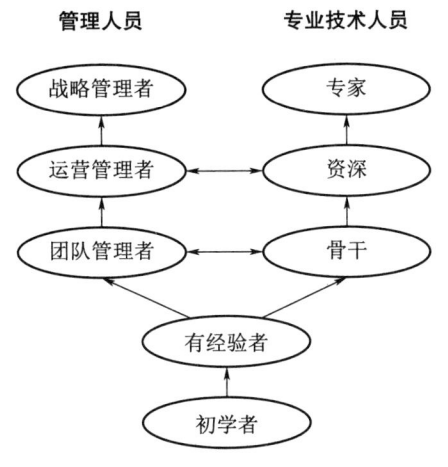

图 6.1 员工双重职业发展通道

1. 管理通道

在管理通道中，依据管理层级从低到高，对任职资格的不同要求分为4个等级（具体参见《干部管理条例》）。

2. 专业技术通道

在专业技术通道中，从入门级的专业技术人员到最高级别的内部专家，其任职资格等级一般划分为3~5个等级，但不同职位子类，等级数有所不同（具体参见相关职位子类的《任职资格标准》）。

3. 通道转换

员工可以在管理与专业技术通道，或者专业技术通道内不同的职位子类之间相互转换。

第七条 职位分类（职业发展通道）

根据职位的工作职责与任职能力的区别，公司全部职位分类规划为3个层级：第一层级为职位族、第二层级为职位类、第三层级为职位子类（具体参见职位分类见附件1）。

1. 职位分类的作用

（1）作为制定"职位说明书"的基础，"职位说明书"中的职位类别须和本办法保持一致。

（2）工作职责与任职能力相似的职位归为一类，为人力资源规划奠定基础。

（3）员工根据自己从事的职位，从职位子类选取合适的职业发展通道，申请合适的认证。

（4）为人力资源统计服务。

2. 职位分类的应用

（1）为员工提供"管理＋专业技术"的双重职业发展通道。

（2）专业技术类员工只能选择1个与职位对应的职位子类作为职业发展通道，当某职位族中无适当的职位类或者职位子类时，选择"其他"。

（3）管理类员工选择管理通道，但必须取得与所管理领域对应的专业技术通道的任职资格等级（职级）。

3.职位分类调整

由于职位职责的变更，或由于公司战略和业务的改变，对人员能力培训和发展提出新的要求，导致职位分类需要进行相应调整的，以年度为单位，由人力资源部牵头提出修改意见，报管理层会议审批通过后由人力资源部执行。

第八条　职位分层（任职资格等级）

职位层级是某一职位子类员工任职能力的标志，是企业对员工进行任职资格管理、职业生涯规划、薪酬管理的基本依据。

1.管理职位的分层（参考《×××干部管理条例》）

2.专业技术职位的分层（见表6.8）

表6.8　专业技术职位的分层

任职资格等级		定　义
XX五级	专家级	是公司内部本专业公认的专家； 能够洞悉本领域的发展方向，并提出具有战略性的指导思想
XX四级	资深级	精通本专业多个领域的知识和技能； 能够准确把握本领域的发展趋势，指导整个体系的有效运作，能够指导本领域内的重大、复杂的问题解决
XX三级	骨干级	精通本专业某一领域的知识和技能，熟悉其他领域的知识； 能够指导本领域内的1个子系统有效地运行，对于本子系统内复杂的、重大的问题，能够通过改革现有的程序/方法来解决，熟悉其他子系统运作
XX二级	经验级	具有本专业某一领域全面的、良好的知识和技能，在某一方面是精通的； 能够独立、成功、熟练地完成本领域1个子系统的工作任务，并能有效指导他人工作
XX一级	入门级	具有本专业基础的和必要的知识、技能，这些知识和技能已经在工作中多次得以实践； 在适当指导下，能够完成多项的或复杂的业务，在例行情况下能够独立运作

第三章　任职资格标准

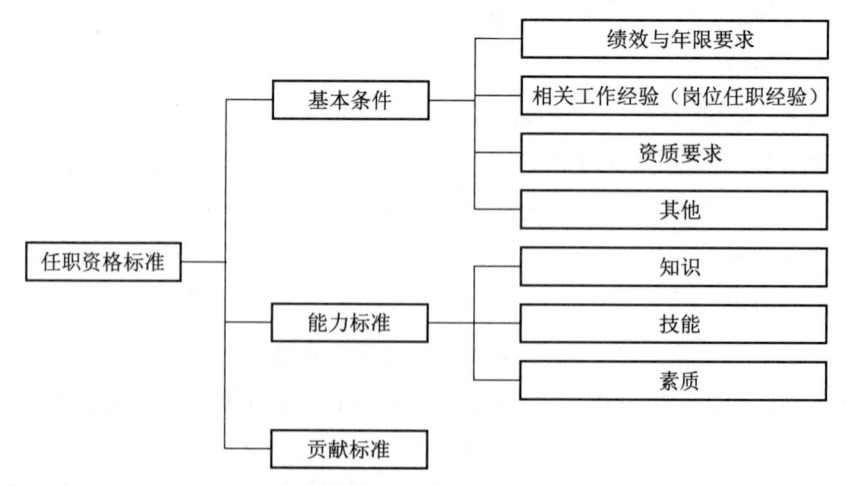

第九条　任职资格标准结构

任职资格标准由基本条件、能力标准和贡献标准三部分组成，如图6.2所示。

```
                              ┌─ 绩效与年限要求
                    ┌─ 基本条件 ├─ 相关工作经验（岗位任职经验）
                    │          ├─ 资质要求
                    │          └─ 其他
         任职资格标准─┤
                    │          ┌─ 知识
                    ├─ 能力标准 ├─ 技能
                    │          └─ 素质
                    │
                    └─ 贡献标准
```

图6.2　任职资格标准结构

1. 基本条件

由绩效与年限要求、相关工作经验（岗位任职经验）、资质要求、其他要求等组成，是提出认证申报的前提条件。

2. 能力标准

员工胜任每一个职位子类不同任职资格等级的职位所必须具备的能力，包括知识、技能和素质3个部分。

3. 贡献标准

每一个职位子类不同任职资格等级的职位对公司所做的贡献，包括方法论建设、知识贡献、人才培养、获取专利等。

第四章　任职资格标准的应用

第十条　人才标准

任职资格标准为人员招聘、选拔、调配、晋升、TOP20识别、后备人才识别提供标准，易于人员定位，提高选人效率。

第十一条　培训发展

1. 除战略及文化宣导方面的培训外，培训课程应参考任职资格标准，围绕员工任职能力提升展开设计。

2. 任职资格标准是拟定员工个人发展计划的重要参考，相对于上一任职资格等级（职级）的任职资格标准的能力短板是个人发展计划中的核心内容。

第十二条　绩效管理

任职资格标准规定了任职者所需的能力标准与贡献标准，可作为员工绩效指标设计的参考。

第五章　任职资格等级（职级）认证

第十三条　任职资格等级（职级）认证

具体参见《任职资格等级（职级）认证管理办法》。

第六章　任职资格标准的维护

第十四条　任职资格标准的维护

每年认证结束之后，应结合公司业务对员工任职资格标准的新要求、认证过程中反馈的问题，对任职资格标准进行完善。

第七章　任职资格管理组织

第十五条　任职资格管理组织（见表6.9）

1. 专业委员会

公司统一按"职位族"设置专业委员会，对应职位类、职位子类设置分委会、专业组。

专业委员会代表公司专业领域内的权威和水准，负责向公司提出专业领域人才战略规划建议、专业领域任职资格管理体系的建设与运营，是员工队伍能力建设的组织保障。

专业委员会可以根据工作需要，组成临时的人才战略规划组、任职资格标准开发优化组、学习发展规划组等项目组。

专业委员会对认证评委进行系统的培训,并接受评委资格认定,实行认证评委的准入管理,并根据认证需要,分散建立总部、子公司、经营责任单位的评委资源池。认证的时候从评委资源池中抽取相应的评委组成评委会,评委会根据专业委员会的授权进行认证。

2. 总部任职资格管理部门

总部任职资格管理部门是公司任职资格管理体系的政策制定、体系建设、运营指导部门,同时负责 3 级及以上认证的统筹与组织。

表 6.9　任职资格管理组织

组织名称	定　位	具体职责
专业委员会	职位族任职资格管理的最高管理机构,对公司 CEO 负责	1. 根据公司整体战略,澄清业务对人才队伍的期望,明确人才队伍能力建设的方向和首要任务 2. 建立与优化任职资格标准,运作认证体系,包括评委的资格认定与管理、高级人才认证、员工认证申诉的复议等 3. 通过任职资格标准和认证来评估整个人才队伍的现状并发现最优秀的人才 4. 规划整个人才队伍能力发展培养的内容和手段
总部任职资格管理部门	公司任职资格管理体系政策制定、体系建设、运营指导部门	1. 职位分类,规划员工职业发展通道 2. 拟定完善公司《任职资格管理办法》《任职资格等级(职级)认证管理办法》 3. T7 及以上认证过程的组织、记录以及认证后的跟进 4. 统一受理公司所有认证申诉,并组织 T7 及以上认证申诉的调查,出具处理意见 5. 为业务部门任职资格管理提供专业咨询和支持
总部 HRP、子公司、经营责任单位(机构)人力资源部	总部各组织、子公司、经营责任单位(机构)任职资格管理体系日常执行机构	1. 受理员工认证申请,并依任职资格标准进行申请资格审查 2. 2 级及以下认证的组织、记录以及认证后的跟进 3. 审核 2 级及以下认证结果,并对结果进行记录和备案 4. 根据总部任职资格管理部门的授权,组织员工 2 级及以下认证申诉的调查,并出具处理意见 5. 为业务部门任职资格管理提供专业咨询和支持
评委	认证评审人员	1. 参与认证评审 2. 协助专业委员会制订与优化任职资格标准 3. 宣传公司的《任职资格管理办法》《任职资格等级(职级)认证管理办法》
各级管理者	员工任职能力提升的促进者	1. 根据员工职业规划,帮助员工提升任职能力 2. 审核直接下级的认证的申请资格与提交证据的真实性,对申请资格与证据的真实性负责,并出具直接下级任职能力评价意见 3. 负责直接下属认证结果反馈,并为员工制订针对性的任职能力培养提升方案并协助实施
员工	对个人任职资格能力提升负责	1 根据个人职业规划,努力提升个人任职能力 2. 对照任职资格标准,进行自评 3. 提出认证申请,并提交相关申请材料与证据 4. 参加认证评审 5. 根据认证反馈结果,制订针对性的任职能力培养提升方案并实施

第八章　附则

第十六条　本办法的最终决定、修改和废除权归人力资源部;解释权归人力资源部。

第十七条　本办法经公司 CEO 审批后,自颁布之日起实施。本办法实施后,原有任职资格管理相关办法自行废止,与本办法有抵触的规定一律以本办法为准。

附件1：职位分类（参见表1.1）
附件2：任职资格标准（见表6.10至表6.13）

表6.10 任职资格标准（概览）

职级	定位		基本条件			知识	技能	素质	贡献标准
	角色	角色定义	绩效及年限	相关经验（岗位任职经验）	资质要求				

表6.11 任职资格标准（知识）

能力	等级	能力描述	具体证据要求
	5级		
	4级		
	3级		
	2级		
	1级		
	5级		
	4级		
	3级		
	2级		
	1级		

表6.12 任职资格标准（技能）

能力	等级	能力描述	具体证据要求
	5级		
	4级		
	3级		
	2级		
	1级		
	5级		
	4级		
	3级		
	2级		
	1级		

表 6.13 任职资格标准（素质）

能力	等级	能力描述	具体证据要求
	5级		
	4级		
	3级		
	2级		
	1级		
	5级		
	4级		
	3级		
	2级		
	1级		

附件3：专业委员会章程

第一条　为规范专业委员会（以下简称"专委会"）的日常运作，促进专委会切实履行职责，根据《任职资格管理办法》《任职资格等级认证管理办法》，制定本章程。

第二条　专委会的定位

1. 专委会是公司职位族任职资格管理的最高管理机构，对公司CEO负责。

2. 专委会代表公司职位族各专业领域内的权威和水准，负责职位族各专业领域任职资格管理体系的建设与运营，是员工队伍能力建设的组织保障。

第三条　专委会内部结构（如图6.3所示）

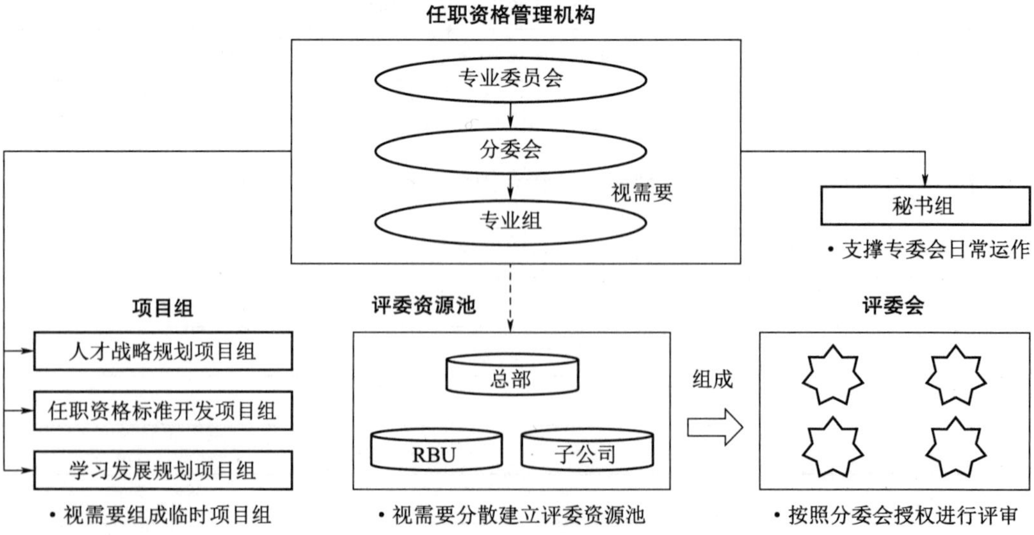

图 6.3　专委会内部结构

第四条　专委会职位设置与主要职责（见表6.14）

表6.14　专委会职位设置与主要职责

名称	职位设置	具体职责
专委会	主任委员	1. 人才战略规划：根据公司战略，澄清业务对职位族人才队伍的期望，明确职位族人才队伍能力建设的方向和首要任务 2. 任职资格管理体系运营：统筹职位族内不同职位子类任职资格标准的设计与优化，统筹职位族认证，专委会临时项目组的组建与管理 3. 人才盘点：评估职位族人才队伍现状，并发现最优秀的人才 4. 人才培养规划：规划职位族人才队伍专业能力发展培养的内容和手段
分委会	主任委员	1. 人才战略规划：根据公司战略，澄清业务对职位类人才队伍的期望，明确职位类人才队伍能力建设的方向和首要任务 2. 任职资格管理体系运营：统筹职位类不同职位子类任职资格标准的设计与优化，统筹职位类认证，包括评委的资格认定、评委资源池的管理、评委的推荐、员工再次认证申诉的调查处理、分委会临时项目组的组建与管理 3. 人才盘点：评估职位类人才队伍现状，并发现最优秀的人才 4. 人才培养规划：规划职位类人才队伍专业能力发展培养的内容和手段
专业组	组长 组员	1. 人才战略规划：根据公司战略，澄清业务对职位子类人才队伍的期望，明确职位子类人才队伍能力建设的方向和首要任务 2. 任职资格管理体系运营：设计与优化职位子类任职资格标准，运作职位子类认证 3. 人才盘点：评估职位子类人才队伍现状，并发现最优秀的人才 4. 人才培养规划：规划职位子类人才队伍专业能力发展培养的内容和手段
秘书组	组长 秘书	1. 承担专委会、分委会与专业组的日常工作：人才战略规划、任职资格管理体系运营、人才盘点、人才培养规划等 2. 负责评委的资格认证与评委资源池的日常管理 3. 负责专委会的各种行政事务（如会议组织、会议记录、文档管理等） 4. 完成专委会布置的其他工作
项目组	项目经理 项目成员 项目秘书	1. 完成项目组规定的工作任务，包括人才战略规划、任职资格标准的设计与优化、人才盘点与人才培养规划等 2. 完成专委会或者分委会安排的其他任务

（1）专委会主任原则上由公司平台负责人或者分管管理层成员担任，分委会主任由专委会主任指定，专业组根据需要设置，专业组组长由分委会主任指定。

（2）分委会主任兼任专委会委员，专业组组长兼任分委会委员，专业组组员由相关业务专家担任

（3）秘书组长由总部任职资格管理部门负责人担任，各专委会秘书由HRP担任

（4）专委会项目组的项目经理由专委会主任任命，由业务专家、HRP、人力资源部相关专家组成，项目秘书由项目经理指定。

分委会项目组的项目经理由分委会主任任命，由业务专家、HRP、人力资源部相关专家组成，项目秘书由项目经理指定。

第五条　专委会的议事规则

专委会实行定期会议和临时会议制度，专委会的所有会议根据秘书组组长发出的通知为准。

会议应有会议记录，并形成会议纪要，会议纪要会后发给每个委员。会议决议需要正式发布的，由秘书组组长负责发布。

1. 定期会议

定期会议每年年初召开 1 次，主要议题如下：

（1）上年度专业委员会工作总结与改进。

（2）审核和批准年度专业委员会工作目标和计划。

2. 临时会议

临时会议根据以下工作需要不定期召开：

（1）根据专委会主任、专委会委员、秘书组组长的提议可召开专委会临时会议。

（2）根据分委会主任、分委会委员、秘书组组长的提议可召开分委会临时会议。

第六条　评委资源池的运作

分委会根据职位类，分散建立总部、子公司、RBU 评委资源池。

分委会负责评委资源池中的评委的入出池、评审能力培训，并根据认证需要推荐评委。

1. 评委的资格要求

担任认证评委必须满足以下任意 1 项条件：

（1）认同公司价值观，入职满 1 年，并且最近 1 年绩效考核等级为 B 级以上，在所在专业领域同一职级有一定的专业影响力，经分委会认可的 2 级及以上员工。

（2）经人力资源部认定的人才测评师、面试资格人。

2. 评委的入池

评委采用个人申请、组织推荐 2 种办法产生。

公司为进入评委资源池的评委建立档案。

必要的时候，邀请外部专家进入评委资源池，参与高级人才的认证评审。

3. 评委参与认证评审

评委根据分委会的授权参加认证评审，公司为每一个评委建立《认证评审档案》，并给予适当激励（具体规则另订）。

4. 评委的出池

发生下列情形评委自动出池：

（1）评委离职。

（2）评委在评委资源池期间，绩效等级达不到"B"级，或者出现违反公司核心价值观、出现重大违反公司规章制度事件。

（3）评委个人提出出池申请，经分委会主任同意。

（4）评委在认证过程中，以公徇私，违背认证的公正性，有认证申请人投诉，经分委会查实。

（5）连续 2 个认证周期没正当理由拒绝分委会的推荐，不履行评委职责。

（6）经分委会认定的其他情形。

第七条　本章程的最终决定、修改和废除权归人力资源部；解释权归人力资源部。

第八条　本章程未尽事宜及相关细则，由人力资源部与各专委会共同拟定。

6.3 任职资格等级认证办法

第一章 总则

第一条 目的

为规范公司员工任职资格等级认证（以下简称"认证"）与任职资格等级日常管理，明确组织权责，帮助各级管理者牵引员工发展，保证认证有序、客观、公正，特制定本办法。

第二条 适用范围

本办法适用于×××公司全体员工。

第三条 术语解释

认证是对人才能力成长的内部认定与激励，也是对人才培养效果的检验，其根本目的在于通过任职资格标准牵引人才任职能力的成长，实现"人岗匹配"。

第四条 认证原则

（1）文化导向：模范践行公司核心价值观是员工提出认证申请的前提条件。

（2）绩效导向：绩效优秀是提出认证申请的基本前提。鼓励员工突破性成长，只要绩效足够优秀或者为公司做出突出贡献，就可以按照规则提出破格申报。

（3）结果导向：员工列举自己工作成果（证据）来证明自己的任职能力。

（4）能上能下原则：打破任职资格等级终身制，坚持任职资格等级复核制，绩效低下的员工坚决降级。

第二章 任职资格等级获取方式

第五条 任职资格等级获取的方式

（1）入职。新员工入职，由人力资源部门统筹，结合招聘的具体职位与任职资格标准，确定员工的任职资格等级。

（2）认证。员工符合申报条件，参加认证，获得任职资格等级。

（3）评定。无法通过认证方式获取任职资格等级的员工，经人力资源部门核准，通过评定的方式确定员工的任职资格等级（具体规则另订）。

第三章 认证时间与认证流程

第六条 认证时间

认证每年进行1次，在年度绩效考核结束之后启动。

第七条 认证流程

学习考试→员工自评→认证申请→述职答辩→结果统计与审批→结果反馈与申诉

注：一级不需要参加认证流程，由人力资源部与员工直接上级决定。

第八条 学习考试

员工通过自学、面授、实践等学习方式，掌握相关业务知识与基础技能，并在认证申报前通过考试进行验证。

通过相应的考试是员工提出二、三级认证申请的前提条件，申请四级认证不需参加考试。

第九条 认证申请

（一）提出认证申请的前提条件

（1）非试用期，并且模范践行公司核心价值观的正式员工。

（2）满足任职资格标准中的基本条件要求（对于申报前连续2次绩效等级为"A"，并且对公司产品研发、营销、工程技术或管理创新等做出重大贡献者，经公司决策层批准，可以提出破格申请，但不允许跨级申请）。

（3）原则上，认证申请必须在同一职业通道内进行，如涉及跨职业通道申请，则申请认证的任职资格等级不高于当前职业通道的任职资格等级（跨职业通道申请不允许破格认证申请）。

（4）其他要求：详见"任职资格标准"与《年度认证启动通知》。

（二）认证申请资料

认证申请人需完整填写《认证申请表》，并整理相关证据，根据认证申请流程在规定的时间内提出认证申请，逾期视同弃权。

（三）认证申请流程

1. 正常认证（二级）申请流程

员工自评→员工提出认证申请→直接上级出具意见→人力资源部审批。

2. 正常认证（三、四级）、破格申请流程

员工自评→员工提出认证申请→直接上级出具意见→人力资源部审核→公司领导审批。

第十条 述职答辩

述职答辩是申请人现场向评委会进行述职与答辩。

参加述职答辩的申请人需在参加述职答辩前2个工作日完成"述职答辩报告PPT"，整理相关证据，并报直接上级进行证据真实性审查通过之后（具体要求参见《认证证据整理指南》），提交给认证组织人员。

在述职答辩前2个工作日，由专业委员会从评委资源池相关通道评委中抽取5名评委组成评委会，评委的任职资格等级须高于员工申请认证的任职资格等级，并且员工的直接上级与辅导员应该回避。

述职答辩阶段与时间分配，见表6.15。

表6.15 述职答辩阶段与时间分配

序号	阶　　段	时　　长
1	评委阅读申请人资料与证据	—
2	申请人讲解述职答辩报告PPT并展示证据	30分钟
3	评委提问，申请人答辩	15分钟
4	评委讨论，独立评价	10分钟

评委根据任职资格标准，逐项评审，并给出具体评估意见。

述职答辩评审规则，见表6.16。

表 6.16　述职答辩评审规则

序号	评审结果	符号	评价标准
1	符合	√	表现出来的能力与对应能力标准符合，能按照能力标准行事，达到了预期效果
2	不符合	×	表现出来的能力与对应能力标准不符合，效果不明显
3	无法评价	?	获取信息不足，无法作出评价

述职答辩采取"2 票否决制"，也就是至少 4 位评委对某一评审项的评价都为"符合"，该评审项才能为"通过"，如果其中有 2 位评委对某一评审项的评分为"不符合"或者"无法评价"，该评审项为"不通过"。

第十一条　结果统计与审批（表 6.17）

人力资源部在收集评委评价表之后，应在 1 个工作日内进行认证结果统计。

根据全部评审项的通过率决定认证等级。

表 6.17　全部评审项的认证等级及通过率

序号	认证等级	累计全部评审项的通过率
1	一等	≥ 95%
2	二等	≥ 70%
3	三等	≥ 40%
4	不达标	低于 40%

1. 二级认证

HR 部门负责人审核→公司主管领导审批确认生效。

2. 三、四级认证、破格认证

HR 部门负责人审核→公司主管领导审核→公司决策会议审批确认生效。

第十二条　结果反馈与申诉

1. 结果反馈

认证结果反馈由直接上级与员工采取面对面沟通的方式进行，直接上级应该详细告知员工任职能力的优势与不足，并共同制订针对性的员工能力发展计划，输出"认证结果反馈与改进计划表"（见附件 5）。

2. 申诉

认证结果反馈后，如员工认为认证结果显失公正，可在人力资源部门公布认证结果后的 5 个工作日内填写"认证申诉表"，直接向人力资源部门提起申诉。

人力资源部门应该在 3 个工作日内出具是否受理意见。如果不予受理，应该出具意见并告知申诉员工。

对于同意受理的申诉，人力资源部门应该在 10 个工作日之内成立调查小组，并进行调查处置，出具处理意见。

如员工对初次处理意见不满，可在 2 个工作日之内继续向人力资源部门提出再次申诉，人力资源部门应当移交公司专业委员会，由专业委员会在 10 个工作日之内进行复议。专业委员会的复议结果为员工当次认证的最终结果。

第十三条　认证证书

三、四级认证通过人员，由公司统一颁发认定证书。

第四章　认证结果的应用

第十四条　任职资格等级生效时间

（1）员工入职获得的任职资格等级，生效时间为入职时间。

（2）员工参加认证获得的任职资格等级，生效时间为次年 1 月 1 日。

第十五条　任职资格等级有效期

员工任职资格等级有效期为 2 年，任职资格等级获得满 2 年时，正常情况下有效期顺延 1 年。如出现以下情况，经员工直接上级确认，人力资源部门需组织进行"员工任职能力与当前任职资格等级标准匹配评估"。

（1）员工绩效考核等级为"C"或者"D"。

（2）人力资源部门收到有关员工任职能力与任职资格等级不符的投诉。

人力资源部门应该在"员工任职能力与当前任职资格等级标准匹配评估"之后，按照如下原则进行任职资格等级处置。

（1）匹配评估一致，员工任职资格等级有效期顺延 1 年。

（2）匹配评估不一致，员工必须在当年认证申报中选择不高于当前任职资格等级的级别进行认证，如未在当年通过认证，则员工任职资格等级下调一个等级。

员工任职资格等级有效期满，并且没有获得新的任职资格等级，则其任职资格等级自动下调一级。

第十六条　任职资格等级信息查看与维护

员工有权查看本人任职资格等级信息，部门经理有权查看下属员工的任职资格等级信息。

第十七条　认证结果的应用

任职资格等级反映了员工的能力水平，是选、育、用、留的重要参考依据，主要应用在以下方面。

1. 公司人才结构及相关分析

在公司人才结构分析中，通过任职资格等级，可综合反映公司人员能力分布情况，为人才战略规划以及培养发展方案提供决策支持。

2. 选拔晋升

员工任职资格等级代表员工在对应职业通道上的能力水平，反映员工职位晋升的专业准备度。

3. 发展及培训

认证能有效识别员工任职能力的优势与不足，是员工制订个人发展计划的重要依据。

4. 绩效管理

员工任职资格等级是确定其绩效考核标准的参考依据（具体详见公司绩效管理相关制度）。

5. 薪酬福利

员工任职资格等级是确定薪酬福利标准的参考依据（具体详见公司的薪酬福利管理相关制度）。

第五章 认证总结和改进

第十八条 认证总结

认证结束后的1个月内，人力资源部门应该组织进行认证工作总结。

（1）总结取得的成绩与经验，对认证实施过程中出现的问题加以归纳与总结。

（2）针对认证存在的问题，结合公司现状，制定优化与改善措施。

第十九条 认证改进

（1）对任职资格标准出现过高或过低现象进行修订，使之适合公司现状和未来发展的需要。

（2）对认证流程、认证方法进行优化与完善，使之更有良好的操作性，体现出方便、高效、客观、公平。

（3）改善认证辅导工作方法，使员工掌握正确的证据收集方法，使认证结果更接近实际，减少偏差。

（4）不断提高认证组织者、评委认证经验及对任职资格标准与认证技能的掌握，提高认证质量。

第六章 认证组织

第二十条 认证组织（见表6.18）

表6.18 认证组织

序号	部门	具体职责
1	人力资源部门	1. 新入职员工任职资格等级的确定 2. 公司认证体系的设计和维护 3. 统筹组织公司员工认证 4. 审核认证结果，对认证过程的公正性负责 5. 统一受理公司认证申诉，并组织认证申诉的调查，出具处理意见 6. 协助专业委员会进行评委的培训、认证与评委资源池的日常管理
2	专业委员会	1. 对任职资格标准提出专业意见 2. 评委的培训、认证与评委资源池的日常管理 3. 负责评委会的组建，对评审结果的公正性负责 4. 组织员工认证2次申诉的复议，并出具最终复议意见
3	评委	负责认证评审，对评审结果的公正性负责
4	各级管理者	1. 审核直接下级的认证的申请资格与提交证据的真实性，对申请资格与证据的真实性负责，并出具直接下级任职能力评价意见 2. 负责直接下级认证结果反馈，并为员工制订针对性的任职能力培养提升方案并协助实施
5	员工	1. 对照任职资格标准，进行自评 2. 提出认证申请，并提交相关申请材料与证据 3. 根据HR的安排，参加认证评审 4. 根据认证反馈结果，制订针对性的任职能力培养提升方案并实施

第七章 附则

第二十一条 罚则

(1) 认证组织管理人员如有利用个人职权,私自更改员工任职资格等级信息,或在员工认证过程中违背公正原则等行为,经查实,提交公司处理。

(2) 员工参加认证,如有提供虚假信息或者虚假证据,一经查实,取消当次参评资格以及认证结果,并提交公司处理。

(3) 为保证评委评审结果的独立性和保密性,员工在参加认证过程中,不得通过任何途径打听评委及其评委给出的独立评审意见,一经发现,取消当次参评资格及认证结果,并在随后 3 年内不得申请认证。

(4) 评委如在认证中以公徇私,违背评定的公正性原则,遇申请人投诉,经专业委员会查实,取消评委资格。情节严重者,提交公司处理。

第二十二条 人力资源部门应该妥善保存员工提交的全部证据、认证过程的全部文档,保存期限至少 3 年。

第二十三条 本办法的最终决定、修改和废除权归人力资源部;解释权归人力资源部。

第二十四条 本办法经公司决策层会议审批后,自颁布之日起实施。本办法实施后,原有认证相关办法自行终止,与本办法有抵触的规定一律以本办法为准。

附件 1:认证申请表(见 6.19)

表 6.19 认证申请表

认证申请人基本信息					
姓名		工号		性别	
所在部门		是否破格认证申请			
现通道名称		现任职资格等级		级	等
申请通道名称		申请任职资格等级		级	等
在公司的任职资格等级认证历史(从低到高)					
任职资格等级		获得时间	认证地点	间隔年限(年)	
级	等				
级	等				
级	等				
级	等				
最近 2 年绩效考评等级与获得公司表彰					
起止时间	部门	岗位	绩效考评等级	获得公司表彰	

续表

任职资格标准自评——关键能力		
关键能力项	自评级别	典型实例 （请列举取得现有任职资格等级后，最能突出表现的实例）

任职资格标准自评——关键责任		
关键责任项	自评级别	典型实例 （请列举取得现有任职资格等级后，最能突出表现的实例）

任职资格标准自评——专业贡献		
专业贡献项	自评级别	典型实例 （请列举取得现有任职资格等级后，最能突出表现的实例）

其他补充信息 （跨级特殊认证申请人请补充有关对公司产品、营销、技术或管理创新等做出重大贡献的相应证据）		

审核			
直线经理意见	满意之处		
	不足之处		
	申请资格 审核意见	本人已审阅此申请表，证明该申请人满足全部申报资格，同意其申报。	
	签名		时间

续表

间接上级意见	申请资格审核意见			
	签名		时间	
人力资源部负责人意见	申请资格审核意见			
	签名		时间	
公司领导意见（三四级、破格认证申请需填写）	申请资格审核意见			
	签名		时间	

附件2：认证证据整理指南

公司的任职资格等级认证（以下简称"认证"）强调员工做了什么，而不是员工知道什么、会什么，因此，在整个认证过程中，员工应该列举自己在日常工作中实际发生的证据来证明自己以前做过什么，做到了什么程度，从而来间接证明自己的任职能力。

任何等级认证的申请人都需要整理并提交认证证据。

第一条 证据的作用

证据是员工在典型工作活动中的行为轨迹。整理证据是员工遵循任职资格标准，系统地回顾自己工作的过程。

系统、完整的证据有助于员工全面、准确地展示自己的工作过程与工作成果，证明自己的任职能力。

第二条 证据的类型

证据通常分成三类：

1. 工作文档

工作文档是根据公司相关要求，员工在工作过程中产生的规范书面资料。工作文档包括：

（1）各类报告，如产品策划报告、市场规划报告、项目结项评审报告等。

（2）各种业务文本，如管理制度或办法、流程说明书、标书、技术交流方案、项目评审表、合同、培训课程等。

（3）工作计划与总结，如项目计划、预算等。

（4）会议纪要。工作记录，如内部分享或授课的相片（视频、记录）、签单记录、培训记录等。

（5）其他。如发表的文章、出版的专著等。

2. 关键事件

关键事件是一些曾经发生的事情，是一些客观事实或数据，而不是个人主观感受或判断；它反映了员工是如何成功地工作或活动的。如：成功的客户高层沟通、有效的危机处置、成功的人才培养、团队建设等等。

编写关键事件的基本原则：

（1）给关键事件取一个名称。

（2）以第一人称"我"来描述整个事件。

（3）集中描述工作上的行为，尽量使用行为动词，如：主持、参与、协助、检查、回答、撰写、主讲、介绍等；也应描述行为构成的原因及其所造成的后果。

（4）必须紧扣任职资格标准来描述，任职资格标准中进行了量化定义的，必须量化描述，任职资格标准中进行了定性说明的，要便于定性评价。

（5）尽量避免感觉及判断等一些主观的描述，如主动性强、为人诚恳、没有耐性、不够成熟稳重等。

3. 第三方意见

由员工的直接上级、同事、客户、合作伙伴等对员工在日常工作行为是否符合任职资格标准要求作出的评价。如：客户感谢信、客户评价、同事评价、直接上级评价、社会媒体评论、合作伙伴邮件等。

第三条　合格的证据应具备的条件

（1）典型。反映员工典型的业务活动。

（2）真实。是员工在取得上一任职资格等级之后履行岗位职责的真实输出。

（3）有效。可以证明员工申请认证的某一项能力或者贡献是否达标。

（4）规范。符合公司对文档的规范要求。

第四条　证据的整理与公示

1. 证据整理的原则

（1）证据与任职资格标准的关系：紧扣任职资格标准，立意明确（证据要证明什么能力，说明什么贡献）。

（2）证据与证据的关系：力求证据之间的逻辑性和系统性，以关键事件为核心，使工作文档、关键事件、第三方意见等证据形成有机体。

（3）是整理证据，而不是编造证据。

2. 证据整理格式

（1）工作文档。任职资格标准中有明确证据要求的，则按证据要求整理，任职资格标准中没有明确证据要求的，员工按照任职资格标准自主进行整理。

（2）关键事件。事先准备好书面的关键事件描述文档。

（3）第三方意见。让第三方提供书面说明。

证据文件命名规则为"评审项 - 证据编号 - 证据名称"。

员工应该制作 1 份详细的《认证证据清单》（见表 6.20），详细列明证据名称与对应的评审项。

3. 证据的公示

（1）条件具备时，员工应该将认证的相关证据上传公司知识管理系统进行公示，供其他员工查询与阅读。

（2）其他员工如果发现证据造假，应该直接向人力资源部门举报。

第五条 证据的真实性审查

员工的直接上级应该在3个工作日之内对员工提交的全部证据的真实性进行审查，对证据的真实性负责。

表6.20 认证证据清单

任职资格标准	评审项	证据编号	对应证据名称 （列明1-3项关键证据的名称，请增加链接，方便评委评审）	证据证明人	备注
关键能力		1			
		2			
		3			
		1			
		2			
		3			
专业贡献		1			
		2			
		3			
		1			
		2			
		3			
关键责任		1			
		2			
		3			
		1			
		2			
		3			
证据的真实性承诺	本人提供的全部证据真实可靠。 本人郑重承诺：如有提供虚假证据，无条件接受公司处理决定。 员工签名： 年 月 日			
证据的真实性审查	我已详尽审阅该员工提交的全部证据，全部证据真实有效。 直接上级签名： 年 月 日			

附件3：述职答辩报告 PPT（如图6.4至图6.11所示）

述职答辩报告

姓名：XXX
职业通道：XXX
任职资格等级：X级 X等

图 6.4　述职答辩报告 PPT（一）

内容提要
一．个人工作简历
二．履行的关键责任
三．做出的专业贡献
四．关键能力达标情况
五．工作思考和建议（本业务领域的展望）

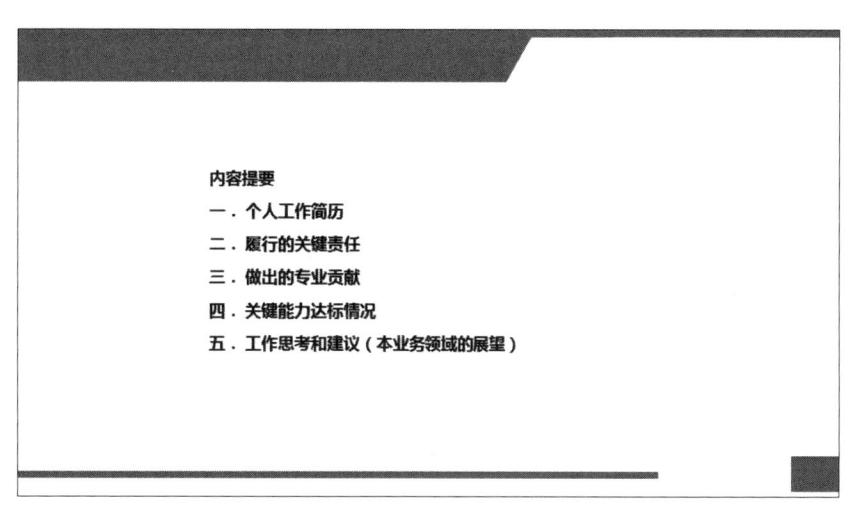

图 6.5　述职答辩报告 PPT（二）

个人工作简历（简述）

- 姓名、入职时间、部门、职位、现有职业通道与等级、申请认证的职业通道与等级；
- 工作经历（包括时间，部门，负责/参与的项目，职位/角色等）；
- 近二年绩效；
- 近一年所获得的奖励

图 6.6　述职答辩报告 PPT（三）

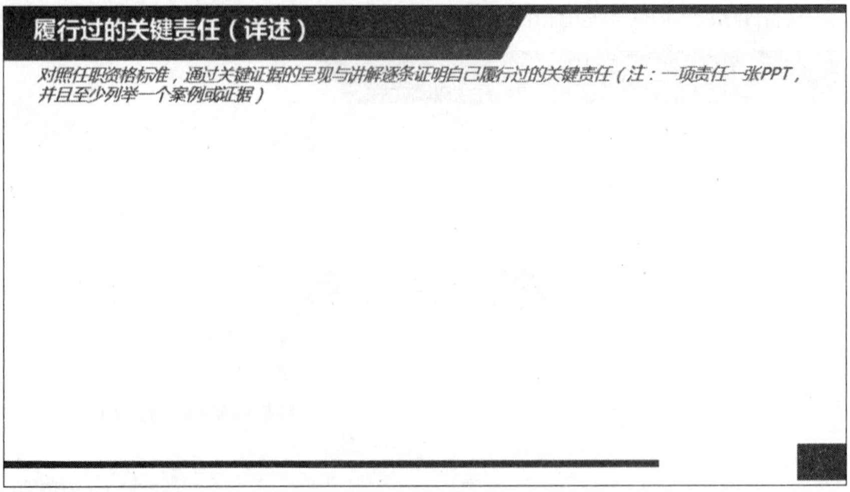

履行过的关键责任（详述）

对照任职资格标准，通过关键证据的呈现与讲解逐条证明自己履行过的关键责任（注：一项责任一张PPT，并且至少列举一个案例或证据）

图 6.7　述职答辩报告 PPT（四）

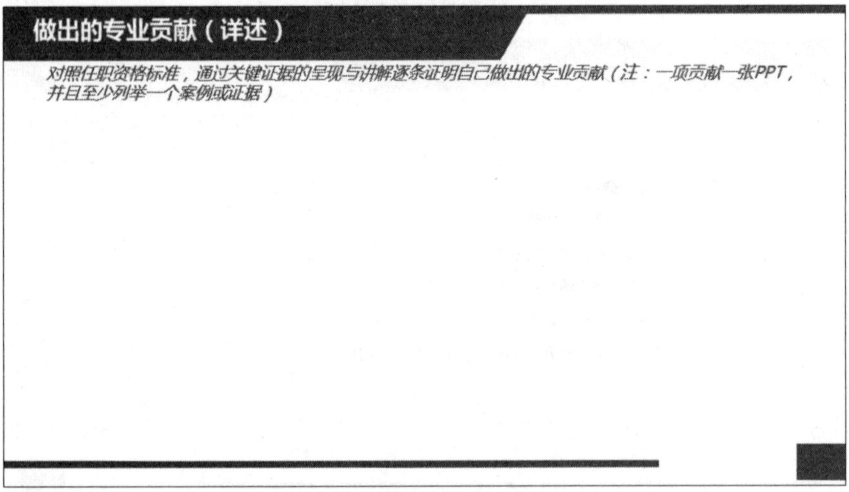

做出的专业贡献（详述）

对照任职资格标准，通过关键证据的呈现与讲解逐条证明自己做出的专业贡献（注：一项贡献一张PPT，并且至少列举一个案例或证据）

图 6.8　述职答辩报告 PPT（五）

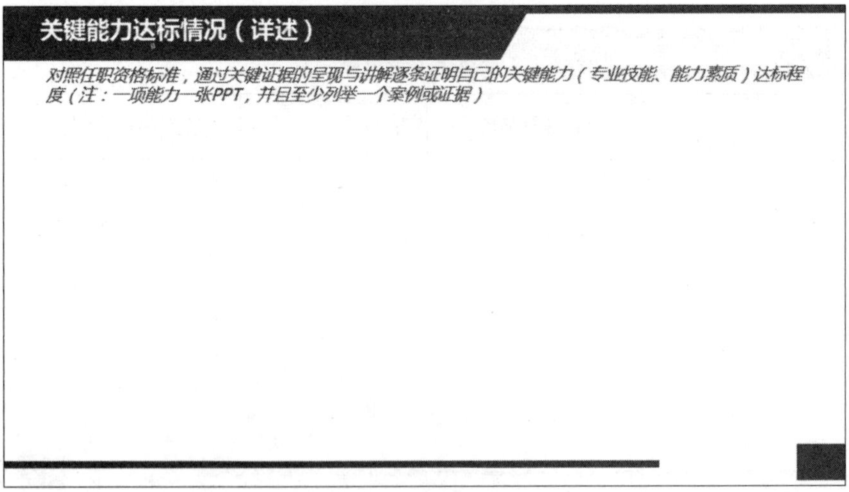

关键能力达标情况（详述）

对照任职资格标准，通过关键证据的呈现与讲解逐条证明自己的关键能力（专业技能、能力素质）达标程度（注：一项能力一张PPT，并且至少列举一个案例或证据）

图 6.9　述职答辩报告 PPT（六）

图 6.10　述职答辩报告 PPT（七）

图 6.11　述职答辩报告 PPT（八）

附件 4：认证评审表（见表 6.21）（评委用）

表 6.21　认证评审表

评委姓名：　　　　　评定时间：　　　年　　月　　日

填表说明：请评委根据《任职资格标准》相关要求对申请人进行评价，"评委评审意见"栏请填写：符合（√）、不符合（×）、无法评价（？），并在具体评价意见栏填写您的具体意见					
申请人		申请通道		申请任职资格级别	级等
类别	评价项	评委评审意见	具体评价意见		
关键能力项	×××能力				
关键责任项					
专业贡献项					

附件 5：认证评审结果统计表（见表 6.22）（HR 统计用）

表 6.22　认证评审结果统计表

认证 HR 姓名：　　　　　统计时间：　　　年　　月　　日

申请人			申请通道				申请级别		级	等
类别	评价项		评委意见							评价项评审结果
			评委1	评委2	评委3	评委4	评委5			
关键能力项	×××能力									
关键责任项										
专业贡献项										
全部评价项符合率										
最终评审结果（根据全部评审项的通过率决定是否评审结果）										
HR 负责人审核意见（过程公正性）										
公司领导审核意见（结果公正性）										

附件 6：认证结果反馈与改进计划表（见表 6.23）

表 6.23　认证结果反馈与改进计划表

反馈时间			反馈地点	
反馈内容记录	员工：		直接上级：	
任职资格标准改进计划	改进措施/内容		具体时间安排	衡量标准
改进总结	（由申请人对改进计划的实施情况进行总结）　　　　　　　　　　　　　　　　　　　　　　　　申请人签字：　　　　　日期：			
改进沟通与复核	（由直接上级对申请人改进情况进行检查沟通复核）　　　　　　　　　　　　　　　　　　　　　　　直接上级签字：　　　　日期：			

附件7：认证申诉表

申诉人		所在部门	
申报认证的通道		申报认证的 任职资格等级	级　　等

申诉原因及补充说明	
	员工签名：　　　　　　年　月　日

人力资源部意见 （根据实际情况给出是否受理申诉的意见）

初次复议结果 （人力资源部门同意受理后，应该组织进行复议并给出复议结果）

复议结果 （如员工不接受初次复议结果，提出再次申诉，则由专业委员会进行复议）

说明：该表由申诉人填写后直接提交人力资源部，由人力资源部门跟进完成后续申诉处理流程。

第 2 篇
某制造企业任职资格体系

7 职业发展通道

职业发展通道包括管理族及所属职类、营销族及所属职类、研发技术族及所属职类、服务族及所属职类、专业族及所属职类、生产族及所属职类等。

7.1 管理族及所属职类

管理族及所属职类包括管理类和项目管理类，见表7.1。

表7.1 管理族及所属职类

级别代码		名 称	管理族	
			管理类	项目管理类
5级	A	高层管理	总经理	—
	B		副总经理	
4级	A	中高层管理	部长	高级项目经理
	B		总经办主任	
3级	A	中层管理	主管	项目经理
	B		副主管	
	C			
	D			
2级	A	基层管理	主任	项目管理工程师
	B		研发项目组长	
	C		国内大区经理	

1. 管理类

担当企业纵向组织中一定领导或管理职务，具有相应最终决策权并承担相应管理责任。管理类分层定义，见表7.2。

表7.2 管理类分层定义

级别	名 称	说 明
5级	高层管理	1.决策公司长期战略和近期规划；制定所分管事务的工作目标和发展战略规划 2.组织推动公司组织与流程建设、队伍与文化建设以及管理体系建设 3.负责公司整体的日常经营规划、决策和管理，实现董事会下达的经营目标，监督主管领域的执行情况，处理主管领域的重大事务 4.建立并保持重要的外部关系，以创造和维护良好的企业运作环境，同时代表公司对外活动 5.建设领导干部队伍
4级	中高层管理	1.公司一级部门的直接责任人，参与并影响公司重大日常经营决策，从有关负责领域角度出发提出具体的建议方案 2.负责主管领域的日常运行管理，根据公司战略和宏观决策，组织实施相关策略和计划，推动本部门工作的有效开展；持续完善本部门的业务流程 3.培养管理人员和专业骨干，为公司的长远发展储备人才 4.参与并推动公司企业文化建设 5.直接负责内外部相关重要关系的协调与管理

续表

级别	名称	说明
3级	中层管理	1. 公司某重要业务的责任人，参与公司日常经营决策，从有关负责业务角度出发提出具体的建议方案 2. 根据公司规划和部门目标，在规定权限范围内制订资源配置计划，对计划执行进行监控 3. 贯彻执行公司各项管理制度、制定部门管理规范，完善本部门的业务流程 4. 主持部门的日常管理运作，贯彻执行公司策略，达成本部门目标 5. 管理和辅导部门员工，营造良好的部门工作氛围和提升员工士气 6. 收集各种信息，汇总分析，为本部门决策与上级部门决策提供依据
2级	基层管理	1. 根据部门目标，在规定的权限范围内制订资源配置计划，对计划执行进行监控 2. 贯彻执行公司各项管理制度、制定部门管理规范，完善本部门的业务流程 3. 管理和辅导部门员工，营造部门良好的工作氛围和提高员工士气 4. 收集各种信息，汇总分析，为本部门决策与上级部门决策提供依据

2. 项目管理类

担当企业横向研发组织中管理职务，具有相应最终决策权并承担相应管理责任。项目管理类分层定义，见表7.3。

表7.3 项目管理类分层定义

级别	名称	说明
4级	高级项目经理	1. 负责重大项目的管理工作，参与市场拓展 2. 负责跨多部门重大项目管理工作，在公司外部具有一定的知名度，在行业内有一定的影响力 3. 负责组织开展工程项目运作流程与项目管理工具的建设与完善工作，提高项目运作效率 4. 参与公司服务战略规划的制定工作 5. 负责项目团队的组建及考核评价工作 6. 培养企业内部的项目经理人 7. 负责项目整体运作规划
3级	项目经理	1. 负责大型项目的管理工作 2. 负责跨部门一般项目管理工作 3. 负责项目团队的组建及考核评价工作 4. 协助高级项目经理开展重大项目实施工作 5. 在高级项目经理指导下完成大项目的管理工作 6. 指导低级别项目经理开展工作 7. 负责项目运作规范、流程平台的建设工作
2级	项目管理工程师	1. 承担公司有成熟实施方案的项目，负责中小型项目的管理工作 2. 协助项目经理开展项目实施工作 3. 在高级别项目经理的指导下参与大型项目的管理工作

7.2 营销族及所属职类

营销族及所属职类包括市场研究类、市场策划及推广类、产品规划类、直销类、渠道销售类、配件销售类，见表7.4。

表7.4　营销族及所属职类

级别代码		名称	营销族					
			市场研究类	市场策划及推广类	产品规划类	直销类	渠道销售类	配件销售类
5级	A	专家	市场研究专家	市场策划专家	产品专家			
	B							
4级	A	资深经理	资深市场研究经理	资深市场策划及推广经理	资深产品经理	资深销售经理	资深渠道销售经理	资深配件销售经理
	B							
3级	A	高级经理	高级市场研究类经理	高级市场策划及推广经理	高级产品经理	高级销售经理	高级渠道销售经理	高级配件销售经理
	B							
	C							
	D							
2级	A	经理	市场研究类经理	市场策划及推广经理	产品经理	销售经理	渠道销售经理	配件销售经理
	B							
	C							
1级	A	专员	市场研究类专员	市场推广专员	产品助理	销售助理	渠道销售助理	配件销售助理
	B							

1. 市场研究类

担当为销售战略目标而进行研究的过程，承担相应问题所需的信息具体化、设计信息收集的方法、管理并实施数据收集过程、分析研究结果、得出结论并确定其含义。市场研究类分层定义，见表7.5。

表7.5　市场营销类分层定义

级别	名称	说明
5级	市场研究专家	1. 具备相关行业内丰富的市场知识，清晰行业长期发展趋势 2. 负责规划公司长期发展战略研究 3. 负责规划公司行业开拓战略和产品战略研究工作 4. 负责规划组织和实施重大的各类研究项目 5. 负责规划公司专家库建设工作 6. 负责规划行业内有一定影响力和深度的行业研讨活动
4级	资深市场研究经理	1. 具备相关行业内丰富的市场知识，能把握行业发展趋势 2. 负责关键战略研究项目的实施 3. 负责关键行业研究项目的实施 4. 负责关键竞争对手研究项目的实施 5. 负责关键技术调研项目的实施 6. 指导市场研究知识库策划、建立和优化
3级	高级市场研究经理	1. 负责公司战略研究项目组织、重要战略研究项目并监督实施 2. 负责公司行业研究项目组织、重要行业研究项目并监督实施 3. 负责竞争/重要对手研究的项目组织并监督实施 4. 负责公司技术调研项目组织、重要技术调研项目并监督实施 5. 负责市场研究知识库维护并监督 6. 负责情报库策划、建立和优化计划
2级	市场研究经理	1. 负责公司战略研究项目实施 2. 负责公司行业研究项目实施 3. 负责竞争对手研究项目实施 4. 负责公司技术调研项目实施 5. 负责信息情报收集和情报库维护
1级	市场研究专员	1. 具备一定的处理与各部门沟通与合作事宜能力 2. 在市场研究主任指导下进行工作 3. 协助执行公司战略研究项目 4. 协助执行公司行业研究项目 5. 协助执行竞争对手研究项目 6. 协助执行公司技术调研项目 7. 协助执行情报库实施工作

2. 市场策划及推广类

担当企业扩大产品市场份额，提高产品销量和知名度，而将有关产品或服务的信息传递给客户，激发和强化其购买动机，并促使这种购买动机转化为实际购买行为而采取的一系列措施。市场策划及推广类分层定义，见表7.6。

表7.6 市场策划及推广类分层定义

级别	名称	说明
5级	市场策划及推广专家	1. 具备相关行业内丰富的市场、技术、产品等知识，具有前瞻性的长期发展战略思维 2. 负责规划公司长期发展品牌战略项目制定与实施 3. 负责规划公司市场战略开拓项目制定与实施 4. 负责规划公司战略性产品深化与延伸项目制定与实施 5. 负责规划公司战略性营销政策及发展策略项目制定与实施 6. 负责规划公司战略性品牌提升项目制定与实施 7. 培养低级别下属人员
4级	资深市场策划及推广经理	1. 具备相关行业内丰富的市场知识，能把握行业发展趋势 2. 结合公司的企业战略，制定公司未来3年的市场规划方向并制定具体的行动计划与实施 3. 负责公司战略性市场品牌推广项目制定与实施 4. 负责公司关键性市场推广活动的制定与实施 5. 负责战略性市场推广的费用预算、管理和控制 6. 负责对战略性市场推广价值评估 7. 负责战略性品牌提升宣传项目制定与实施 8. 负责组织和协调公司资源对战略市场推广实施 9. 负责市场推广项目及流程标准化建设 10. 培养低级别下属人员
3级	高级市场策划及推广经理	1. 负责制定相关市场年度推广计划 2. 负责制定公司整体年度市场品牌推广计划 3. 负责相关市场年度推广计划的监督实施 4. 负责大中型具体市场推广活动方案并监督实施 5. 负责制定年度媒体宣传项目计划 6. 负责大中型具体活动计划的费用预算、管理和控制 7. 负责具体市场推广活动价值的评估指导和监督市场推广活动中礼品、资料的采购和制作 8. 培养低级别人员
2级	市场策划及推广经理	1. 负责中小型具体市场推广活动的实施负责区域市场的年度市场策划工作，以及负责市场品牌推广项目的实施 2. 负责媒体渠道的建设与维护 3. 负责媒体宣传项目实施 4. 负责供应商数据库建设与供应商管理 5. 负责市场推广活动中礼品、资料的采购和制作
1级	市场策划及推广专员	1. 具备一定的处理与各部门沟通与合作事宜能力 2. 协助具体市场推广活动的实施 3. 协助执行市场品牌推广项目，并进行相关外联工作 4. 协助媒体渠道的建设与维护 5. 执行市场宣传物料供应商数据库建设与供应商管理 6. 协助执行市场推广活动中礼品、资料的采购和制作 7. 整理公司年、季、月度市场推广费用预算及使用报表并进行汇总

3. 产品规划类

在了解市场、了解客户需求、了解竞争对手、了解外在机会与风险，以及市场和技术发展态势的基础上，根据公司自身的情况和发展方向，制定出可以把握市场机会，满足客户需要的产品的远景目标以及实施该远景目标的战略、战术的过程。产品规划类分层定义，见表7.7。

表 7.7 产品规划类分层定义

级别	名称	说明
5级	产品专家	1. 具备相关行业丰富的产品知识，清晰产品长期发展趋势 2. 负责规划公司长期产品战略研究 3. 负责规划重点竞争对手产品研究 4. 负责规划公司产品行业开拓战略研究 5. 负责规划公司产品市场需求调研 6. 负责规划产品市场化工作和产品的改进 7. 负责规划战略性产品的市场推广工作、组织关键性推广活动 8. 负责规划行业内有一定影响力和深度的行业研讨活动
4级	资深产品经理	1. 具备相关行业内丰富的产品知识，能把握产品发展趋势 2. 参与公司的产品战略的制定及监督实施 3. 负责重要产品战略研究项目的实施 4. 负责重要对手研究项目的实施 5. 负责重要行业研究项目的实施 6. 负责重要市场需求调研项目的实施 7. 负责督导重要产品化项目的实施 8. 负责重要产品改进项目的策划工作、后期实施、生命周期管理 9. 策划相关产品的市场推广年度计划
3级	高级产品经理	1. 制定产品战略研究项目并监督实施 2. 制定竞争对手产品研究项目并监督实施 3. 制定产品行业研究项目并监督实施 4. 制定产品市场需求调研项目并监督实施 5. 制订产品化项目的计划并监督实施 6. 制订提出产品改进项目建议计划、后期实施、生命周期管理 7. 制订相关产品的市场推广年度计划并监督执行 8. 协助、支持销售部门重大项目的竞标
2级	产品经理	1. 实施竞争对手、行业信息、公司产品信息等市场调研计划，全面展开市场调研工作 2. 分析、总结调研信息，确定调研结果，为公司的产品战略制定提供相关依据 3. 策划新品的上市和已有产品的更新换代，包括：计划的制订、实施，广告创意，宣传文章的撰写及活动的策划、实施 4. 负责产品市场定位，安排公司产品宣传，并反馈总结所有信息、收集和应用产品市场信息 5. 负责协助销售部门的销售工作，维护供方关系
1级	产品经理	1. 具备一定的与各部门沟通、合作的能力 2. 协助产品经理了解用户需求，编写需求说明，并协调产品的研发、测试、实施和服务等工作 3. 协助产品经理进行产品上市和更新换代方案执行 4. 协助撰写和制作各种产品宣传文档、销售工具 5. 协助产品经理对销售人员和渠道进行培训 6. 为市场活动中产品讲解、演示提供协助 7. 维护和协调合作伙伴的关系 8. 协助销售部做好客户信用评估及售后服务工作，维护良好的客户关系

4. 直销类

担当为直接客户提供产品的责任。直销类分层定义，见表 7.8。

表 7.8 直销类分层定义

级别	名称	说明
4级	资深销售经理	1. 具有对市场发展趋势的预测和把握能力，能运作特大型项目 2. 负责对公司发展战略有影响的重大项目开拓及 VIP 客户关系开拓维护工作 3. 能够分析大型项目的需求与特点，整合各部门人员组成特大项目组，对整个项目运作方式及资源调度负责 4. 能够根据市场资料，进行深入的市场分析，对销售规划、政策的制定与修改提出可行性建议 5. 参与年度销售战略与年度销售指标制定 6. 组织公司级重大产品项目的签订工作 7. 培养下级销售经理

续表

级别	名称	说明
3级	高级销售经理	1. 具有独立进行大中型客户的商务运作能力 2. 完成公司下达的销售目标、回款目标 3. 分析项目的需求与特点，整合各部门人员组成项目组，对整个项目运作方式及资源调度负责 4. 负责所在区域客户上层关系沟通、开拓与维护 5. 负责重要客户关系维护与开发 6. 负责解决产品合同签订中的关键问题 7. 参与年度销售战略与年度销售指标制定 8. 在资深销售经理的指导下参与特大型项目运作 9. 指导下级销售经理工作
2级	销售经理	1. 具有独立进行中小型客户的商务运作能力 2. 负责公司下达的销售目标和回款目标 3. 负责现有客户关系维护、潜在客户开发 4. 负责所在区域项目信息收集与分析，负责用户档案维护 5. 在高级销售经理的指导下参与项目运作
1级	初级销售经理	1. 在销售经理的带领下进行客户拜访和维护 2. 具备基本的客户收款能力 3. 具备一定的工作经验 4. 具备基本的客户开拓、信息收集、建立客户档案的能力

5. 渠道销售类

担当为代理商客户提供产品的责任。渠道销售类分层定义，见表7.9。

表7.9 渠道销售类分层定义

级别	名称	说明
4级	资深渠道销售经理	1. 具有对市场发展趋势的预测和把握能力，能挖掘公司战略级渠道合作伙伴 2. 负责对公司发展战略有影响的重大渠道客户关系开拓及维护工作 3. 能够分析公司的战略诉求和渠道结构的匹配关系，能整合公司的各种资源，对整个公司渠道结构规划负责；能够根据市场资料，进行深入的市场分析，对渠道销售规划、政策的制定与修改提出可行性建议 4. 参与年度销售战略与年度销售指标制定 5. 组织公司级重大渠道代理协议的签订工作 6. 培养下级渠道经理
3级	高级渠道销售经理	1. 具有独立进行大中型渠道的挖掘、筛选及商务运作能力 2. 完成公司下达的销售目标、回款目标 3. 分析项目的需求与特点，整合各部门人员组成项目组，对整个项目运作方式及资源调度负责 4. 负责所在渠道上层关系沟通、开拓与维护 5. 负责重要渠道关系维护与开发、渠道结构优化 6. 负责解决产品合同签订中的关键问题 7. 参与年度销售战略与年度销售指标制定 8. 在资深销售经理的指导下参与特大型项目运作 9. 指导下级销售经理工作
2级	渠道销售经理	1. 具有独立进行一般中小型渠道的挖掘、筛选及商务运作能力 2. 负责完成公司下达的销售目标和回款目标 3. 负责现有渠道关系维护、潜在客户开发 4. 负责所负责渠道信息收集与分析，负责用户档案维护 5. 在高级销售经理的指导下参与渠道认证工作
1级	初级渠道销售经理	1. 在渠道经理的带领下负责渠道客户接待和维护 2. 具备基本的收款能力 3. 具备一定的工作经验 4. 具备基本的渠道开拓、信息收集、建立客户档案的知识和能力

6. 配件销售类

担当为客户提供配件的责任。配件销售类分层定义，见表7.10。

表7.10 配件销售类分层定义

级别	名称	说明
4级	资深配件销售经理	1. 具有对市场发展趋势的预测和把握能力 2. 负责对公司发展战略有影响的战略伙伴及VIP客户关系开拓维护工作 3. 能够根据市场资料，进行深入的市场分析，对销售规划、政策的制定与修改提出可行性建议 4. 提出年度销售战略及年度销售指标的建议并参与制定 5. 培养销售经理
3级	高级配件销售经理	1. 具有独立进行客户配件更换周期的统筹和规划能力 2. 能够分析和引导客户技术改进 3. 负责配件市场信息的收集并提供建议 4. 负责公司下达的销售指标和回款指标 5. 负责全面备件计划的统筹制定和跟进 6. 参与年度销售战略与年度销售指标制定 7. 在资深销售经理的指导下，参与战略合作伙伴关系的建立与维护 8. 指导下级销售经理工作
2级	配件销售经理	1. 具有基本的现有客户的配件更换周期的分析和规划能力 2. 协助客户建立备件库存计划 3. 负责完成公司下达的销售目标和回款目标 4. 负责现有客户关系维护 5. 负责备件计划的制定和跟进，负责用户档案维护
1级	初级配件销售经理	1. 在销售经理的带领下负责客户跟进和维护 2. 具备基本的客户收款能力 3. 掌握基本的配件知识 4. 负责备件计划跟进 5. 在上级销售经理指导下承担组织零配件发货和服务收费的沟通 6. 具备基本的客户沟通、信息收集、建立客户档案的能力

7.3 研发技术族及所属职类

研发技术族及所属职类包括总工程师类、电气研发类、机械研发类、标准化类，见表7.11。

表7.11 研发技术族及所属职类

级别代码		名称	研发技术族			
			总工程师类	电气研发类	机械研发类	标准化类
5级	A	技术专家	总工程师			
	B					
4级	A	资深工程师	副总工程师	资深电气研发工程师	资深机械研发工程师	资深标准化工程师
	B					
3级	A	高级工程师	—	高级电气研发工程师	高级机械研发工程师	高级标准化工程师
	B					
	C					
	D					
2级	A	工程师	—	电气工程师	机械工程师	标准化工程师
	B					
	C					
1级	A	初级工程师	—	电气研发助理工程师	机械研发助理工程师	标准化管理员
	B			电气研发技术员	机械研发技术员	标准化管理员

1. 总工程师类

担当企业技术进步与发展战略策划、产品与市场规划、高级专业技术人才培养、产品技术可行性之职责，为企业技术发展规划的先进性、合理性、产品与市场需求的吻合性负责。总工程师类分层定义，见表7.12。

表7.12 总工程师类分层定义

级别	名称	说明
5级	总工程师	1. 具备相关行业内丰富的产品知识和专业知识，是行业内公认的技术权威，在行业内有很高的知名度和一定的影响力 2. 代表公司参与外部的各项技术交流、标准制订、行业发展规划，对公司在行业内知名度的提升、技术影响力的发展起主导作用 3. 参与制定企业发展战略，主持制定各项企业技术标准，技术发展规划，确保技术方向的正确性和可持续发展，确保产品发展的竞争力 4. 主持企业内部重大项目的技术产品评审，对产品的技术合理性和充分性负责 5. 主持企业技术产品推广工作，培养企业内部的高级技术人才
4级	副总工程师	1. 具备相关行业内丰富的产品知识和专业知识，是企业内公认的技术权威，在行业内有一定的知名度 2. 代表公司参与外部的各项技术交流、标准制订、行业发展规划，对公司在行业内知名度的提升、技术影响力的发展起较大作用 3. 参与制定企业发展战略，主持制定各项企业技术标准，技术发展规划，确保技术方向的正确性和可持续发展，确保产品发展的竞争力 4. 主持企业内部的技术产品评审，对产品的技术合理性和充分性负责 5. 具有全面深入的纸箱机械产品设计、开发经验，深入理解和把握纸箱机械行业技术发展方向，确保本领域技术发展的正确方向和可持续性 6. 深入理解研发流程，有全面的协调能力，对流程改进有重大影响 7. 承担或指导高级工程师的整体项目设计，并承担高科技含量项目的总设计师，为总体方案设计的正确性和可行性负责 8. 对研发整体项目的质量、成本、计划、进度和产品的可测性、可生产性、可维护性或关键技术解决有关键影响 9. 组织解决本领域内的重大、关键的技术难题，是公司内本领域的技术带头人 10. 主持企业技术产品推广工作，培养企业内部的高级技术人才

2. 电气研发类

担当电气与自动化研究并将其应用于产品设计和客户服务，为产品的先进性、良好的性价比及研发的技术与服务质量负责。电气研发分层定义，见表7.13。

表7.13 电气研发类分层定义

级别	名称	说明
4级	资深电气研发工程师	1. 具有全面深入的电气自动控制和相关产品设计、开发经验，对该领域的知识和经验丰富完备 2. 深入理解和把握相关行业技术发展方向，确保本领域技术发展的正确方向和可持续性 3. 深入理解研发流程，有全面的协调能力，对流程改进有重大影响 4. 承担或指导高级工程师为项目电气和自动控制设计的总设计师，为总体方案设计的正确性和可行性负责 5. 对相关产品开发项目的质量、成本、计划、进度和产品的可测性、可生产性、可维护性或关键技术解决有关键影响 6. 深入把握产品的市场及技术状况，按照公司产品规划和战略，参与制定企业的产品路标规划 7. 组织解决本领域内的重大、关键的技术难题，是公司内本领域的技术带头人 8. 在产品的设计需求定义、设计规格、需求分解分配及相关交付件的评审等活动中，承担主要技术评审责任，保障产品在技术上最合理，并从技术角度确保项目按时保质完成 9. 指导和培养低级别的工程师，培养、辅导新员工，培养企业内部的高级技术人才

续表

级别	名称	说明
3级	高级电气研发工程师	1. 具有丰富的电气自动控制和相关产品分析、设计与开发的实践经验，并能够有效总结、推广和应用 2. 十分熟练的运用流程手段，有相当的协调能力，对流程改进有较大影响 3. 在专家级研发工程师指导下承担项目电气和自动控制设计的总设计师，为总体方案设计的正确性和可行性负责 4. 对相关产品的电气和自动控制开发项目的质量、成本、进度和产品的可测性、可生产性、可维护性及客户满意度有重要影响 5. 承担电气自动控制的设计规格、需求分解分配、电气自动控制的概要设计工作，组织解决系统级疑难问题，是电气自动控制研发及维护的核心技术骨干 6. 承担中大规模的电气自动控制开发项目领导职责或作为大型项目的核心技术骨干 7. 承担研发项目技术资料的总编辑，对项目的技术资料的完整性负责 8. 指导和培养低级别的工程师，培养、辅导新员工，担任新员工导师
2级	电气研发工程师	1. 具有相当的电气自动控制和相关产品开发实践经验，或电气设备维护经验 2. 熟悉开发流程，有相当的协调能力，对流程改进有一定影响 3. 在高级以上工程师的指导下承担项目电气自动控制设计的单元或总成设计，为单元或总成设计的可行性负责 4. 对项目电气自动控制设计的单元或总成的质量、成本、进度和产品的可测性、可生产性、可维护性及客户满意度有一定影响 5. 参与电气自动控制产品的需求分析、概要设计、详细设计等工作，组织解决电气设计的局部疑难问题，是电气自动控制开发和维护工作的技术主力 6. 承担中小规模的电气自动控制开发项目领导职责或作为项目的核心技术主力 7. 承担电气自动控制开发项目的技术资料编写，并对所负责设计的单元或总成的技术资料的完整性负责 8. 承担指导低级别工程师的设计研发工作，培养和辅导新员工，担任新员工导师
1级	电气研发助理工程师	1. 具有较多的电气自动控制设计经验，或结构产品维护经验，熟悉开发流程 2. 承担项目的电气自动控制的设计、详细设计、装配调校和电气技术资料编写等工作 3. 在电气研发工程师及以上工程师的指导下解决开发过程中一般难题，能按计划完成工作并保证质量 4. 在授权范围内，指导技术员的工作
	电气研发技术员	1. 具有初步的电气自动控制设计经验，熟悉开发流程 2. 协助承担电气自动控制的设计项目详细设计、装配调校、使用说明文档编写等工作 3. 在1级及以上工程师的指导下，按计划要求完成任务并保证其质量

3. 机械研发类

担当机械与结构的研究并将其应用于产品设计和客户服务，为产品的先进性、良好的性价比及研发的技术与服务质量负责。机械研发类分层定义，见7.14。

表7.14 机械研发类分层定义

级别	机械研发类	说明
4级	资深机械研发工程师	1. 具有全面深入的机械结构和相关产品设计、开发经验，对该领域的知识和经验丰富完备 2. 深入理解和把握相关行业技术发展方向，确保本领域技术发展的正确方向和可持续性 3. 深入理解研发流程，有全面的协调能力，对流程改进有重大影响 4. 承担或指导高级工程师为项目机械结构设计的总设计师，为总体方案设计的正确性和可行性负责 5. 对相关产品开发项目的质量、成本、计划、进度和产品的可测性、可生产性、可维护性或关键技术解决有关键影响 6. 深入把握产品的市场及技术状况，按照公司产品规划和战略，参与制定企业的产品路标规划 7. 组织解决本领域内的重大、关键的技术难题，是公司内本领域的技术带头人 8. 在产品的设计需求定义、设计规格、需求分解分配及相关交付件的评审等活动中，承担主要技术评审责任，保障产品在技术上最合理，并从技术角度确保项目按时保质完成 9. 指导和培养低级别的工程师，培养、辅导新员工，培养企业内部的高级技术人才

续表

级别	机械研发类	说　明
3级	高级机械研发工程师	1. 具有丰富的机械结构和相关产品分析、设计与开发的实践经验，并能够有效总结、推广和应用 2. 十分熟练地运用流程手段，有相当的协调能力，对流程改进有较大影响 3. 在专家级研发工程师指导下承担项目机械结构设计的总设计师，为总体方案设计的正确性和可行性负责 4. 对相关产品结构开发项目的质量、成本、进度和产品的可测性、可生产性、可维护性及客户满意度有重要影响 5. 承担机械结构产品的设计规格、需求分解分配、机械结构概要设计工作，组织解决系统级疑难问题，是结构类产品开发及维护的核心技术骨干 6. 承担中大规模的机械结构开发项目领导职责或作为大型项目的核心技术骨干 7. 研发项目技术资料的总编辑，对项目的技术资料的完整性负责 8. 指导和培养低级别的工程师，培养、辅导新员工，担任新员工导师
2级	机械研发工程师	1. 具有相当的机械结构和相关产品开发实践经验，或结构产品维护经验 2. 熟悉开发流程，有相当的协调能力，对流程改进有一定影响 3. 在高级以上工程师的指导下承担项目机械结构设计的单元或总成设计，为单元或总成设计的可行性负责 4. 对项目机械结构设计的单元或总成的质量、成本、进度和产品的可测性、可生产性、可维护性及客户满意度有一定影响 5. 参与机械结构产品的需求分析、概要设计、详细设计等工作，组织解决系统结构的局部疑难问题，是结构产品开发和维护工作的技术主力 6. 承担中小规模的机械结构开发项目领导职责或作为项目的核心技术主力 7. 承担机械结构开发项目的技术资料编写，并对所负责设计的单元或总成的技术资料的完整性负责 8. 承担指导低级别工程师的设计研发工作，培养和辅导新员工，担任新员工导师
1级	机械研发助理工程师	1. 具有较多的机械结构设计经验，或结构产品维护经验，熟悉开发流程 2. 承担项目的机械结构设计、详细设计、装配调校和机械结构技术资料编写等工作 3. 在机械结构工程师及以上工程师的指导下解决开发过程中一般难题，能按计划完成工作并保证质量 4. 在授权范围内，指导技术员的工作
	机械研发技术员	1. 具有初步的机械结构设计经验，熟悉开发流程 2. 承担机械结构设计项目详细设计、装配调校、使用说明文档编写等工作 3. 在1级及以上工程师的指导下，按计划要求完成任务并保证其质量

4. 标准化类

担当企业标准化建设与标准制定、企业知识产权申报与保护之职责，为企业技术标准的先进性、标准的贯彻与落实、企业知识产权的完整性和企业知识产权不被侵害负责。标准化类分层定义，见7.15。

表7.15　标准化类分层定义

级别	名　称	说　明
4级	资深标准化工程师	1. 具有国家承认的标准化相关资质和专利、知识产权的相关资质，在国家标准委员会下设的分标准委员会内有一定的知名度 2. 熟知标准的编写要求和标准申报的程序，为企业的标准编写制定和申报起主导作用 3. 熟知专利稿的设计要求和申报程序，为企业专利稿编制和申报起主导作用 4. 熟知国际、国家及行业与本企业有关的标准，为这些标准在企业的宣贯起主导作用，并对这些标准在企业的全面实施负主要责任 5. 熟知国家有关知识产权保护的相关法律、法规，对企业整体的知识产权保护进行规划 6. 深入理解研发流程，为企业内部技术的标准化、通用化制度与流程的制定起主导作用 7. 指导和培养低级别的标准化工程师，培养、辅导新员工，培养企业内部的标准化技术人才

续表

级别	名称	说　　明
3级	高级标准化工程师	1. 具有国家承认的标准化相关资质和专利、知识产权的相关资质 2. 熟知标准的编写要求和标准申报的程序，为企业标准编写制定的符合性负责 3. 熟知专利稿的设计要求和申报程序，为企业专利申报的符合性负责 4. 熟知国际、国家及行业与本企业有关的标准，负责这些标准在企业的宣贯，并对这些标准在企业的全面实施负责 5. 熟知国家有关知识产权保护的相关法律、法规，参与企业整体的知识产权保护进行规划，对公司核心知识产权（如：发明专利、商标）的保护负责 6. 具有丰富的机械制造企业产品研发经验，在企业内有一定的技术权威和影响力 7. 深入理解研发流程，负责企业内部技术的标准化、通用化制度与流程的制定 8. 指导和培养低级别的标准化工程师，培养、辅导新员工，培养企业内部的标准化技术人才
2级	标准化工程师	1. 熟知标准的编写要求和标准申报的程序，为企业的标准编写制定人的主要起草人 2. 熟知专利稿的设计要求和申报程序，为企业专利稿编制的起草人 3. 熟知国际、国家及行业与本企业有关的标准，对这些标准在企业的宣贯和全面实施负责 4. 熟知国家有关知识产权保护的相关法律、法规，规避企业违反国家相关知识产权的相关法律、法规的风险，使企业的知识产权不被侵犯 5. 具有丰富的机械制造企业产品研发经验及企业标准化工作的经验 6. 深入理解研发流程，是企业内部的标准化、通用化的具体实施者 7. 指导和培养低级别的标准化人员，培养、辅导新员工，培养企业内部的标准化技术人员
1级	标准化管理员	1. 熟悉标准的编写要求和标准申报的程序，协助起草企业标准 2. 熟悉专利稿的设计要求和申报程序，协助起草企业专利稿并负责申报的联络事宜 3. 熟悉国际、国家及行业与本企业有关的标准，协助这些标准在企业的宣贯与全面实施 4. 熟悉国家有关知识产权保护的相关法律、法规，协助企业不违反国家相关知识产权的相关法律、法规，协助维护企业的知识产权不被侵犯负责 5. 对企业的标准化工作熟悉，并对标准化的制度、文件、标准、知识产权证书等的完整性和安全负责

7.4　服务族及所属职类

服务族及所属分类包括解决方案类、产品调试类、安装维护类、客户技术培训类，见表7.16。

表7.16　服务族及所属职类

级别代码		名　称	服务技术族			
			解决方案类	产品调试类	安装维护类	客户技术培训类
4级	A	资深工程师	资深服务工程师	资深电气调试工程师	资深维护工程师	资深技术培训工程师
	B					
3级	A	高级工程师	高级服务工程师	高级电气调试工程师	高级维护工程师	高级技术培训工程师
	B					
	C					
	D					
2级	A	工程师	服务工程师	电气调试工程师	机械维护工程师 电气维护工程师 印刷工程师	技术培训工程师
	B					
	C					
1级	A	初级工程师		电气调试助理工程师	机械维护助理工程师 电气维护助理工程师 印刷助理工程师	技术培训助理工程师
	B					

1. 解决方案类

根据行业发展趋势、客户实际情况、公司市场策略为客户提供系统方案设计、售前售中技术支持，促进客户选择合适的产品，指导客户做好设备安装前的准备，为产品顺利安装调试所需条件负责。解决方案类分层定义，见表7.17。

表7.17 解决方案类分层定义

级别	名称	说明
4级	资深服务工程师	1. 熟悉相关行业的知识和发展趋势，参与公司市场规划及市场推广，深入客户的工厂运作流程，能挖掘客户的深层次需求，引导客户产生新的需求 2. 熟悉公司所有产品的功能，并熟悉掌握产品的安装条件和最佳效益发挥条件 3. 指导其他级别工程师给客户设计产品效益最佳解决方案 4. 熟悉所有产品的维护保养知识和印刷质量提升知识，能给客户专业的指导 5. 审核及评审解决方案和规范 6. 具备指导其他级别工程师的能力
3级	高级服务工程师	1. 熟悉公司非新产品的功能，并熟悉掌握非新产品的安装条件和最佳效益发挥条件 2. 熟悉客户的工厂运作流程，能发现关键问题和提出有效的解决方案 3. 独立给客户设计基础产品效益最佳解决方案，并有3次以上独立运作经验 4. 熟悉非新产品的维护保养知识和印刷质量提升知识，能给客户专业的指导 5. 能独立辅导客户实施解决方案 6. 具备指导助理工程师的能力
2级	服务工程师	1. 熟悉公司2个以上系列产品的功能，熟练掌握2个以上系列产品的安装条件和最佳效益发挥条件 2. 熟悉客户的工厂运作流程，并能发现基本问题和提出初步解决方案 3. 在上级指导下能给客户设计2个以上系列产品效益最佳解决方案，并有3次以上运作经验 4. 熟悉2个以上系列产品的维护保养知识和印刷质量提升基础知识，能给客户一定的专业指导 5. 在指导下能辅导客户实施解决方案

2. 产品调试类

担当企业产品出厂前的电气程序输入与调试，为产品顺利安装调试和对主要产品功能正常使用负责。产品调试类分层定义，见表7.18。

表7.18 产品调试类分层定义

级别	名称	说明
4级	资深电气调试工程师	1. 参与公司整体电气调试规划 2. 承担新研发产品的程序输入调试工作 3. 精通公司所有产品的功能 4. 指导其他级别工程师准确地完成调试任务，构建和研发人员的沟通平台，合理安排调试资源和时间 5. 精通所有产品日常维护保养方法 6. 评审调试方案和调试规范 7. 具备培养其他级别工程师的能力
3级	高级电气调试工程师	1. 熟悉公司部分新产品的功能，独立完成部分新产品的电气程序输入与调试 2. 承担调试过程和调试质量的控制工作，独立准确的完成调试事件的处理，能够和研发人员实现良好的沟通，合理安排调试资源和时间 3. 熟悉本岗专业部分新产品的日常维护保养方法 4. 参与审核\评审调试方案和调试规范 5. 具备指导低级别工程师的能力
2级	电气调试工程师	1. 熟悉公司非新产品的功能，掌握非新产品电气程序输入及调试 2. 在高级别工程师指导下，完成部分新产品的电气程序的输入与调试，并独立完成调试记录 3. 熟悉本岗非新产品的日常维护保养方法 4. 具备指导助理工程师的能力
1级	电气调试助理工程师	1. 熟悉公司2个系列以上产品的功能，掌握2个以上系列产品的电气程序的输入与调试； 2. 能协助高级别工程师完成新产品的电气程序的输入与调试，并在其指导下完成调试记录； 3. 熟悉2个系列以上产品日常维护保养方法

3. 安装维护类

担当企业产品出厂后的安装、调试与维护保养，给客户提供高效优质服务，为客户所购公司产品正常运作负责。安装维护类分层定义，见7.19。

表7.19 安装维护类分层定义

级别	名 称	说 明
4级	资深维护工程师	1. 参与公司整体安装维护规划 2. 能承担新产品的出厂前调试和到客户处的安装调试及培训工作 3. 精通公司所有产品的功能，掌握所有产品的安装、调试及培训 4. 独立完成现场客户要求的技术更改 5. 独立完成所有产品的安装调试及培训工作 6. 精通所有产品日常维护保养方法，并具备良好的培训客户维修人员的能力 7. 评审调试方案和调试规范 8. 具备培养其他级别工程师的能力
3级	高级维护工程师	1. 熟悉公司部分新产品的功能，掌握部分新产品的安装、调试及培训 2. 独立完成部分新产品的全部的安装调试及培训工作 3. 熟悉本岗专业部分新产品的日常维护保养方法，并具备良好的培训客户维修人员的能力 4. 参与审核\评审调试方案和调试规范 5. 具备指导助理工程师的能力
2级	电气服务工程师	1. 熟悉公司非新产品的功能，掌握非新产品的安装、调试及培训 2. 在高级别工程师指导下，完成新产品的安装调试及培训 3. 熟悉本岗非新产品的日常维护保养方法，并具备培训客户维修人员的能力 4. 具备指导技术员的能力
2级	机械服务工程师 印刷工程师	1. 熟悉公司所有产品的功能，掌握所有产品的安装、调试及培训 2. 独立完成所有产品的机械或印刷安装调试及培训 3. 熟悉本岗专业非新产品及部分新产品的日常维护保养方法，并具备培训客户维修人员的能力 4. 具备指导技术员的能力
1级	电气服务助理技术员	1. 熟悉公司2个系列以上产品的功能，掌握2个系列以上产品的安装、调试及培训 2. 能协助高级别工程师完成新产品的安装调试及培训 3. 熟悉本岗专业2个系列以上产品日常维护保养方法，并具备一定的培训客户维修人员的能力
1级	机械服务助理技术员 印刷服务助理技术员	1. 熟悉公司非新产品的功能，掌握非新产品的安装、调试及培训 2. 在高级别工程师的指导下完成新产品的安装调试及培训 3. 熟悉本岗专业非新产品的日常维护保养方法，并具备一定的培训客户维修人员的能力

4. 客户技术培训类

为客户提供技术培训服务，指导客户设备操作人员和维修人员正确操作设备和做好日常保养工作，提升设备输出产品质量，使客户维修人员掌握基本的故障排除能力，最大限度发挥设备效益。客户技术培训类分层定义，见表7.20。

表7.20 客户技术培训类分层定义

级别	名 称	说 明
4级	高级技术培训工程师	1. 具备技术培训体系的规划及建立的能力 2. 熟悉公司所有产品的功能，掌握公司所有产品技术培训内容，能编写所有新产品的培训教材 3. 审核培训计划和策略及评审培训课程 4. 能有效组织所有新产品的客户培训，培训效果得到客户的高度认可 5. 具备所有产品故障的图文整理能力，包括故障描述、原因分析及解决方法 6. 具备审核其他级别工程师产品故障的信息资料的能力 7. 具备培养其他级别工程师的能力

续表

级别	名称	说明
3级	技术培训工程师	1. 熟悉公司部分新产品的功能，掌握成熟产品技术培训内容，能编写部分新产品的培训教材能有效调查客户技术培训需求，制订培训计划和策略，开发培训课程 2. 掌握优秀的技术培训能力与技巧 3. 能有效组织部分新产品的客户培训，培训效果得到客户的较好认可 4. 具备部分新产品的故障的图文整理能力，包括故障描述、原因分析及解决方法 5. 具备指导助理工程师的能力
2级	技术培训助理工程师	1. 熟悉公司非新产品的基本功能及技术培训内容 2. 掌握良好的技术培训能力与技巧 3. 能有效组织非新产品的客户培训，培训效果得到客户的较好认可具备非新产品故障的图文整理能力，包括故障描述、原因分析及解决方法 4. 具备指导技术员的能力
1级	技术培训技术员	1. 熟悉公司2个系列产品的基本功能及技术培训内容 2. 掌握基本培训能力与技巧 3. 能有效组织2个系列产品的客户培训，培训效果得到客户的基本认可 4. 具备设备故障图文的使用能力

7.5 专业族及所属职类

专业族及所属职类包括财务类、人力资源类、IT类、流程管理类、销售支持类、服务支持类、文秘类，见表7.21。

表7.21 专业族及所属职类

级别代码		名称	专业族						
			财务类	人力资源类	IT类	流程管理类	销售支持类	服务支持类	文秘类
4级	A	资深主办	资深会计	资深人力资源管理师	资深开发工程师	资深流程宣工程师			
	B								
3级	A	高级主办	总账会计 高级成本会计	高级人力资源管理师	高级开发工程师 网络高级工程师	高级流程管理工程师	高级销售支持经理	高级客服工程师	高级秘书
	B									
	C									
	D									
2级	A	主办	成本会计 销售会计 费用会计 税务会计	人力资源主办	开发工程师 网络工程师	流程管理工程师	销售支持经理	客服工程师	秘书
	B									
	C									
1级	A	助理	应付会计 出纳	人力资源专员	网络专员		销售支持专员	客服专员	文员
	B									

1. 财务类（含会计及核价小类）

对企业已经完成的资金运动全面系统的核算与监督，为和企业有经济利害关系的投资人、债权人、政府有关部门等，提供企业财务状况及盈利能力等经济信息，同时通过一系列会计程序、提供决策有用的信息，参与经营管理决策，提高企业经济效益。财务类分层定义，见表7.22。

表 7.22 财务类分层定义

级别	名称	说明
4级	资深会计	1. 能够根据国家财务法律法规定和公司年度经营目标预算计划，熟练掌握行业财务核算流程和方法，独立解决公司内日常财务核算的问题 2. 负责日常财务核算流程的设置 3. 指导检查各岗位核算的执行情况 4. 审核指导修改各岗位核算过程和结果 5. 负责监控凭证传递程序和财产物资资金变动情况 6. 负责监督检查财务年度计划的执行情况，及时有效提供财务核算数据分析 7. 负责编制各期预算，控制预算计划 8. 负责对预算执行过程管理 9. 负责及时反映预算运行和监控状况
4级	资深核价工程师	1. 熟知公司机器对其所有零、部件的使用要求，了解各种机加件、电器件、标准件之国内国际的供应情况及其价格体系 2. 提出公司之采购件成本控制整体(含研发设计，供应链，财务等)方案，并策划及参与整个方案的实施 3. 具有策划核价标准推行工作，撰写相关文件 4. 指导核价工作在标准化工作上良性的发展能力 5. 能洞察和发现核价工作中细小或严重问题，并能以相关文件的方式予以有效解决
3级	高级成本会计	1. 负责建立成本核算方法 2. 负责标准成本的制定及审核 3. 负责成本的分析及提出参考意见 4. 负责监督仓库实物与账面记录一致
3级	总账会计	1. 能够对各会计岗位的记账凭证逐一复核，保证会计核算的完整性、准确性、真实性、及时性 2. 负责核对现金、银行明细账与出纳日记账相符，并审核出纳银行存款余额调节表 3. 负责定期编制基础财务报表（资产负债、损益、现金流量表）、合并报表，并上报审核
3级	高级核价工程师	1. 熟知公司的工艺流程及质量要求 2. 能科学合理制订核价标准编制核价模板并适时予以优化；能发现工作中存在问题且能有效解决 3. 适时了解现代新工艺新技术的发展动向，具有解决新产品加工中质量问题的能力，能发现零件加工中成本问题所在，提供解决方案；指导下级完成工作 4. 对采购成本控制在局部或某一个问题点上能提出合理化意见
2级	成本会计 销售会计 费用会计 税务会计	1. 熟练掌握会计核算方法，能处理本岗位日常核算业务 2. 负责内部财务流程（成本、销售、费用、税务）的执行 3. 负责相关报表的记录、初步分析、管理 4. 负责监控账账一致，账物一致，财产物资的增减变动情况 5. 负责检查公司报销制度的执行情况 6. 负责内部管理报表的记录 7. 负责各项经济业务的收入成果的核算和管理
2级	核价工程师	1. 熟知公司的工艺流程及质量要求，熟悉与核价相关的各种流程、制度和工作标准。依据流程、遵循制度、使用标准独立完成本职工作 2. 能熟练使用核价工程和核价标准对零件进行准确核算，应用《分类细则》对零件进行类别合理划分 3. 基本了解各地材料、加工费用差异行情。熟悉和掌握获取市场材料行情的信息源，需要时可迅速有效获取 4. 在不触犯原则的前提下，与供方在加工或价格上进行有效沟通并有能力化解矛盾 5. 参与开发新供方的评估，能提出客观存在问题及可行的意见
1级	应付会计 出纳	1. 熟练掌握银行结算流程，存货采购核算流程，处理日常的报销业务 2. 负责货币资金的安全管理 3. 负责办理日常的货币资金报销 4. 负责定期和银行核对账务余额 5. 负责检查单据的真伪和正确性 6. 负责会计科目的正确使用，合理编制报销凭证 7. 严格按照核算流程进行业务操作 8. 负责提供财产物资的增减变动依据 9. 负责处理公司与供应商的往来款项 10. 负责协助审核公司采购的价格
1级	核价员	1. 具有加工流程和工艺的基本知识，基本清楚通用设备和数控设备的加工能力和范围；在上级的指导下，能运用核价标准及核价模板完成零件采购成本的计算 2. 可对常规零件制订工艺流程，使用核价标准进行计算 3. 应用 Excel 对价格或成本数据进行统计分析和做成报表 4. 具有一般的与供方沟通和与核价相关的市场信息调查、了解能力

2. 人力资源管理类

根据公司发展战略对人力资源的需要，通过人力资源规划、人才招募、教育培训、绩效管理、薪酬福利等管理形式对企业人力资源进行有效运行，以满足企业当前及未来发展的需要，保证企业战略目标实现。人力资源管理类分层定义，见表 7.23。

表 7.23 人力资源管理类分层定义

级别	名称	说明
4级	资深人力资源管理师	1. 熟练掌握人力资源多专业领域，对人力资源管理有全面深刻的理解，能洞察其深层次的问题并给出相应的解决方案 2. 了解公司产品、核心流程、业务运作模式及发展趋势 3. 提出人力资源领域工作规划建议，包括远期计划和年度计划，并推进监督计划的落实 4. 参与监督及指导人力资源体系规划、建设、推进和完善 5. 参与指导及监控人力资源领域的运行 6. 能够把握人力资源管理的发展状况，能因势利导将人力资源管理应用领域一些新成果在公司落地 7. 对人力资源大多数领域具有精通、全面的知识和技能 8. 培养下级人力资源师
3级	高级人力资源管理师	1. 熟练掌握人力资源 2 个以上的领域；能基本解决公司内本专业领域遇到的日常性问题；掌握人力资源专业其他领域的运作程序与方法 2. 可以负责某一专业领域流程建设，推进和完善 3. 可以负责某一专业领域内外部资源整合 4. 可以负责某一专业领域重大人力资源项目的组织实施 5. 协助上级进行体系规划建设和完善 6. 协助上级进行流程的规划、推进和完善 7. 对某一专业领域下级专员的工作进行指导
2级	人力资源主办	1. 掌握人力资源专业某一领域基本知识与行为，并能优化本领域运作程序和方法；有效指导低级别专员工作；正确理解人力资源专业其他相关领域的基本知识和行为 2. 负责关键流程节点工作的执行 3. 负责某一专业领域一般人力资源项目的组织实施 4. 负责某一专业领域年度工作的落实 5. 协助体系建设，为某一专业领域人力资源管理提出建设性建议
1级	人力资源专员	1. 正确理解公司人力资源政策与制度 2. 能够在指导和工作规范的要求下，在人力资源专业单一领域内准确执行相关程序与方法，独立开展工作

3. IT 类

根据公司战略规划，承接与业务战略规划匹配的 IT 战略规划的制定，企业信息化建设、日常维护职能。在企业重大变革中，参与流程优化，并运用 IT 技术固化的责任。IT 类分层定义，见表 7.24。

表 7.24 IT 类分层定义

级别	名称	说明
4级	资深 IT 开发工程师	1. 具有软件分析、设计、测试和维护经验，具有全面的系统分析能力，具有技术开发能力、测试实践经验，并注意总结、推广和重复应用 2. 参与公司 IT 项目系统分析与架构设计，负责与公司项目的设计与开发，承担需求分析、模块划分、模块工作量评估、系统测试工作，或承担组织解决系统级疑难问题 3. 可承担大型 IT 项目领导职责，对大型 IT 项目的质量、成本、计划、进度和客户满意度以及功能的可测性、可维护性或关键技术解决有重要影响，具有较强的项目商务谈判能力 4. 具有导师资格和经验，可以指导和培养低级别的工程师

续表

级别	名称	说明
3级	高级IT开发工程师	1. 有较多模块开发、或系统维护实践经验，或核心技术开发、测试实践经验 2. 有相当的 WEB、JavaScript、ETXML、SQL 语句编写及 JAVA 编程技巧 3. 对软件项目范围、时间、质量、成本、人力资源、进度和客户满意度及产品的可测性、可维护性或关键技术解决有一定影响，有一定的协调能力 4. 承担 IT 项目的详细设计、编码、单元测试、集成测试等工作，或承担组织解决系统局部疑难问题 5. 承担公司数据库优化等工作，解决数据库疑难问题 6. 指导低级别工程师的设计研发工作，可承担（中小项目）软件项目领导职责或作为项目的技术骨干力量 7. 具有培养、辅导新员工，担任新员工思想导师的能力和责任
	高级网络工程师	1. 有深入的技术开发能力、测试实践经验，并注意总结、推广和重复应用 2. 参与公司信息化规划设计 3. 参与规划公司网络重大项目，承接合作伙伴的选择，对项目实施过程进行监控 4. 承担规划中解决系统级疑难问题或关键技术解决 5. 具有导师资格和经验，可以指导和培养低级别的工程师，是开发的骨干力量
2级	IT开发工程师	1. 有一定的模块开发和测试经验，或一定的系统维护实践经验，熟悉开发流程和数据库维护 2. 具有一定的 SQL、WEB、JavaScript、ETXML 及 JAVA 等编程技巧 3. 承担软件项目编码、单元测试或维护等工作，是模块功能的直接实现者 4. 在项目工程师的指导下解决模块开发或维护一般难题，能按计划完成工作并保证质量 5. 具备一般的网络基础知识 6. 承担公司各类软件日常维护管理职责
	网络工程师	1. 具有较多网络维护实践经验，对信息化建设可提出建设性建议 2. 在上级工程师指导下参与解决系统级疑难问题或关键技术问题 3. 承担公司网络维护及优化工作。解决网络疑难问题 4. 具有培养、辅导新员工，担任新员工导师的能力和责任
1级	网络专员	1. 具有网管的实践工作经验 2. 承担日常电脑硬件和网络故障，维护信息系统的正常运行 3. 在网络工程师指导下能解决网络维护一般性难题，能按计划完成一般性的工作

4. 流程管理类

根据公司发展战略，承接与公司流程体系整体规划，定期对流程体系进行内外部审核，指导与监督流程体系的运作，并不断改进和完善。流程管理类分层定义，见表7.25。

表 7.25 流程管理类分层定义

级别	名称	说明
4级	资深流程管理工程师	1. 组织开展公司流程管理体系的整体规划 2. 根据流程整体规划参与制定二级以上流程目标 3. 监控二级以上流程目标的实现过程，发现流程中的重大缺陷 4. 承担流程体系的维护和持续改进具有导师资格和经验，可以指导其他级别工程师 5. 企业流程重组的组织及监控者
3级	高级流程管理工程师	1. 参与公司流程管理体系的整体规划，参与公司流程管理体系的制定 2. 制订流程编制或优化工作计划 3. 根据流程体系规划，能对二级及以上流程文件进行优化 4. 组织开展内、外部流程审核，对审核中发现的问题进行跟踪处理 5. 指导与监督流程管理体系的运作，并不断改进和完善 6. 具有培养、辅导新员工，担任新员工导师的能力和责任
2级	流程管理工程师	1. 具有较强的公文写作能力和一定流程管理经验，能根据公司的流程总体规划，组织编制或优化业务管理三级流程文件及作业规范 2. 在上级工程师的指导下，能对流程中的问题提出优化建议，并组织各部门开展流程优化工作 3. 承担编制内审或外审工作计划，并对审计中的问题要求各部门做出纠正预防措施并跟进至关闭 4. 承担对流程的日常执行情况进行检查监督，对检查结果进行统计分析，向上级提出检查报告和纠正预防措施建议

5. 销售支持类

承担为销售职能提供体系建立及完善客户商务支持的活动，销售支持类分层定义，见表7.26。

表7.26　销售支持类分层定义

级别	名称	说明
3级	高级销售支持经理	1. 具备销售支持管理体系基本制度、流程、规范的修订、规划的能力 2. 具备销售体系培训规划和实施能力 3. 具备审核特殊订单跟进、报价的能力 4. 具备独立处理销售支持工作中较重要事务的能力 5. 具备报表分析能力，并提出建设意见 6. 具备重要客户的接待能力 7. 指导销售支持经理工作
2级	销售支持经理	1. 具备较强客户沟通、审核客户档案的能力 2. 具备审核客户订单跟进、报价的能力 3. 具备独立对内对外的协调能力 4. 具备报表统计能力和基本分析能力 5. 参与部分流程、制度的修订 6. 具备一般客户的接待能力 7. 指导销售助理工作
1级	销售支持专员	1. 具备基本的客户沟通、客户资料收集、建立和维护客户档案的能力 2. 具备客户订单跟进、报价的能力 3. 具备一定的对内对外的协调能力 4. 具备基本的客户收款能力 5. 具备基本的报表统计能力 6. 掌握基本的产品知识 7. 具备基本的客户接待能力

6. 服务支持类

承担调查、反馈及分析服务能否满足客户需求的信息，及时跟进客户意见、建议、投诉的处理，提升客户满意度。服务支持类分层定义，见表7.27。

表7.27　服务支持类分层定义

级别	名称	说明
3级	高级客服工程师	1. 了解行业服务水平和客户需求，参与规划和建立客户满意度提升体系 2. 精通公司产品功能，具有解决所有产品常见问题的沟通能力 3. 制定客户服务规范 4. 具有指导其他级别客服专员的能力
2级	客服工程师	1. 熟悉公司老产品功能，具有老产品常见问题的沟通能力 2. 独立对安装、维修、培训的服务过程进行回访并记录和反馈，优秀的客户沟通能力 3. 能对客户反馈的问题进行汇总分析，并制定提升客户满意度的措施 4. 具有独立跟踪处理客户投诉或信息反馈，并和相关部门保持良好沟通的能力 5. 具有指导客户专员的能力
1级	客服专员	1. 熟悉公司老产品种类 2. 熟悉客户满意度调查流程和要求，具有良好的客户沟通能力 3. 独立进行客户服务满意度调查，有效记录客户意见或建议，并能将调查结果进行详细记录提交汇总表 4. 在指导下跟踪投诉处理结果

7. 文秘类

担当各级管理者及部门提供相应的行政事务支持，进行相关的追踪及协调，为决策实施提供服务。文秘类分层定义，见表7.28。

表7.28 文秘类分层定义

级别	名称	说明
3级	高级秘书	1. 具有公司关键业务的工作经验，掌握秘书专业知识和工作知识，有较强的公文写作能力和协调能力 2. 负责较为复杂的专项工作，提供服务支持 3. 协助上级处理行政事务，为决策实施提供服务 4. 负责指导本专业领域内下属员工的工作
2级	秘书	1. 熟悉公司业务，掌握秘书专业知识和工作知识，有较好的公文写作能力和协调能力 2. 负责上级布置的专项工作，提供服务支持 3. 协助上级处理行政事务及日常事务 4. 负责指导本专业领域内下属员工的工作
1级	文员	1. 熟悉秘书专业知识和工作知识，有较好的公文写作能力 2. 从事办公室程序性工作，协助上级处理日常事务 3. 独立从事某个细分的专项工作，提供服务支持

7.6 生产族及所属职类

生产族及所属职类包括生产计划及调度类、采购类、质量类、工艺类、生产技工类、支持技工类，见表7.29。

表7.29 生产族及所属职类

级别代码		级别名称	生产族					仓储技工类	支持技工类
			生产计划及调度类	采购类	质量类	工艺类	生产技工类		
4级	A	资深主办	资深计划工程师	资深采购工程师	资深质量工程师	资深工艺工程师 资深加工编程工程师	资深机床技师 资深装配技师 资深设备技师		
	B								
3级	A	高级主办	高级计划工程师	高级采购工程师	高级电气质量工程师 高级机械质量工程师	高级电气工艺工程师 高级加工工艺工程师 高级装配工艺工程师 高级加工编程工程师	高级机床技工 高级装配技工 高级设备技工		
	B								
	C								
	D								
2级	A	主办	计划工程师 调度工程师	采购工程师	机械质量工程师 电气质量工程师	电气工艺工程师 加工工艺工程师 装配工艺工程师 加工编程工程师	机床技工 装配技工 设备技工	高级工	高级水电工
	B								
	C								
1级	A	助理	计划员 调度员	助理采购员	计量员部装、总装、来料、原材料、电气标件、机加检验员	助理电气工艺工程师 助理加工工艺工程师 助理装配工艺工程师 助理加工编程工程师	初级机床技工 初级装配技工 初级设备技工	初级工	水电工
	B								

1. 生产计划及调度类

为满足公司销售需求，根据订单，合理、科学制订生产计划、物料采购计划、生产调度计划，使其在保证库存总量最优的情况下满足生产及营销的需求。生产计划及调度类分层定义，见表7.30。

表7.30 生产计划及调度类分层定义

级别	名称	说明
4级	资深计划工程师	1. 在计划及物料控制大多数领域具有精通、全面的知识和技能，对本专业其他领域也有相当程度的了解 2. 根据公司状况和发展战略，经过切实周密的分析，根据销售的趋势、内部产能配置、外协加工及物料的供应能力，制订切实有效的生产及物料计划策略 3. 对现有流程和工作方式提出新的变革方案，以满足公司发展对本计划及物料控制的需求

续表

级别	名称	说明
3级	高级计划工程师	1. 熟悉整个公司的操作流程与本岗位工作流程的衔接点,并能充分认识到其生产及物料计划在公司中的位置和作用 2. 在独立的操作下能利用现有的方法去解决生产及物料计划所遇到的绝大多数问题,偶尔也能利用创新的方式方法去解决新的复杂性问题或优化现有的操作流程 3. 能熟练解决工作领域中遇到的物料及生产计划相关问题,有全局思维意识,做事以大局为重,并能防患于未然 4. 对从事本专业工作所需的一些基本知识,如BOM,RCCP,RCP,MRP原理、工时定额等很熟悉,能达到给他人讲解的水平 5. 对所在生产计划工作方式及流程具有一定的影响力 6. 能出色的完成本职工作,并能就改善本职工作提供一些改善建议
2级	计划工程师 调度工程师	1. 按操作指引处理例行工作,熟悉与物料计划相关的流程体系 2. 制订生产计划并核算产能 3. 制订作业计划,并组织落实排产 4. 负责重点项目的生产进度管理,协调解决项目进度中的问题 5. 组织制订计划调度的作业规范,并负责修订优化 6. 在独立的操作下能利用现有的方法解决物料计划一般性问题;偶尔需要在上级的指导下完成一些相对比较困难的工作 7. 熟悉从事本专业工作所需具备的一些基础知识和基本技能,如BOM,RCCP,RCP,MRP原理、工时定额 8. 能较好地独立完成本职工作
1级	计划员 调度员	1. 根据作业规范、作业计划组织生产 2. 对生产进度进行跟进,负责协调解决生产过程中的异常问题 3. 常规项目的生产进度管理 4. 了解从事本专业工作所需具备的一些基础知识和基本技能,如BOM,RCCP,RCP,MRP原理、工时定额、熟悉电脑的基本操作 5. 在上级别工程师指导下能完成一般性的工作

2. 采购类

根据公司的采购计划,进行供应商开发、评估、考核、关系维护和通过商务谈判,确定交期、品质、价格、交货条件,最终签订合同并按要求跟催、收货、付款等采购活动,为公司外购物料的及时性、准确性和合理性价比负责。采购类分层定义,见表7.31。

表7.31 采购类分层定义

级别	名称	说明
4级	资深采购工程师	1. 具有全面深入的机械设备企业工艺设计、采购经验 2. 具备国际及国内采购管理经验 3. 对加工、装配生产工艺流程十分熟悉,对机、电类相关零部件有丰富的专业知识 4. 熟悉机械设备行业业务运作模式与业务流程的发展趋势,有较强的处理问题能力、综合统筹协调能力和沟通谈判能力 5. 能够对多个采购管理相关模块进行系统化的设计,并能够组织或指导相关人员进行持续的优化和完善 6. 参与采购管理策略及规划的制定,参与研发相关的管理评审,落实该模块的采购管理策略目标,支撑采购的工作规划及组织实施 7. 培训下级工程师
3级	高级采购工程师	1. 具有丰富的机械设备企业工艺设计、采购管理或采购业务工作经验,并能够有效总结、推广和应用 2. 具备国际或国内采购经验 3. 对加工、装配生产工艺流程有较深认识和了解;熟悉公司的产品,对机、电类相关零部件有较专业的知识,有较强的处理问题能力,有较强的综合协调能力和沟通谈判能力 4. 有较丰富的供应商资源和较强的开发能力,对附近采购环境较为熟悉 5. 熟悉公司相关流程制度和岗位要求,在一些采购管理模块内能主动组织或指导相关人员开展日常运作 6. 能对一些采购模块的管理体系进行优化和设计 7. 指导下级工程师

续表

级别	名称	说明
2级	采购工程师	1. 具有相当的机械设备企业工艺设计、采购管理或采购业务工作经验 2. 了解机械零件的加工工艺，对机、电类相关零部件的基础知识，对常见质量问题有一定的概念和解决能力；有较好的综合协调能力、沟通谈判能力和执行力 3. 有一定的供应商资源和开发能力，对附近采购环境有一定的了解 4. 能熟练运用ERP等物料查询系统的操作 5. 在直接上级的工作指引下，能按照公司相关流程制度和岗位要求，独立承担采购管理中单一专业模块的日常、例行化工作
1级	采购助理工程师	1. 具有制造企业计划、工艺、质量和采购业务经验 2. 对加工、装配生产工艺流程或对机、电类相关零部件的基础知识有一定了解，具有较好的执行能力和沟通能力 3. 能熟练使用各种日常办公软件和硬件，有一定的文档整理和管理经验 4. 在直接上级的安排和指导下，按照公司相关流程制度及岗位要求，承担采购管理中单一专业模块的日常、例行化工作，对自身工作绩效负责

3. 质量管理类职级标准

制定各类质量控制标准及制度，对所有自制及外协（购）物料、整机及部装产品、进行检验、判断、统计分析、鉴定维修、提出指导性的处理意见及改善建议，并跟进质量改善活动，为公司产品质量稳定提升负责。质量管理类分层定义，见表7.32。

表7.32 质量管理类分层定义

级别	名称	说明
4级	资深品质管理工程师	1. 具有全面深入的机械设备质量管理经验 2. 公司质量管理全流程体系的建议，并参与规划，保证本领域质量管理的正确方向和可持续性 3. 在公司的业务运作模式中能有效地建立相关质量评审点 4. 为总体质量控制体系的正确性和可行性负责 5. 组织本领域内的重大、关键的评审 6. 公司重大质量问题的跟踪，改善 7. 指导和培养低级别的工程师
3级	高级电气品质管理工程师 高级机械品质管理工程师	1. 具有丰富的机械设备企业质量管理工作经验，并能够有效总结、推广和应用 2. 对加工、装配生产工艺流程十分熟悉，对机、电类相关零部件有丰富的专业知识 3. 熟悉公司产品及相关技术要求，服务及核心业务运作模式与业务流程的发展趋势，有较强的处理问题能力，有较强的综合统筹协调能力、判断力和沟通谈判能力 4. 熟悉公司相关流程制度、岗位要求和技术要求，能够对多个品质管理相关模块进行系统化的设计，并能够组织或指导相关人员进行持续的优化和完善 5. 参与公司品质策略及规划的制定，参与研发阶段的质量评审，落实该模块的品质管理策略目标，支撑品管的工作规划及组织实施，对自身及下属所负责的部分工作的品控绩效负责，对部门KPI考核指标的达成负责。参与审核（评审）调试方案和调试规范 6. 具备指导低级别工程师的能力
2级	电气品质管理工程师 机械品质管理工程师	1. 具有相当的机械设备企业工艺设计、采购管理或质量管理工作经验，熟悉ISO9000:2008质量管理体系 2. 对加工、装配生产工艺流程有较深认识 3. 熟悉公司的产品及相关技术要求，对机、电类相关零部件有较专业的知识，有较强的处理问题能力，有较强的综合协调能力、判断力和沟通谈判能力 4. 熟练运用ERP等物料查询系统的操作 5. 熟悉公司相关流程制度和岗位要求，在一些品质管理模块内能主动组织或指导相关人员开展日常运作，并能对该模块的管理体系进行优化和设计，对自身及下属所负责的部分品控绩效负责
1级	机加检验员 原材料检验员 电气标件检验员 来料检验员 总装检验员 部装检验员 计量员	1. 一定的机械制造或设备企业品检、计量或机床操作工作经验 2. 执行力强，熟悉各种计量器具的使用，了解机械零件的加工工艺，对机、电类相关零部件的基础知识有相当的了解，对常见质量问题有一定的概念和判断能力，具有较好的语言及文字表达能力 3. 在直接上级的工作指引和监督下，能按照公司相关流程制度和岗位要求，独立承担品质管理中单一专业模块的日常、例行化工作，对所负责的部分物料或产品的品控绩效负责

4. 工艺类

担当企业产品加工制造技术进步与发展，为零部件从设计蓝图到零件制造实现、电气安装、整机装配、提供全面的生产工艺的技术支持。工艺类分层定义，见表7.33。

表7.33 工艺类分层定义

级别	名称	说明
4级	资深工艺工程师	1. 对公司整体工艺工作流程（加工、电气、装配）有全面的理解，能够洞察其深层次的问题并给出相应的解决方案 2. 以缜密的分析在工艺工作给他人施加有效影响，从而推动和实施工艺工作重大的变革 3. 对于工艺工作复杂的、重大的问题，能够通过改革现有的程序/方法来解决 4. 可以指导工艺工作的1个子系统有效地运行 5. 能够把握制造工艺的发展趋势，并使本企业制作工艺发展规划与业内发展趋势相吻合 6. 在本企业某一方面工艺（加工、电气、装配）具有精通、全面的知识和技能，与制造加工相关的其他工艺领域也有相当程度的了解 7. 被视为机械制造领域的专家
4级	资深加工编程工程师	1. 对数控加工业务流程有全面、深刻的理解，能够洞察其深层次的问题并给出相应的解决方案 2. 以缜密的分析在数控加工工作中给他人施加有效影响，从而推动和实施本企业数控加工重大的变革 3. 对于数控加工复杂的、重大的问题，能够通过改革现有的程序（方法）来解决之 4. 可以指导数控加工系统有效地运行 5. 能够把握数控加工的发展趋势，并使企业数控加工发展规划与业内发展趋势相吻合 6. 在数控加工领域具有精通、全面的知识和技能 7. 被视为数控加工的专家
3级	高级电气工艺工程师 高级加工工艺工程师 高级装配工艺工程师	1. 发现工艺工作流程中存在的复杂问题，并提出系统性的、合理有效的解决方案 2. 预见所负责的工艺工作中的问题并能及时解决之 3. 对所负责工艺有全面的了解，并能准确把握生产过程之间的相关性 4. 可以独立地、成功地、熟练地完成制造工艺多个较复杂工作任务，并能有效指导他人工作 5. 具有全面的良好的制造工艺知识和技能，在主要工艺方法是精通的，并对先进制造工艺的知识有相当的了解 6. 本企业产品工艺经验丰富的骨干力量
3级	高级加工编程工程师	1. 发现数控加工业务流程中存在的复杂问题，并提出系统性的、合理有效的解决方案 2. 预见数控编程工作中的问题并能及时解决之 3. 对数控加工有全面的了解，并能准确把握各组成部分之间的相关性 4. 对现有编程工作中的方法/程序进行优化，并解决复杂问题 5. 可以独立地、成功地、熟练地完成数控编程工作多个较复杂工作任务，并能有效指导他人工作 6. 被视为数控加工经验丰富的骨干力量
2级	电气工艺工程师 加工工艺工程师 装配工艺工程师	1. 在现有生产工艺程序和方法解决一般工艺问题，独立负责本部门的一般工艺工作 2. 在有上级工程师适当指导的情况下，能够完成较复杂的工艺工作 3. 跟随企业工艺技术的发展而提高工艺水平 4. 发现现有工艺工作流程中一般的问题 5. 具有本企业产品制造工艺基础的和必要的知识、技能，并成功应用到工艺工作中取得了初步的成效 6. 工作已有一定经验，基本了解本企业产品
2级	加工编程工程师	1. 独立负责数控加工工作，运用现有数控加工工作的程序和方法解决一般问题 2. 在有适当指导的情况下，完成较复杂的数控编程工作，在例行情况下有多次独立数控编程运作的经验 3. 理解数控加工领域中发生的改进和提高 4. 发现编程过程中一般的问题 5. 具有数控加工基础的和必要的知识、技能，并在实际工作中得以实践 6. 对本企业产品零件的数控加工基本掌握
1级	助理电气工艺工程师 助理加工工艺工程师 助理装配工艺工程师	1. 按公司管理制度程序处理例行工艺工作，了解与工艺工作相关的局部体系 2. 在指导下利用现有工艺工作的方法（程序）解决一般问题 3. 掌握基本的工艺知识和技能，主要是从事本工艺工作所必需的一些基本知识或单一领域的某些知识点 4. 在本企业领域有某个类别的经验 5. 工作熟习阶段，对本企业产品了解不多
1级	助理加工编程工程师	1. 按工作程序处理例行工作，了解与数控加工编程工作相关的局部体系 2. 在上级指导下利用现有的方法（程序）解决一般问题 3. 掌握数控加工编程工作所必需的一些基本知识或一般零件加工的数控编程 4. 在数控加工有一定的实践经验 5. 工作熟习阶段，对本企业产品零件加工了解不多

5. 生产技工类（数控及普通机床小类、装配小类、设备小类）

担当企业全部生产设备的安装、验收、维护等工作，保证各种生产设备正常运行；企业自制零部件加工、成品的装配及相对应设备的操作、保养、维护。生产技工类分层定义，见表7.34。

表7.34 生产技工类分层定义

级别	名称	说明
4级	资深设备技师	1. 对设备管理业务流程有全面、深刻的理解，能够洞察其深层次的问题并给出相应的解决方案 2. 能够以缜密的分析在设备管理给他人施加有效影响，从而推动和实施设备管理重大的变革 3. 对于设备维修管理内复杂的、重大的问题，能够通过改革现有的程序/方法来解决之 4. 可以指导设备管理系统有效地运行 能够把握设备技术的发展趋势，并使设备维修管理发展规划与业内发展趋势相吻合 5. 在机械行业大多数设备具有精通、全面的知识和技能，在其他行业设备也有相当程度的了解
4级	资深机床技师	1. 对机械加工业务流程有全面、深刻的理解，能够洞察其深层次的问题并给出相应的解决方案 2. 能够以缜密的分析在机械加工工作中给他人施加有效影响，从而推动和实施机械加工重大的变革 3. 对于机加工领域内复杂的、重大的问题，能够通过改革现有的程序/方法来解决之 4. 可以指导机加工系统有效地运行 5. 能够把握机械加工的发展趋势，并使机械加工发展规划与业内发展趋势相吻合 6. 在机械加工大多数领域具有精通、全面的知识和技能，在机械加工相关其他领域也有相当程度的了解
4级	资深装配技师	1. 对公司装配（含机械及电气）有全面、深刻的理解，能够洞察其深层次的问题并给出相应的解决方案 2. 能够领导公司装配技术的攻关及革新，优化流程和工艺过程 3. 能够以缜密的分析在装配领域给他人施加有效影响，从而推动和实施装配领域内重大的变革 4. 有精深的装配经验及系统完备的理论基础，可以随时处理现场复杂问题和对下属进行培训指导 5. 公司装配技术的核心力量
3级	高级设备技工	1. 能够发现设备维修业务流程中存在的复杂问题，并提出系统性的、合理有效的解决方案 2. 能够预见维修工作中的问题并能及时解决之 3. 对一般设备结构有全面的了解，并能准确把握各组成部分之间的相关性 4. 能够对现有的设备管理方法/程序进行优化，并解决复杂问题 5. 可以独立地、成功地、熟练地完成设备维护管理多个较复杂工作任务，并能有效指导他人工作 6. 具有全面的良好的设备知识和技能，对机械加工设备是精通的，并对机械加工知识有相当的了解
3级	高级机床技工	1. 能够发现机械加工流程中存在的复杂问题，并提出系统性、合理有效的解决方案 2. 能够预见加工工作中的问题并能及时解决之 3. 对机械加工有全面的了解 4. 能够对现有机械加工的方法（程序）进行优化，并解决复杂问题 5. 可以独立地、成功地、熟练地完成机械加工工作多个较复杂工作任务，并能有效指导他人工作 6. 具有全面的良好的机械加工知识和技能，在主要机械加工设备是精通的，并对相关机械设备的知识有相当的了解
3级	高级装配技工	1. 能够发现机械或电气装配流程中存在的复杂问题，并提出系统性的、合理有效的解决方案 2. 能够预见机械或电气装配过程中的问题并能及时解决之，并加以程序化 3. 对部分机械或电气体系有相对全面的了解，并能准确把握各组成部分之间的相关性 4. 可以独立地、成功地、熟练地完成专业领域内多个关键部位的装配任务，并能有效指导他人工作 5. 具有丰富的装配经验及丰富的机电理论基础 6. 在本装配领域有一定的影响力，能起到技术骨干作用
2级	设备技工	1. 独立负责设备维修的工作，能够运用现有的设备管理程序和方法解决一般问题 2. 在有适当指导的情况下，能够完成较复杂的维修工作 3. 能够理解设备维修工作中发生的改进和提高 4. 能够发现设备管理流程中一般的问题 5. 具有基础的和必要的设备维修知识、技能，并已经在工作中多次得以实践
2级	机床技工	1. 独立负责零件加工的工作，能够运用现有机械加工的程序和方法解决一般问题 2. 在有适当指导的情况下，能够完成较复杂的加工工作，在例行情况下有多次独立机械加工工作的经验 3. 能够理解机械加工技术、管理加工过程中发生的改进和提高 4. 能够发现加工流程中一般的问题
2级	装配技工	1. 能按公司流程及作业指导书，独立进行常见的装配 2. 对装配出现的一般问题，有一定的解决及处理能力 3. 能在上级技工指导下按职位操作规程进行复杂的装配 4. 具有较多的装配经验及较多的机电理论基础

续表

级别	名称	说明
1级	初级设备技工	1. 按设备管理程序处理例行工作，了解与工作相关的局部体系 2. 在上级工程师指导下参与设备保养及维修工作 3. 有一般设备的知识和技能，主要是从事设备维修保养工作所必需的一些基本知识或一般机械加工设备知识点 4. 在设备维修行业有某个类别的经验
1级	初级机床技工	1. 按加工程序处理例行工作，了解与机械加工相关的局部体系 2. 在上级技术人员的指导下利用现有的方法（程序）解决一般问题 3. 主要是从事机械加工工作所必需的一些基本知识或一般零件加工的某些知识点 4. 在机械加工领域有某个类别的加工经验
1级	初级装配技工	1. 能按公司流程作业指导书进行简单装配 2. 有一定装配经验和机电的理论基础 3. 能在上级技工指导下，按职位操作规程进行相对常见装配

6. 仓储类

担当企业内部的物流管理职责，保障生产所用物料安全顺畅的流转，及物料防护，为生产、采购供应、营销提供良好服务，对仓存物料账、物、卡的准确一致性负责。仓储类分层定义，见表7.35。

表7.35 仓储技工类分层定义

级别	名称	说明
2级	高级工	1. 发现仓储及物料流转中的数据的查询，及现场物料的异常处理的一些相关问题，并提出改善意见 2. 对仓储及物料流转有全面了解，准确把握各组成部分之间的相关性 3. 能够对现有仓储管理及物料流转的管控/程序进行优化 4. 独立主动按程序处理物料收发、防护、盘点工作；能熟练在系统中查询各类物料数据信息，精通仓储管理专业领域账、物、卡定置管理 5. 能培训指导普工、初级仓管员工作
1级	初级工	1. 在上级指导下，按仓库管理相关程序收发、防护、盘点工作，并能在系统中查询物料数据信息 2. 在上级指导下保证账、物、卡的一致性，收发的及时性 3. 有账、物、卡定置管理经验

7. 支持技工类

承担为保障公司正常运作，提供水电等基础维护的职能。支持技工类分层定义，见表7.36。

表7.36 支持技工类分层定义

级别	名称	说明
2级	高级工（水电工）	1. 具有本工作领域丰富的操作知识和实践经验，具有较强的问题解决和工作优化的能力 2. 定期对本工作领域的效率、质量因素提出合理化建议 3. 能够独立、熟练完成本专业内的全部工作，并能有效的指导他人 4. 熟练掌握本专业领域的知识和技能，能够发现本领域和业务工作中的重大问题，并提出合理有效的解决方案
1级	初级工（水电工）	1. 具有本工作领域的操作知识和实践经验，对本工作领域遇到的一般性问题能独立解决 2. 能独立完成本专业一般操作与维护 3. 有本专业内应具备的专业知识和技能 4. 能正确理解、准确执行办公程序，能够发现工作中一般的问题并独立解决

8 营销族任职资格标准

营销族任职资格标准包括产品规划类、渠道销售类、市场策划及推广类、市场研究类、直销类等行为标准、贡献标准和能力标准。

8.1 产品规划类行为标准（见表 8.1 至表 8.5）

工作成果定义如下：

主流产品是指现有产品线销量最大的 2 个系列。

行为定义原则如下：

（1）主导（主持）。在项目和规划、实施过程中作为总负责人。1 个项目只能有 1 个项目主导者。

（2）承担。在项目和规划、实施过程中作为主要负责人，完成整体实施工作。1 个项目只能有 1 个项目承担者。

（3）参与。在项目、任务过程中作为工作人员完成某一模块或某一部分的工作。1 个项目可以有多个项目参与者。

（4）协助。在项目、任务实施过程中作为工作人员为第一负责人提供资源、支持，辅助其完成工作。1 个项目可以有多个项目协助者。

能力标准各分值含义如下：

（1）3 分为精通。可以给出专家级的意见，能领导他人成功运作，被他人当作磋商者和领袖。全面的、广博的知识和正确的评判能力，能够总结出有用的改进意见。

（2）2 分为熟练。触类旁通的、有效的、资深的知识，可以独立、成功完成大多数任务。

（3）1 分为了解或基本掌握。仅仅有一般的、概念性的知识，或者具备在有协助下的运作能力，知识是经过实践的。

（4）0 分为不具备或不掌握。

表 8.1 产品规划类 1 级行为标准

行为模块	序号	行为标准细项	行为要点
1. 需求获取	1.1	需求沟通	向客户推介我司及产品发展方向
			与客户沟通交流产品需求，获取客户合作意向
	1.2	需求分析	对客户的需求进行分析过滤
			与客户沟通需求问题点
	1.3	确定需求	总结客户对产品的详细需求，包括产品技术规格要求，产品测试要求，产品包装要求，产品认证要求
2. 需求定制	2.1	确认项目计划	根据研发及项目经理提供的项目计划，确认项目周期以及关键里程碑是否满足客户的需求
			把产品项目计划反馈给客户确认
	2.2	项目进度监控	根据研发项目计划，监控项目里程碑关键点
			与客户沟通反馈项目进度
3. 市场推广	3.1	信息收集	协助高级别人员不断收集有关新产品的性能、客户及经销商对产品的看法、产品遇到的新问题及新销售机会的情报
	3.2	产品推广	协助高级别人员与销售部门一起，配合广告代理商和经销代理商一起研究广告的文稿设计、节目方案和宣传活动

表8.2 产品规划类2级行为标准

行为模块	序号	行为标准细项	行为要点
1. 需求获取	1.1	需求沟通	向重点客户推介我司及产品发展方向
			与重点客户沟通交流产品需求,获取客户合作意向
			引导重点客户需求,并对我司产品做相应的推广
	1.2	需求分析	对重点客户的需求进行分析过滤
			与重点客户沟通需求问题点
	1.3	确定需求	总结重点客户对产品的详细需求,包括产品技术规格要求,产品测试要求,产品包装要求,产品认证要求
	1.4	制定需求理解分析报告	对客制化需求进行整理、分析、汇总,定期输出客制化需求理解分析报告,为产品生命周期验证提供依据
2. 需求定制	2.1	项目立项评审	根据项目重要程度,调整项目优先级,协调项目资源
	2.2	确认项目计划	确认重点项目周期以及关键里程碑是否满足客户的需求
	2.3	项目进度监控	调整项目优先级别,确保重要的项目按计划完成
			参与并协助重点标案项目的推动和跟踪
3. 产品策划	3.1	竞争分析	通过市场信息收集,参与研发中心和销售部门对细分市场的市场吸引力和竞争地位进行评估,评估产品包在各个细分市场相对客户需要与欲望所处位置
	3.2	客户及我方价值确定	参与对客户价值进行验证确定: 1. 信息的解释和处理 2. 对购买决策的信息 3. 用户满意度
			参与对我方价值进行验证确定: 1. 营销方案的效率和有效性 2. 品牌忠诚度 3. 价格和利润率 4. 品牌延伸 5. 加强交易的讨价还价能力 6. 竞争优势
4. 市场推广	4.1	信息收集	不断收集有关新产品的性能、客户及经销商对产品的看法、产品遇到的新问题及新销售机会的情报
	4.2	产品推广	与销售部门一起,配合广告代理商和经销代理商一起研究广告的文稿设计、节目方案和宣传活动

表8.3 产品规划类3级行为标准

行为模块	序号	行为标准细项	行为要点
1. 新产品开发的管理评审	1.1	外部管理评审	参与研发中心、供应链部、销售等部门采用客户的观点来确定产品是新的或已有的,使用产品生命周期(介入,增长,成熟和衰退)图来进行验证
	1.2	内部资料制定	参与研发中心和市场部对产品线根据新产品来制订文档草稿(市场计划,产品规格书,服务计划和其他研发交付件)
2. 市场组合分析	2.1	竞争分析	通过市场信息收集,组织研发中心和销售部门对细分市场的市场吸引力和竞争地位进行评估,评估产品包在各个细分市场相对客户需要与欲望所处位置
3. 制定业务计划	3.1	细分市场目标及策略制订	通过各种路径保持和市场及客户的充分接触,了解客户及市场需求信息,为细分市场验证提供依据
			参与细分市场目标策略制定: 1. 收集和分析预定的指示。在完成关键指示的评估之后,确定备选的行动 2. 制定简要的每个细分市场目标描述 3. 定义每个细分市场价值定位 4. 明确业务计划各要素的具体行动

续表

行为模块	序号	行为标准细项	行为要点
3. 制定业务计划	3.2	客户及我方价值确定	对客户价值进行验证确定： 1. 信息的解释和处理 2. 对购买决策的信息 3. 用户满意度 对我方价值进行验证确定： 1. 营销方案的效率和有效性 2. 品牌忠诚度 3. 价格和利润率 4. 品牌延伸 5. 加强交易的讨价还价能力 6. 竞争优势
4. 整合并优化业务计划	4.1	产品线业务计划	参与各相关部门整合产品线内的业务计划，决定优先级的投资排序，使资源使用最优化，以到达整体的业绩目标
	4.2	产品包规划	参与研发中心、销售部进行产品包规划，包括产品的延伸、包装、质量、整合及利用杠杆作用或进行组合、竞争迁移、新技术等
5. 产品线规划实施及监控	5.1	产品线规划实施及监控	根据确定的业务计划及产品包规划，组织资源实施，对重点环节进行监控
6. 市场推广	6.1	信息收集	不断收集有关新产品的性能、客户及经销商对产品的看法、产品遇到的新问题及新销售机会的情报
	6.2	渠道建设	与销售部门配合，激励推销人员和经销商经营新产品的兴趣和对该产品的支持
	6.3	产品推广	与销售部门一起，配合广告代理商和经销代理商一起研究广告的文稿设计、节目方案和宣传活动

表 8.4 产品规划类 4 级行为标准

行为模块	序号	行为标准细项	行为要点
1. 新产品开发的管理评审	1.1	外部管理评审	组织研发、供应链、销售等部门采用客户的观点来确定产品是新的或已有的，使用产品生命周期（介入、增长、成熟和衰退）图来进行验证
	1.2	内部资料制定	组织研发和市场部对产品线根据新产品来制订文档草稿（市场计划，产品规格书，服务计划和其他研发交付件）
2. 市场组合分析	2.1	竞争分析	通过市场信息收集，组织研发和销售部门对细分市场的重点竞争对手的市场吸引力和竞争地位进行评估
	2.2	战略定位审视	组织研发、销售部门进行新产品战略定位审视： 1. 各个细分市场的市场吸引力 2. 从客户的角度，快速审视各细分市场的关键成功要素，来确定在竞争中所处的位置
	2.3	组合分析	组织销售部门进行协作，提供 1 个明确细分市场吸引力并量化财务回报的框架，并与业务目标结合起来；更新细分市场概貌，完成细分市场的 SWOT 分析
3. 制定业务计划	3.1	细分市场目标及策略制订	指导低级别人员通过各种路径保持和市场及客户的充分接触，了解客户及市场需求信息，为细分市场验证提供依据 组织销售、客户服务等部门，对细分市场进行验证： 1. 审视市场细分的框架 2. 谁在我们的市场中购买 3. 在我们的市场上购买什么 4. 他们为什么在我们的市场里购买 5. 最终选定初步的细分市场 6. 对细分市场进行验证 组织各相关部门，进行细分市场目标策略制定： 1. 收集和分析预定的指示。在完成关键指示的评估之后，确定备选的行动 2. 制定简要的每个细分市场目标描述 3. 定义每个细分市场价值定位 4. 明确业务计划各要素的具体行动

续表

行为模块	序号	行为标准细项	行为要点
3. 制定业务计划	3.2	客户及我方价值确定	组织销售部和客户服务部，对客户价值进行验证确定： 1. 信息的解释和处理 2. 对购买决策的信息 3. 用户满意度
			组织销售部和客户服务部，对我方价值进行验证确定： 1. 营销方案的效率和有效性 2. 品牌忠诚度 3. 价格和利润率 4. 品牌延伸 5. 加强交易的讨价还价能力 6. 竞争优势
4. 整合并优化业务计划	4.1	产品线业务计划	组织各相关部门，整合产品线内的业务计划，决定优先级的投资排序，使资源使用最优化，以到达整体的业绩目标
	4.2	产品包规划	组织研发、销售部门进行产品包规划，包括产品的延伸、包装、质量、整合及利用杠杆作用或进行组合、竞争迁移、新技术等
5. 市场推广	5.1	信息收集	不断收集重点产品的性能、客户及经销商对产品的看法、产品遇到的新问题及新销售机会的情报
	5.2	产品推广	与销售部门一起，配合广告代理商和经销代理商一起设计、规划重点产品关键性的推广和宣传活动

表8.5 产品规划类5级行为标准

行为模块	序号	行为标准细项	行为要点
1. 新产品开发的管理评审	1.1	外部管理评审	组织研发、供应链、销售等部门采用客户的观点来确定产品是新的或已有的，使用产品生命周期（介入，增长，成熟和衰退）图来进行验证
	1.2	内部资料制定	组织研发和市场部对产品线根据新产品来制定文档草稿（市场计划，产品规格书，服务计划和其他研发交付件）
2. 市场组合分析	2.1	战略定位审视	组织研发、销售部门进行新产品战略定位审视： 1. 各个细分市场的市场吸引力； 2. 从客户的角度，快速审视各细分市场的关键成功要素，来确定在竞争中所处的位置
	2.2	组合分析	组织销售部门进行协作，提供1个明确细分市场吸引力并量化财务回报的框架，并与业务目标结合起来；更新细分市场概貌，完成细分市场的SWOT分析
3. 制定业务计划	3.1	细分市场目标及策略制订	组织及指导低级别人员通过各种路径保持和市场及客户的充分接触，了解客户及市场需求信息，为细分市场验证提供依据
			组织销售、客户服务等部门，对细分市场进行验证： 1. 审视市场细分的框架 2. 谁在我们的市场中购买 3. 在我们的市场里购买什么 4. 他们为什么在我们的市场里购买 5. 最终选定初步的细分市场 6. 对细分市场进行验证
			组织各相关部门，进行细分市场目标策略制定： 1. 收集和分析预定的指示。在完成关键指示的评估之后，确定备选的行动 2. 制定简要的每个细分市场目标描述 3. 定义每个细分市场价值定位 4. 明确业务计划各要素的具体行动
	3.2	客户及我方价值确定	组织销售部和客户服务部，对客户价值进行验证确定： 1. 信息的解释和处理 2. 对购买决策的信息 3. 用户满意度

续表

行为模块	序号	行为标准细项	行为要点
3. 制定业务计划	3.2	客户及我方价值确定	组织销售部和客户服务部，对我方价值进行验证确定： 1. 营销方案的效率和有效性 2. 品牌忠诚度 3. 价格和利润率 4. 品牌延伸 5. 加强交易的讨价还价能力 6. 竞争优势
4. 整合并优化业务计划	4.1	产品线业务计划	组织各相关部门，整合产品线内的业务计划，决定优先级的投资排序，使资源使用最优化，以到达整体的业绩目标
		产品包规划	组织研发、销售部门进行产品包规划，包括产品的延伸、包装、质量、整合及利用杠杆作用或进行组合、竞争迁移、新技术等
5. 市场推广	5.1	信息收集	不断收集核心产品的性能、客户及经销商对产品的看法、产品遇到的新问题及新销售机会的情报
	5.2	产品推广	与销售部门一起，配合广告代理商和经销代理商一起设计、规划核心产品的关键性的推广和宣传活动

8.2 产品规划类贡献标准（见表 8.6）

表 8.6 产品规划类贡献标准

资格等级	评价要素	
	专业成果	团队成长
产品助理	**市场推广** 协助上一级产品经理进行与其产品相关的研究广告的文稿设计、节目方案和宣传活动，达到既定目标 **客制化需求沟通** 1. 需求输出的准确率达到 90%、及时性达到 90% 2. 协助制定客制化客户需求理解分析报告 **项目跟进** 客户有效投诉次数不超过 0 次	**经验总结** 总结工作经验教训，用以指导新入职产品助理。 **组织建设** 做好助手，与同事友好相处。
二级产品经理	**产品策划** 协助高级经理制定产品战略研究、竞争对手研究、产品行业研究、产品市场需求调研 **市场推广** 主持与其产品相关的研究广告的文稿设计、节目方案和宣传活动，达到既定目标 **客制化需求沟通** 1. 需求输出的准确率达到 98%、及时性达到 95% 2. 客制化客户需求理解分析报告每年不少于 8 份 **项目跟进** 1. 客户有效投诉次数不超过 0 次 2. 由于产品经理原因引起的项目延迟不能多于 0 次	**组织建设** 指导和帮助下级人员独立完成工作 **下属培养** 至少培养 1 名产品助理
三级产品经理	**产品策划** 参与制定公司产品规划策略，被采纳内容超过 90%。（包括：制定产品战略研究、竞争对手研究、产品行业研究、产品市场需求调研） **产品线年度规划实施** 1. 年度产品线营销计划的实施与监控。（包含产品项目计划、产品改进项目计划、产品生命周期管理计划、产品的市场推广计划），达到既定目标 2. 为销售部门大客户项目的竞标提供协助支持，成功项目数超过 2 个（含）以上 **结果影响** 提升主流产品的销售规模增长率达到既定目标	**开发课程** 每年开发产品规划类部门级课程 1 门，讲授 3 次（含）以上 **组织建设** 参与建立激励推销人员和经销商的相关机制及流程 指导和帮助下级人员独立完成工作 **下属培养** 至少培养 1 名产品经理

续表

资格等级	评价要素	
	专业成果	团队成长
四级产品经理	**产品策划** 主导制定公司产品规划策略，每年提交公司2～3年市场策略报告1篇，被采纳内容超过90%，评价达到良好评级。（包括：现有产品线的产品包概要定义和针对各机会点的潜在机会战略，评估、管理现有产品线的产品包、改进点，使产品包投资组合收益最大化。考虑战略和财务目标） **年度产品线规划** 主导制定产品线规划报告（包含：组织市场研究、市场推广、销售、客服等人员不断收集有关产品线的性能、客户及经销商对产品线的看法、产品遇到的新问题及新销售机会的情报），提出产品线规划，被采纳内容达到90% **资源组织** 每年上报到公司高层未解决的重大问题（影响产品线市场目标达成）不多于3个 **重点竞争对手研究** 主持重点竞争对手（2个）产品研究工作，充分利用各种资源，有效解决研究过程中遇到的重大问题 **市场推广** 产品路标规划中的2个重点产品的市场推广工作和关键性推广活动的组织，达成既定目标 **结果影响** 新产品的市场占有率达到既定目标	**开发课程** 每年开发产品规划类公司级课程1门，讲授3次（含）以上 **组织建设** 1. 主持建立激励推销人员和经销商的相关机制及流程 2. 产品规划团队建立的核心成员，负责招聘和考核下级人员，指导和帮助下级人员独立完成工作 **下属培养** 至少培养2名产品规划人员，其中最少1人升为高级产品经理
产品专家	**产品策划** 主导制定公司现有产品线营销策略，每年提交公司中长期（3～5年）产品线策略报告1篇，被采纳内容超过90%，评价达到良好评级。（包含：现有产品线的产品包概要定义和针对各机会点的潜在机会战略，评估、管理现有产品线的产品包、改进点，使产品包投资组合收益最大化；考虑战略和财务目标） **资源组织** 每年上报到公司高层未解决的重大问题（影响产品线市场目标达成）不多于2个 **市场推广** 产品路标规划中的1个核心产品的市场推广工作和关键性推广活动的组织，达成既定目标 **结果影响** 提升该产品线的销售规模增长率达到既定目标	**开发课程** 每年开发产品规划类公司级课程1门，部门级课程1门，授课3次（含）以上。 **组织建设** 1. 主导建立产品规划团队、负责招聘和考核下级人员，指导和帮助下级人员独立完成工作 2. 对公司产品规划流程的建立起主导作用。 **下属培养** 至少培养2名产品规划经理，其中最少1人升为资深产品规划经理。

8.3 产品规划类能力标准（见表8.7至表8.10）

表8.7 产品规划类能力标准（知识）

	知识要项	1级	2级	3级	4级	5级
专业知识	市场经济学	1分	2分	2分	3分	3分
	市场分析、研究知识	1分	1分	2分	3分	3分
	商务礼仪	1分	2分	3分	3分	3分
	营销管理的基本概念和框架体系	0分	1分	2分	3分	3分
	营销策略知识（市场策略、竞争策略、产品策略、服务策略、定价策略、品牌策略）	0分	1分	2分	3分	3分
	市场规划与技巧	0分	1分	2分	3分	3分
	客户开发及关系拓展知识	1分	2分	2分	3分	3分
	商务谈判技巧	1分	2分	2分	3分	3分
	合同商务知识	1分	2分	2分	3分	3分
	技术商务文件知识	1分	2分	2分	2分	2分

续表

	知识要项	1级	2级	3级	4级	5级
专业知识	产品规划	1分	2分	3分	3分	3分
	品牌活动及传播知识	1分	2分	2分	2分	2分
	人力资源管理知识	1分	2分	2分	2分	3分
	统计学知识	1分	2分	3分	3分	3分
	培训知识	1分	2分	2分	3分	3分
	管理评审及技术评审知识	1分	2分	3分	3分	3分
环境知识	产品相关国家、国际标准	1分	2分	2分	2分	3分
	国际安全认证知识	1分	2分	2分	2分	3分
	业内媒体和展会知识	1分	2分	3分	3分	3分
	安全生产知识与规程	1分	2分	2分	2分	3分
	市场和竞争对手的知识	1分	2分	3分	3分	3分
	合同法、合同示范文本、国家相关政策性文件	0分	1分	2分	3分	3分
公司知识	公司发展历程	2分	2分	3分	3分	3分
	公司企业文化的核心内容	2分	2分	3分	3分	3分
	公司制度的知识	2分	2分	3分	3分	3分
	公司组织架构与岗位责任	2分	2分	3分	3分	3分
	产品基础知识	2分	2分	3分	3分	3分
	业务流程知识	2分	2分	3分	3分	3分
	员工手册	2分	2分	3分	3分	3分
	CRM系统基础知识	2分	3分	3分	3分	3分
	K3系统基础知识	2分	2分	2分	2分	2分
	ERP系统基础知识	2分	2分	2分	2分	2分
	质量管理体系基础知识	2分	2分	3分	3分	3分
	计划管理	1分	2分	2分	3分	3分
	时间管理	1分	2分	2分	3分	3分
	激励管理	0分	1分	2分	3分	3分
	沟通技巧	1分	2分	2分	3分	3分
	会议管理	1分	2分	2分	3分	3分
	产品知识及相关周边产品知识	1分	2分	2分	3分	3分
	瓦楞纸箱机械及行业知识	1分	2分	3分	3分	3分
	业界技术发展趋势	1分	2分	2分	3分	3分

表 8.8 产品规划类能力标准（技能）

等级	项目运作							销售预测			产品规划	
	计划	控制	执行	谈判	竞争对手分析	市场分析	员工培养	需求预测及修正	数据分析	市场及行业变化预测	分析	规划
1级	2分	2分	2分	2分	2分	2分	2分	2分	2分	2分	2分	2分
2级	2分	2分	3分	3分	3分	3分	2分	2分	3分	2分	3分	3分
3级	3分	3分	4分	4分	4分	4分	3分	3分	4分	3分	4分	4分
4级	5分	4分	4分	5分	4分	5分	4分	5分	5分	4分	4分	4分
5级	5分	5分	5分	5分	5分	5分	5分	5分	5分	5分	5分	5分

表 8.9 产品规划类能力标准（技能等级定义）

技能等级	熟练程度	经验
1级	有限的运作能力，仅仅有一般的、概念性的知识	非常有限
2级	在有协助的情况下的运作能力，实践过的知识	在有协助的情况下/在多种场合运作/在例行情况下独立运作过
3级	无须协助的运作能力，触类旁通的知识，可以成功完成大多数任务	重复的/成功的
4级	深入彻底的知识，可以带领和指导其他人有效运作	有效的/资深的
5级	可以给出专家级的意见，能领导其他人成功运作，被其他人当作磋商者和领袖。全面的知识和正确的评判能力，能够总结出有用的改进意见	全面的/广博的

表 8.10 产品规划类能力标准（素质）

基本素质要项	1级	2级	3级	4级	5级
归纳思维	3分	3分	3分	4分	5分
影响能力	2分	3分	4分	5分	5分
关系建立	2分	3分	4分	5分	5分
人际理解	2分	3分	4分	5分	5分
收集信息	2分	3分	4分	5分	5分
服务意识	3分	4分	4分	5分	5分
主动性	2分	3分	4分	5分	5分

8.4 渠道销售类行为标准（见表8.11至表8.14）

表8.11 渠道销售1级行为标准

行为模块	序号	行为标准细项	行为要点
1.渠道维护	1.1	渠道关系维护	收集和维护渠道客户的基本信息，客户规模、业务现状及其他相关的客户重要信息，以保证对客户现状有全面的了解
			安排接待来自渠道的工程师的来访、验收和培训
			安排接待来自渠道及其客户的来访和参观，帮助渠道对最终客户的销售
	1.2	渠道关系评估	观察与了解渠道对我们公司的满意度
			要求渠道收集最终客户对渠道代理的服务满意度
			评估和判断渠道代理的配合度以及对渠道的满意度
2.渠道业务运作	2.1	渠道销售项目运作	处理来自渠道的各种售前售中售后问题的咨询、求助
			按照公司的标准合同模板，起草代理及销售合同
			处理来自渠道客户的订单，推动订单计划按时执行，保障订单的顺利执行和交付
			按合同要求货款的按时回收
			及时落实跟进设备交付后的安装和培训工作
	2.2	售后服务	处理来自客户的保内保外的售后问题，将客户反馈及投诉问题及时传递到内部相关部门，并推动及时给出原因分析及解决措施
	2.3	渠道品牌活动运作	对来自渠道的品牌活动营销物料的需求给予响应和支持。
			收集来自所负责的区域的渠道代理参加的各类品牌活动，为我们的品牌推广计划及实际推广提供素材
3.产品信息收集	3.1	产品需求分析与竞品分析	收集渠道客户的一些非常规的产品配置需求
			收集渠道客户反馈的行业竞品信息

表8.12 渠道销售2级行为标准

行为模块	序号	行为标准细项	行为要点
1.渠道规划	1.1	渠道业务规划	参与区域性的渠道规划（公司整体的渠道战略、现有渠道现状、所在区域的市场状况），提出渠道规划策略与建议
			根据公司对所负责区域的业务要求，分析渠道未来发展趋势及区域的资源配置现况，提出渠道的增减与更换建议
2.渠道维护	2.1	渠道关系维护	收集和了解渠道的经营现状和业务目标
			做好来访客户的接待准备工作，安排接待来自渠道及其客户的来访和参观，做好会谈纪要及来访的接待总结
			配合渠道代理，提升最终客户的客户关系维护水平
	2.2	渠道关系评估	观察与了解渠道对我们公司的满意度
			要求渠道收集最终客户对渠道代理的服务满意度
			评估和判断渠道代理的配合度以及对渠道的满意度

续表

行为模块	序号	行为标准细项	行为要点
3. 渠道业务运作	3.1	渠道销售项目运作	处理来自渠道的各种售前售中售后问题的咨询、求助
			按照公司的标准合同模板，起草代理及销售合同
			处理来自渠道客户的订单，并保障订单的顺利执行和交付
			按合同要求货款的按时回收
			及时落实跟进设备交付后的安装和培训工作
	3.2	售后服务	处理来自客户的保内保外的售后问题，将客户反馈及投诉问题及时传递到内部相关部门，并推动及时给出原因分析及解决措施
	3.3	渠道品牌活动运作	对来自渠道的品牌活动营销物料的需求给予响应和支持
			收集来自所负责的区域的渠道代理参加的各类品牌活动，为我们的品牌推广计划及实际推广提供素材
	3.4	渠道销售预测	对短周期订单进行预测与分析，提出要货计划
4. 产品规划	4.1	产品需求分析与竞品分析	收集渠道客户的一些非常规的产品配置需求
			收集来自渠道客户反馈的行业竞品的产品信息

表8.13　渠道销售3级行为标准

行为模块	序号	行为标准细项	行为要点
1. 渠道规划	1.1	渠道规划	收集整理各类相关数据(历史订单、市场容量、市场增长趋势、竞争环境)，撰写渠道状况分析报告
			深入理解和解读公司营销战略当中关于渠道销售部分的要求，制定所在区域的拓展策略及目标
			制订年度渠道拓展计划
	1.2	渠道目标制定与分解	参与制定公司的渠道总体业务目标
			制定各区域与渠道的年度任务目标（销售目标、新产品突破与推广、品牌营销、服务及技术支持）以支持公司总渠道销售任务的完成
2. 渠道维护	2.1	渠道开发	通过展会、介绍、自己挖掘等手段开发潜在的渠道代理
			收集所在市场的主要竞争对手的代理合作关系，为公司渠道代理的开拓和选择提供依据
			接待潜在渠道代理的商务考察，并组织洽谈
	2.2	渠道维护	深入了解主要渠道客户的公司的经营现状和业务目标
			组织安排接待来自渠道及其客户的来访和参观
			配合渠道代理，提升最终客户的客户关系维护水平
			组织定期的高层互访会议
	2.3	渠道关系评估	分析与了解各渠道对我们公司的总体满意度
			要求渠道收集最终客户对渠道代理的服务满意度
			评估和判断渠道代理的配合度以及对渠道的满意度
3. 渠道监控	3.1	渠道考核标准制定	收集整理现有渠道业绩历史数据和渠道公司实力现状
			分析各渠道所在区域的市场现状，制定科学的目标
			制定公司统一的渠道考核政策
	3.2	渠道考核及结果运用	收集、统计、分析各渠道的年度任务完成情况及各项KPI完成情况
			组织对各个渠道代理商给出年度的综合评价结果，并就评价结果与渠道商进行沟通
			根据考核政策制定相应的奖励和惩罚通知
			落实相关的奖惩措施的实行
			评估考核运用的效果

续表

行为模块	序号	行为标准细项	行为要点
4. 渠道业务运作	4.1	渠道销售项目运作	监控来自渠道的各种售前集中售后问题的咨询、求助的解决进度，推动后端资源的协调以解决问题。
			审核与客户签订代理及销售合同，监控来自渠道客户的订单的处理进展，并保障订单的顺利执行和交付
			按合同要求货款的按时回收
			监控落实跟进设备交付后的安装和培训工作
	4.2	渠道品牌活动运作	规划公司对渠道的年度品牌活动需求
			对来自渠道的品牌活动营销物料的需求给予落实
			收集来自所负责的区域的渠道代理参加的各类品牌活动，为公司品牌推广计划及推活动提供素材
5. 产品规划	5.1	产品需求分析与竞品分析	收集整理来自市场的产品需求，并加以分析
			收集整理来自竞争对手的产品特点，并加以分析
			组织人员对各区域市场的产品需求信息进行收集整理
	5.2	产品策略规划建议	参与制定公司对渠道市场的总体产品策略
			对各产品类的大颗粒需求提出立项建议
6. 员工指导	6.1	员工指导	明确本人及下级销售人员的工作职责、工作目标、任务要求和衡量标准
			指导和帮助下级销售人员提高自身的工作能力，为下级销售人员的工作提供必要的事先指导
			对下级销售人员工作方法或活动进行有效的指导
			指导员工找出偏离计划目标的原因和工作中的失误，制定相应的改进措施，跟踪改进措施的执行情况
	6.2	员工培养	关注下级销售人员所长并及时给予发挥能力的机会，在工作中合理正向引导
			对下级销售人员进行有效培训和沟通，在工作中言传身教，与下级销售人员共享经验

表 8.14 渠道销售 4 级行为标准

行为模块	序号	行为标准细项	行为要点
1. 渠道规划	1.1	渠道策略规划	收集整理各类相关数据（历史订单、市场容量、市场增长趋势、竞争环境），撰写渠道状况分析报告
			深入理解和解读公司营销战略当中关于渠道销售部分的要求，并细化为各模块里的具体要求
			制订公司的总体渠道策略和年度渠道拓展计划
	1.2	渠道目标制定与分解	审核与制定公司的渠道总体业务目标
			制定各区域与渠道的年度任务目标（销售目标、新产品突破与推广、品牌营销、服务及技术支持）以支持公司总体渠道销售任务的完成
2. 渠道开发与维护	2.1	渠道开发	梳理潜在的渠道代理名单，锁定目标渠道进行开发
			收集所在市场的主要竞争对手的代理合作关系，为公司渠道代理的开拓和选择提供依据。
			与潜在渠道代理的商务考察与洽谈事宜。
			评估代理区域转化为直销区域的可行性，为公司销售网络结构规划提供依据
	2.2	渠道维护	深入分析渠道的公司战略与我公司的战略匹配度。
			监控落实来自渠道及其客户的来访和参观的接待工作，并提出改进计划
			对渠道代理在客户关系提升工作提出建议
			规划年度高层互访会议的日程安排

续表

行为模块	序号	行为标准细项	行为要点
3. 渠道监控	3.1	渠道考核标准制定	分析解读渠道业绩历史数据和渠道公司实力现状
			分析各渠道所在区域的市场现状,制定科学的目标
			制定公司统一的渠道考核政策
			组织对各个渠道代理商给出年度的综合评价结果,并就评价结果与渠道商进行沟通
			评估考核运用的效果
	3.2	渠道整体销售监控	评估分析实时渠道销售的整体推进状况,并及时提出改进意见,调整策略以达成渠道销售的整体目标
4. 渠道业务运作	4.1	渠道销售项目运作	监控来自渠道的各种售前集中售后问题的咨询、求助解决的完成质量,并对项目运作的体系进行评估
			制定和优化合理的订单处理流程,监控来自渠道客户的订单的处理进展,并保障订单的顺利执行和交付
			监控落实跟进设备交付后的安装和培训工作的总体水平和效果
	4.2	渠道品牌活动运作	规划公司对渠道的年度品牌活动需求
			对来自渠道的品牌活动营销物料的需求做出计划
			安排跟进来自所负责区域的渠道代理参加的各类品牌活动请求
5. 产品规划	5.1	产品需求分析与竞品分析	分析来自市场的产品需求
			分析来自竞争对手的产品特点
			组织人员对各区域市场的产品需求信息进行收集整理
	5.2	产品策略规划建议	制定公司对渠道市场的总体产品策略
			对各产品类的大颗粒需求提出立项建议
	5.3	客户解决方案的设计	根据客户最终要达到的目标及实际设备预算、厂房现状等客户信息,合理分析,为客户定制系统的解决方案,达成最终的产能提升、投资回报等目标
6. 员工指导	6.1	员工指导	明确本人及下级销售人员的工作职责、工作目标、任务要求和衡量标准
			指导和帮助下级销售人员提高自身的工作能力,为下级销售人员的工作提供必要的事先指导
			对下级销售人员工作方法或活动进行有效的指导
			指导员工找出偏离计划目标的原因和工作中的失误,制定相应的改进措施,跟踪改进措施的执行情况
	6.2	员工培养	关注下级销售人员所长并及时给予发挥能力的机会,在工作中合理正向引导
			对下级销售人员进行有效培训和沟通,在工作中言传身教,与下级销售人员共享经验

8.5 渠道销售类贡献标准（见表 8.15）

表 8.15 渠道销售贡献标准

资格等级	评价要素	
	专业成果	团队成长
渠道助理	**渠道业务运作** 1. 每年成功协助渠道代理运作项目超过 1 000 万元人民币 2. 协助代理商落实品牌活动的执行 3. 年度绩效考核结果在 C 以上 **产品信息收集** 参与所管辖区域的产品需求与竞争信息的收集，每季提交 1 篇报告。（至少包含区域产品需求特点、竞争对手及产品信息）	**组织建设** 在项目组或职能范围内提供可供参考的渠道销售建议 **组织建设** 做好助手，与同事友好相处
二级渠道经理	**渠道规划与开发** 撰写所负责区域渠道市场的分析与策划报告，平均每年提交 2 篇报告，被采纳部分超过 90%。（至少包含：市场现状的分析、区域宏观环境的分析、区域竞争对手的分析、合作模式的原则、渠道合理目标的预测） **渠道业务运作** 1. 每年成功协助渠道代理运作项目超过 2 000 万元人民币 2. 协助代理商落实品牌活动的执行与推广 3. 年度绩效考核结果在 C 以上 **产品规划** 所管辖区域的产品需求分析与竞争形势分析，每年提交 2 篇报告，被采纳部分超过 50%。（至少包含区域产品需求特点、产品规划方向、市场定位策略、产品推广策略）	**开发课程** 主讲过部门级的课程 **组织建设** 在项目组或职能范围内提供可供参考的渠道销售建议 **下属培养** 在实践中培养 1 名以上渠道销售助理
三级渠道经理	**渠道规划与开发** 1. 撰写公司渠道市场的分析与策划报告，平均每年提交 2 篇报告，被采纳部分超过 90%；（至少主导下列 2 个主要模块的撰写：市场现状的分析、区域宏观环境的分析、区域竞争对手的分析、公司年度渠道的选择原则、切入区域的原则、合作模式的原则、渠道合理目标的预测） 2. 制订公司总体渠道战略和实施计划，每年提交 2 篇报告，被采纳部分超过 90%，同时计划评价达到优秀评级（至少主导下列 2 个主要模块的撰写：公司整体市场策略的解读、区域及渠道开拓的步骤及方法、资源的配置、承接公司渠道市场策划报告的具体要求） 3. 每年至少开发 1 个新的二级渠道代理（中等国家及大国的区域代理） **渠道监控** 1. 参与年度渠道 KPI 的数据收集 2. 每季例行发布二级渠道阶段性任务的完成情况和业务开展报告，被采纳率达 90% 以上（渠道销售任务完成进展、渠道的订单执行情况、区域市场信息收集与分析、整体服务水平） **渠道业务运作** 1. 司二级渠道运作过程中的决策提供有影响的建议和计划 2. 每年成功协助渠道代理运作项目超过 5 000 万元人民币 3. 提出代理区域的品牌活动诉求，落实并监控品牌活动的执行 **产品规划** 所管辖区域的产品需求分析与竞争形势分析，每年提交 2 篇报告，被采纳部分超过 50%。（至少包含区域产品需求特点、产品规划方向、市场定位策略、产品推广策略） **专业成果** 每年参与为客户提供系统解决方案（包括设计公司的服务产品、产品选型、流程设计、品质提升方案、产能提升方案、投资回报预测、设备选型、生产线的选择等）2 个以上，有 1 个被客户采纳	**开发课程** 每年开发 1 门部门级培训课程，并且讲授 3 次（含）以上 **组织建设** 1. 参与建立公司的渠道业务流程 2. 运用渠道沟通平台进行有效渠道沟通 **下属培养** 至少培养 2 名下级渠道经理，其中至少 1 人晋升 2 级

资格等级	评价要素	
	专业成果	团队成长
四级渠道经理	**渠道规划与开发** 1. 公司渠道市场的分析与策划报告,平均每年提交2篇报告,被采纳部分超过90%;(至少包含对市场现状的分析、区域宏观环境的分析、区域竞争对手的分析、公司年度渠道的选择原则、切入区域的原则、合作模式的原则、渠道合理目标的预测) 2. 制订公司总体渠道战略和实施计划,每年提交2篇报告,被采纳部分超过90%,同时计划评价达到优秀评级(至少包括对公司整体市场策略的解读、区域及渠道开拓的步骤及方法、资源的配置、承接公司渠道市场策划报告的具体要求) 3. 每年至少开发1个新的一级渠道代理(具有销售和服务职能的跨多国的大区代理) 4. 协助制定公司的渠道销售的总体业务目标,并将业务目标分解到每个渠道区域 **渠道监控** 1. 根据公司的渠道战略,参与制定公司的渠道代理的考核标准,主导年度渠道KPI的数据收集 2. 每季例行发布一级渠道阶段性任务的完成情况和业务开展报告,被采纳率达90%以上(包括:渠道销售任务完成进展、渠道的订单执行情况、区域市场信息收集与分析、整体服务水平) **渠道业务运作** 1. 为公司一级渠道运作过程中的决策提供有影响的建议和计划 2. 每年成功协助渠道代理运作项目超过1亿元人民币 3. 提出代理区域的品牌活动诉求,落实并监控品牌活动的执行 **产品规划** 1. 代理区域的产品需求分析与竞争形势分析,每年提交2篇报告,被采纳部分超过50%。(至少包含区域产品需求特点、产品规划方向、市场定位策略、产品推广策略) 2. 参与产品的决策评审并提供有效建议,平均每次在2条以上。 **专业成果** 每年为客户提供系统解决方案(包括设计公司的服务产品、产品选型、流程设计、品质提升方案、产能提升方案、投资回报预测、设备选型、生产线的选择等)2个以上,有1个被客户采纳	**开发课程** 每年开发1门公司级培训课程,并且讲授3次(含)以上 **组织建设** 1. 在建立公司的渠道业务流程中起主导作用 2. 参与建立渠道沟通平台。 **下属培养** 至少培养3名下级渠道经理,其中至少1人晋升3级

8.6 渠道销售类能力标准(见表8.16至表8.)

表8.16 渠道销售类能力标准(知识)

	知识要项	1级	2级	3级	4级
1.专业知识	国际贸易相关知识	2分	2分	3分	3分
	国际运输的相关知识	1分	2分	2分	2分
	机械专业英语	1分	2分	2分	2分
	商务礼仪	1分	2分	3分	3分
	营销管理的基本概念和框架体系	0分	1分	2分	3分
	营销策略知识(市场策略、竞争策略、产品策略、服务策略、定价策略、品牌策略)	0分	1分	2分	3分
	渠道规划与技巧	0分	1分	2分	3分
	客户开发及关系拓展知识	1分	2分	3分	3分
	商务谈判技巧	1分	2分	3分	3分

续表

	知识要项	1级	2级	3级	4级
1. 专业知识	合同商务知识	2分	3分	3分	3分
	技术商务文件知识	1分	2分	3分	3分
	销售合同审核相关知识	1分	2分	3分	3分
	回款业务相关知识	1分	2分	3分	3分
	营销活动的策划	0分	1分	2分	3分
	产品规划	0分	1分	2分	2分
	机械设备的安装保养服务知识	1分	2分	2分	2分
	配件销售知识	1分	2分	2分	2分
	机械产品售后服务知识	1分	2分	2分	2分
	品牌活动及传播知识	0分	1分	2分	3分
2. 环境知识	人力资源管理知识	0分	1分	1分	2分
	产品相关国家、国际标准	1分	2分	2分	2分
	国际贸易法常识	1分	2分	2分	2分
	国际安全认证知识	1分	2分	2分	2分
	业内媒体和展会知识	1分	2分	3分	3分
	安全生产知识与规程	1分	2分	2分	2分
	招投标法律法规	0分	1分	2分	3分
	市场和竞争对手的知识	1分	2分	2分	2分
3. 公司知识	公司发展历程	2分	2分	3分	3分
	公司企业文化的核心内容	2分	2分	3分	3分
	公司制度的知识	2分	2分	3分	3分
	公司组织架构与岗位责任	2分	2分	2分	2分
	产品基础知识	2分	2分	3分	3分
	业务流程知识	2分	2分	3分	3分
	员工手册	2分	2分	3分	3分
	CRM 系统基础知识	2分	3分	3分	3分
	K3 分系统基础知识	2分	2分	2分	2分
	ERP 系统基础知识	2分	3分	3分	3分
	质量管理体系基础知识	2分	2分	3分	3分
	计划管理	1分	2分	3分	3分
	时间管理	1分	2分	3分	3分
	激励管理	0分	1分	2分	3分
	沟通技巧	1分	2分	2分	3分
	会议管理	1分	2分	2分	3分
	产品知识及相关周边产品知识	1分	2分	2分	3分
	瓦楞纸箱机械及行业知识	1分	2分	2分	3分
	业界技术发展趋势	1分	2分	2分	3分

表8.17 渠道销售类能力标准（技能）

等级	渠道规划				渠道开发与维护				项目运作				产品规划	
	收集整理	数据分析	战略领悟	计划	开发	谈判	维护	评估	执行	协调	沟通	合作	员工培养	竞品分析	产品规划
1级	2分	—	—	—	—	2分	2分	2分	2分	2分	2分	2分	—	2分	—
2级	3分	3分	2分	3分	2分	3分	3分	3分	3分	3分	3分	3分	2分	3分	2分
3级	4分	4分	3分	4分	3分	4分	4分	4分	4分	4分	4分	4分	3分	4分	3分
4级	5分	5分	4分	5分	4分	5分	5分	5分	5分	5分	5分	5分	4分	5分	4分

表8.18 渠道销售类能力标准（技能等级定义）

技能等级	熟练程度	经验
1级	有限的运作能力，仅仅有一般的、概念性的知识	非常有限
2级	在有协助的情况下的运作能力，实践过的知识	在有协助的情况下/在多种场合运作/在例行情况下独立运作过
3级	无须协助的运作能力，触类旁通的知识，可以成功完成大多数任务	重复的/成功的
4级	深入彻底的知识，可以带领和指导其他人有效运作	有效的/资深的
5级	可以给出专家级的意见，能领导其他人成功运作，被其他人当作磋商者和领袖。全面的知识和正确的评判能力，能够总结出有用的改进意见	全面的/广博的

8.19 渠道销售类能力标准（素质）

基本素质要项	1级	2级	3级	4级
影响能力	2分	3分	4分	5分
关系建立	2分	3分	4分	5分
人际理解	2分	3分	4分	5分
收集信息	2分	3分	4分	5分
组织意识	3分	3分	3分	4分
服务意识	3分	4分	4分	5分
主动性	2分	3分	4分	5分
成就导向	2分	3分	4分	5分

8.7 市场策划及推广类行为标准（见表8.20至表8.24）

表8.20 市场策划及推广类1级行为标准

行为模块	序号	行为标准细项	行为要点
1.品牌推广	1.1	品牌推广方案制定	通过市场信息比较与研究，参与公司销售网站，直销网站建设的策划
			参与收集市场信息，协助完成公司对外宣传策略的制定，宣传口号的征集
	1.2	品牌推广方案实施	定期总结各种品牌推广的成功案例，协助调整策略和方法，努力达到市场推广目标
			根据公司产品特点，为维护直销网站提供素材

续表

行为模块	序号	行为标准细项	行为要点
2.市场推广	2.1	市场推广计划	参与制订市场推广计划，明确目标所达成所存在的问题和所需的支持
			收集市场推广相关的展会等信息
			收集客户建设计划和财务资金现状等状况
	2.2	组织技术交流和推广	参与展会，收集相关的客户及产品信息，宣传公司的品牌、产品信息
			参与客户的技术交流，明确客户所关心的关键技术和其他问题
			收集、记录客户的意见、看法和建议，形成文档
			总结和及时反馈客户的问题和意见，跟踪问题解决的进展，以便于找出客户的机会点和切入点
	2.3	市场推广实施	目标和任务的分解，并采取有效措施组织落实
			及时检查和总结工作进展，必要时向相关人员求助

表8.21 市场策划及推广类2级行为标准

行为模块	序号	行为标准细项	行为要点
1.品牌推广	1.1	品牌推广方案制定	根据公司整体的对外宣传策略，提出详细的执行计划
			通过市场信息比较与研究，参与公司销售网站、直销网站建设的策划，整理初步的策划方案
			收集市场信息，协助完成公司对外宣传策略的制定，宣传口号的征集
	1.2	品牌推广方案实施	定期总结各种品牌推广的成功案例，阶段性检查方案实施的有效性、合理性，及时发现问题并反馈，协助调整策略和方法，努力达到市场推广目标
			根据公司产品特点，为维护直销网站提供素材
2.市场推广	2.1	市场推广计划	在高级别人员指导下，制订市场推广计划，明确目标所达成所存在的问题和所需的支持
			收集市场推广相关的展会等信息
			收集客户建设计划和财务资金现状等状况，分析客户需求，找出问题点和机会点
			分析和明确竞争对手状况，正确定位产品，找出更具竞争力的机会点。
	2.2	组织技术交流和推广	组织相关资源参与展会，收集相关的客户及产品信息，宣传公司的品牌、产品信息
			组织与客户的技术交流，明确客户所关心的关键技术和其他问题
			收集、记录客户的意见、看法和建议，形成文档
			总结和及时反馈客户的问题和意见，跟踪问题解决的进展，以便于找出客户的机会点和切入点
	2.3	市场推广实施	目标和任务的分解，并采取有效措施组织落实
			及时检查和总结工作进展，必要时向相关人员求助
			及时调整、修正目标和计划，与相关人员达成共识后实施

表 8.22　市场策划及推广类 3 级行为标准

行为模块	序号	行为标准细项	行为要点
1. 品牌管理	1.1	品牌策划与推广	确定品牌策略,制定出品牌宣传的目标
			撰写并上交公关策划报告,并通过上级领导认定,及时归入档案
	1.2	战略监控	对所负责的品牌策划任务执行情况进行监控,对品牌定位给予监控
			设置品牌推广计划中运作的评价指标和具体衡量标准
			分析与评估公众关系,预测和发现问题,并提出意见,确保品牌推广目标的达成
	1.3	实施总结	定期评估品牌推广工作的实际效果,为及时调整品牌推广战略与方法提供依据
			阶段性评估品牌推广工作的结果,撰写相应品牌推广规划落实总结,并通过上级领导认定,及时归入档案
2. 制订业务计划	2.1	细分市场目标	通过各种路径保持和市场及客户(新产品线及跨产品线)的充分接触,了解客户及市场需求信息,为细分市场验证提供依据
	2.2	策略制定	参与细分市场(新产品线及跨产品线)目标策略制定: 1. 收集和分析预定的指示。在完成关键指示的评估之后,确定备选的行动 2. 制定简要的每个细分市场目标描述 3. 定义每个细分市场价值定位 4. 明确业务计划各要素的具体行动
3. 市场推广	3.1	市场推广计划	在高级别人员指导下,确定市场推广计划,明确目标所达成所存在的问题和所需的支持
			收集重点市场推广相关的展会等信息
			收集客户建设计划和财务资金现状等状况,分析客户需求,找出问题点和机会点
			分析和明确竞争对手状况,正确定位产品,找出更具竞争力的机会点
			提交市场推广计划,经上级主管认定,及时归入档案
	3.2	组织技术交流和推广	组织相关资源参与展会,收集相关的客户及产品信息,宣传公司的品牌、产品信息。
			组织与客户的技术交流,明确客户所关心的关键技术和其他问题
			收集、记录客户的意见、看法和建议,形成文档
			总结和及时反馈客户的问题和意见,跟踪问题解决的进展,以便于找出客户的机会点和切入点
	3.3	市场推广实施	目标和任务的分解,并采取有效措施组织落实
			及时检查和总结工作进展,必要时向相关人员求助
			及时调整、修正目标和计划,与相关人员达成共识后实施

表 8.23　市场策划及推广类 4 级行为标准

行为模块	序号	行为标准细项	行为要点
1. 品牌管理	1.1	品牌定位分析	在市场研究和市场细分的基础上，和市场开拓相互配合，明确品牌定位
			收集竞争对手的品牌愿景、品牌定位、品牌目标等相关信息
	1.2	品牌策划与推广	制定公司品牌管理策略，包括品牌工作流程规范的建立、发布、执行监控、资源的调度等
			确定品牌策略中的关键点，制定出品牌宣传的总目标和具体分目标
			撰写并上交公关策划报告，并通过上级领导认定，及时归入档案
	1.3	战略监控	组织相关资源，对整体品牌策划任务执行情况进行监控，对品牌核心理念的提炼及品牌定位给予监控和指导，把控公司品牌推广方向
			设置品牌推广计划中运作的评价指标和具体衡量标准
			指导、分析与评估公众关系，预测和发现问题，并提出意见，确保品牌推广目标的达成
	1.4	实施总结	定期评估品牌推广工作的实际效果，及时调整品牌推广战略与方法
			阶段性全面评估品牌推广工作的结果，撰写相应品牌推广规划落实总结，并通过上级领导认定，及时归入档案
2. 市场组合分析	2.1	竞争分析	通过市场信息收集，组织研发中心和销售部门对细分市场(新产品线及跨产品线)的市场吸引力和竞争地位进行评估，评估产品包在各个细分市场相对客户需要与欲望所处位置
3. 制订业务计划	3.1	细分市场目标及策略制定	通过各种路径保持和市场及客户(新产品线及跨产品线)的充分接触，了解客户及市场需求信息，为细分市场验证提供依据
			参与细分市场(新产品线及跨产品线)目标策略制定： 1. 收集和分析预定的指示。在完成关键指示的评估之后，确定备选的行动 2. 制定简要的每个细分市场目标描述 3. 定义每个细分市场价值定位 4. 明确业务计划各要素的具体行动
	3.2	客户及我方价值确定	对客户价值(新产品线及跨产品线)进行验证确定： 1. 信息的解释和处理 2. 对购买决策的信息 3. 用户满意度
			对我方价值(新产品线及跨产品线)进行验证确定： 1. 营销方案的效率和有效性 2. 品牌忠诚度 3. 价格和利润率 4. 品牌延伸 5. 加强交易的讨价还价能力 6. 竞争优势
4. 整合并优化业务计划	4.1	产品线业务计划	参与各相关部门整合产品线内的业务计划，决定优先级的投资排序，使资源使用最优化，以到达整体的业绩目标
	4.2	产品包规划	参与研发中心、销售部进行产品包规划：包括产品的延伸、包装、质量、整合及利用杠杆作用或进行组合、竞争迁移、新技术等

续表

行为模块	序号	行为标准细项	行为要点
5. 市场推广运作及监控	5.1	市场推广运作	市场推广项目策划,对项目的背景资料进行分析,合理策划
			市场推广项目运作与监控,决策是否立项并对项目负责,收集各方信息,组织相关资源,预测、把握和解决问题,跟踪项目运作,监控项目进展,召开项目分析会
			谈判,了解信息,制定策略和方案,明确分工
			总结项目,解决项目的遗留问题,调整对未来市场或其他项目的策略,形成文本归档
	5.2	投标	投标运作,收集信息,组织参加投标,参加开标,组织项目的澄清和谈判,标书修改及中标后相关工作,项目分析和总结
	5.3	市场推广项目监控	针对项目节点进行监控
			设置项目管理与运作的评价指标和具体衡量标准
			对项目紧急情况迅速做出反应,指导项目启停
			对项目中的重大活动给予及时有效的指导、支援与帮助
			编写典型案例,定期组织项目管理案例研讨会,提升专业人员项目运作技能

表 8.24 市场策划及推广类 5 级行为标准

行为模块	序号	行为标准细项	行为要点
1. 品牌管理	1.1	品牌愿景	设定愿景、使命和目标,为市场研究及后续分析提供相应的依据
	1.2	品牌定位分析	在市场研究和市场细分的基础上,和市场开拓相互配合,明确品牌定位
			收集竞争对手的品牌愿景、品牌定位、品牌目标等相关信息
	1.3	品牌策划与推广	制定公司品牌管理策略,包括品牌工作流程规范的建立、发布、执行监控,资源的调度等
			确定品牌策略中的关键点,制定出品牌宣传的总目标和具体分目标
			撰写并上交公关策划报告,并通过上级领导认定,及时归入档案
	1.4	战略监控	组织相关资源,对整体品牌策划任务执行情况进行监控,对品牌核心理念的提炼及品牌定位给予监控和指导,把控公司品牌推广方向
			设置品牌推广计划中运作的评价指标和具体衡量标准
			指导、分析与评估公众关系,预测和发现问题,并提出意见,确保品牌推广目标的达成
	1.5	实施总结	定期评估品牌推广工作的实际效果,及时调整品牌推广战略与方法
			阶段性全面评估品牌推广工作的结果,撰写相应品牌推广规划落实总结,并通过上级领导认定,及时归入档案
2. 市场组合分析	2.1	战略定位审视	组织研发中心、销售部门进行新产品线及跨产品线战略定位审视: 1. 各个细分市场的市场吸引力 2. 从客户的角度,快速审视各细分市场的关键成功要素,来确定在竞争中所处的位置
	2.2	组合分析	组织销售部门进行协作,提供 1 个明确细分市场(新产品线及跨产品线)吸引力量化财务回报的框架,并与业务目标结合起来;更新细分市场概貌,完成细分市场的 SWOT 分析

续表

行为模块	序号	行为标准细项	行为要点
3. 制定业务计划	3.1	细分市场目标	组织及指导低级别人员通过各种路径保持和市场及客户（新产品线及跨产品线）的充分接触，了解客户及市场需求信息，为细分市场验证提供依据
			组织销售部、客户服务部等部门，对细分市场（新产品线及跨产品线）进行验证： 1. 审视市场细分的框架 2. 谁在我们的市场中购买 3. 在我们的市场里购买什么 4. 他们为什么在我们的市场里购买 5. 最终选定初步的细分市场 6. 对细分市场进行验证
	3.2	策略制定	组织各相关部门，进行细分市场（新产品线及跨产品线）目标策略制定： 1. 收集和分析预定的指示。在完成关键指示的评估之后，确定备选的行动 2. 制定简要的每个细分市场目标描述 3. 定义每个细分市场价值定位 4. 明确业务计划各要素的具体行动
4. 整合并优化业务计划	4.1	客户及我方价值确定	组织销售部和客户服务部，对客户价值进行验证确定： 1. 信息的解释和处理 2. 对购买决策的信息 3. 用户满意度
			组织销售部和客户服务部，对我方价值进行验证确定： 1. 营销方案的效率和有效性 2. 品牌忠诚度 3. 价格和利润率 4. 品牌延伸 5. 加强交易的讨价还价能力 6. 竞争优势
	4.2	新产品线及跨产品线业务计划	组织各相关部门，整合业务计划，决定优先级的投资排序，使资源使用最优化，以到达整体的业绩目标
	4.3	产品包规划	组织研发中心、销售部进行产品包规划：包括产品的延伸、包装、质量、整合和利用杠杆作用或进行组合、竞争迁移、新技术等
5. 市场推广运作及监控	5.1	市场推广运作	市场推广项目策划，对重大项目的背景资料进行分析，合理策划
			市场推广项目运作与监控，决策是否立项并对项目负责，收集各方信息，组织相关资源，预测、把握和解决问题，跟踪项目运作，监控项目进展，召开项目分析会
			谈判，了解信息，制定策略和方案，明确分工
			总结项目，解决项目的遗留问题，调整对未来市场或其他项目的策略，形成文本归档
	5.2	投标	投标运作，收集信息，组织参加投标，参加开标，组织项目的澄清和谈判，标书修改及中标后相关工作，项目分析和总结
	5.3	市场推广项目监控	对市场推广项目进行分类，确定需监控的项目
			针对项目节点进行监控
			设置项目管理与运作的评价指标和具体衡量标准
			对项目紧急情况迅速做出反应，指导项目启停
			对项目中的重大活动给予及时有效的指导、支援与帮助
			建立典型案例编写制度，定期组织项目管理案例研讨会，提升专业人员项目运作技能

8.8 市场策划及推广类贡献标准（见表8.25）

表8.25 市场策划及推广类贡献标准

资格等级	评价要素	
	专业成果	团队成长
市场策划及推广专员	**品牌及市场推广** 1. 参与区域年度市场及品牌推广 2. 协助推广活动相关的采购金额达成既定目标 3. 协助开发媒体渠道1个以上 **市场活动实施** 参与中小型（100万元以内）具体市场推广活动1个以上	**经验总结** 总结工作经验，用以指导实习人员 **组织建设** 做好助手，与同事友好相处
二级市场策划及推广经理	**品牌及市场推广** 1. 制订区域年度市场及品牌推广计划，计划实施结果达到既定目标 2. 开发媒体渠道2个以上 3. 推广活动相关的采购金额达成既定目标 **市场活动实施** 负责中小型（100万元以内）具体市场推广活动1个以上 **结果影响** 提升公司的大区的销售规模增长率达到既定目标	**组织建设** 指导和帮助下级人员独立完成工作 市场推广的供应商库建设 公司市场推广供应商库的更新及维护 **下属培养** 至少培养1名市场策划及推广专员
三级市场策划及推广经理	**品牌及市场推广** 1. 制订公司整体年度市场及品牌推广计划，计划实施结果达到既定目标 2. 负责制订年度媒体宣传项目计划，计划实施结果达到既定目标 **市场活动实施** 负责大中型（100万家以上）具体市场推广活动1个以上 **结果影响** 提升公司的主流产品（现有产品线销量最大的2个系列）的市场占有率超过0.5%。	**开发课程** 每年开发部门级课程1门，讲授2次（含）以上 **组织建设** 1. 指导和帮助下级人员独立完成工作 2. 为公司品牌管理、市场策划及推广流程提出1次以上优化建议并被采纳。 **下属培养** 至少培养2名市场策划及推广人员，其中最少1人升为市场策划及推广经理
四级市场策划及推广经理	**品牌策划** 1. 每年制定1个2～3年品牌提升项目并实施，提交1篇以上有关品牌提升项目报告，被采纳内容超过90%，计划评级达到优秀。（包含：现有品牌定位分析、竞争对手品牌定位分析、品牌检验、传播进程计划） 2. 主导运作品牌推广项目2个以上 **市场策划** 主导制定公司市场营销策略，每年提交公司2～3年市场策略报告1篇，被采纳内容超过90%，评价达到良好评级。（包含：为每个目标细分市场制定最佳的行动规程，包括非现有产品线的产品包概要定义和针对各机会点的潜在机会战略，评估、管理非现有产品线的产品包、改进点，使产品包投资组合收益最大化、考虑战略和财务目标） **资源组织** 每年上报到公司高层未解决的重大问题（影响品牌形象及市场目标达成的）不多于3个 **结果影响** 提升公司的主流产品的销售规模增长率达到既定目标	**开发课程** 每年开发公司级品牌课程1门，讲授3次（含）以上 **组织建设** 1. 品牌管理、市场策划及推广团队建立的核心成员，负责招聘和考核下级人员，指导和帮助下级人员独立完成工作 2. 对公司品牌管理、市场策划及推广流程的建立起关键作用 **下属培养** 至少培养2名市场策划及推广经理，其中最少1人升为高级市场策划及推广经理

续表

资格等级	评价要素	
	专业成果	团队成长
市场策划及推广专家	**品牌策划** 1. 每年制定 1 个以上战略性品牌提升项目并实施，提交 1 篇以上有关战略性品牌提升项目报告，被采纳内容超过 90%，计划评级达到优秀（包含：现有品牌定位分析、竞争对手品牌定位分析、品牌远景、品牌检验、品牌延展、传播进程规划） 2. 指导运作品牌推广项目 3 个以上 **市场策划** 主导制定公司市场营销策略，每年提交公司中长期市场策略报告 2 篇，被采纳内容超过 90%，评价达到良好评级。（包含：为每个目标细分市场制定最佳的行动规程，包括非现有产品线的产品包概要定义和针对各机会点的潜在机会战略，评估、管理非现有产品线的产品包、改进点，使产品包投资组合收益最大化。考虑战略和财务目标） **资源组织** 每年上报到公司高层未解决的重大问题（影响品牌形象及市场目标达成）不多于 2 个 **结果影响** 提升公司的总体销售规模增长率达到既定目标	**开发课程** 每年开发公司级品牌课程 1 门，部门级课程 1 门，授课 3 次（含）以上 **组织建设** 主导建立品牌管理、市场策划及推广团队，负责招聘和考核下级人员，指导和帮助下级人员独立完成工作 对公司品牌管理、市场策划及推广流程的建立起主导作用 **下属培养** 至少培养 2 名市场策划及推广经理，其中最少 1 人升为资深市场策划及推广经理

8.9 市场策划及推广类能力标准（见表 8.26 至表 8.28）

表 8.26 市场策划及推广类能力标准（知识）

	知识要项	1 级	2 级	3 级	4 级	5 级
专业知识	合同评审流程知识	0 分	1 分	2 分	2 分	3 分
	网络策划知识	1 分	2 分	2 分	3 分	3 分
	市场推广知识	1 分	2 分	2 分	3 分	3 分
	公众关系知识	1 分	2 分	2 分	3 分	3 分
	信息收集知识	1 分	2 分	2 分	3 分	3 分
	市场经济学	1 分	2 分	2 分	3 分	3 分
	市场分析、研究知识	0 分	1 分	1 分	2 分	3 分
	商务礼仪	1 分	2 分	3 分	3 分	3 分
	营销管理的基本概念和框架体系	1 分	1 分	2 分	3 分	3 分
	营销策略知识（市场策略、竞争策略、产品策略、服务策略、定价策略、品牌策略）	1 分	1 分	2 分	3 分	3 分
	市场规划与技巧	0 分	1 分	1 分	2 分	3 分
	客户开发及关系拓展知识	0 分	1 分	1 分	2 分	2 分
	商务谈判技巧	1 分	1 分	2 分	2 分	2 分
	合同商务知识	1 分	1 分	2 分	2 分	2 分
	技术商务文件知识	1 分	1 分	2 分	2 分	2 分
	产品规划	0 分	1 分	1 分	2 分	3 分
	品牌活动及传播知识	1 分	2 分	3 分	3 分	3 分
	人力资源管理知识	1 分	2 分	2 分	2 分	3 分

续表

知识要项		1级	2级	3级	4级	5级
专业知识	统计学知识	1分	1分	1分	2分	2分
	管理评审及技术评审知识	0分	1分	1分	2分	3分
环境知识	产品相关国家、国际标准	1分	2分	2分	2分	3分
	国际安全认证知识	1分	2分	2分	2分	3分
	业内媒体和展会知识	1分	2分	3分	3分	3分
	安全生产知识与规程	1分	2分	2分	2分	3分
	市场和竞争对手的知识	1分	2分	3分	3分	3分
	合同法、合同示范文本、国家相关政策性文件	0分	1分	2分	2分	3分
公司知识	公司发展历程	2分	2分	3分	3分	3分
	公司企业文化的核心内容	2分	2分	3分	3分	3分
	公司制度的知识	2分	2分	3分	3分	3分
	公司组织架构与岗位责任	2分	2分	3分	3分	3分
	产品基础知识	2分	2分	3分	3分	3分
	业务流程知识	2分	2分	3分	3分	3分
	员工手册	2分	2分	3分	3分	3分
	CRM系统基础知识	2分	3分	3分	3分	3分
	K3系统基础知识	2分	2分	2分	2分	2分
	ERP系统基础知识	2分	2分	2分	2分	2分
	质量管理体系基础知识	2分	2分	3分	3分	3分
	计划管理	1分	2分	2分	3分	3分
	时间管理	1分	2分	2分	3分	3分
	激励管理	0分	1分	2分	3分	3分
	沟通技巧	1分	2分	2分	3分	3分
	会议管理	1分	2分	2分	3分	3分
	产品知识及相关周边产品知识	1分	2分	2分	3分	3分
	瓦楞纸箱机械及行业知识	1分	2分	2分	3分	3分
	业界技术发展趋势	1分	2分	2分	3分	3分

表8.27 市场策划及推广类能力标准（技能）

等级	项目运作							外部关系			产品 规划		品牌管理	
	计划	控制	执行	谈判	协调	策划	员工培养	信息收集	公关规划	公关	分析	规划	规划	运作
1级	—	—	2分	2分	2分	2分	—	2分	—	2分	0分	0分	1分	1分
2级	2分	2分	3分	3分	3分	3分	2分	3分	2分	3分	1分	1分	2分	2分
3级	3分	3分	4分	4分	4分	4分	3分	4分	3分	4分	1分	1分	3分	3分
4级	5分	4分	4分	5分	4分	5分	4分	4分	5分	5分	3分	3分	4分	4分
5级	5分	5分	5分	5分	5分	5分	5分	5分	5分	5分	5分	5分	5分	5分

表 8.28 市场策划及推广类能力标准（素质）

基本素质要项	1级	2级	3级	4级	5级
影响能力	2分	3分	4分	5分	5分
关系建立	2分	3分	4分	5分	5分
人际理解	2分	3分	4分	5分	5分
收集信息	2分	3分	4分	5分	5分
组织意识	3分	3分	3分	4分	5分
服务意识	3分	4分	4分	5分	5分
主动性	2分	3分	4分	5分	5分

8.10 市场研究类行为标准（见表 8.29 至表 8.33）

表 8.29 市场研究类 1 级行为标准

行为模块	序号	行为标准细项	行为要点
1.宏观市场分析	1.1	环境分析	对区域市场的政治、经济、社会、技术、金融、法律、规章制度、宗教、全球性等信息进行收集，协助高级别人员进行区域市场的环境分析
	1.2	技术趋势	协助高级别人员研究区域市场和技术环境，根据公司和主要竞争对手的优劣势确定潜在的业务机会点；协助制定区域市场细分架构，为后续的分析和瞄准目标奠定基础
2.竞争对手分析	2.1	产品包分析	协助高级别人员研究区域竞争对手的产品包策略、产品包满足市场需求的概况、产品包的财务分析、面临的市场反馈
	2.2	优劣势分析	协助高级别人员对市场竞争对手的综合能力、资产、技能等进行比较研究，探讨竞争对手在这些方面达到的水平，以检验入侵的机会
3.客户分析	3.1	客户意见及满意度	协助高级别人员研究区域市场客户的意见和满意度：促使客户作出购买决定的关键成功因素、他们为什么要向你购买、他们为什么不向你购买

表 8.30 市场研究类 2 级行为标准

行为模块	序号	行为标准细项	行为要点
1.宏观市场分析	1.1	环境分析	对区域市场的政治、经济、社会、技术、金融、法律、规章制度、宗教、全球性等信息进行收集，实行区域市场的环境研究分析
	1.2	技术趋势	研究区域市场和技术环境，根据公司和主要竞争对手的优劣势确定潜在的业务机会点；制定区域市场细分架构，为后续的分析和瞄准目标奠定基础
2.竞争对手分析	2.1	产品包分析	研究区域竞争对手的产品包策略、产品包满足市场需求的概况、产品包的财务分析、面临的市场反馈
	2.2	优劣势分析	在高级别人员指导下对市场竞争对手的综合能力、资产、技能等进行比较研究，探讨竞争对手在这些方面达到的水平，以检验入侵的机会
3.客户分析	3.1	客户需求分析	在高级别人员指导下研究区域市场的客户需求：客户的购买动机、为了赢得客户设计了什么样的产品包
		客户意见及满意度	在高级别人员指导下研究区域市场客户的意见和满意度：促使客户作出购买决定的关键成功因素、他们为什么要向你购买、他们为什么不向你购买
4.外部市场研究渠道建设	4.1	建立外部市场研究渠道	寻求外部潜在的市场研究渠道并参与组织进行资源合作

表8.31 市场研究类3级行为标准

行为模块	序号	行为标准细项	行为要点
1. 宏观市场分析	1.1	环境分析	对市场的政治、经济、社会、技术、金融、法律、规章制度、宗教、全球性等信息实行环境研究
	1.2	技术趋势	研究市场和技术环境，根据公司和主要竞争对手的优劣势确定潜在的业务机会点；制定市场细分架构，为后续的分析和瞄准目标奠定基础
	1.3	财务分析	将市场预期的回报率与累计收入进行比较（内部投资回报率——细分市场的内部投资回报率是按照在某一细分市场未来（如5年）的税前收入或现金流折现到当前后，净现值为零时的折现率；某一细分市场的累计收入反映的是由于公司在某细分市场参与竞争而流出的营运资金。在所有其他条件等同的情况下，累计收入越多，获得的现金流也就越大）
2. 竞争对手分析	2.1	产品包分析	研究竞争对手的产品包策略、产品包满足市场需求的概况、产品包的财务分析、面临的市场反馈
	2.2	优劣势分析	在高级别人员指导下对市场竞争对手的综合能力、资产、技能等进行比较研究，探讨竞争对手在这些方面达到的水平，以检验入侵的机会
3. 客户分析	3.1	客户需求分析	在高级别人员指导下研究客户的需求：客户的购买动机、为了赢得客户设计了什么样的产品包
	3.2	客户意见及满意度	在高级别人员指导下研究客户的意见和满意度：促使客户作出购买决定的关键成功因素、他们为什么要向你购买、他们为什么不向你购买
4. 市场策略初步制定	4.1	业务战略制定	在高级别人员指导下制订初步市场业务计划： 1. 为研究的细分市场提供产品、产品包或解决方案（并明确任何关键的新的开发任务） 2. 驱动战略的创新活动或模式转变 3. 渠道或合作关系的拓展，说明里程碑和时间计划 4. 制定竞争定位 5. 内部需要完成的变革，并说明时间计划
5. 外部市场研究渠道建设	5.1	建立外部市场研究渠道	根据市场研究的进展及规划，寻求外部潜在的市场研究渠道并组织进行资源合作

表8.32 市场研究类4级行为标准

行为模块	序号	行为标准细项	行为要点
1. 宏观市场分析	1.1	环境分析	指导低级别人员对市场的政治、经济、社会、技术、金融、法律、规章制度、宗教、全球性等信息实行环境研究
	1.2	技术趋势	指导低级别人员研究市场和技术环境，根据公司和主要竞争对手的优劣势确定潜在的业务机会点；制定市场细分架构，为后续的分析和瞄准目标奠定基础
	1.3	财务分析	指导低级别人员将市场预期的回报率与累计收入进行比较（内部投资回报率——细分市场的内部投资回报率是按照在某一细分市场未来（如5年）的税前收入或现金流折现到当前后，净现值为零时的折现率；某一细分市场的累计收入反映的是由于公司在某细分市场参与竞争而流出的营运资金。在所有其他条件等同的情况下，累计收入越多，获得的现金流也就越大）
2. 竞争对手分析	2.1	产品包分析	指导低级别人员研究竞争对手的产品包策略、产品包满足市场需求的概况、产品包的财务分析、面临的市场反馈
	2.2	优劣势分析	指导低级别人员对市场竞争对手的综合能力、资产、技能等进行比较研究，探讨竞争对手在这些方面达到的水平，以检验入侵的机会
3. 客户分析	3.1	客户需求分析	研究客户的需求：客户的购买动机、为了赢得客户设计了什么样的产品包
	3.2	客户意见及满意度	研究客户的意见和满意度：促使客户作出购买决定的关键成功因素、他们为什么要向你购买、他们为什么不向你购买

续表

行为模块	序号	行为标准细项	行为要点
4.市场策略初步制定及验证	4.1	业务战略制定	制订初步市场业务计划： 1.为研究的细分市场提供产品、产品包或解决方案（并明确任何关键的新的开发任务） 2.驱动战略的创新活动或模式转变 3.渠道或合作关系的拓展，说明里程碑和时间计划 4.制定竞争定位 5.内部需要完成的变革，并说明时间计划
	4.2	细分市场价值测试	研究细分市场价值测试： 1.用1套通用的标准把这个细分市场与其他细分市场明确地识别和区分开来 2.通过1套可衡量的参数（如：销售量、价值、客户数目）来衡量和跟踪这个细分市场 3.分析细分市场是否有足够大的空间，能够成为重要的业务机会 4.能够通过一般的销售方法及/或销售渠道来为这个细分市场提供服务 5.通过推销、直接营销、广告等独特的而且成本效率高的沟通战略来识别和影响这个细分市场中的客户 6.提供1个产品包、结构和信息系统，使我们能够有效地服务于这个细分市场；对内部做出一些必要的改变，以便更好地聚焦于这个机会
5.定义细分市场	5.1	细分市场定义	通过市场细分价值测试验证，寻找出若干个按照购买者可能会从中获益的个别产品和（或）营销组合的细分市场，并进行定义
6.外部专家库建设	6.1	组织外部专家库	寻求外部潜在的专家并参与组织进行资源合作

表8.33 市场研究类5级行为标准

行为模块	序号	行为标准细项	行为要点
1.宏观市场分析	1.1	环境分析	组织及指导低级别人员对市场的政治、经济、社会、技术、金融、法律、规章制度、宗教、全球性等信息实行环境研究
	1.2	技术趋势	组织及指导低级别人员研究市场和技术环境，根据公司和主要竞争对手的优劣势确定潜在的业务机会点；制定市场细分架构，为后续的分析和瞄准目标奠定基础
	1.3	财务分析	指导低级别人员将市场预期的回报率与累计收入进行比较（内部投资回报率——细分市场的内部投资回报率是按照在某一细分市场未来（如5年）的税前收入或现金流折现到当前后，净现值为零时的折现率；某一细分市场的累计收入反映的是由于公司在某细分市场参与竞争而流出的营运资金。在所有其他条件等同的情况下，累计收入越多，获得的现金流也就越大）
2.竞争对手分析	2.1	产品包分析	组织及指导低级别人员研究竞争对手的产品包策略、产品包满足市场需求的概况、产品包的财务分析、面临的市场反馈
	2.2	优劣势分析	指导低级别人员对市场竞争对手的综合能力、资产、技能等进行比较研究，探讨竞争对手在这些方面达到的水平，以检验入侵的机会
3.客户分析	3.1	客户需求分析	指导低级别人员研究客户的需求：客户的购买动机、为了赢得客户设计了什么样的产品包
	3.2	客户意见及满意度	指导低级别人员研究客户的意见和满意度：促使客户作出购买决定的关键成功因素、他们为什么要向你购买、他们为什么不向你购买

行为模块	序号	行为标准细项	行为要点
4.市场策略初步制定及验证	4.1	业务战略制定	指导低级别人员通过研究分析，制订初步市场业务计划： 1. 为研究的细分市场提供产品、产品包或解决方案（并明确任何关键的新的开发任务） 2. 驱动战略的创新活动或模式转变 3. 渠道或合作关系的拓展，说明里程碑和时间计划 4. 制定竞争定位 5. 内部需要完成的变革，并说明时间计划
	4.2	细分市场价值测试	研究细分市场价值测试： 1. 用1套通用的标准把这个细分市场与其他细分市场明确地识别和区分开来 2. 通过1套可衡量的参数（如：销售量、价值、客户数目）来衡量和跟踪这个细分市场 3. 分析细分市场是否有足够大的空间，能够成为重要的业务机会 4. 能够通过一般的销售方法及／或销售渠道来为这个细分市场提供服务 5. 通过推销、直接营销、广告等独特的而且成本效率高的沟通战略来识别和影响这个细分市场中的客户 6. 提供1个产品包、结构和信息系统，使我们能够有效地服务于这个细分市场；对内部做出一些必要的改变，以便更好地聚焦于这个机会
5.定义细分市场	5.1	细分市场定义	通过市场细分价值测试验证，寻找出若干个按照购买者可能会从中获益的个别产品和（或）营销组合的细分市场，并进行定义
6.外部专家库建设	6.1	组织外部专家库	根据市场研究的进展及规划，寻求外部潜在的专家并组织进行资源合作

8.11 市场研究类贡献标准（见表8.34）

表8.34 市场研究类贡献标准

要素 资格等级	评　价	
	专业成果	团队成长
市场研究专员	**市场资源组织** 参与外部市场研究渠道建设，每年1个（含）以上 **市场研究** 每年协助制定及滚动修改发展战略研究项目并协助实施 **结果影响** 每年参与成功运作细分市场研究项目1个以上	**开发课程** 总结工作经验，用以指导实习人员 **组织建设** 做好助手，与同事友好相处
二级市场研究经理	**市场资源组织** 1. 参与行业内有一定影响力和深度的行业研讨活动，每年1次（含）以上 2. 组织外部市场研究渠道建设，每年1个（含）以上 **市场研究** 每年参与制定及滚动修改2～3年发展战略研究项目并实施，提交1篇以上有关战略研究项目报告，被采纳内容超过90%，评级达到优秀（报告至少含有下列1个（含）以上模块：研究市场和技术环境，根据公司和主要竞争对手的优劣势确定潜在的业务机会点，并确定如何利用这些机会点来满足客户的需求；制定市场细分架构，为后续的分析和瞄准目标奠定基础，通过考虑细分市场吸引力和在细分市场的竞争位置） **结果影响** 每年参与成功运作细分市场研究项目2个以上	**组织建设** 指导和帮助下级人员独立完成工作 **情报库规划** 公司市场情报库的及时更新及维护 **下属培养** 至少培养1名市场研究专员

续表

要素 资格等级	评价	
	专业成果	团队成长
三级市场研究经理	**市场资源组织** 1. 参与公司外部专家库建设工作，每年参与拓展专家资源1个（含）以上 2. 参与行业内有一定影响力和深度的行业研讨活动，每年1次（含）以上 3. 组织外部市场研究渠道建设，每年2个（含）以上。 **市场研究** 每年参与制定及滚动修改2~3年发展战略研究项目并实施，提交1篇以上有关战略研究项目报告，被采纳内容超过90%，评级达到优秀（报告至少含有下列3个（含）以上模块：研究市场和技术环境，根据公司和主要竞争对手的优劣势确定潜在的业务机会点，并确定如何利用这些机会点来满足客户的需求；制定市场细分架构，为后续的分析和瞄准目标奠定基础，通过考虑细分市场吸引力和在细分市场的竞争位置） **结果影响** 1. 每年成功运作细分市场研究项目1个以上 2. 研究的细分市场主流产品的销售规模增长率达到既定目标。	**开发课程** 每年开发部门级课程1门，授课2次（含）以上 **组织建设** 1. 指导和帮助下级人员独立完成工作 2. 为公司市场研究流程提出1次以上优化建议并被采纳 **知识库建设** 1. 市场研究的知识库维护及更新 2. 情报库规划 公司市场情报体系规划及建立 **下属培养** 至少培养2名市场研究人员，其中最少1人升为市场研究经理
四级市场研究经理	**市场资源组织** 1. 规划公司外部专家库建设工作，每年拓展专家资源1个（含）以上 2. 组织行业内有一定影响力和深度的行业研讨活动，每年1次（含）以上 3. 每年上报到公司高层未解决的重大问题不多于3个 **市场研究** 每年制定及滚动修改2~3年发展战略研究项目并实施，提交1篇以上有关战略研究项目报告，被采纳内容超过90%，评级达到优秀（报告包含：研究市场和技术环境，根据公司和主要竞争对手的优劣势确定潜在的业务机会点，并确定如何利用这些机会点来满足客户的需求；制定市场细分架构，为后续的分析和瞄准目标奠定基础，通过考虑细分市场吸引力和在细分市场的竞争位置） **结果影响** 1. 每年成功运作细分市场研究项目2个以上 2. 研究的细分市场主流产品的销售规模增长率达到既定目标	**开发课程** 每年开发公司级战略研究课程1门，讲授3次（含）以上 **组织建设** 1. 市场研究团队建立的核心成员，指导和帮助下级人员独立完成工作 2. 对公司市场研究流程的建立起关键作用。 **知识库建设** 规划市场研究的知识库建设 **下属培养** 至少培养2名市场研究经理，其中最少1人升为高级市场研究经理
市场研究专家	**市场资源组织** 1. 规划公司外部专家库建设工作，每年拓展专家资源2个（含）以上 2. 组织行业内有一定影响力和深度的行业研讨活动，每年2次（含）以上 3. 每年上报到公司高层未解决的重大问题（影响市场目标达成）不多于2个 **市场研究** 每年制定及滚动修改长期发展战略研究项目并实施，提交1篇以上有关战略研究项目报告，被采纳内容超过90%，评级达到优秀（报告包含：研究市场和技术环境，根据公司和主要竞争对手的优劣势确定潜在的业务机会点，并确定如何利用这些机会点来满足客户的需求；制定市场细分架构，为后续的分析和瞄准目标奠定基础，通过考虑细分市场吸引力和在细分市场的竞争位置） **结果影响** 1. 指导运作细分市场研究项目3个以上 2. 其指导的研究的细分市场主流产品销售规模增长率达到既定目标。	**开发课程** 每年开发公司级战略研究课程1门，部门级课程1门，讲授3次（含）以上 **组织建设** 1. 主导建立市场研究团队，负责招聘和考核下级人员，指导和帮助下级人员独立完成工作 2. 对公司市场研究流程的建立起主导作用 **下属培养** 至少培养2名市场研究经理，其中最少1人升为资深市场研究经理

8.12 市场研究类能力标准（见表8.35至表8.38）

表8.35 市场研究类能力标准（知识）

	知识要项	1级	2级	3级	4级	5级
专业知识	情报管理知识	1分	2分	3分	3分	3分
	市场经济学	1分	2分	2分	3分	3分

续表

	知识要项	1级	2级	3级	4级	5级
专业知识	市场分析、研究知识	0分	1分	1分	2分	3分
	营销管理的基本概念和框架体系	1分	1分	2分	3分	3分
	营销策略知识（市场策略、竞争策略、产品策略、服务策略、定价策略、品牌策略）	1分	1分	2分	3分	3分
	市场规划与技巧	0分	1分	1分	2分	3分
	产品规划	0分	1分	1分	1分	2分
	品牌活动及传播知识	0分	1分	1分	2分	2分
	人力资源管理知识	1分	2分	2分	2分	2分
	统计学知识	1分	1分	1分	2分	2分
	行业研讨会知识	1分	2分	3分	3分	3分
环境知识	产品相关国家、国际标准	1分	2分	2分	2分	3分
	国际安全认证知识	1分	2分	2分	2分	2分
	安全生产知识与规程	1分	2分	2分	2分	2分
	市场和竞争对手的知识	1分	2分	3分	3分	3分
	产业环境知识（社会、技术、政策等）	1分	2分	2分	3分	3分
公司知识	公司发展历程	2分	2分	3分	3分	3分
	公司企业文化的核心内容	2分	2分	3分	3分	3分
	公司制度的知识	2分	2分	3分	3分	3分
	公司组织架构与岗位责任	2分	2分	3分	3分	3分
	产品基础知识	2分	2分	3分	3分	3分
	业务流程知识	2分	2分	3分	3分	3分
	员工手册	2分	2分	3分	3分	3分
	CRM系统基础知识	2分	3分	3分	3分	3分
	K3系统基础知识	2分	2分	2分	2分	2分
	ERP系统基础知识	2分	2分	2分	2分	2分
	质量管理体系基础知识	2分	2分	3分	3分	3分
	计划管理	1分	2分	2分	3分	3分
	时间管理	1分	2分	2分	3分	3分
	激励管理	0分	1分	2分	3分	3分
	沟通技巧	1分	2分	2分	3分	3分
	会议管理	1分	2分	2分	3分	3分
	产品知识及相关周边产品知识	1分	2分	2分	3分	3分
	瓦楞纸箱机械及行业知识	1分	2分	2分	3分	3分
	业界技术发展趋势	1分	2分	2分	3分	3分

表 8.36 市场研究类能力标准（技能）

等级	项目实施					市场研究文档写作		
	计划	执行	协调	沟通	合作	员工培养	写作	宣讲	资料收集
1级	2分	2分	3	2分	2分	2分	3分	2分	3分
2级	4分	4分	4分	3分	4分	4分	4分	3分	4分
3级	4分	3分	4分	4分	4分	4分	3分	3分	4分
4级	4分	4分	4分	5分	4分	5分	4分	4分	4分
5级	5分	5分	5分	5分	5分	5分	5分	5分	5分

表 8.37 市场研究类能力标准（技能等级定义）

技能等级	熟练程度	经验
1级	有限的运作能力，仅仅有一般的、概念性的知识	非常有限
2级	在有协助的情况下的运作能力，实践过的知识	在有协助的情况下/在多种场合运作/在例行情况下独立运作过
3级	无需协助的运作能力，触类旁通的知识，可以成功完成大多数任务	重复的/成功的
4级	深入彻底的知识，可以带领和指导其他人有效运作	有效的/资深的
5级	可以给出专家级的意见，能领导其他人成功运作，被其他人当作磋商者和领袖。全面的知识和正确的评判能力，能够总结出有用的改进意见	全面的/广博的

表 8.38 市场研究类能力标准（素质）

基本素质要项	1级	2级	3级	4级	5级
成就导向	3分	4分	5分	5分	5分
主动性	3分	4分	4分	5分	5分
演绎思维	3分	4分	4分	5分	5分
归纳思维	3分	4分	4分	5分	5分
组织意识	3分	4分	5分	5分	5分

8.13 直销类行为标准（见表 8.39 至表 8.42）

表 8.39 直销类 1 级行为标准

行为模块	序号	行为标准细项	行为要点
1. 客户开发	1.1	制订客户开发计划	收集目标客户群的分布和基本数量，根据客户规模确定客户分类，根据客户需求确定开发顺序
			收集包括客户公司规模、营收、组织架构等基本情况和决策链人员信息
			制订客户开发计划，明确公关目标、任务要点及时间要求
	1.2	拜访客户	客户拜访前，做好销售工具和会谈内容的准备
			拜访中注意着装、举止、语言，有意识收集、获取各种信息，了解客户需求点，解答客户疑问
			拜访后及时汇总整理信息，根据公司规范形成书面档案，向相关部门上报和反馈，对客户的问题进行跟踪解决
			收集产品信息和竞争对手信息，形成书面报告向上级反馈
			建立产品信息和竞争对手档案

续表

行为模块	序号	行为标准细项	行为要点
3. 合同操作	3.1	合同谈判	谈判的过程中言谈举止规范、得体
			谈判中与相关人员保持沟通，按公司规范签订合同
	3.2	合同交付与执行	了解跟进合同产品交付进度，推动订单计划按时执行，满足客户的交付要求
			按合同要求货款的按时回收
4. 客户投诉处理	4.1	协调解决客户投诉	客户反馈及投诉问题，及时传递到内部相关部门，并推动及时给出原因分析及解决措施
5. 市场推广	5.1	协助市场推广	协助市场部门落实执行市场推广活动

表 8.40 直销类 2 级行为标准

行为模块	序号	行为标准细项	行为要点
1. 客户开发和了解市场	1.1	客户开发计划	收集包括客户个人特点、决策链、历史付款情况等客户组织和个人信息
			制订个人客户开发计划，明确公关目标、任务要点及时间要求
	1.2	拜访客户	客户拜访前，预先了解客户个人背景、性格特点、关心的热点问题，做好充分的资料、文件、会谈内容等的准备
			拜访中着装、举止、语言符合公司要求，体现公司的风范，有意识、有礼貌地收集、获取信息，适时进行适当的技术渗透，收集客户对公司的意见，引导客户的需求取向
			拜访后及时汇总整理信息，根据公司规范形成书面档案，向相关部门上报和反馈，对客户的问题进行跟踪解决
	1.3	了解产品和市场	收集市场和产品信息，书面反馈产品和市场信息，撰写市场分析报告
2. 客户关系建设	2.1	公关策划	客户背景分析，了解客户对我司的评价
			制订公关目标、公关策划方案和公关计划
			撰写公关策划报告，经上级确认后归入档案
	2.2	公关策划落实	组织中高层拜访，确定拜访目的，组织拜访的程序，给中高层提供相关拜访的信息，总结拜访效果
			组织考察公司或样板点，预先了解公司和样板点情况，邀请客户决策者参观样板点，安排参观、交流内容，并对客户提出的问题跟踪解决和反馈
			组织研讨会，分析客户的需求和问题，组织客户参加研讨会，围绕客户关心的问题，推进研讨效果，引导客户需求，及时汇总，并进行跟踪解决
			使用各种公关手段获得重要客户的强烈支持和认可
	2.3	公关效果评估	考察公关活动的实施程度和有效性
			适时召开分析会，对公关的实际效果进行评估
			阶段性检查公关策划方案的有效性、合理性，及时发现问题，调整策略和方法，努力达到公关目标
3. 合同签订与执行	3.1	技术、商务谈判	了解客户参加人员组成及其在谈判中的作用和对竞争对手的态度等信息
			谈判的过程中言谈举止规范、得体
			谈判中与相关人员保持沟通，按公司规范签订合同。
	3.2	合同流程的执行	了解跟进合同产品交付进度，推动订单计划按时执行，满足客户的交付要求
			按合同要求货款的按时回收
4. 客户投诉处理	4.1	协调解决客户投诉	客户反馈及投诉问题，及时传递到内部相关部门，并推动及时给出原因分析及解决措施
5. 市场推广	5.1	协助市场推广	协助市场部门落实执行市场推广活动

表 8.41　直销类 3 级行为标准

行为模块	序号	行为标准细项	行为要点
1. 客户开发和市场规划	1.1	客户开发和市场策划	收集和分析客户背景、需求以及财务计划、采购预算，了解竞争对手信息，找出问题点和机会点
			进行市场细分，确定市场策略，明确目标达成所存在的问题和所需的支持
			制订策划方案，确定方案的具体任务和时间要求，评估标准和方法，设置监控点，并取得相关部门的配合
			提交市场策划及分析报告，经上级主管认定，及时归入档案
	1.2	客户开发和市场策划落实	目标和任务的分解并采取有效措施组织落实
			及时检查与总结工作进展，必要时向相关人员求助
			及时调整、修正目标和策略，与相关人员达成共识后实施
	1.3	工作总结	根据市场工作的结果和过程，对市场策划与实施进行总结
			撰写总结报告，通过上级主管认定，及时归入档案
2. 产品规划	2.1	了解市场需求	了解市场的产品需求及趋势
			了解竞争对手的产品状况
	2.2	参与产品规划	撰写总结报告，通过上级主管认定，及时归入档案
3. 客户公关规划	3.1	客户公关规划	确定市场关系中的支撑点，制定出公关的范围总目标和具体分目标
			确定主要公关策略，并就策略对应的任务进行分解和分配
			目标、策划方案与计划的制定和监控执行
	3.2	公关计划实施监控与指导	对范围内的公关计划实施进度了解和检查
			对重点公关活动提供支持，对相关人员提供指导与帮助
			指导相关人员在适当时机选择恰当的公关方法或组合若干种公关方法，实现公关目标
			指导、分析与评估客户关系，预测和发现问题，并提出意见，确保目标的达成
	3.3	公关工作总结	定期评估公关工作的实际效果，及时调整公关策略与方法
4. 中小项目运作与合同执行	4.1	项目策划	项目背景分析，制定项目总目标及分目标
			对客户、自身和竞争对手的分析，找出机会点、问题点，制定实施策略和实施计划
			撰写项目策划报告，并通过上级主管认定，及时归入档案
	4.2	项目过程控制	了解竞争对手的公关工作进展、技术、商务策略变化，及时了解局方实际需求变化，调整技术、商务策略，调整和把握工作方向
			组织和调用相关资源，加强对客户进行技术、产品交流、财务交流及商务（价格、付款方式等）引导把握重点客户关系，形成部分层面的支持
			参与客户系统解决方案的设计
			运用适当的销售技能和销售手段，把握竞争策略和操作方法的合理性，获得客户的认同
			监控客户信息源和项目进展情况，及时召开或申请召开项目分析会，把握项目进程
			与项目组成员互相合作，并做好项目总结

续表

行为模块	序号	行为标准细项	行为要点
4. 中小项目运作与合同执行	4.3	技术、商务谈判	确定我方谈判人员的组成、分工
			预测局方期望值和竞争对手的竞争策略，提出关于商务策略、商务条款的建议
			谈判中使用规范的语言、举止，分析和把握局方及竞争对手的态度，有意识引导谈判走向利己方向
			使谈判的商务条件、付款方式符合公司要求
			合理处理客户要求，超出权限时，及时请示、汇报
			谈判后，所有商务承诺、谈判结果形成记录，并通过上级主管认定，及时归入项目档案
			按照公司规范签订合同
	4.4	合同流程的执行与监控	跟踪监控合同执行过程，协助解决合同执行中出现的问题
			记录与分析客户反映的问题、意见和建议，及时沟通，及时答复
			宣传服务收费政策、为客服完成服务收费任务创造良好条件
			跟踪客户支付货款的情况，并配合进行老欠款的回收工作
5. 员工指导	5.1	员工指导	明确范围内的工作职责、工作目标、任务要求和衡量标准
			指导和帮助下级销售人员提高自身的工作能力，为下级销售人员工作提供必要的事先指导
			听取员工对工作实施的意见和建议，正确实施正向牵引
			对下级销售人员工作方法或活动进行有效的指导。
			指导员工找出偏离计划目标的原因和工作中的失误，制定相应的改进措施，跟踪改进措施的执行情况
	5.2	员工培养	关注下级销售人员所长并及时给予发挥能力的机会，在工作中合理正向引导
			对下级销售人员进行有效培训和沟通，在工作中言传身教，与下级销售人员共享经验
6. 团队市场需求预测	6.1	团队销售订单的预测结果评估	针对每个区域或每个客户的历史销售记录，对团队给出的预测准确率进行评估、修正
	6.2	团队销售订单预测	根据团队销售订单预测结合市场趋势、客户信息给出团队的订单预测
7. 客户投诉处理	7.1	客户投诉解决	对内部重点客户投诉的解决给予关注和推动
	7.2	重大客户投诉监控	组织参与重大客户投诉的改进措施拟定、方案执行、结果评估

表 8.42　直销类 4 级行为标准

行为模块	序号	行为标准细项	行为要点
1. 全面客户开发和市场规划	1.1	全面客户开发规划和市场规划	与市场部共同进行对宏观环境与市场需求、市场格局、竞争对手、客户等进行分析以及自身分析
			和相关人员共同确定整体目标及相应的市场策略，对目标达成的障碍与资源需求进行分析
			明确实施计划的任务要求、时间要求和衡量标准，取得相关部门的配合
	1.2	客户开发和市场规划落实与指导	对客户开发规划进行检查，明确工作目标和实施计划
			设置合理的监控点，及时调整和修订目标与策略
			销售指导，区分重点客户及市场，对重点市场进行分析、指导，指导与评估相关人员的客户开发活动，并提出建议
	1.3	工作总结	客户开发规划与实施进行总结
			撰写市场分析工作总结报告，并经上级主管认定，归入档案

续表

行为模块	序号	行为标准细项	行为要点
2. 产品规划	2.1	了解市场需求	了解市场的产品需求及趋势
			了解竞争对手的产品状况
	2.2	参与产品规划	协助产品经理确定市场需求产品，改善现有产品
3. 客户公关规划	3.1	参与制定重大客户公关规划	重点客户关系分析，分析决策链的组成和特点、关键决策者的个人特点、相互之间的横向工作与个人关系等
			确定市场关系中的支撑点，制定出公关的总目标和具体分目标
			确定主要公关策略，并就策略对应的任务进行分解和分配
			目标、策划方案与计划的制定和监控执行
	3.2	公关计划实施监控与指导	对公关计划实施进度了解和检查
			对重点公关活动提供支持，对相关人员提供指导与帮助
			指导相关人员在适当时机选择恰当的公关方法或组合若干种公关方法，实现公关目标
			指导、分析与评估客户关系，预测和发现问题，并提出意见，确保目标的达成
	3.3	公关工作总结	定期评估公关工作的实际效果，及时调整公关策略与方法
4. 大型项目开发与合同执行监控	4.1	大型项目开发	重点项目策划，对重大项目的背景资料进行分析，合理策划
			成立项目组并进行分工，收集各方信息，建立稳定的客户关系，组织相关资源，预测、把握和解决问题，跟踪项目运作，监控项目进展，召开项目分析会
			参与重点技术、商务谈判，了解信息，预测问题，制定策略和方案，明确分工，有效地控制谈判节奏，控制谈判过程与内容。
			总结项目，解决项目的遗留问题，调整对未来市场或其他项目的策略
	4.2	客户解决方案的设计	根据客户最终要达到的目标及实际设备预算、厂房现状等客户信息，合理分析，为客户定制系统的解决方案，达成最终的产能提升、投资回报等目标
	4.3	项目开发及合同执行监控	针对项目监控点进行监控
			设置项目管理与运作的评价指标和具体衡量标准
			对项目紧急情况迅速做出反应，指导采取有效的应对措施
			对项目中的重大活动给予及时有效的指导、支援与帮助；
5. 员工指导	5.1	员工指导	明确本人及下级销售人员的工作职责、工作目标、任务要求和衡量标准
			指导和帮助下级销售人员提高自身的工作能力，为下级销售人员的工作提供必要的事先指导
			听取员工对工作实施的意见和建议，正确实施正向牵引
			对下级销售人员工作方法或活动进行有效的指导
			指导员工找出偏离计划目标的原因和工作中的失误，制定相应的改进措施，跟踪改进措施的执行情况
	5.2	员工培养	关注下级销售人员所长并及时给予发挥能力的机会，在工作中合理正向引导
			对下级销售人员进行有效培训和沟通，在工作中言传身教，与下级销售人员共享经验
6. 整体市场需求预测	6.1	各团队销售订单的预测结果评估	结合历史销售记录和以往预测准确率，对各团队给出的预测准确率进行评估、修正
	6.2	整体销售订单预测	根据各团队销售订单预测结合市场趋势、客户信息给出整体的订单预测
7. 客户投诉处理	7.1	客户投诉解决情况监控	对重大客户投诉的解决给予关注和推动
	7.2	组织参与重大投诉的解决	组织参与重点客户重大的客户投诉的改进措施拟定、方案执行、结果评估

8.14 直销类贡献标准（见表 8.43）

表 8.43 直销类贡献标准

资格等级	评价要素	
	专业成果	团队成长
一级客户经理	**业务运作** 1. 每年成功完成销售任务和回款任务 2. 协助落实品牌、市场推广的执行 3. 年度绩效考核结果在 C 以上 **产品信息收集** 参与所管辖区域的产品需求与竞争信息的收集，每季提交 1 篇报告（至少包含区域产品需求特点、竞争对手及产品信息）	**组织建设** 在项目组或职能范围内提供可供参考的销售建议
二级客户经理	**市场开发** 撰写所负责区域市场的分析报告，平均每年提交 4 篇报告，被采纳部分超过 60%（至少包含：市场现状的分析、区域宏观环境的分析、区域竞争对手的分析） **业务运作** 1. 每年完成销售任务和汇款任务 2. 协助落实品牌活动的执行与推广 3. 年度绩效考核结果在 C 以上 **产品规划** 所管辖区域的产品需求分析与竞争形势分析，每年提交 2 篇报告，被采纳部分超过 50%（至少包含区域产品需求特点、产品规划方向、市场定位策略、产品推广策略）	**开发课程** 主讲过部门级的课程 **组织建设** 在项目组或职能范围内提供可供参考的销售建议 **下属培养** 在实践中培养 1 名以上初级销售经理
三级客户经理	**市场规划与开发** 1. 参与撰写公司市场的分析与策划报告，平均每年提交 3 篇报告，被采纳部分超过 90%（至少主导下列 2 个主要模块的撰写：市场现状的分析、区域宏观环境的分析、区域竞争对手的分析、公司年度市场的选择原则、切入区域的原则、竞争策略、销售目标的预测） 2. 参与制定公司年度战略和营销规划 **销售监控** 参与年度渠道 KPI 的数据收集 **业务运作** 1. 每年完成销售任务和回款任务、毛利率、费用控制比例、应收款 2. 每年的销售额成长率至少 30% 3. 参与协助落实品牌、市场推广活动落实 4. 每年参与 3 次以上参与大中型项目运作。 **产品规划** 所管辖区域的产品需求分析与竞争形势分析，每年提交 2 篇报告，被采纳部分超过 80%（至少包含区域产品需求特点、产品规划方向、市场定位策略、产品推广策略） **解决方案规划** 每年参与为客户提供系统解决方案（包括设计公司的服务产品、产品选型、流程设计、品质提升方案、产能提升方案、投资回报预测、设备选型、生产线的选择等）2 个以上，有 1 个被客户采纳。	**开发课程** 每年至少开发 1 门部门级培训课程，并且讲授 2 次以上 **组织建设** 参与建立公司的业务流程 **下属培养** 至少培养 2 名下级经理，并且 1 人晋升为客户经理
四级客户经理	**市场规划与开发** 1. 公司市场的分析与策划报告，平均每年提交 2 篇报告，被采纳部分超过 90%（市场现状的分析、区域宏观环境的分析、区域竞争对手的分析、公司年度市场的选择原则、切入区域的原则、竞争策略、销售目标的预测） 2. 协助制定公司总体销售战略和营销规划。 **销售监控** 根据公司的营销战略，参与制定公司考核标准，主导年度渠道 KPI 的数据收集 **业务运作** 1. 每年开发战略合作客户（有战略合作协议的）1 个以上 2. 每年主持大型项目 3 个以上（A\B 类客户项目） 3. 销售额、毛利率、费用控制比例、应收款 4. 每年的销售额成长率为 30% **产品规划** 1. 产品需求分析与竞争形势分析，每年提交 2 篇报告，被采纳部分超过 90%（至少包含区域产品需求特点、产品规划方向、市场定位策略、产品推广策略） 2. 参与产品的决策评审并提供有效建议，平均每次在 2 条以上。 **解决方案规划** 每年为客户提供系统解决方案（包括设计公司的服务产品、产品选型、流程设计、品质提升方案、产能提升方案、投资回报预测、设备选型、生产线的选择等）2 个以上，有 1 个被客户采纳	**开发课程** 每年至少开发 1 门公司级培训课程，并且讲授 2 次以上 **组织建设** 在建立公司的业务流程中起主导作用 **下属培养** 至少培养 3 名客户经理，其中至少 1 人晋升高级经理级

8.15 直销类能力标准（见表 8.44 至表 8.47）

表 8.44 直销类能力标准（知识）

	知识要项	1级	2级	3级	4级
专业知识	商务礼仪	1分	2分	3分	3分
	营销管理的基本概念和框架体系	0分	1分	2分	3分
	营销策略知识（市场策略、竞争策略、产品策略、服务策略、定价策略、品牌策略）	0分	1分	2分	3分
	市场规划与技巧	0分	1分	2分	3分
	客户开发及关系拓展知识	1分	2分	3分	3分
	商务谈判技巧	1分	2分	3分	3分
	合同商务知识	2分	3分	3分	3分
	技术商务文件知识	1分	2分	3分	3分
	销售合同审核相关知识	1分	2分	3分	3分
	回款业务相关知识	1分	2分	3分	3分
	产品规划	0分	1分	2分	3分
	机械设备的安装保养服务知识	1分	2分	2分	2分
	品牌活动及传播知识	0分	1分	2分	3分
	人力资源管理知识	0分	1分	1分	2分
环境知识	产品相关国家、国际标准	1分	2分	2分	2分
	国际安全认证知识	1分	2分	2分	2分
	业内媒体和展会知识	1分	2分	3分	3分
	安全生产知识与规程	1分	2分	2分	2分
	招投标法律法规	0分	1分	2分	3分
	市场和竞争对手的知识	1分	2分	2分	3分
	合同法、合同示范文本、国家相关政策性文件	0分	1分	2分	3分
公司知识	公司发展历程	2分	2分	3分	3分
	公司企业文化的核心内容	2分	2分	3分	3分
	公司制度的知识	2分	2分	3分	3分
	公司组织架构与岗位责任	2分	2分	3分	3分
	产品基础知识	2分	2分	3分	3分
	业务流程知识	2分	2分	3分	3分
	员工手册	2分	2分	3分	3分
	CRM 系统基础知识	2分	3分	3分	3分
	K3 系统基础知识	2分	2分	2分	2分
	ERP 系统基础知识	2分	2分	2分	2分
	质量管理体系基础知识	2分	2分	3分	3分
	计划管理	1分	2分	3分	3分
	时间管理	1分	2分	2分	3分

续表

	知识要项	1级	2级	3级	4级
公司知识	激励管理	0分	1分	2分	3分
	沟通技巧	1分	2分	2分	3分
	会议管理	1分	2分	2分	3分
	产品知识及相关周边产品知识	1分	2分	2分	3分
	瓦楞纸箱机械及行业知识	1分	2分	2分	3分
	业界技术发展趋势	1分	2分	2分	3分

表8.45 直销类能力标准（技能）

等级	市场规划		产品规划		项目运作						需求预测			客户公关		
	规划	实施	规划	实施	计划	控制	执行	谈判	协调	回款	员工培养	需求预测及修正	数据分析	市场及行业变化预测	信息收集	公关规划	公关
1级	—	—	—	—	—	—	2分	2分	2分	2分	—	—	2分	—	2分	—	2分
2级	2分	2分	1分	1分	2分	2分	3分	3分	3分	3分	2分	2分	3分	2分	3分	2分	3分
3级	3分	3分	2分	2分	3分	3分	4分	4分	4分	4分	3分	3分	4分	3分	4分	3分	4分
4级	4分	4分	3分	3分	5分	4分	4分	5分	5分	5分	4分	5分	5分	4分	4分	5分	5分

表8.46 直销类能力标准（技能等级定义）

技能等级	熟练程度	经验
1级	有限的运作能力，仅仅有一般的、概念性的知识	非常有限
2级	在有协助的情况下的运作能力，实践过的知识	在有协助的情况下/在多种场合运作/在例行情况下独立运作过
3级	无须协助的运作能力，触类旁通的知识，可以成功完成大多数任务	重复的/成功的
4级	深入彻底的知识，可以带领和指导其他人有效运作	有效的/资深的
5级	可以给出专家级的意见，能领导其他人成功运作，被其他人当作磋商者和领袖。全面的知识和正确的评判能力，能够总结出有用的改进意见	全面的/广博的

表8.47 直销类能力标准（素质）

基本素质要项	1级	2级	3级	4级
影响能力	2分	3分	4分	5分
关系建立	2分	3分	4分	5分
人际理解	2分	3分	4分	5分
收集信息	2分	3分	4分	5分
组织意识	3分	3分	3分	4分
服务意识	3分	4分	4分	5分
主动性	2分	3分	4分	5分
成就导向	2分	3分	4分	5分

9 研发族任职资格标准

研发族任职标准包括标准化类、电气研发类、机械研发类等行为标准、贡献标准和能力标准。工作成果定义、行为定义原则和能力标准各分值含义见第 8 章（P210）。

9.1 标准化类行为标准（见表 9.1 至表 9.4）

表 9.1 标准化类 1 级行为标准

行为模块	序号	行为标准细项	行为要点
1. 产品编码原则的制定、培训及监控	1.1	信息收集	协助收集本公司各相关部门对产品、物料分类的建议
	1.2	信息整理	协助整理、汇总收集的相关信息
			协助分类本企业产品的多元化、系列化、加工件、标准件、电气图纸
	1.3	编码原则的制定	在标准化工程师的指导下根据产品的多元化、系列化、产品的组成单元参与制定产品的编码原则，并参与编写编码原则规定
			在标准化工程师的指导下根据加工件的分类参与制定加工件编码原则，并参与编写编码原则规定
			在标准化工程师的指导下根据标准件（含电器件、通用外购件、标准件）的分类、参数、品牌、产地等相关信息参与制定标准件编码原则，并参与编写编码原则规定
			在标准化工程师的指导下根据电气图纸的分类参与制定电气图纸编码原则，并参与编写编码原则规定
			与标准化工作小组一起讨论编码原则，保证依据编码原则输出的编码的唯一性、全面覆盖性
			根据标准化工作小组提出的修改意见和建议参与修改编码原则
	1.4	编码原则的培训	根据标准化工程师的培训安排计划，确定培训时间、地点、参加部门，组织相关人员对已制定的标准化规定、制度进行培训
	1.5	编码原则的监控	对已推行的编码原则等进行检查、监控，保证研发中心的物料编码与编码原则规定一致
2. 标准件标准化制定、培训及监控	2.1	标准件标准化的制定	协助收集、整理研发中心和供应链部提供的标准件标准化建议信息
			在标准化工程师的指导下参与制定标准件标准化，并参与编写标准件标准化规定、制度
			与标准化工作小组一起讨论标准件标准化规定、制度
			根据标准化工作小组提出的修改意见和建议参与修改标准件标准化规定、制度
	2.2	标准件库模型的建立	协助建立标准化库，将标准化库中未建模型的清单提供给标准化工程师，并协助跟踪研发中心建模进度
			协助将研发中心提供的模型进行分类并保存在标准化库
	2.3	新增标准件模型	根据研发中心申请新增标准件规格，协助核对标准化库是否有相同规格的标准件
			协助检查研发中心申请新增标准件代码，保持与标准化规定、制度一致
			协助将研发中心提供的新增标准件模型加入标准化库中
	2.4	标准件标准化的培训	根据标准化工程师的培训安排计划，确定培训时间、地点、参加部门，组织相关人员对已制定的标准化规定、制度进行培训
	2.5	标准件标准化的监控	检查研发中心设计好的图纸符合标准化要求，保证与模型库及规定、制度的一致

续表

行为模块	序号	行为标准细项	行为要点
3. 加工件标准化的制定、培训及监控	3.1	加工件图纸技术要求标准化的制定	协助收集、整理研发中心和供应链部提供的本产品加工件图纸技术要求类别
			在标准化工程师的指导下参与制定加工件图纸技术要求标准化，并参与编写加工件图纸技术要求标准化规定、制度
			与标准化工作小组一起讨论加工件图纸技术要求标准化规定、制度
			根据标准化工作小组提出的修改意见和建议参与修改加工件通用件标准化规定、制度
	3.2	产品结构标准化的制定	协助收集、整理研发中心和供应链部提供的产品结构标准化信息
			在标准化工程师的指导下参与制定产品结构标准化，并参与编写产品结构标准化规定、制度
			与标准化工作小组一起讨论产品结构标准化规定、制度
			根据标准化工作小组提出的修改意见和建议参与修改产品结构标准化规定、制度
	3.3	加工件通用件标准化制定	协助收集、整理研发中心和供应链部提供的加工件可以通用的信息
			在标准化工程师的指导下参与制定加工件通用件标准化，并参与编写加工件通用件标准化规定、制度
			与标准化工作小组一起讨论加工件通用件标准化规定、制度
			根据标准化工作小组提出的修改意见和建议参与修改加工件通用件标准化规定、制度
	3.4	加工件图纸尺寸及公差标准化的制定	协助收集、整理研发中心和供应链部提供的加工件图纸尺寸及公差可以统一的信息
			在标准化工程师的指导下参与制定加工件图纸尺寸及公差标准化，并参与编写加工件图纸尺寸及公差标准化规定、制度
			与标准化工作小组一起讨论加工件图纸尺寸及公差标准化规定、制度
			根据标准化工作小组提出的修改意见和建议参与编写加工件图纸尺寸及公差标准化规定、制度
	3.5	标准化库模型的建立	协助建立标准化库，将标准化库中未建模型的清单提供给标准化工程师，并协助跟踪研发中心建模进度
			协助将研发中心提供的模型进行分类并保存在标准化库
	3.6	新增加标准化模型	根据研发中心申请新增加标准化要求，协助核对标准化库是否有相同要求的模型
			协助检查研发中心申请新增加标准化模型，保证与标准化规定、制度一致
			协助将研发中心提供的新增标准化模型加入标准化库中
	3.7	标准化的培训	根据标准化工程师的培训安排计划，确定培训时间、地点、参加部门，组织相关人员对已制定的标准化规定、制度进行培训
	3.8	标准化的监控	根据标准化规定，将研发中心的加工件与标准化库核对，保证与标准化模型库及规定、制度一致
4. 专利工作	4.1	专利工作	根据专利工作进度，联络专利咨询机构申报专利
5. 知识产权的保护	5.1	参与整理专利和商标保护报告	在标准化工程师的指导下参与整理专利保护和商标保护的报告

表 9.2　标准化类 2 级行为标准

行为模块	序号	行为标准细项	行为要点
1. 标准化分类规划	1.1	标准化信息收集	在上级工程师指导下通过互联网、机械行业相关的设计手册、与机械行业有关的产品样本等渠道收集机械行业加工件、标准件标准化信息
			参与收集本企业产品实际使用的加工件、标准件使用情况的信息，重点关注加工件结构合理性、性能符合产品要求、尺寸和表面处理等符合本企业产品要求、标准件品牌的知名度高、性能稳定、性价比适中等信息
	1.2	标准化分类规划	参与分类整理本企业使用的加工件和标准件类别
			与标准化工作小组一起讨论标准化分类规划
2. 产品编码原则的制定、培训及监控	2.1	信息收集	通过互联网、机械行业相关的设计手册、与机械行业有关的产品样本等渠道收集机械行业产品编码原则的信息
			收集本公司各相关部门对产品、物料分类的建议
	2.2	信息整理	整理、汇总收集的相关信息，对产品的多元化和系列化、加工件、标准件、电气图纸等进行分类
	2.3	编码原则的制定	根据产品多元化、系列化、产品的组成单元制定产品编码原则，并编写编码原则规定，提交高级标准化工程师审核
			根据产品编码原则制定产品部件和加工件的编码原则，并编写编码原则规定，提交高级标准化工程师审核
			根据标准件（含电器件、通用外购件、标准件）的分类、参数、品牌、产地或制造商等相关信息制定标准件编码原则，并编写编码原则规定，提交高级标准化工程师审核
			根据产品的编码原则和电气图纸的分类制定电气图纸编码原则，并编写编码原则规定，提交高级标准化工程师审核
			与标准化工作小组一起讨论编码原则规定，保证依据编码原则输出的编码的唯一性、全面覆盖性
			根据标准化工作小组提出的修改意见和建议修改编码原则规定，并提交高级标准化工程师审核
	2.4	编码原则的培训	组织编排培训计划，对相关部门及人员进行编码原则规定的培训
	2.5	编码原则的监控	对已推行的编码原则等进行检查、监控，保证研发中心的物料编码与编码原则规定一致
3. 标准件标准化制定、培训与监控	3.1	标准件分类	通过互联网、机械行业相关的设计手册、与机械行业有关的标准件产品样本等渠道收集机械行业标准件信息
			收集本企业产品实际使用的标准件类别信息，重点关注其品牌的知名度、性能的稳定性、性价比等对产品性能起决定作用的因素
			根据已经规划的分类标准，将标准件按类别不同进行分类，结合本企业实际使用的标准件，对于有多个品牌的标准件需根据其品牌的知名度和性价比选择，建议提供 3 个以内（含 3 个）品牌
	3.2	标准件标准化的制定	收集、整理研发中心和供应链部提供的标准件标准化建议信息
			在高级标准化工程师的指导下制定标准件标准化，并编写标准件标准化规定、制度，提交高级标准化工程师审核
			与标准化工作小组一起讨论标准件标准化规定、制度
			根据标准化工作小组提出的修改意见和建议修改标准件标准化规定、制度，并提交高级标准化工程师审核
	3.3	标准件库模型的建立	建立标准化库，将标准化库中未建模型的清单提供给高级标准化工程师审核，并协助跟踪研发中心建模进度
			将研发中心提供的模型进行分类并保存在标准化库中
	3.4	新增标准件模型	根据研发中心申请新增标准件规格，核对标准化库是否有相同规格的标准件
			根据研发中心申请新增标准件代码，审核是否符合编码原则
			将研发中心提供的新增标准件模型加入标准化库中
	3.5	标准件标准化的培训	编排培训计划，安排标准化管理员确定培训时间、地点、参加部门，组织相关人员对已制定的标准化规定、制度进行培训
	3.6	标准件标准化的监控	根据标准化规定，将研发中心的加工件与标准化库核对，保证与标准化模型库及规定、制度一致

续表

行为模块	序号	行为标准细项	行为要点
4.加工件标准化分类	4.1	加工件标准化分类	在上级工程师指导下通过互联网、机械行业相关设计手册、与机械行业有关的加工件样本等渠道收集机械行业加工件加工工艺及表面处理等相关信息
			参与收集加工件实际加工过程中使用的加工工艺及表面处理等相关信息
			根据已经规划的分类标准,参与加工件的分类
5.加工件标准化制定、培训及监控	5.1	加工件图纸技术要求标准化的制定	收集、整理研发中心和供应链部提供的本产品加工件图纸技术要求类别
			在高级标准化工程师的指导下制定加工件图纸技术要求标准化,并编写加工件图纸技术要求标准化规定、制度,提交高级标准化工程师审核
			与标准化工作小组一起讨论加工件图纸技术要求标准化规定、制度
			根据标准化工作小组提出的修改意见和建议修改加工件图纸技术要求标准化规定、制度,并提交高级标准化工程师审核
	5.2	产品结构设计标准化的制定	收集、整理研发中心和供应链部提供的产品结构标准化信息
			在高级标准化工程师的指导下制定产品结构标准化,并编写产品结构标准化规定、制度,提交高级标准化工程师审核
			与标准化工作小组一起讨论产品结构标准化规定、制度
			根据标准化工作小组提出的修改意见和建议修改产品结构标准化规定、制度,并提交高级标准化工程师审核
	5.3	加工件通用件标准化制定	收集、整理研发中心和供应链部提供的加工件可以通用的信息
			在高级标准化工程师的指导下制定加工件通用件标准化,并编写加工件通用件标准化规定、制度,提交高级标准化工程师审核
			与标准化工作小组一起讨论加工件通用件标准化规定、制度
			根据标准化工作小组提出的修改意见和建议修改加工件通用件标准化规定、制度,并提交高级标准化工程师审核
	5.4	加工件图纸尺寸及公差标准化的制定	收集、整理研发中心和供应链部提供的加工件图纸尺寸及公差可以统一的信息
			在高级标准化工程师的指导下制定加工件图纸尺寸及公差标准化,并编写加工件图纸尺寸及公差标准化规定、制度,提交高级标准化工程师审核
			与标准化工作小组一起讨论加工件图纸尺寸及公差标准化规定、制度
			根据标准化工作小组提出的修改意见和建议修改加工件图纸尺寸及公差标准化规定、制度,并提交高级标准化工程师审核
	5.5	标准化库模型的建立	建立标准化库,将标准化库中未建模型的清单提供给高级标准化工程师审核,并跟踪研发中心建模进度
			将研发中心提供的模型进行分类并保存在标准化库
	5.6	新增加标准化模型	根据研发中心申请新增加工件要求,核对标准化库是否有相同要求的模型
			检查研发中心申请新增加工件要求,保证符合标准化规定、制度
			将研发中心提供的新增加工件标准化模型加入标准化库中
	5.7	标准化的培训	编排培训计划,安排标准化管理员确定培训时间、地点、参加部门,组织相关人员对已制定的标准化规定、制度进行培训
	5.8	标准化的监控	根据加工件标准化规定,将研发中心的加工件与标准化库核对,保证与标准化模型库及规定、制度一致
6.部装检验标准的制定及培训	6.1	部装检验标准分类	通过互联网、同行业产品样本等渠道了解同行业产品相关数据标准
			协助收集、整理研发中心和供应链部提供的部装检验标准信息
			协助将部装检验按类别不同进行分类

续表

行为模块	序号	行为标准细项	行为要点
6. 部装检验标准的制定及培训	6.2	部装检验标准的制定	根据部装检验标准的分类，在高级标准化工程师的指导下参与制定部装检验标准化，并参与编写部装检验标准化规定、制度
			与标准化工作小组一起讨论部装检验标准规定、制度
			根据标准化工作小组提出的修改意见和建议参与修改部装检验标准化规定、制度
	6.3	部装检验标准化库模型的建立	将标准化库中未建模型的清单提供给高级标准化工程师审核，并协助跟踪研发中心建模进度
			将研发中心提供的模型进行分类并保存在标准化库
	6.4	新增部装检验标准化模型	根据研发中心申请新增加部装检验标准，核对标准化库是否有相同要求的模型
			将研发中心提供的新增部装检验标准模型加入标准化库中
	6.5	部装检验标准化的培训	根据高级标准化工程师的培训计划，确定培训时间、地点、参加部门，组织相关人员对已制定的标准化规定、制度进行培训
7. 专利的维护	7.1	专利规划	通过互联网、专利文献等渠道了解机械行业专利的最新信息
			参与收集本企业产品在实际使用过程中与同行业相比的优势
			参与分类整理本企业使用的产品及技术与机械行业专利，并进行对照，将机械行业专利中所没有，但本企业有特殊性能的产品及技术整理出来
	7.2	专利的分析	参与通过行业技术发展及衍变趋势、行业竞争的地域、行业自身技术能力的比较，分析本企业产品具有的优势
	7.3	专利的申报	根据本企业产品的特性，确定申报专利的类型
			收集申报专利所需的相关信息和数据，在高级标准化工程师的指导下参与申报方案的确定
			起草专利文件，包括请求书、说明书、专利要求书、摘要等文件，并提交高级标准化工程师审核；
	7.4	专利的维护	了解本企业产品的市场情况，如果发现或怀疑市场上有产品侵犯了本企业的专利权，应及时向上司汇报
8. 知识产权的保护	8.1	外部信息侵权的分析	了解本企业产品的市场情况，如果发现或怀疑市场上有产品侵犯了本企业的知识产权，应及时向上司汇报
	8.2	知识产权的维权	整理证据材料，参与起草民事起诉状，提起知识产权侵权诉讼，并提交上司审核
	8.3	知识产权保护报告	将每年申报成功的各类知识产权制作成电子文档，内容包括申报时间、名称、有效期、缴费情况等信息
			每年整理1份报告，含已经注册的、正在核批的、有无近期要办理续展的，提交高级标准化工程师审核

表 9.3 标准化类 3 级行为标准

行为模块	序号	行为标准细项	行为要点
1. 标准化分类规划	1.1	标准化信息收集	通过互联网、机械行业相关的设计手册、与机械行业有关的产品样本等渠道收集机械行业加工件、标准件标准化信息
			收集本企业产品实际使用的加工件、标准件使用情况的信息,重点关注加工件结构合理性、性能符合产品要求、尺寸和表面处理等符合本企业产品要求、标准件品牌的知名度高、性能稳定、性价比适中等信息
	1.2	标准化分类规划	提交整理后的报告给资深标准化工程师审核
			与标准化工作小组一起讨论标准化分类规划
2. 产品编码原则的制定、培训及监控	2.1	分类标准审核	根据各相关部门的提供信息,审核标准化工程师提交的编码原则分类标准
	2.2	编码原则的制定	根据产品多元化、系列化、产品的组成单元审核标准化工程师编写的编码原则规定
			根据产品编码原则审核标准化工程师编写的产品部件和加工件的编码原则规定
			根据标准件(含电器件、通用外购件、标准件)的分类、参数、品牌、产地等相关信息审核标准化工程师编写的编码原则规定
			根据产品的编码原则和电气图纸的分类指导并审核标准化工程师编写的编码原则规定
			与标准化工作小组一起讨论编码原则规定,保证依据编码原则输出的编码的唯一性、全面覆盖性
			根据标准化工作小组提出的修改意见和建议审核已修改的编码原则规定
	2.3	编码原则的培训	组织编排培训计划,对相关部门及人员进行编码原则规定的培训
	2.4	编码原则的监控	对已推行的编码原则规定等进行检查、监控,保证所制定的编码与实际运用一致
3. 标准件标准化制定、培训及监控	3.1	标准件分类	通过互联网、机械行业相关的设计手册、与机械行业有关的标准件产品样本等渠道收集机械行业标准件信息
			收集本企业产品实际使用的标准件类别信息,重点关注其品牌的知名度、性能的稳定性、性价比等对产品性能起决定作用的因素
			根据已经规划的分类标准,将标准件按类别不同进行分类,结合本企业实际使用的标准件,对于有多个品牌的标准件需根据其品牌的知名度和性价比选择,建议提供 3 个以内(含 3 个)品牌
	3.2	标准件标准化的制定	收集研发中心和供应链部提供的标准件标准化建议信息
			指导并审核标准化工程师编写的标准件标准化规定、制度
			与标准化工作小组一起讨论标准件标准化规定、制度
			根据标准化工作小组提出的修改意见和建议审核已修改标准件标准化规定、制度
	3.3	标准件库模型的建立	审核标准化工程师提供的未建模型的清单,抽查标准化库的建模情况
	3.4	标准件标准化的培训	组织编排培训计划,对相关部门及人员进行标准化规定、制度的培训
	3.5	标准件标准化的监控	对已推行的标准化制度、规定等进行检查、监控,保证所制定的制度、规定与实际装配过程或售后服务等环节相符合
4. 加工件标准化分类	4.1	加工件标准化分类	通过互联网、机械行业相关设计手册、与机械行业有关的加工件样本等渠道收集机械行业加工件加工工艺及表面处理等相关信息
			收集加工件实际加工过程中使用的加工工艺及表面处理等相关信息
			根据已经规划的分类标准,将加工件按类别不同进行分类,并将分类报告提交资深标准化工程师审核

续表

行为模块	序号	行为标准细项	行为要点
5. 加工件图纸技术要求标准化制定、培训及监控	5.1	加工件图纸技术要求标准化的制定	收集研发中心和供应链部提供的本产品加工件图纸技术要求类别
			根据加工件材料类别、表面处理要求等分类，再结合机械行业、本企业各相关部门提供的信息及本企业产品性能要求指导并审核标准化工程师编写的加工件图纸技术要求标准化规定、制度
			与标准化工作小组一起讨论加工件图纸技术要求标准化规定、制度
			根据标准化工作小组提出的修改意见和建议审核已修改的加工件图纸技术要求标准化规定、制度
	5.2	产品结构标准化的制定	收集研发中心和供应链部提供的产品结构标准化信息
			结合机械行业和本企业产品性能和部件结构要求，指导并审核标准化工程师编写的产品结构标准化规定、制度
			与标准化工作小组一起讨论产品结构标准化规定、制度
			根据标准化工作小组提出的修改意见和建议审核已修改的产品结构标准化规定、制度
	5.3	加工件通用件标准化的制定	收集研发中心和供应链部提供的加工件可以通用的信息
			结合机械行业和本企业产品性能和加工件在加工和装配情况，指导并审核标准化工程师编写的加工件通用件标准化规定、制度
			与标准化工作小组一起讨论加工件通用件标准化规定、制度
			根据标准化工作小组提出的修改意见和建议审核已修改的加工件通用件标准化规定、制度
	5.4	图纸尺寸及公差标准化的制定	收集研发中心和供应链部提供的加工件图纸尺寸及公差可以统一的信息
			结合机械行业和本企业产品性能和加工件在加工和装配情况，指导并审核标准化工程师编写的加工件图纸尺寸及公差标准化规定、制度
			与标准化工作小组一起讨论加工件图纸尺寸及公差标准化规定、制度
			根据标准化工作小组提出的修改意见和建议审核已修改的加工件图纸尺寸及公差标准化规定、制度
	5.5	标准化库模型的建立	审核标准化工程师提供的未建模型的清单，抽查标准化库的建模情况
	5.6	标准化的培训	指导编排培训计划，对相关部门及人员进行标准化规定、制度的培训
	5.7	标准化的监控	对已推行的标准化制度、规定等进行检查、监控，保证所制定的制度、规定与实际加工、装配过程或售后服务等环节与相符合
6. 部装检验标准的制定	6.1	部装检验标准分类	通过互联网、同行业产品样本等渠道了解同行业产品相关数据标准
			收集研发中心和供应链部提供的部装检验标准信息
			将部装检验按类别不同进行分类，并将分类报告提交资深标准化工程师审核
	6.2	检验标准的制定	根据部装检验标准的分类，编写部装检验标准化规定、制度
			与标准化工作小组一起讨论部装检验标准化规定、制度
			根据标准化工作小组提出的修改意见和建议修改部装检验标准化规定、制度
	6.3	部装检验标准化库模型的建立	审核标准化工程师提供的未建模型的清单，建立标准化库模型
	6.4	部装检验标准化的培训	指导编排培训计划，对相关部门及人员进行标准化规定、制度的培训

续表

行为模块	序号	行为标准细项	行为要点
7. 标准化优化	7.1	标准化优化工作	召集召开每年的标准化工作例会
			每年将标准化库的维护、增加、删除等情况进行总结,将总结报告在年底提交给标准化工作小组,作为第二年年初标准化工作例会对标准化进行优化的讨论材料
			跟踪在实际运作过程中标准化的执行情况,收集各相关部门反馈的意见和建议,并整理优化信息
			标准化工作例会中与标准化工作小组一起讨论标准化优化方案
	7.2	标准化库优化	根据总工程师批准后的优化方案更新标准化库
			对已优化的标准化库进行检查、监控,保证与实际运作相符合
8. 专利工作	8.1	专利规划	通过互联网、专利文献等渠道了解机械行业专利的最新信息
			收集本企业产品在实际使用过程中与同行业相比的优势
			分类整理本企业使用的产品与机械行业专利进行对照,将机械行业专利中没有但本企业有特殊性能的产品整理出来,做好规划申报行业专利的方案提交资深标准化工程师审核
	8.2	专利的分析	通过行业技术发展及衍变趋势、行业竞争的地域、行业自身技术能力的比较分析本企业产品具有的优势,并将分析报告提交资深标准化工程师审核
	8.3	专利的申报	根据本企业产品的特性,确定申报专利的类型
			收集申报专利所需的相关信息和数据,确定申报方案并提交资深标准化工程师
			审核标准化工程师起草的专利文件,包括请求书、说明书、专利要求书、摘要等文件,并提交资深标准化工程师审核
	8.4	专利的维护	跟踪本企业产品的市场情况,如果发现或怀疑市场上有产品侵犯了本企业的专利权,应及时咨询相关机构,分析判断该产品是否有侵权的可能,应采取何种措施
			找到解决专利侵权纠纷的方式,通过仲裁解决专利的纠纷,以维护企业合法的权力
9. 知识产权的保护	9.1	外部信息侵权的分析	跟踪本企业知识产权的市场情况,如果发现或怀疑市场上有侵犯了本企业的知识产权的情况,应及时查明侵权事实,收集相关证据确定侵权行为人,估算侵权利益损失,确定侵权赔偿数额
	9.2	知识产权的维权	整理证据材料,撰写民事起诉状,提起知识产权侵权诉讼,并提交资深标准化工程师审核
			可以综合考虑是否采取诉前保全措施或诉讼保全措施
	9.3	商标保护报告	审核商标保护的报告,注意有效的时效性

表9.4 标准化类4级行为标准

行为模块	序号	行为标准细项	行为要点
1. 标准化分类规划	1.1	标准化分类规划	审核高级标准化工程师提交的分类报告
			召集标准化工作小组成员一起讨论标准分类规划
2. 标准件标准化制定及监控	2.1	标准件分类	根据已经规划的分类标准,将标准件按类别不同进行分类,结合本企业实际使用的标准件,对于有多个品牌的标准件需根据其品牌的知名度和性价比选择,尽量控制在3个品牌之内
	2.2	标准件标准化的制定	主持标准化工作小组一起讨论标准件标准化规定、制度
	2.3	标准件标准化的监控	对已推行的标准化规定、制度进行检查、监控,保证所制定的标准化规定、制度与实际运用一致

续表

行为模块	序号	行为标准细项	行为要点
3. 加工件标准化分类	3.1	加工件标准化分类	根据收集的信息和已经规划的分类标准,审核高级标准化工程师对加工件的分类
4. 加工件标准化制定、培训及监控	4.1	标准化的制定	主持标准化工作小组一起讨论加工件图纸技术要求、产品结构、加工件通用件、图纸尺寸及公差标准化规定、制度
	4.2	标准化的监控	对已推行的标准化规定、制度进行检查、监控,保证所制定的标准化规定、制度与实际运用一致
5. 部装检验标准的制定	5.1	部装检验标准分类	根据收集的信息审核高级标准化工程师对部装检验标准的分类
	5.2	检验标准的制定	主持标准化工作小组讨论部装检验标准标准化规定、制度
6. 标准化优化	6.1	标准化优化工作	规划召开每年的标准化工作例会
			审核高级标准化工程师提供的标准化优化报告
			标准化工作例会中与标准化工作小组一起讨论标准化优化报告
	6.2	标准化库优化	根据总工程师批准后的优化报告安排高级标准化工程师更新标准化库
			对已优化的标准化库进行检查、监控,保证与实际运作相符合
7. 行业标准的规划及申报	7.1	行业标准的规划	通过互联网等渠道了解机械行业标准的最新信息
			收集本企业使用的标准在实际使用过程中的实际参数以及客户对产品的要求
			分类整理本企业使用的标准,再对照机械行业标准,将行业标准中没有但本企业已使用而且效果较好的标准整理出来,申报行业标准
	7.2	行业标准的申报	将规划申报行业标准的资料整理出来后,使用指定的统一格式的电子模板制作
			填写《行业标准项目任务书》,内容包括:说明制定行业标准的必要性和相关行业标准的情况,申报行业标准的主要内容,完成时限以及其他有关的情况等
			拟定《行业标准》
			将《行业标准项目任务书》和《行业标准》提交行业标准指定机构讨论,并跟踪结果
8. 专利工作	8.1	专利规划	通过互联网、专利文献等渠道了解机械行业专利的最新信息
			收集本企业产品在实际使用过程中与同行业相比的优势
			根据机械行业专利信息和本企业产品的优势,审核高级标准化工程师提交的申报行业专利的规划方案
	8.2	专利的分析	通过行业技术发展及衍变趋势、行业竞争的地域、行业自身技术能力的比较分析本企业产品具有的优势,审核高级标准化工程师提交的分析报告
	8.3	专利的申报	根据本企业产品的特性,确定申报专利的类型
			收集申报专利所需的相关信息和数据,审核高级标准化工程师提交的申报方案
			主导本企业的专利申报工作,并提交本企业专利给专利局审查
	8.4	专利的维护	跟踪本企业产品的市场情况,如果发现或怀疑市场上有产品侵犯了本企业的专利权,应及时咨询相关机构,分析判断该产品是否有侵权的可能,应采取何种措施
			找到解决专利侵权纠纷的方式,通过仲裁解决专利的纠纷,以维护企业合法的权力
9. 知识产权的保护	9.1	外部信息侵权的分析	跟踪本企业知识产权的市场情况,如果发现或怀疑市场上有侵犯了本企业的知识产权的情况,应及时查明侵权事实,收集相关证据确定侵权行为人,估算侵权利益损失,确定侵权赔偿数额
	9.2	知识产权的维权	审核高级工程师提交的民事起诉状,提起知识产权侵权诉讼
			可以综合考虑是否采取诉前保全措施或诉讼保全措施
	9.3	商标保护报告	审核商标保护的报告,注意有效的时效性

9.2 标准化类贡献标准（见表9.5和表9.6）

表9.5 标准化类贡献标准

资格等级	评价要素	
	专业成果	团队成长
标准化管理员	**专业成果** 每年至少参与编辑3个（含）以上企业产品技术标准或产品行为标准 **专利申报** 熟悉专利申报程序，每年联络专利咨询机构申报专利不少于5件 **企业内部标准化的监控** 保证企业内部标准化执行的符合性，达到100%。 **产品标准化的实施** 熟悉企业产品的标准化工作，协助对标准化制度、文件、标准在企业中宣贯和全面实施，每年至少进行10个有关本行业和本专业的标准宣贯（培训） **知识产权的保护** 每年参与整理1份专利保护的报告（最少含有：专利的缴费、有效专利的管理、专利侵权的一部分报告），每年参与整理1份商标保护的报告（最少含有：已经注册的商标，正在核批的商标，有无近期要办理续展的商标，商标侵权情况一部分报告）	**培训课程** 参与编写标准化培训课程； **组织建设** 职能范围内完成工作文档 **合作与交流** 遵守公司产品标准化行为规范和统一宣传口径，具有公司产品标准化安全性意识并严格遵守安全性规定，与企业产品相关人员对产品标准化进行交流，参与标准化评审
二级标准化工程师	**专业成果** 每年编辑3个（含）以上企业产品技术标准、3个（含）以上企业产品行为标准 **专利申报** 熟悉专利申报程序，为专利申报稿编写的起草人，每年起草申报专利不少于5件，成功率40%以上 **标准件标准化的制定** 熟知标准件的规范，按照选型要求，监控每一类标准件的品牌在标准件库范围内 **产品编码原则的制定** 根据企业产品类别，制定产品机型及相关的加工件、标准件的编码原则，保证使用的可操作性、唯一性 **机加工通用件的标准化的制定** 执行机加工通用件的标准化规划，使公司同系列产品通用件的比例要占到整体机加工零件种数的比例为55% **产品标准化的实施** 熟知企业研发流程和产品的标准化工作，是标准化制度、文件、标准在企业中的具体实施者，每年至少进行10个有关本行业和本专业的标准宣贯（培训） **知识产权的保护** 每年整理1份专利保护的报告（含专利的缴费、有效专利的管理、专利侵权的报告），每年整理1份商标保护的报告（含已经注册的商标，正在核批的商标，有无近期要办理续展的商标，商标侵权情况）	**培训课程** 每年参与编写1门部门级标准化培训课程，授课3次以上 **组织建设** 职能范围内完成工作文档 **新员工培养** 在实践中培养了至少1名新员工 **合作与交流** 遵守公司产品标准化行为规范和统一宣传口径，具有公司产品标准化安全性意识并严格遵守安全性规定，与企业产品相关人员对产品标准化进行交流、研讨，参与标准化评审
三级标准化工程师	**专业成果** 每年审核3个（含）以上企业产品技术标准、3个（含）以上企业产品行为标准 **专利申报** 熟知专利申报程序，为专利申报稿编写的符合性负责，每年审核申报的专利稿不少于5件，成功率60%以上 **标准件标准化的制定** 熟知标准件的规范，执行标准件的规划，使每一类标准件的品牌控制在3个以内 **机加工通用件的标准化的制定** 执行机加工通用件的标准化规划，使公司同系列产品通用件的比例要占到整体机加工零件种数的比例为55% **产品标准化的实施** 熟知企业研发流程和产品的标准化工作，主要负责企业内部产品技术标准化、行为标准化制度与流程的全面实施，每年至少进行10个有关本行业和本专业的标准宣贯（培训） **知识产权的保护** 每年审核1份专利保护的报告（含专利的缴费、有效专利的管理、专利侵权的报告），每年审核1份商标保护的报告（含已经注册的商标，正在核批的商标，有无近期要办理续展的商标，商标侵权情况），确保专利及商标保护处于有效状态	**培训课程** 每年开发1门部门级标准化课程，授课3次以上 **组织建设** 组织实施可行的产品标准化建议，参与、推动相关流程、规范的改进 **员工培养** 在实践中培养了1名（含）以上标准化工程师 **合作与交流** 遵守公司产品标准化行为规范和统一宣传口径，具有公司产品标准化安全性意识并严格遵守安全性规定；与企业产品相关人员对产品标准化进行交流、研讨，组织标准化评审

续表

资格等级	评价要素	
	专业成果	团队成长
四级标准化工程师	**专业成果** 每年成功申报至少4项机械行业标准 **专利申报** 熟知专利申报程序，为专利申报编写和申报起主导作用，每年主导申报专利不少于5件，成功率80%以上 **标准件标准化的制定** 主导规划标准件的标准化 机加工通用件的标准化的制定 执行机加工通用件的标准化规划，使公司同系列产品通用件的比例要占到整体机加工零件种数的比例为55% **产品标准化的实施** 熟知企业研发流程和产品的标准化工作，主要负责企业内部产品技术标准化、行为标准化制度与流程的全面实施，每年至少进行10个有关本行业和本专业的标准宣贯（培训） **知识产权的保护** 每年审核1份专利保护的报告（含专利的缴费、有效专利的管理、专利侵权的报告），每年审核1份商标保护的报告（含已经注册的商标，正在核批的商标，有无近期要办理续展的商标，商标侵权情况）。确保专利及商标保护处于有效状态	**培训课程** 每年开发过1个公司级标准化培训课程，课程授课3次以上 **组织建设** 组织实施可行的产品标准化建议，推动相关流程、规范的改进 **下属培养** 指导培养低级别工程师提高业务技能，在实践中带领培养出1名以上的标准化工程师 **合作与交流** 遵守公司产品标准化行为规范和统一宣传口径，具有公司产品标准化安全性意识并严格遵守安全性规定；与企业产品相关人员对产品标准化进行交流、研讨，在标准化评审过程中起主导作用

表9.6 标准化类工作成果定义

成果命名	内容	典型例子
产品技术标准	1. 规范与产品图纸、技术资料有关的符合相关行业的标准 2. 企业检验标准：对产品的零部件、整机的检验要求和标准 3. 企业技术标准：对整机的性能指标有要求	根据图纸加工类别，对钣金件类、焊接件类、不锈钢类、电镀件类等制定符合国家机械行业标准的企业内部技术标准，并组织培训，按企业内部产品技术标准化要求清晰、明确标注加工件图纸的技术要求等相关信息，例如：电镀件要求电镀层厚度标准等
产品行为标准	与产品技术相关的描述、装配、检验的标准	根据产品性能要求，结合企业标准化要求，对技术更改内容填写时要规范化、装配时作业要标准化、检验时要按标准化要求检验，例如：1个零件需要更改时，工程师需要填写《加工件更改单》

9.3 标准化类能力标准（见表9.7至表9.10）

表9.7 标准化类能力标准（知识）

		1级	2级	3级	4级
1. 专业知识	行业标准规划知识	0分	0分	1分	2分
	公司标准规划知识	1分	2分	3分	3分
	标准化编写知识	1分	2分	2分	3分
	培训、宣讲知识	1分	1分	2分	3分
	设计软件操作知识(solid works)	1分	1分	1分	2分
	标准化评审标准	0分	1分	2分	3分
2. 环境知识	包装行业的法律法规	0分	1分	2分	3分

续表

	知识要项	1级	2级	3级	4级
2. 环境知识	通用标准件行业、国家、国际标准	0分	1分	2分	3分
	产品相关国家、国际标准	0分	1分	2分	3分
	产品相关企业标准	1分	1分	2分	3分
	市场和竞争对手的知识	0分	1分	2分	3分
	电气设计安全规程	1分	2分	3分	3分
	安全生产知识与规程	1分	2分	3分	3分
	与知识产权相关的法律法规	0分	1分	2分	3分
3. 公司知识	公司发展历程	2分	2分	3分	3分
	公司企业文化的核心内容	2分	2分	3分	3分
	公司制度的知识	2分	2分	3分	3分
	公司组织架构与岗位责任	2分	2分	3分	3分
	产品基础知识	2分	2分	3分	3分
	业务流程知识	2分	2分	3分	3分
	员工手册	2分	2分	3分	3分
	K3系统基础知识	2分	2分	2分	2分
	ERP系统基础知识	1分	1分	1分	1分
	质量管理体系基础知识	2分	2分	3分	3分
	计划管理	1分	2分	3分	3分
	时间管理	1分	2分	2分	3分
	激励管理	0分	1分	2分	3分
	沟通技巧	1分	2分	2分	3分
	会议管理	1分	2分	2分	3分
	产品知识及相关周边产品知识	1分	2分	2分	3分
	瓦楞纸箱机械及行业知识	0分	1分	1分	2分
	业界技术发展趋势	0分	1分	1分	2分

表9.8 标准化类能力标准（技能）

等级	标准化实施							行业规划	
	计划	信息收集	编写	宣讲	沟通	合作	员工培养	分析	规划
1级	1分	2分	2分	2分	2分	3分	1分	1分	1分
2级	3分	3分	3分	3分	3分	3分	3分	1分	1分
3级	4分	3分	4分	4分	4分	4分	4分	2分	2分
4级	5分	4分	5分	5分	5分	5分	4分	4分	4分

表 9.9　标准化类能力标准（技能等级定义）

技能等级	熟练程度	经验
1 级	有限的运作能力，仅仅有一般的、概念性的知识	非常有限
2 级	在有协助的情况下的运作能力，实践过的知识	在有协助的情况下 / 在多种场合运作 / 在例行情况下独立运作过
3 级	无须协助的运作能力，触类旁通的知识，可以成功完成大多数任务	重复的 / 成功的
4 级	深入彻底的知识，可以带领和指导其他人有效运作	有效的 / 资深的
5 级	可以给出专家级的意见，能领导其他人成功运作，被其他人当作磋商者和领袖。全面的知识和正确的评判能力，能够总结出有用的改进意见	全面的 / 广博的

表 9.10　标准化类能力标准（素质）

基本素质要项	1 级	2 级	3 级	4 级
主动性	2 分	3 分	4 分	5 分
演绎思维	1 分	2 分	3 分	4 分
归纳思维	1 分	2 分	3 分	4 分
组织意识	1 分	2 分	3 分	4 分
收集信息	1 分	2 分	3 分	4 分

9.4　电气研发类行为标准（见表 9.11 至表 9.14）

表 9.11　电气研发类 1 级行为标准

行为模块	序号	行为标准细项	行为要点
1. 调试及设备维护	1.1	参与成熟设备调试	熟悉设备工作原理，掌握电气元件和 PLC 的实际运用
			在电气研发工程师指导下熟悉设备调试安全注意事项，确保无安全事故发生
			在电气研发工程师的指导下，参与设备的调试工作，使设备正常运行
	1.2	独立完成成熟设备调试	独立完成程序的下载
			独立完成对设备的调试
			独立解决设备调试过程中遇到的问题，确保设备正常运行
	1.3	公司内部成熟设备的维护	设备调试完成后现场跟踪并解决试印过程中出现的问题
	1.4	外出售后维修成熟设备	在客户公司对设备进行调试，确保设备正常运行，
			对设备电器件出现的故障进行检查并更换
			对设备出现的程序问题进行修改完善，达到客户的要求
2. 产品设计	2.1	参与产品设计	在电气研发及以上工程师的指导下参与产品的电路图设计修改工作
			在调机过程中或外出售后服务过程中对程序做简单的调整修改工作

表 9.12　电气研发类 2 级行为标准

行为模块	序号	行为标准细项	行为要点
1. 对成熟产品的扩展设计	1.1	根据要求确定更改后产品的结构	根据公司要求确定成熟产品扩展后的结构,搜集所要更改和使用的电气元件的选型资料
			列出采购周期较长的物料明细表下发
	1.2	电气原理图设计	先分析和查看更改前的产品电路图和明细表
			根据客户的要求,在成熟产品的基础上,做相应的更新设计,主要是扩展部分的电路图设计
			对设计更新部分的器件进行选型,如果是新零件,须按要求填写相关资料;如果采购周期较长,须先出该零件明细表下发
			结合扩展部分,计算更改后的功率,确定电源设计参数
			按照要求,输出符合标准化要求的电气原理图的设计文档
			交评审小组对原理图进行评审,并根据评审结果完善设计
	1.3	电气件明细表细表和易损件清单	根据所设计的电气原理图,设计相关的明细表和易损件清单
			经审核批准后下发给计划、采购等部门
	1.4	程序设计	在已有程序的基础上,对扩展部分的功能在程序上加以完善,符合标准化要求。
	1.5	程序调试	对所设计的程序进行调试,符合公司的要求。
	1.6	电气部分说明书改编	在已有说明书的基础上修改和完善新扩展设备的说明书,使产品开发与说明书开发同步。
2. 在原有项目结构基础上的新产品设计	2.1	方案设计	根据设计任务计划书,分析项目的基本信息和项目设计的基本要求
			参考原有项目的结构,根据设计任务书上的要求,确定设计方案
			经过评审进行方案的更改完善
			列出采购周期较长的物料明细表下发
	2.2	电气原理图设计	根据已有项目和设计任务书的要求,设计出可行的整机和单元电路图总体设计方案
			将确定的设计方案画成标准的电气原理图
			对设计的电路图所用的电气件进行选型。如果是新零件,须按要求填写相关资料;如果采购周期较长,须先出该零件明细表下发
			根据各单元所用功率,确定主电柜电源功率大小,并对主电柜电气元件进行选型
			按照要求,输出符合标准化要求的电气原理图
			交评审小组对原理图进行评审,并根据评审结果完善设计
	2.3	电气件明细表和易损件清单	搜集电气件选型资料
			对照设计的电气原理图,参考原有项目的明细表,设计和制定新项目的明细表和易损件清单
			经审核批准后下发给计划、采购等部门
	2.4	程序设计	参考原有项目的程序结构,设计新项目的程序,符合标准化要求
	2.5	程序调试	对所设计的程序进行调试是否符合设计任务书的要求
	2.6	电气部分说明书和整机检验标准的编写	在原有项目说明书的基础上编写新产品的说明书和整机检验标准,达成产品开发与资料开发同步

续表

行为模块	序号	行为标准细项	行为要点
3. 培训和案例总结	3.1	培训	带领和指导初级电气工程师完成设备调试
			指导服务工程师进行第一到第四台新设备调试,达成服务工程师能独立调试该新机型的目标
			对检验工程师进行新设备整机检验标准培训,达成新设备公司检验标准的一致
	3.2	案例总结	现场跟踪并结合实际生产,对已设计的原理图进行设计错误更改或改进
			在独立调试设备过程中,对程序进行完善和修改
			对原理图设计错误更改和程序错误完善修改撰写案例总结,达到避免类似错误的发生
4. 售后服务	4.1	售后技术支持	在客户工厂安装新开发的机器,根据客户需求修改线路和程序,并撰写案例总结
			在客户工厂维修机器,问题解决后撰写案例总结
			在客户工厂安装新机型和维修机器时,对服务人员和客户的操作和维修人员进行培训,让客户能正确操作及维护设备

表 9.13　电气研发类 3 级行为标准

行为模块	序号	行为标准细项	行为要点
1. 总体方案设计	1.1	进行总体方案设计	根据设计任务计划书,分析项目的基本信息和项目设计的基本要求
			参考原有项目的结构,根据设计任务书上的要求,确定总体设计方案,保证总体设计方案的可行、可靠、经济
			经过评审进行方案的更改完善
2. 新产品设计	2.1	指导各单元电气原理图设计	对照设计任务计划书,指导初级工程师和工程师进行单元电气原理图设计,达到设计任务书的要求
	2.2	主站原理图设计	参考原有项目结构,根据已确定的新方案,进行新产品主站电气原理图的设计工作,保证主站和各单元的协调性
	2.3	电气件明细表审核和设计	根据电气原理图,确定核心电器件的品牌
			审核各个单元的电气元件的品牌和型号,审核各个单元电气件明细表
			设计主站电气件明细表,列出采购周期较长零件明细表,并符合标准化要求
			经审核批准后下发给计划、采购等部门
	2.4	程序设计	撰写各单元程序之间和主站程序的接口规范;审核各单元程序
			对新产品的主站进行程序设计,符合标准化要求
	2.5	程序调试	指导各单元程序调试和核对程序接口规范的有效性
			对所设计的程序进行调试,符合设计任务书的要求
	2.6	审核电气部分说明书和整机检验标准	审核各单元说明书和检验标准
			撰写或审核主站说明书和整机检验标准,达成产品开发与资料开发同步
	2.7	客制化需求判断	了解客户客制化的需求点(含显性和潜在需求)及其要达到的目标
			根据公司内部人员的能力及时间安排,分析技术实现难度
			与销售一起确定客户愿意付出的成本,综合考量判断客制化需求在公司能否实现

续表

行为模块	序号	行为标准细项	行为要点
3. 一般技术攻关	3.1	单元长期存在问题的解决	收集和整理单元长期存在问题
			不断地试行各种解决方案
			问题解决后撰写案例总结，达成问题解决并避免类似事件的发生的目标
	3.2	提升单元局部的功能	利用现代先进技术或者搜集同类型先进机器整理出它们的优点
			实施先进技术提升单元局部的功能
			成功完成后撰写案例总结，为标准化推广提供基础
4. 培训和技术支持	4.1	技术支持	根据收集的培训需求，进行培训资料整理
			对电气工程师、服务工程师等相关人员进行培训
			对重点，难点问题进行现场定位解决

表9.14 电气研发类4级行为标准

行为模块	序号	行为标准细项	行为要点
1. 产品策略	1.1	技术交流	深入理解和把握本领域技术发展方向，代表公司参与外部的各项技术交流
			对公司在行业内知名度的提升、技术影响力的发展起主导作用，确保公司技术发展的正确方向和可持续性
	1.2	标准、规范制订	能够代表公司参加国内外行业内标准讨论会议，提出建设性意见
			能够结合国内外行业标准，制定公司内部企业标准，及制定产品开发标准
			深入把握产品的市场及技术状况，参与公司产品技术发展战略制定
			依据公司产品发展战略，制定产品电路和程序技术发展规划，建立公司级的程序规范与流程
	1.3	行业规划	结合国内外行业发展，进行前瞻性行业规划（技术及产品）研究，和市场销售等部门共同制定公司内部的行业发展规划
			为公司决策层提供合理的行业规划依据
	1.4	制定高要求产品可行性研究报告	根据需求，对实现产品的功能、性能做具体的细节分析，包括主要技术点、实现方案、冗余设计、资源等，并形成可行性研究报告
2. 总体设计	2.1	总方案框架评审	参与总体方案架构指导评审
			核心元器件方案评审
			各单元程序之间和主站程序的接口规范评审
	2.2	单元评审	对电气工程师、高级电气工程师设计的项目方案进行评审
			对电气工程师、高级电气工程师设计的原理图进行评审
			对电气工程师、高级电气工程师设计的电气明细表进行评审
			如未通过评审，根据评审意见，指导工程师作出相应的调整、修改和优化，再次提交评审
	2.3	整机检验标准评审	评审电气工程师、高级电气工程师制定的整机检验标准
			评审整机检验测试所需要的仪器设备、操作步骤合理性

续表

行为模块	序号	行为标准细项	行为要点
3. 新产品设计	3.1	电气原理图设计	对在公司或行业内无参考数据的全新项目的新产品,会同有关专家制定总体设计方案,设计或指导设计主电柜和各个单元电路图
	3.2	技术攻关	组织成立攻关小组
			对本领域内或公司内的产品的重大、关键的技术难题给出解决方案、策略
			对影响产品的重要功能、结构和性能进行技术提升,并将其推广应用
	3.3	电气件明细表设计	根据总体设计方案,会同有关专家,确定核心电器件的品牌和型号
			根据电气原理图,设计或指导设计电气件明细表
	3.4	程序设计	根据设计任务书的要求,设计或指导设计新机型的程序,符合标准化要求
	3.5	客制化需求判断	了解客户客制化的需求点(含显性和潜在需求)及其要达到的目标
			根据公司内部人员的能力及时间安排,分析技术实现难度
			与销售一起确定客户愿意付出的成本,综合考量判断客制化需求在公司能否实现
4. 技术支持	4.1	培训指导	对公司相关人员进行专业培训
			培养并指导低级别的工程师
			对于高难度问题进行技术支持和解决

9.5 电气研发类贡献标准(见表9.15至表9.17)

表9.15 电气研发类贡献标准

资格等级	评价要素	
	专业成果	团队成长
一级电器工程师	**专业成果** 1. 每年至少取得5个一类成果或1个二类成果。独立攻关 2. 参与一般技术攻关任务。 **结果影响** 1. 在工作中立足于产品,对电气元件和PLC,有较强实际运用意识符合所从事工作的质量、客户满意度、一次性做好的要求。 **决策影响** 在项目组或职能范围内提供可供参考的技术建议和信息	**组织建设** 职能范围内完成工作文档,参与项目组内的技术共享 **技术合作与交流** 1. 有效完成工作文档(因文档错误造成一般质量事故的次数小于2次) 2. 遵守公司技术答复行为规范和统一宣传口径,遵循技术职业道德,具有公司技术保密意识并严格遵守技术保密规定
二级电器工程师	**专业成果** 每年取得5个二类或1个三类以上成果,每年4篇案例 **独立攻关** 独立完成一般项目的设计工作;及时解决项目内开发中的难题 **集体攻关** 1. 参与重要技术攻关任务 2. 在一般技术攻关任务中起组织领导作用 **结果影响** 1. 所承担项目内的设计、开发等任务按时完成并具可靠性、安全性、可维护性、可操作性、可测试性,达到《立项报告》中各项协议、标准要求的性能指标 2. 本人担负的每年度客户反馈的未解决问题(已立项)不超过0项。(含内部供应链、采购、机加工的问题,及通过服务、销售、代理反馈的外部问题) **决策影响** 对项目实施中的管理和运作方面决策等提供有效信息	**开发课程** 每年开发1门培训课程,授课(含客户授课)4次(含)以上 **组织建设** 在项目组或职能范围内提供可供参考的产品技术建议;有效完成工作文档(因文档错误造成一般质量事故的次数小于2次),参与、推动项目组内的技术共享。 **下属培养** 在实践中培养了1名以上初级工程师 **技术合作与交流** 在项目间或项目组内工作接口时进行有效的技术合作;参与项目组内或跨项目组间的产品知识、产品技术和研发技能的交流、研讨

续表

资格等级	评价要素	
	专业成果	团队成长
三级电器工程师	**专业成果** 1. 每 2 年取得 2 个三类成果或 1 个四类成果 2. 每年 6 篇案例或申请专利 1 项 3. 每年取得 3 个二类成果。 **独立攻关** 及时解决复杂新方案产品重要技术问题和难点 **集体攻关** 参与核心技术攻关或在重要技术问题公关任务中起组织领导作用 **结果影响** 1. 所承担复杂新方案产品的设计、开发等任务按时完成并具可靠性、安全性、可维护性、可操作性、可测试性，达到《立项报告》中各项协议、标准要求的性能指标 2. 其主持的项目组每年度客户反馈的未解决问题（已立项）不超过 0 项。（含内部供应链、采购、机加工的问题，及通过服务、销售、代理反馈的外部问题） 3. 对电气部分的客制化需求及特殊要求做出技术实现及产出是否合理判断，并能确保其按时完成 **决策影响** 4. 对项目实施中的管理和运作方面决策起有效的影响	**开发课程** 每年开发 2 门部门级培训课程，授课 4 次（含）以上 **组织建设** 1. 在项目组或职能范围内提供有效的产品技术、开发流程或规范改进建议 2. 参与、推动技术共享。有效完成工作文档 **下属培养** 在负责的项目中培养了 2 个（含）以上工程师 **技术合作与交流** 1. 推动项目组内部的小组间接口时的技术合作 2. 推动项目组内的研发技能交流，参与项目组间的产品知识、产品技术和研发技能交流 3. 参与技术评审，每次至少提出 1 项建设性意见，全年不少于 10 个 **技术协调** 在对周边部门的工作中有效应用协作技巧和集体力量提高项目效率
四级电器工程师	**专业成果** 每 2 年取得 1 个四类以上或 1 个五类成果；发表案例 10 篇或申请专利 2 项；参与制定或制定过 1 个（含）以上产品技术标准 **独立攻关** 及时解决本专业领域中核心技术的难点 **集体攻关** 分析开发本专业领域产品中存在的核心技术问题，制定解决方案并有效实施；在核心技术攻关任务中起组织领导作用 **结果影响** 1. 所承担核心技术的设计任务按时完成并具可靠性、安全性、可维护性、可操作性、可测试性，达到《立项报告》中各项协议、标准要求的性能指标. 2. 整个电气类每年度客户反馈的未解决问题（已立项）不超过 0 项。（含内部供应链、采购、机加工的问题，及通过服务、销售、代理反馈的外部问题） 3. 对电气部分的客制化需求及特殊要求做出技术实现及产出是否合理判断，并能确保其按时完成 **决策影响** 1. 对项目立项中的技术目标的决策提出有影响的建议 2. 对项目实施中的管理和运作方面决策，提出有影响的建议	**开发课程** 每年开发 1 个本专业公司级培训课程（主讲核心技术的专题讲座），授课 3 次（含）以上 **组织建设** 组织实施可行的产品技术建议，参与、推动相关流程、规范的改进。有效完成工作文档 **下属培养** 指导培养低级别工程师提高业务技能，在所负责的项目中领培养出 1 名（含）以上的高级工程师，或 3 名（含）以上的工程师 **技术合作与交流** 有效推动项目组间接口时的技术合作；推动项目间的研发技能交流，参与公司间的研发技能交流。参与技术评审，每次至少提出 2 项建设性意见，2 年不少于 20 个 **技术协调** 有效地应用协作技巧和集体力量推动项目的开发

表 9.16 电气研发类工作成果定义

成果命名	内 容	典型例子
维护类项目	1 个人独立完成机器设备的调试或售后维修	参考原有项目结构，更改方案及结构清晰，设计完后跟踪服务。例：根据客户要求设计模版辊
案例	对设计错误改进后的总结	根据实际生产的要求对已开发的设备的电路图进行调整和修改，并进行现场调试和跟踪服务总结
衍生品	1 个人可独立承担的，1~2 人月内可开发完成的产品。	根据现有成熟方案和客户需求，设计修改电路图后并跟踪服务 例如：三色开槽机变为五色开槽模切机

续表

成果命名		内　　容	典型例子
项目	一般项目	3～6个人月内可开发完成的产品	参考原有项目结构，根据新的功能需求，方案需要更改，结构需要更改的新项目 例如：先前有设计过12系列机型首次设计的16系列机型
	复杂项目	6～12个人月内可开发完成的产品	参考原有项目结构，根据新的功能要求，方案需要重新设计、结构需要重新设计的有大量修改的新项目 例如：首次设计1224机型或者是电气系统的更换
高要求项目		10～20个人月或以上可开发完成的产品	对功能，性能指标有特殊要求，无参考的方案、结构重新设计的新项目 例如：首次设计的新机型（公司或行业内无参考数据，属于全新的项目，可以是公司现有产品的发展项目，通过科技查新具有国内最新或国际最新的项目）
技术积累		在现有情况下，对领域内的相关技术进行一般性研究、调研，并不直接对产品产生影响，仅产生一定程度的技术积累	对产品功能、结构、性能的调研并形成总结，成为以后设计的依据
技术攻关	一般技术	在现有情况下，能够对公司产品的局部功能或性能有一定或较大程度的提升，具有一定或较大难度的技术突破	对产品局部功能、结构、性能的技术提升并推广运用 例如：解决CPU226容易坏、解决送纸走斜、套印不准等
	重要技术	在现有情况下，能够对公司产品的重要功能（涉及1个以上单元）或性能有一定或较大程度的提升，具有一定或较大难度的技术突破	对产品重要功能、结构、性能的技术提升并推广运用 例如：解决阴阳色、伺服控制系统的问题。
	核心技术	在现有情况下，能够对公司产品的主要能力有重大和突破性的提升，具有较大或高难度的整个系统设计方面的技术突破。（整体方案—机械）	例如：设备中取得核心作用的发明专利、获得版权的设备完整的程序设计、实现行业独创功能的设计
新领域		15～20个人月或以上开发完成的产品	公司现有产品不涵盖领域、具有较高技术含量的新产品或现有产品领域内，在行业内前瞻性产品

表9.17　电气研发类成果分类

一类成果	成功完成1项维护类项目的开发
二类成果	1. 成功完成1个一般结构衍生品的开发 2. 成功完成1个一般项目的开发
三类成果	1. 成功完成1项复杂项目开发 2. 成功完成1项技术积累 3. 成功完成1项一般技术攻关
四类成果	1. 成功完成1项高要求项目开发 2. 成功主持1项重要技术的攻关
五类成果	1. 成功完成1个行业内先进水平新领域项目开发 2. 成功主持1项核心技术的攻关

9.6　电气研发类能力标准（见表9.18至表9.21）

表9.18　电气研发类能力标准（知识）

知识要项		1级	2级	3级	4级
1. 专业知识	计算机应用知识	2分	2分	3分	3分
	计算机网络基础知识	2分	2分	3分	3分

续表

知识要项		1级	2级	3级	4级
1. 专业知识	设计软件操作知识（AUTO CAD 及其他电气画图软件）	2分	3分	3分	3分
	专业英语知识	1分	1分	2分	3分
	技术文档写作知识	1分	2分	3分	3分
	设计经验案例知识	2分	3分	3分	3分
	项目管理知识	0分	0分	1分	2分
	市场技术需求分析知识	0分	1分	2分	3分
	方案设计知识（部件接口协调知识）	1分	1分	2分	3分
	PLC 编程知识（西门子、三菱、OMRON）	1分	3分	3分	3分
	伺服系统知识（力士乐、三菱、伦茨）	1分	2分	3分	3分
	变频器应用知识（ABB、东芝）	1分	3分	3分	3分
	编码器应用知识	1分	3分	3分	3分
	管理评审及技术评审知识	0分	0分	1分	3分
	新元件、新工艺知识	0分	1分	2分	3分
2. 环境知识	包装行业的法律法规	0分	1分	2分	3分
	通用标准件行业、国家、国际标准	0分	1分	2分	3分
	产品相关国家、国际标准	0分	1分	2分	3分
	产品相关企业标准	1分	1分	2分	3分
	市场和竞争对手的知识	0分	1分	2分	3分
	电气安全设计规程	1分	2分	3分	3分
	安全生产知识与规程	1分	2分	3分	3分
	与知识产权相关的法律法规	0分	1分	2分	3分
3. 公司知识	公司发展历程	2分	2分	3分	3分
	公司企业文化的核心内容	2分	2分	3分	3分
	公司制度的知识	2分	2分	3分	3分
	公司组织架构与岗位责任	2分	2分	3分	3分
	产品基础知识	2分	2分	3分	3分
	业务流程知识	2分	2分	3分	3分
	员工手册	2分	2分	3分	3分
	K3 系统基础知识	2分	2分	2分	2分
	ERP 系统基础知识	2分	2分	2分	2分
	质量管理体系基础知识	2分	2分	3分	3分
	计划管理	1分	2分	2分	3分
	时间管理	1分	2分	2分	3分
	激励管理	0分	1分	2分	3分
	沟通技巧	1分	2分	2分	3分
	会议管理	1分	2分	2分	3分
	产品知识及相关周边产品知识	1分	2分	2分	3分
	瓦楞纸箱机械及行业先进技术知识	1分	2分	2分	3分
	业界技术发展趋势	1分	2分	2分	3分

表 9.19 电气研发类能力标准（技能）

等级	项目实施						产品规划		技术研发		技术文档写作		
	计划	执行	协调	沟通	合作	员工培养	分析	规划	技术运用	方案制定	写作	宣讲	资料收集
1级	1分	3分	1分	1分	2分	0分	0分	0分	1分	0分	1分	1分	1分
2级	2分	3分	2分	2分	3分	2分	1分	1分	3分	3分	3分	2分	3分
3级	3分	4分	3分	3分	4分	3分	2分	3分	4分	4分	4分	3分	4分
4级	4分	5分	4分	4分	5分	4分	5分	5分	5分	5分	5分	4分	5分

表 9.20 电气研发类技能等级定义

技能等级	熟练程度	经验
1级	有限的运作能力，仅仅有一般的、概念性的知识	非常有限
2级	在有协助的情况下的运作能力，实践过的知识	在有协助的情况下，在多种场合运作，在例行情况下独立运作过
3级	无须协助的运作能力，触类旁通的知识，可以成功完成大多数任务	重复的，成功的
4级	深入彻底的知识，可以带领和指导其他人有效运作	有效的、资深的
5级	可以给出专家级的意见，能领导其他人成功运作，被其他人当作磋商者和领袖。全面的知识和正确的评判能力，能够总结出有用的改进意见	全面的、广博的

表 9.21 电气研发类能力标准（素质）

基本素质要项	1级	2级	3分级	4级
成就导向	2分	3分	4分	5分
主动性	2分	3分	4分	5分
演绎思维	1分	2分	3分	4分
归纳思维	2分	3分	3分	4分
组织意识	1分	2分	3分	4分

9.7 机械研发类行为标准（见表 9.22 至表 9.25）

表 9.22 机械研发类 1 级行为标准

行为模块	序号	行为标准细项	行为要点
1.产品更改	1.1	零件更改	熟练掌握绘图软件的运用，（对零件图和装配图符合标准化要求）
			熟知零件在产品中的作用
			在机械工程师的指导下，进行零件设计工作（符合零部件标准化要求）
	1.2	结构更改	熟知产品的结构和工作原理
			清楚了解所需更改部分的结构和更改的目的
			在机械工程师的指导下，参与结构的更改设计，并完成零件的更改设计（符合零部件标准化要求）
	1.3	完善产品资料	及时更新更改的产品技术资料（产品资料与产品更改要符合更改要求）

续表

行为模块	序号	行为标准细项	行为要点
2. 产品设计	2.1	参与项目设计	清楚了解设计项目的目的与内容
			在机械工程师的指导下，参与项目和产品设计
			独立完成所负责的零件设计（符合零部件标准化要求）
	2.2	独立完成项目设计	清楚了解所负责设计项目的目的与内容
			独立完成所负责项目的设计工作，达成设计参数目标
3. 资料编写	3.1	说明书编写	在工程师指导下，参与产品资料说明书的编制

表9.23 机械研发类2级行为标准

行为模块	序号	行为标准细项	行为要点
1. 产品更改	1.1	零件更改	熟练掌握绘图软件的运用（对零件图和装配图符合标准化要求）
			熟知所负责产品所有零件在产品中作用
			能担负所负责产品的零件设计工作（符合零部件标准化要求）
	1.2	结构更改	熟知产品的结构和工作原理
			清楚了解所需更改部分的结构和更改的目的
			能负责进行结构的更改设计，并完成零件设计（符合零部件标准化要求）
	1.3	完善产品资料	及时更新更改的产品资料（产品资料与产品更改要符合更改要求）
2. 产品设计	2.1	方案设计	根据设计任务计划书，分析项目的基本信息和项目设计的基本要求（以往反馈故障率高的、技术有提升的结构）
			参考原有项目的结构和搜集资料，根据设计任务书上的要求，确定设计方案
			设计出可行的单元设计方案（注意零件及结构的标准化要求）
			经过评审进行方案的更改完善，确定最终方案
	2.2	结构设计	参考原有项目的结构和搜集资料，根据总体方案的要求，确定结构方案
			对产品的局部功能进行技术攻关，使产品性能有提高
			对设计的标准件的品牌、型号进行选型（符合标准化规定的要求）
			经过评审进行结构的更改完善，确定最终结构
	2.3	零件设计	根据结构功能，选择零件材料
			根据加工工艺条件确定零件结构（符合工艺要求）
			根据零件类型确定表达方式并绘制零件图（符合国家企业标准）
			经过审核更改完善，完成零件图
	2.4	编制明细表	确定主要标准件的品牌
			根据标准件的种类、型号规格编制标准件明细表（符合标准化要求）
			根据零件的数量编制零件明细表并提前列出采购周期较长的物料明细表下发
			经审核批准后下发给计划、采购等部门
	2.5	说明书编写	根据产品功能编制操作说明书提纲
			编写机械操作说明书
			编写机械结构配置图
			与电器操作说明书合并制作成操作说明书分册（说明书需及时更新，与产品更改同步）
			经审核批准后交资料管理员

续表

行为模块	序号	行为标准细项	行为要点
3. 培训与交流	3.1	培训	对初级工程师进行产品知识培训
			对初级工程师进行技术培训
			对部门进行产品知识培训
	3.2	交流	组织项目组内与组之间进行交流、研讨
4. 技术支持	4.1	部门内技术支持	指导初级工程师完成产品设计工作
			对初级工程师进行专业的指导培训
	4.2	部门外技术支持	外出跟踪服务时，对相关操作人员进行指导培训
			对售后服务部及客户提供技术支持

表 9.24 机械研发类 3 级行为标准

行为模块	序号	行为标准细项	行为要点
1. 产品设计	1.1	总体方案设计	根据设计任务计划书，分析项目信息和项目设计要求（以往反馈故障率高的、技术有提升的结构）
			参考原有项目的结构和搜集资料，根据设计任务书上的要求，确定设计方案
			设计出可行的整机总体设计方案（注意零件及结构的标准化要求）
			经过评审进行方案的更改完善，确定最终方案
	1.2	单元方案设计	根据总体方案设计单元方案
			经过评审进行方案的更改完善，确定最终方案
2. 新产品开发	2.1	总体方案设计	根据所要开发的产品的功能与定位，进行市场产品调研，搜集资料
			确定产品的总体方案框架，并进行设计任务书的制定，结合市场发育的成熟度，符合技术及产品的发展方向
			提交给产品委员会评审
			经过评审进行方案的更改完善，确定最终方案
	2.2	单元方案设计辅导	提供相关资料给所负责的机械工程师
			指导机械工程师理解总体方案
			辅导机械工程师设计单元方案
			经过评审进行方案的更改完善，确定最终方案
	2.3	单元结构设计审核	提供相关参考结构给所负责的机械工程师
			指导机械工程师进行结构设计
			审核机械工程师结构方案
			结构进行更改完善，确定最终方案
	2.4	零件设计审核	审核零件材料
			审核零件工艺
			审核零件图的表达与规范
			经过审核更改完善，完成零件图

行为模块	序号	行为标准细项	行为要点
2. 新产品开发	2.5	客制化需求判断	了解客户客制化的需求点（含显性和潜在需求）及其要达到的目标
			根据公司内部人员的能力及时间安排，分析技术实现难度
			与销售一起确定客户愿意付出的成本，综合考量判断客制化需求在公司能否实现
3. 培训与交流	3.1	培训	对下级工程师进行产品知识培训
			对下级工程师进行技术培训
			对部门进行案例分析与设计总结培训
			协助组织跨部门之间的技术培训
	3.2	交流	组织项目之间进行技术交流
			协助组织部门内的技术交流
			协助组织跨部门之间的技术交流
4. 技术支持	4.1	部门内技术支持	指导下级工程师完成产品设计工作
			对下级工程师进行专业的指导培训
			对不同项目之间提供技术支持
	4.2	部门外技术支持	外出跟踪服务时，对相关操作人员进行指导培训
			对销售部提供技术支持
			对售后服务部及客户提供技术支持

表 9.25　机械研发类 4 级行为标准

行为模块	序号	行为标准细项	行为要点
1. 产品策略	1.1	技术交流	深入理解和把握本领域技术发展方向，代表公司参与外部的各项技术交流
			对公司在行业内知名度的提升、技术影响力的发展起主导作用，确保公司技术发展的正确方向和可持续性
	1.2	标准、规范制订	能够代表公司参加国内外行业内标准讨论会议，提出建设性意见
			能够结合国内外行业标准，制定公司内部企业标准，及制定产品开发标准
			深入把握产品的市场及技术状况，参与公司产品技术发展战略制定
			依据公司产品发展战略，制定产品和关键技术发展规划，建立公司级的程序规范与流程
	1.3	行业规划	结合国内外行业发展，进行前瞻性行业规划（技术及产品）研究，和市场销售等部门共同制定公司内部的行业发展规划
			为公司决策层提供合理的行业规划依据
	1.4	制定高要求产品可行性研究报告	根据需求，对实现产品的功能、性能做具体的细节分析，包括主要技术点、实现方案、冗余设计、资源等，并形成可行性研究报告
2. 方案设计与评审	2.1	方案设计	根据所要开发的产品的功能，确定立项产品的总体方案框架，并进行设计任务书的制定
			设计在公司或行业内无参考数据的全新项目的方案
			对于无参考项目的新产品，根据设计总体方案进行各个单元方案的设计

续表

行为模块	序号	行为标准细项	行为要点
2. 方案设计与评审	2.2	评审	参与对机械工程师以上级别设计的总体方案进行评审
			对机械工程师以上级别设计的单元方案进行评审
			对机械工程师以上级别设计的结构方案进行评审
			根据产品的定位，审核核心标准件的品牌
			如未通过评审，根据评审意见，指导工程师作出相应的调整、修改和优化，再次提交评审
3. 产品设计辅导	3.1	设计辅导	对于无参考项目的新产品，根据设计总体方案辅导机械工程师以上级别加强对总体方案及单元方案的理
			对于无参考项目的新产品，根据单元方案辅导机械工程师以上级别对各单元进行结构设计。
	3.2	技术攻关	对影响产品的重要功能、结构和性能进行技术提升，并将其推广应用
			对本领域内或公司内的产品的重大、关键的技术难题给出解决方案、策略
			对技术瓶颈进行课题研究
	3.3	客制化需求判断	了解客户客制化的需求点（含显性和潜在需求）及其要达到的目标
			根据公司内部人员的能力及时间安排，分析技术实现难度
			与销售一起确定客户愿意付出的成本，综合考量判断客制化需求在公司能否实现
4. 培训与交流	4.1	培训	对机械工程师以上级别进行行业标准培训
			对机械工程师以上级别进行重大、关键的技术培训
			对公司高级别人员进行专业培训
	4.2	交流	组织部门内的技术交流
			组织跨部门之间的技术交流
			组织行业内技术与标准的交流
5. 技术支持	5.1	部门内技术支持	对不同项目之间提供技术支持
			培养并指导高级别的工程师
	5.2	部门外技术支持	对公司决策提供技术支持
			必要时对销售部提供重大、关键的技术支持
			必要时对售后服务部及客户提供解决重大技术支持

9.8 机械研发类贡献标准（见表9.26至表9.28）

表9.26 机械研发类贡献标准

资格等级	评价要素	
	专业成果	团队成长
一级机械工程师	**专业成果** 每年至少取得2个一类成果或1个二类成果 **独立攻关** 参与一般技术攻关任务 **结果影响** 在工作中立足于产品，对零件设计，有较强机加工、装配意识，符合所从事工作的质量、客户满意度、一次性做好的要求 **决策影响** 在项目组或职能范围内提供可供参考的技术建议和信息	**组织建设** 职能范围内完成工作文档，参与项目组内的技术共享 **技术合作与交流** 1. 有效完成工作文档（因文档错误造成一般质量事故的次数小于2次） 2. 遵守公司技术答复行为规范和统一宣传口径，遵循技术职业道德，具有公司技术保密意识并严格遵守技术保密规定

续表

资格等级	评价要素	
	专业成果	团队成长
二级机械工程师	**专业成果** 每年取得 2 个二类或 1 个三类以上成果，每年 4 篇案例 **独立攻关** 独立完成一般项目的设计工作；及时解决项目内开发中的难题 **集体攻关** 参与重要技术攻关任务；在一般技术攻关任务中起组织领导作用 **结果影响** 1. 所承担项目内的设计、开发等任务按时完成并具可靠性、安全性、可维护性、可操作性、可测试性，达到《立项报告》中各项协议、标准要求的性能指标 2. 本人担负的每年度客户反馈的未解决问题（已立项）不超过 0 项（含内部供应链、采购、机加工的问题，及通过服务、销售、代理反馈的外部问题） **决策影响** 对项目实施中的管理和运作方面决策等提供有效信息	**开发课程** 每年开发 1 门培训课程，授课（含客户授课）4 次（含）以上 **组织建设** 1. 在项目组或职能范围内提供可供参考的产品技术建议 2. 有效完成工作文档（因文档错误造成一般质量事故的次数小于 2 次），参与、推动项目组内的技术共享 **下属培养** 在实践中培养了 1 名以上初级工程师 **技术合作与交流** 1. 在项目组间或项目组内工作接口时进行有效的技术合作 2. 参与项目组内或跨项目组间的产品知识、产品技术和研发技能的交流、研讨
三级机械工程师	**专业成果** 1. 每 2 年取得 2 个三类成果或 1 个四类成果 2. 每年 6 篇案例或申请专利 1 项 **独立攻关** 及时解决复杂新方案产品重要技术问题和难点 **集体攻关** 分析开发本专业领域产品中存在的核心技术问题，制定解决方案并有效实施；在核心技术攻关任务中起组织领导作用 **结果影响** 1. 所承担复杂新方案产品的设计、开发等任务按时完成并具可靠性、安全性、可维护性、可操作性、可测试性，达到《立项报告》中各项协议、标准要求的性能指标 2. 其主持的项目组每年客户反馈的未解决问题（已立项）不超过 0 项（含内部供应链、采购、机加工的问题，及通过服务、销售、代理反馈的外部问题） 3. 对机械部分的客制化需求及特殊要求做出技术实现及产出是否合理判断，并能确保其按时完成。 **决策影响** 对项目实施中的管理和运作方面决策起有效的影响	**开发课程** 每年开发 2 门部门级培训课程，授课 4 次（含）以上 **组织建设** 1. 在项目组或职能范围内提供有效的产品技术、开发流程或规范改进建议 2. 参与、推动技术共享。有效完成工作文档 **下属培养** 在负责的项目中培养了 2 个（含）以上工程师 **技术合作与交流** 1. 推动项目组内部的小组间接口时的技术合作 2. 推动项目组内的研发技能交流，参与项目组间的产品知识、产品技术和研发技能交流 3. 参与技术评审，每次至少提出 1 项建设性意见，全年不少于 10 个 **技术协调** 在对周边部门的工作中有效应用协作技巧和集体力量提高项目效率
四级机械工程师	**专业成果** 1. 每 2 年取得 1 个四类成果或 1 个五类成果；发表案例 10 篇或申请专利 2 项 2. 参与制定或制定过 1 个（含）以上产品技术标准 **独立攻关** 及时解决本专业领域中核心技术的难点 **集体攻关** 分析开发本专业领域产品中存在的核心技术问题，制定解决方案并有效实施；在核心技术攻关任务中起组织领导作用 **结果影响** 1. 所承担核心技术的设计任务按时完成并具可靠性、安全性、可维护性、可操作性、可测试性，达到《立项报告》中各项协议、标准要求的性能指标 2. 整个机械类每年度客户反馈的未解决问题（已立项）不超过 0 项（含内部供应链、采购、机加工的问题，及通过服务、销售、代理反馈的外部问题） 3. 对机械部分的客制化需求及特殊要求做出技术实现及产出是否合理判断，并能确保其按时完成 **决策影响** 1. 对项目立项中的技术目标的决策提出有影响的建议 2. 对项目实施中的管理和运作方面决策，提出有影响的建议	**开发课程** 每年开发 1 个公司级培训课程（主讲核心技术的专题讲座），授课 3 次（含）以上 **组织建设** 1. 组织实施可行的产品技术建议，参与、推动相关流程、规范的改进 2. 有效完成工作文档。 **下属培养** 指导培养低级别工程师提高业务技能，在所负责的项目中领培养出 1 名（含）以上的高级工程师，或 3 名（含）以上的工程师 **技术合作与交流** 1. 有效推动项目组间接口时的技术合作，推动项目间的研发技能交流，参与公司间的研发技能交流 2. 参与技术评审，每次至少提出 2 项建设性意见，2 年不少于 20 个 **技术协调** 有效地应用协作技巧和集体力量推动项目的开发

表 9.27　机械研发类成果分类

一类成果	成功完成 1 项维护类项目的开发
二类成果	1. 成功完成 1 个一般结构的衍生品开发 2. 成功完成 1 个一般项目开发
三类成果	1. 成功完成 1 项复杂项目开发 2. 成功完成 1 项技术积累 3. 成功完成 1 项一般技术攻关
四类成果	1. 成功完成 1 项高要求项目开发 2. 成功主持 1 项重要技术的攻关
五类成果	1. 成功主持 1 个行业内先进水平新领域项目开发 2. 成功主持 1 项核心技术的攻关

表 9.28　机械研发类工作成果定义

成果命名		内容	典型例子
维护类项目		1 个人可独立承担的，1 周内可开发完成的产品	参考原有项目结构，更改方案及结构清晰，设计完后跟踪服务 例如：根据客户要求设计模版辊
案例		对设计错误改进后的总结	例如：印刷辊筒挂板槽的方向设计错误总结
衍生品		1 个人可独立承担的，1~2 人月内可开发完成的产品（产品中 1 个单元的工作量）	根据现有成熟方案及功能不变更，只进行零件修改设计，设计完后跟踪服务 例如：同机型由 1224 设计为 1228
项目	一般项目	2~3 个人月内可开发完成的产品（产品中 1 个单元的工作量）	参考原有项目结构，根据新的功能需求，方案需要更改，结构需要更改的新项目 例如：先前有设计过 12 系列机型首次设计的 16 系列机型
项目	复杂项目	3~5 个人月内可开发完成的产品（产品中 1 个单元的工作量）	参考原有项目结构，根据新的功能需求，方案需要重新设计、结构需要重新设计的大量修改的新项目 例如：首次设计的 1224 机型
高要求项目		5~10 个人月或以上可开发完成的产品（产品中 1 个单元的工作量）	对功能、性能指标有特殊要求，无参考的方案、结构重新设计的新项目 例如：首次设计 HBL 机型
技术积累		在现有情况下，对领域内的相关技术进行一般性研究、调研，并不直接对产品产生影响，仅产生一定程度的技术积累	对产品功能、结构、性能的调研并形成总结，成为以后设计的依据
技术攻关	一般技术	在现有情况下，能够对公司产品的局部功能或性能有一定或较大程度的提升，具有一定或较大难度的技术突破	对产品局部功能、结构、性能的技术提升并推广运用 例如：模切多刀微切结构设计
技术攻关	重要技术	在现有情况下，能够对公司产品的重要功能或性能有一定或较大程度的提升，具有一定或较大难度的技术突破	对产品重要功能、结构、性能的技术提升并推广运用。例如：开槽单轴齿轮箱设计
技术攻关	核心技术	在现有情况下，能够对公司产品的主要能力有重大和突破性的提升，具有较大或高难度的技术突破	公司认可关键技术提升
新领域		8~12 个人月或以上可开发完成的产品（产品中 1 个单元的工作量）	公司现有产品不涵盖领域具有较高技术含量的新产品或现有产品领域内，在行业内前瞻性产品

9.9 机械研发类能力标准（见表9.29至表9.31）

表9.29 机械研发类能力标准（知识）

	知识要项	1级	2级	3级	4级
1. 专业知识	计算机应用知识	2分	2分	3分	3分
	计算机网络基础知识	2分	2分	3分	3分
	设计软件操作知识（solid works）	2分	3分	3分	3分
	专业英语知识	1分	1分	2分	3分
	技术文档写作知识	1分	2分	3分	3分
	设计经验案例知识	2分	3分	3分	3分
	项目管理知识	0分	0分	1分	2分
	市场技术需求分析知识	0分	1分	2分	3分
	方案设计知识（部件接口协调知识）	1分	1分	2分	3分
	结构设计知识	1分	2分	3分	3分
	零件设计知识	1分	2分	3分	3分
	管理评审及技术评审知识	0分	0分	1分	3分
	新材料、新工艺知识	0分	1分	2分	3分
2. 环境知识	包装行业的法律法规	0分	1分	2分	3分
	通用标准件行业、国家、国际标准	0分	1分	2分	3分
	产品相关国家、国际标准	0分	1分	2分	3分
	产品相关企业标准	1分	1分	2分	3分
	市场和竞争对手的知识	0分	1分	2分	3分
	安全生产知识与规程	1分	2分	3分	3分
	与知识产权相关的法律法规	0分	1分	2分	3分
3. 公司知识	公司发展历程	2分	2分	3分	3分
	公司企业文化的核心内容	2分	2分	3分	3分
	公司制度的知识	2分	2分	3分	3分
	公司组织架构与岗位责任	2分	2分	3分	3分
	产品基础知识	2分	2分	3分	3分
	业务流程知识	2分	2分	3分	3分
	员工手册	2分	2分	3分	3分
	K3系统基础知识	2分	2分	2分	2分
	ERP系统基础知识	2分	2分	2分	2分
	质量管理体系基础知识	2分	2分	3分	3分
	计划管理	1分	2分	2分	3分
	时间管理	1分	2分	2分	3分
	激励管理	0分	1分	2分	3分
	沟通技巧	1分	2分	2分	3分
	会议管理	1分	2分	2分	3分
	产品知识及相关周边产品知识	1分	2分	2分	2分
	瓦楞纸箱机械及行业先进技术知识	1分	2分	2分	3分
	业界技术发展趋势	1分	2分	2分	3分

表 9.30 机械研发类能力标准（技能）

等级	项目实施						产品规划		技术研发		技术文档写作		
	计划	执行	协调	沟通	合作	员工培养	分析	规划	技术运用	方案制定	写作	宣讲	资料收集
1级	1分	3分	1分	1分	2分	0分	0分	0分	1分	0分	1分	1分	1分
2级	2分	3分	2分	2分	3分	2分	1分	1分	3分	3分	3分	2分	3分
3级	3分	4分	3分	3分	4分	3分	2分	3分	4分	4分	4分	3分	4分
4级	4分	5分	4分	4分	5分	4分	5分	5分	5分	5分	5分	4分	5分

表 9.31 机械研发类能力标准（素质）

基本素质要项	1级	2级	3级	4级
成就导向	2分	3分	4分	5分
主动性	2分	3分	4分	5分
演绎思维	1分	2分	3分	4分
归纳思维	2分	2分	3分	4分
组织意识	1分	2分	3分	4分

10 服务族任职资格标准

服务族任职标准包括安装维护类、产品调试类、技术培训类、解决方案类等行为标准、贡献标准和能力标准。

工作成果定义、行为定义原则和能力标准各分值含义见第8章（P210）。

10.1 安装维护类行为标准（见表10.1至表10.4）

表10.1 安装维护类1级行为标准

行为模块	序号	行为标准细项	行为要点
1. 知识积累	1.1	构建公司的安装维护知识库	在工程师的指导下，通过网络、杂志刊物等方式，对前缘技术（安装维护的工作流程及行业技术）进行资料搜索，并提交报告
			严格按照工程师的要求，对日常工作进行记录（服务记录及信息反馈的填写），为安装维护知识库的更新提供依据
	1.2	核查更新	长期查阅安装维护知识库，结合日常工作遇到的情况及客户需求，提交更新知识库的架构的建议报告
2. 项目运作	2.1	常规产品安装调试	在工程师的指导下，了解客户设备安装前期准备工作（客户安装前事宜准备清单传真确认、电话沟通、图片展示、现场勘查），制定安装调试方案
			根据安装调试方案严格执行，及时反馈安装调试过程中的问题，严格执行高级工程师制定的解决方案并观察实施效果，通过客户验收，进行设备交付使用
	2.2	技改项目	收集客户技改要求，收集相关数据及资料，为专题攻关组提高资料支持
	2.3	产品维护	根据客户反馈的设备故障，查看公司CRM系统或联系相关维修人员，提前了解客户的维修档案和常规机器的历史维修记录
			根据常规机器的维修档案和现实故障情况，及时做出故障原因分析，制定解决方案，及时排除故障
			对设备进行整体检查，预防其他故障隐患
			填写服务记录，交客户确认评估本次服务效果

表10.2 安装维护类2级行为标准

行为模块	序号	行为标准细项	行为要点
1. 安装维护策略	1.1	标准规范的制定	严格执行高级工程师分配的任务，按要求进行资料（公司及同行案例、客户需求趋势、现有资源、行业标准）收集，为制定标准化的安装维护规范提供依据
			根据收集的相关资料，提炼相关的要点，为标准规范的制定提供建议
	1.2	可行性研究	根据新机型、新结构制定的新规范的实施观察期，如实记录实施情况，为可行性的研究提供依据
	1.3	对标准及规范执行的评审	执行标准规范并如实记录情况（阐明标准规范的效率性和不足性），为评审提供资料
			参与评审研讨会，积极提出疑问及改善建议
	1.4	规范及标准的优化	定期了解下级或同级别工程师在工作过程中遇到的各种情况，并且记录在案，分析并归纳案例的重点
2. 知识积累	2.1	构建公司的安装维护知识库	规整已公开的各类标准、规范、解决方案、案例与经验
			按公司安装维护知识库的架构要求，有针对性地进行日常工作的记录及归纳，为安装维护知识库提供素材
			定期查阅安装维护知识库中的资料，提炼资料中的精要问题，做初步的判断及完善
	2.2	运作与分享	根据知识库的要项及高级工程师的计划，为培养下级工程师的技能发展，做好详细的培训计划，落实计划并跟踪每个学员的进度

续表

行为模块	序号	行为标准细项	行为要点
2. 知识积累	2.3	核查更新	通过长期查阅知识库的资料和参与知识库的架构及要项的研讨会，根据客户需求及实际情况，提交更新知识库的架构的建议报告
3. 信息共享	3.1	技术交流	为研发或专业技能的交流研讨会准备案例资料；
	3.2	外联	收集客户的产品需求和竞争对手的产品信息，为营销、研发、采购等部门反映一线的需求情况
4. 项目运作	4.1	常规产品安装调试	了解客户设备安装前期准备工作（客户安装前事宜准备清单传真确认、电话沟通、图片展示、现场勘查），制定安装调试方案
			根据安装调试方案严格执行，及时反馈安装调试过程中的问题，制定解决方案并观察实施效果，通过客户验收，进行设备交付使用
	4.2	新产品安装调试	通过研发的输出资料及对比方法，在高级工程师的指导下，快速掌握新产品的技术特点及安装要求
			严格执行高级工程师所制定的安装调试方案，验证方案的可行性并及时反馈信息
			根据反馈的信息，在高级工程师的指导进行方案的修改，并严格验证方案的可行性，为方案的模板化提供案例依据
			在实行安装调试方案的过程中，需记录安装过程中出现的问题及解决问题的方法及关键步骤
			如填写新产品的运作情况报告书，为形成标准的该产品的安装调试模板提供资料支持
	4.3	产品维护	根据客户反馈的设备故障，查看公司 CRM 系统或联系相关维修人员，提前了解客户的维修档案和常规机器的历史维修记录
			根据常规机器的维修档案和现实故障情况，及时做出故障原因分析，制定解决方案，及时排除故障
			对设备进行整体检查，预防其他故障隐患
			填写服务记录，交客户确认评估本次服务效果，
			针对反馈问题（技术问题、操作问题、配件问题）及解决方案进行分析，并用准确的字句进行描述
5. 技术攻关	5.1	项目技改	根据客户需求及知识库分析总结需改善点，参与专题攻关组，集思广益，为制定技改方案提供建议
			严格执行方案，并及时收集运作过程中遇到的问题，并用准确的文字记录在案

表 10.3 安装维护类 3 级行为标准

行为模块	序号	行为标准细项	行为要点
1. 安装维护策略	1.1	标准规范的制定	根据资深工程师的计划，进行详细的资料收集（资料记录的时间、案例的发生频率）和人员任务的安排计划，并指导各相关人员完成任务
	1.2	可行性研究	通过研发中心的资料了解新机型、新结构，参与制定新机型、新结构的新规范的实施观察期和记录项
			在新规范实施观察期内，制定人员的记录工作的分配计划，并确保落实执行，根据各人员的纪录，定期提交实施报告并提出建议
	1.3	对标准及规范执行的评审	收集规范实施过程记录报告（质量信息记录及反馈、客户投诉记录、客户满意度调查、设备检查）进行整理，提炼要点并提交实施报告，为评审提供资料依据
	1.4	规范及标准的优化	严格按照规范执行，在实践中验证规范的可行性，如实记录，撰写修改建议报告
			初步审核下级工程师提交的优化变更申请的必要性和评估引入的工作量以及创造的绩效

续表

行为模块	序号	行为标准细项	行为要点
2. 知识积累	2.1	规划知识库	根据行业发展趋势及公司未来策略，定期检查知识库要项的时效性，向资深工程师提出更新知识库要项的建议
	2.2	构建公司的安装维护知识库	按公司安装维护知识库的架构要求，通过对日常工作的记录及归纳，编写案例报告
			定期检查知识库中的资料报告，提炼报告中的精要问题，做初步的判断及完善，并跟踪意见的落实情况
	2.3	运作与分享	根据公司的发展战略、知识库的知识要项及下级工程师的研究重点和能力，制定技术（专业技能、沟通技巧）培训课程，并对最终的培训效果进行评估
	2.4	核查更新	定期对知识库的架构及要项进行研讨，根据公司的服务策略及定位、客户需求，更新知识库的架构要项
3. 信息共享	3.1	技术交流	根据知识库的架构要求及安装维护工作的难点，参与公司各部门间的技术研讨及合作；
			根据知识库的案例，参与研发的技能交流，提出建设性意见
	3.2	外联	收集客户的产品需求和竞争对手的产品信息，为营销、研发、采购等部门反映一线的需求情况
4. 项目运作	4.1	常规产品安装调试	了解客户设备安装前期准备工作（客户安装前事宜准备清单传真确认、电话沟通、图片展示、现场勘查），制定安装调试方案
			根据安装调试方案严格执行，及时反馈安装调试过程中的问题，制定解决方案并观察实施效果，通过客户验收，进行设备交付使用。
	4.2	新产品安装调试	通过研发的输出资料及对比方法，协助资深工程师制定新产品的安装调试初步方案，快速掌握新产品的技术特点及安装要求
			根据客户需求、现场环境条件和产品性能要求，与高级工程师商讨，合理制定安装调试方案
			在实行安装调试方案的过程中，注意验证安装调试方案的可行性并及时进行修改，而且记录安装过程中出现的问题及解决问题的方法及关键步骤
			收集资料，撰写新产品的运作情况报告书，初步点评机器的运作情况并提出改良建议，为形成标准的该产品的安装调试模板提供资料支持
			根据客户反馈的设备故障，查看公司CRM系统或联系相关维修人员，提前了解客户的维修档案和机器的历史维修记录
			根据机器的维修档案和现实故障情况，及时做出故障原因分析，制定解决方案，及时排除故障
			对设备进行整体检查，预防其他故障隐患
			填写服务记录，交客户确认评估本次服务效果
			针对反馈问题（技术问题、操作问题、配件问题）及解决方案进行分析，并用准确的字句进行描述
			遇到难以解决的问题时，通过与资深工程师的研讨，初步确定解决方案，严格执行并观察实施后的效果
5. 技术攻关	5.1	产品设计评审	参与新产品的技术评审，提出切实可行的安装维护设计建议
	5.2	项目技改	根据客户需求及知识库分析总结需改善点，提交项目确定申请书，组织项目专题攻关组，集思广益，制定技改方案
			向资深工程师提交方案，组织相关部门对方案的可行性及效益性的评审会议，并根据建议进行修改
			定期分析现有产品技术问题案例，做出可靠的分析和提交可靠的分析报告
			收集并初步分析市场以及技术情报，提交产品变革、新领域预研可行性指导报告
	5.3	专利申请	提出相关的专利申请意向，配合其他部门进行专利检索，参与评估专利的可行性及必需性
			根据专利撰写要求，进行相关资料收集，撰写专利申请报告

表 10.4　安装维护类 4 级行为标准

行为模块	序号	行为标准细项	行为要点
1. 安装维护策略	1.1	标准规范的制定	根据实际的工作流程、客户的需求，组织相关工程师进行资料（公司及同行案例、客户需求趋势、公司服务策略及定位、跨部门流程、现有资源、行业标准）收集，为制定标准化的安装维护规范提供依据
			根据收集的相关资料，对现有工作项目的作业时间、相关流程及客户反馈进行评估，对现有工作人员的效率进行评估，找出并归纳工作流程及标准规范改善的关键点（注意事项：注意安装维护的投入产出、行为规范：提供服务的及时性）
			根据关键点来制定各机型的服务流程和服务标准
	1.2	可行性研究	根据新机型、新结构制定新规范的实施观察期和记录项，在观察期内指导各级人员在实施过程中如实记录，为可行性的研究提供依据
	1.3	对标准及规范执行的评审	收集规范实施过程的要点报告（质量信息记录及反馈、客户投诉记录、客户满意度调查、设备检查），组织相关工程师及部门代表进行研讨，对报告进行分析总结并形成改善建议
	1.4	规范及标准的优化	定期了解各级别工程师在工作过程中遇到的各种情况，并且记录在案，必要时立即进行优化
			根据规范的执行评审报告，初步制定优化计划
2. 知识积累	2.1	规划知识库	了解行业技术发展趋势，结合公司的服务策略及定位，确定知识库的架构
			根据各级安装维护人员涉及的领域及实施的安装项目，合理制定知识库建设的工作计划
	2.2	构建公司的安装维护知识库	对各级人员的执行过程进行指导（服务记录及信息反馈的填写、案例编写），汇总分析各级人员的资料及报告
			根据不同的服务类型、问题类型及知识库的架构，对资料进行评审及筛选，更新公司安装维护知识库
	2.3	运作与分享	根据知识库的要项及各工程师的发展方向，划分并指导各级工程师的研究重点，并提供参考方向；
			定期审查各工程师的研究成果，并给出具体改进意见
			根据知识库的知识要项及各工程师的研究重点，制定技术培训课程，并对最终的培训效果进行评估
	2.4	核查更新	定期对知识库的架构及要项进行研讨，根据公司的服务策略及定位、客户需求，更新知识库的架构要项
3. 信息共享	3.1	技术交流	根据知识库的架构要求及安装维护工作的难点，组织并推动公司各部门间的技术研讨及合作
			根据知识库的案例，参与研发的技能交流，提出建设性意见
	3.2	外联	指导各级人员收集客户的产品需求和竞争对手的产品信息，为营销、研发、采购等部门反映一线的需求情况
4. 项目运作	4.1	常规产品安装调试	了解客户设备安装前期准备工作（客户安装前事宜准备清单传真确认、电话沟通、图片展示、现场勘查），制定安装调试方案
			根据安装调试方案严格执行，及时反馈安装调试过程中的问题，制定解决方案并观察实施效果，通过客户验收，进行设备交付使用
			通过研发的输出资料及对比方法，制定新产品的安装调试初步方案，快速掌握新产品的技术特点及安装要求
			根据客户需求、现场环境条件和产品性能要求，合理制定安装调试方案
			在实行安装调试方案的过程中，注意验证安装调试方案的可行性并及时进行修改，而且需记录安装过程中出现的问题及解决问题的方法及关键步骤
			整理新产品的运作情况报告书，点评机器的运作情况并提出改良建议，形成标准的该产品的安装调试模板

续表

行为模块	序号	行为标准细项	行为要点
4. 项目运作	4.2	项目技改	根据客户需求及知识库分析总结需改善点，组织项目专题攻关组，集思广益，制定技改方案
			组织相关部门评审方案的可行性及效益性
			监督方案的运行，并及时收集运作过程中遇到的问题，且要及时处理
	4.3	产品维护	根据客户反馈的设备故障，查看公司 CRM 系统或联系相关维修人员，提前了解客户的维修档案和机器的历史维修记录
			根据机器的维修档案和现实故障情况，及时做出故障原因分析，制定解决方案，及时排除故障
			对设备进行整体检查，预防其他故障隐患
			填写服务记录，交客户确认评估本次服务效果
			针对反馈问题（技术问题、操作问题、配件问题）及解决方案进行分析，并用准确的字句进行描述
5. 技术攻关	5.1	产品设计评审	参与新产品的技术评审，提出切实可行的安装维护设计建议
	5.2	项目技改	根据客户需求及知识库分析总结需改善点，组织项目专题攻关组，集思广益，制定技改方案
			组织相关部门评审方案的可行性及效益性
			监督方案的运行，并及时收集运作过程中遇到的问题，且要及时处理
	5.3	专利申请	提出相关的专利申请意向，配合其他部门进行专利检索，参与评估专利的可行性及必需性
			根据专利撰写要求，进行相关资料收集，撰写专利申请报告

10.2 安装维护类贡献标准（见表 10.5 和表 10.6）

表 10.5 安装维护类贡献标准

资格等级	评价要素	
	专业成果	团队成长
助理工程师	**专业成果** 1. 协助高级工程师完成公司新产品的出厂前调试 5 次或以上 2. 协助高级别工程师完成新产品的安装调试及培训至少 5 次 **独立攻关** 独立主持非新产品出厂后的安装调试培训项目 **结果影响** 在工作中立足于产品，应产品需要，有较强质量意识，符合所从事工作的质量／客户满意度／一次性做好的要求	**组织建设** 职能范围内完成工作文档，参与项目组内的技术共享； **技术合作与交流** 遵守公司技术答复行为规范和统一宣传口径，遵循技术职业道德，具有公司技术保密意识并严格遵守技术保密规定。
二级工程师	**专业成果** 1. 每年取得 1 项或以上创新技改成果 2. 独立完成公司非新产品的出厂前调试 10 台（指电气类） 3. 负责新产品安装调试及新产品初次培训项目 10 个 4. 每年参与项目改进会议不少于 5 次 **独立攻关** 独立处理常规产品的日常保养及维修问题 **集体攻关** 1. 每年参加分析客户使用产品过程中存在的重大问题的讨论会 5 次 2. 参与紧急攻关任务。 **结果影响** 1. 所承担调试等任务能按时完成并具安全性、可维护性、可操作性、可测试性，达到各项协议、标准要求的性能指标，符合所从事工作的质量、客户满意度一次性做好的要求 2. 所主持的项目中有 1 个或以上获得客户的书面表扬	**开发课程** 每年开发 1 个部门级培训课程，授课 2 次（含）以上； **组织建设** 1. 在项目组或职能范围内提供可供参考的产品技术建议 2. 有效完成工作文档，参与、推动项目组内的技术共享 **下属培养** 在实践中培养了 1 名以上一级工程师 **技术合作与交流** 1. 每年参与项目间或公司间的产品知识、产品技术或研发技能交流会不少于 2 次 2. 参与技术评审时，1 年内提出的建设性意见不少于 2 个

续表

资格等级	评价要素	
	专业成果	团队成长
三级工程师	**专业成果** 1. 每年取得2项或以上创新技改成果 2. 参与公司一款新产品的研发、试制、安装、调试及培训，对新产品平均故障间隔期控制在2个月或以上 3. 独立进行各系列机型产品的出厂前调试不少于8台 4. 每年负责机器的安装调试及新产品的初次培训项目10个 **独立攻关** 1. 及时解决复杂新方案产品关键技术问题和难点 2. 独立主持完成5项现场客户要求的技术更改，并得到客户的认可 **集体攻关** 1. 每年承担分析客户使用产品过程中存在的重大问题的讨论会5次，并能协助制定解决方案且有效实施 2. 承担紧急攻关任务的核心成员 **结果影响** 1. 所承担复杂新方案产品的设计、开发等任务按时完成并具安全性、可维护性、可操作性、可测试性，达到各项协议、标准要求的性能指标，符合所从事工作的质量、客户满意度一次性做好的要求 2. 所主持的项目中有2个或以上获得客户的书面表扬	**开发课程** 每年开发2个或以上的部门级培训课程，授课3次（含）以上 **组织建设** 在项目组或职能范围内提供有效的产品技术、安装维护流程或规范改进建议；参与推动技术共享 **下属培养** 培养出2名二级工程师 **技术合作与交流** 1. 每年参与项目组间或公司间的产品知识、产品技术或研发技能交流会不少于5次 2. 参与技术评审时，2年内提出的建设性意见不少于10个 **技术协调** 在对周边部门的工作中有效应用协作技巧和集体力量提高效率
四级工程师	**专业成果** 1. 每年取得5项或以上创新技改成果 2. 在行业刊物上发表技术论文2篇或申请专利1项 3. 制定或修订1个以上企业技术标准 4. 全程参与公司2款新产品的研发、试制、安装、调试及培训，对新产品平均故障间隔期控制在3个月或以上（要判断是否是设计问题） 5. 独立进行各系列机型产品的出厂前调试不少于10台 **独立攻关** 1. 及时解决本专业领域中复杂的系统问题和难点 2. 独立主持完成10项现场客户要求的技术更改，并得到客户的认可。 **集体攻关** 每年主持分析客户使用产品过程中存在的重大问题的讨论会10次，并能制定解决方案且有效实施；在紧急攻关任务中起组织领导作用 **结果影响** 1. 所承担核心技术任务按时完成并具安全性、可维护性、可操作性、可测试性，达到各项协议、标准要求的性能指标，符合所从事工作的质量、客户满意度一次性做好的要求 2. 所主持的项目中有3个或以上获得客户的书面表扬	**开发课程** 每年开发1个公司级培训课程；年授课3次（含）以上 **组织建设** 组织实施可行的产品技术建议，主导推动相关流程、规范的改进 **下属培养** 指导培养低级别工程师提高业务技能，在实践中带领培养出2名以上的3级工程师 **技术合作与交流** 1. 有效推动项目组间的接口技术合作 2. 参与项目组间及公司间的研发技能交流。参与技术评审，2年内提出的建设性意见不少于20个 **技术协调** 有效地应用协作技巧和集体力量领导项目的开发

表10.6 安装维护类工作成果定义

成果命名	内　容	典型例子
创新技改成果	参与公司产品研发过程中，提出有建设性的设计方案，或对现有产品的功能缺陷进行修复，并获公司认可及采纳	针对印刷机在高速运作时的飞墨问题，提出行之有效的改良方案
新产品	公司新开发未批量投入市场的产品，或现有产品中，技术未成熟的产品	现有的PD机型还在处于完善阶段，把其列为新产品
紧急攻关任务	出现明显设备及人身安全隐患的故障	热风干燥温度过高可能引起起火
平均故障间隔期	在某段时间内，相邻两次故障间工作时间的平均值	某设备工作80小时后发生故障，修复后工作60小时又发生故障，再修复后又工作70小时发生故障，平均故障间隔期等于80＋60＋70的平均值为70小时

10.3 安装维护类能力标准（见表10.7和表10.10）

表10.7 安装维护类能力标准（知识）

	知识要项	1级	2级	3级	4级
1. 专业知识	机械安装知识	2分	2分	3分	3分
	机械维护知识	1分	2分	2分	3分
	电气安装知识	2分	2分	3分	3分
	电气维护知识	1分	2分	2分	3分
	印刷调试与培训知识	1分	2分	3分	3分
	技术文件评审标准	1分	2分	2分	3分
	工程服务评审标准	1分	2分	2分	3分
	配件销售知识	1分	2分	2分	2分
	人力资源管理知识		1分	2分	3分
	营销管理的基本概念和框架体系	0分	1分	2分	2分
	商务礼仪	2分	2分	2分	3分
2. 环境知识	产品相关国家、国际标准	1分	2分	2分	2分
	国际安全认证知识	1分	2分	2分	2分
	安全生产知识与规程	2分	2分	2分	3分
	市场和竞争对手的知识	1分	2分	2分	3分
	包装行业的法律法规	0分	1分	2分	3分
	产品相关企业标准	1分	1分	1分	2分
3. 公司知识	公司发展历程	2分	2分	3分	3分
	公司企业文化的核心内容	2分	2分	3分	3分
	公司制度的知识	2分	2分	3分	3分
	公司组织架构与岗位责任	2分	2分	3分	3分
	产品基础知识	2分	2分	3分	3分
	业务流程知识	2分	2分	3分	3分
	员工手册	2分	2分	3分	3分
	CRM系统知识	1分	2分	2分	3分
	K3系统基础知识	2分	2分	2分	3分
	ERP系统基础知识	2分	2分	2分	2分
	质量管理体系基础知识	2分	2分	3分	3分
	计划管理	1分	2分	2分	3分
	时间管理	1分	2分	2分	3分
	激励管理	0分	1分	2分	3分
	沟通技巧	1分	2分	2分	3分
	会议管理	1分	2分	2分	3分
	产品知识及相关周边产品知识	1分	2分	2分	3分
	瓦楞纸箱机械及行业知识	1分	2分	2分	3分
	业界技术发展趋势	1分	2分	2分	3分

表10.8 安装维护类能力标准（技能）

等级	项目实施					产品规划		技术文档整理		
	计划	执行	协调	沟通	合作	员工培养	分析	规划	资料收集	写作	宣讲
1级	1分	3分	2分	2分	2分				1分	1分	1分
2级	2分	3分	2分	2分	3分	2分	2分	2分	2分	2分	2分
3级	3分	4分	3分	2分	4分	3分	3分	3分	4分	4分	4分
4级	4分	5分	3分	3分	5分	4分	4分	4分	5分	5分	5分

表10.9 安装维护类技能等级定义

技能等级	熟练程度	经　验
1级	有限的运作能力，仅仅有一般的、概念性的知识	非常有限
2级	在有协助的情况下的运作能力，实践过的知识	在有协助的情况下/在多种场合运作/在例行情况下独立运作过
3级	无需协助的运作能力，触类旁通的知识，可以成功完成大多数任务	重复的/成功的
4级	深入彻底的知识，可以带领和指导其他人有效运作	有效的/资深的
5级	可以给出专家级的意见，能领导其他人成功运作，被其他人当作磋商者和领袖。全面的知识和正确的评判能力，能够总结出有用的改进意见	全面的/广博的

表10.10 安装维护类能力标准（素质）

基本素质要项	1级	2级	3级	4级
成就导向	2分	3分	4分	5分
主动性	2分	3分	4分	5分
演绎思维	1分	2分	3分	4分
归纳思维	2分	2分	3分	4分
服务精神	3分	4分	5分	5分
收集信息	2分	3分	4分	5分

10.4 产品调试类行为标准（见表10.11至表10.14）

表10.11 产品调试类1级行为标准

行为模块	序号	行为标准细项	行为要点
1.知识积累	1.1	构建公司的产品调试知识库	对执行过程进行记录（调试记录表、服务记录及信息反馈的填写、案例编写），汇总分析各级人员的资料及报告
	1.2	运作与分享	根据知识库的要项及各工程师的发展方向，在上级工程师指导下参与研究工作
			根据知识库的知识要项及各工程师的研究重点，制定技术培训课程，并对最终的培训效果进行评估
	1.3	核查更新	定期参与知识库的架构及要项研讨会议，根据公司的服务策略及定位、客户需求，提出更新知识库的架构要项建议

续表

行为模块	序号	行为标准细项	行为要点
2. 信息共享	2.1	技术交流	根据知识库的架构要求及产品调试工作的难点,参与公司各部门间的技术研讨及合作
			根据知识库的案例,参与研发的技术交流,提出建设性意见
	2.2	外联	收集客户的产品需求和竞争对手的产品信息,为营销、研发、采购等部门反映一线的需求情况
			根据部门培训需求,开发1门部门级课程,并组织授课2次/年以上
3. 项目运作	3.1	常规产品调试	了解客户设备安装前期准备工作(客户安装前事宜准备清单传真确认、电话沟通、图片展示、现场勘查),制定安装调试方案
			根据安装调试方案严格执行,及时反馈安装调试过程中的问题,制定解决方案并观察实施效果,通过客户验收,进行设备交付使用
			针对反馈问题(技术问题、操作问题、配件问题)及解决方案进行分析,并用准确的字句进行描述

表10.12 产品调试类2级行为标准

行为模块	序号	行为标准细项	行为要点
1. 产品调试策略	1.1	标准规范的制定	根据上级工程师的分配的任务,按要求进行详细的资料收集
			在新规范实施观察期内,制定人员的记录工作的分配计划,并确保落实执行,根据各人员的纪录,定期提交实施报告并提出建议
	1.2	对标准及规范执行的评审	收集规范实施过程记录报告(质量信息记录及反馈、客户投诉记录、客户满意度调查)进行整理,提炼要点并提交实施报告,为评审提供资料依据
	1.3	规范及标准的优化	严格按照规范执行,在实践中验证规范的可行性,如实记录,撰写修改建议报告
			初步审核下级工程师提交的优化变更申请的必要性和评估引入的工作量以及创造的绩效
2. 知识积累	2.1	规划知识库	根据行业发展趋势及公司未来策略,定期检查知识库要项的时效性,向资深工程师提出更新知识库要项的建议
	2.2	构建公司的产品调试知识库	按公司产品调试知识库的架构要求,通过对日常工作的记录及归纳,编写案例报告
			定期检查知识库中的资料报告,提炼报告中的精要问题,做初步的判断及完善,并跟踪意见的落实情况
	2.3	运作与分享	根据公司的发展战略、知识库的知识要项及下级工程师的研究重点和能力,制定技术(专业技能)培训课程,并对最终的培训效果进行评估
	2.4	核查更新	定期参与对知识库的架构及要项进行研讨,根据公司的服务策略及定位、客户需求,更新知识库的架构要项
3. 信息共享	3.1	技术交流	根据知识库的架构要求及产品调试工作的难点,参与公司各部门间的技术研讨及合作
			根据知识库的案例,参与研发的技能交流,提出建设性意见
4. 产品调试	4.1	常规产品调试	根据安装调试方案严格执行,及时反馈安装调试过程中的问题,保证不影响产品出厂

续表

行为模块	序号	行为标准细项	行为要点
4. 产品调试	4.2	新产品调试	通过研发的输出资料及对比方法，协助资深工程师制定新产品的调试初步方案，快速掌握新产品的技术特点
			根据产品功能特性、现场调试环境条件，合理制定产品调试方案
			在实行产品调试方案的过程中，注意验证产品调试方案的可行性并及时进行修改，而且需记录调试过程中出现的问题及解决问题的方法及关键步骤
			收集资料，撰写新产品的运作情况报告书，初步点评机器的运作情况并提出改良建议，为形成标准的该产品的调试模板提供资料支持
5. 技术攻关	5.1	产品设计评审	参与新产品的技术评审，提出切实可行的产品电气程序设计建议
	5.2	项目技改	根据客户需求及知识库分析总结需改善点，提交项目确定申请书，组织项目专题攻关组，集思广益，制定技改方案
			向资深工程师提交方案，组织相关部门对方案的可行性及效益性的评审会议，并根据建议进行修改
			定期分析现有产品技术问题案例，做出可靠的分析并提交可靠的分析报告
	5.3	专利申请	提出相关的专利申请意向，配合其他部门进行专利检索，参与评估专利的可行性及必需性
			根据专利撰写要求，进行相关资料收集，撰写专利申请报告

表10.13　产品调试类3级行为标准

行为模块	序号	行为标准细项	行为要点
1. 产品调试策略	1.1	标准规范的制定	根据资深工程师的计划，进行详细的资料收集（资料记录的时间、案例的发生频率）和人员任务的安排计划，并指导各相关人员完成任务
	1.2	可行性研究	通过研发中心的资料了解新机型、新结构，参与制定新机型、新结构的新规范的实施观察期和记录项
			在新规范实施观察期内，制定人员的记录工作的分配计划，并确保落实执行，根据各人员的纪录，定期提交实施报告并提出建议
	1.3	对标准及规范执行的评审	收集规范实施过程记录报告（质量信息记录及反馈、客户投诉记录、客户满意度调查）进行整理，提炼要点并提交实施报告，为评审提供资料依据
	1.4	规范及标准的优化	严格按照规范执行，在实践中验证规范的可行性，如实记录，撰写修改建议报告
			初步审核下级工程师提交的优化变更申请的必要性和评估引入的工作量以及创造的绩效
2. 知识积累	2.1	规划知识库	根据行业发展趋势及公司未来策略，定期检查知识库要项的时效性，向资深工程师提出更新知识库要项的建议
	2.2	构建公司的产品调试知识库	按公司产品调试知识库的架构要求，通过对日常工作的记录及归纳，编写案例报告
			定期检查知识库中的资料报告，提炼报告中的精要问题，做初步的判断及完善，并跟踪意见的落实情况
	2.3	运作与分享	根据公司的发展战略、知识库的知识要项及下级工程师的研究重点和能力，制定技术（专业技能）培训课程，并对最终的培训效果进行评估
	2.4	核查更新	定期参与对知识库的架构及要项进行研讨，根据公司的服务策略及定位、客户需求，更新知识库的架构要项

续表

行为模块	序号	行为标准细项	行为要点
3. 信息共享	3.1	技术交流	根据知识库的架构要求及产品调试工作的难点，参与公司各部门间的技术研讨及合作
			根据知识库的案例，参与研发的技能交流，提出建设性意见
4. 产品调试	4.1	常规产品调试	根据安装调试方案严格执行，及时反馈安装调试过程中的问题，保证不影响产品出厂
	4.2	新产品调试	通过研发的输出资料及对比方法，协助资深工程师制定新产品的调试初步方案，快速掌握新产品的技术特点
			根据产品功能特性、现场调试环境条件，合理制定产品调试方案
			在实行产品调试方案的过程中，注意验证产品调试方案的可行性并及时进行修改，而且需记录调试过程中出现的问题及解决问题的方法及关键步骤
			收集资料，撰写新产品的运作情况报告书，初步点评机器的运作情况并提出改良建议，为形成标准的该产品的调试模板提供资料支持
5. 技术攻关	5.1	产品设计评审	参与新产品的技术评审，提出切实可行的产品电气程序设计建议
	5.2	项目技改	根据客户需求及知识库分析总结需改善点，提交项目确定申请书，组织项目专题攻关组，集思广益，制定技改方案
			向资深工程师提交方案，组织相关部门对方案的可行性及效益性的评审会议，并根据建议进行修改
			定期分析现有产品技术问题案例，做出可靠的分析并提交可靠的分析报告
	5.3	专利申请	提出相关的专利申请意向，配合其他部门进行专利检索，参与评估专利的可行性及必需性
			根据专利撰写要求，进行相关资料收集，撰写专利申请报告

表 10.14　产品调试类 4 级行为标准

行为模块	序号	行为标准细项	行为要点
1. 产品调试策略	1.1	标准规范的制定	根据实际的工作流程、客户的需求，组织相关工程师进行资料（研发电气程序、客户需求趋势、公司服务策略及定位、跨部门流程、现有资源、行业标准）收集，为制定标准化的产品调试规范提供依据
			根据收集的相关资料，对现有各机型的作业时间、相关流程及客户反馈进行评估，对现有工作人员的效率进行评估，找出并归纳工作流程及标准规范改善的关键点（注意事项：注意产品调试的安全和产品动作的完整性、行为规范：提供服务的及时性）
			根据关键点来制定各机型的调试流程和调试标准
	1.2	可行性研究	根据新机型、新结构制定新规范的实施观察期和记录项，在观察期内指导各级人员在实施过程中如实记录，为可行性的研究提供依据
	1.3	对标准及规范执行的评审	收集规范实施过程的记录报告（质量信息记录及反馈、客户投诉记录、客户满意度调查），组织相关工程师及部门代表进行研讨，对报告进行分析总结并形成改善建议
	1.4	规范及标准的优化	定期了解各级别工程师在工作过程中遇到的各种情况，并且记录在案，必要时立即进行优化
			根据规范的执行评审报告，初步制定优化计划

续表

行为模块	序号	行为标准细项	行为要点
2. 知识积累	2.1	规划知识库	了解行业技术发展趋势,结合公司的服务策略及定位,确定知识库的架构
			根据各级产品调试人员涉及的领域及实施的调试机型,合理制定知识库建设的工作计划
	2.2	构建公司的产品调试知识库	对各级人员的执行过程进行指导(调试记录及信息反馈的填写、案例编写),汇总分析各级人员的资料及报告
			根据不同的服务类型、问题类型及知识库的架构,对资料进行评审及筛选,更新公司产品调试知识库
	2.3	运作与分享	根据知识库的要项及各工程师的发展方向,划分并指导各级工程师的研究重点,并提供参考方向;
			定期审查各工程师的研究成果,并给出具体改进意见。
			根据知识库的知识要项及各工程师的研究重点,制定技术培训课程,并对最终的培训效果进行评估
	2.4	核查更新	定期对知识库的架构及要项进行研讨,根据公司的服务策略及定位、客户需求及程序调试要求,更新知识库的架构要项
3. 信息共享	3.1	技术交流	根据知识库的架构要求及产品调试工作的难点,组织并推动公司各部门间的技术研讨及合作;
			根据知识库的案例,参与研发的技能交流,提出建设性意见;
4. 产品调试	4.1	常规产品调试	根据产品调试方案严格执行,及时反馈产品调试过程中的问题,保证不影响产品出厂。
	4.2	新产品调试	通过研发的输出资料及对比方法,制定新产品的产品调试初步方案,快速掌握新产品的技术特点
			根据产品功能特性、现场调试环境条件,合理制定产品调试方案
			在实行产品调试方案的过程中,注意验证产品调试方案的可行性并及时进行修改,而且需记录调试过程中出现的问题及解决问题的方法及关键步骤
			整理新产品的运作情况报告书,点评机器的运作情况并提出改良建议,形成标准的该产调试模板
5. 技术攻关	5.1	产品设计评审	参与新产品的技术评审,提出切实可行的产品电气程序设计建议
	5.2	项目技改	根据客户需求及知识库分析总结需改善点,组织项目专题攻关组,集思广益,制定技改方案
			组织相关部门评审方案的可行性及效益性
			监督方案的运行,并及时收集运作过程中遇到的问题,且要及时处理
	5.3	专利申请	提出相关的专利申请意向,配合其他部门进行专利检索,参与评估专利的可行性及必需性
			根据专利撰写要求,进行相关资料收集,撰写专利申请报告

10.5 产品调试类贡献标准（见表 10.15 和表 10.16）

表 10.15 产品调试类贡献标准

资格等级	评价要素	
	专业成果	团队成长
助理工程师	**专业成果** 每年完成不少于 15 台的非新产品的调试 **结果影响** 在工作中立足于产品，应产品需要，有较强质量意识，符合所从事工作的质量、客户满意度一次性做好的要求 **决策影响** 在项目组或职能范围内提供可供参考的技术建议和信息	**组织建设** 职能范围内完成工作文档，参与项目组内的技术共享 **技术合作与交流** 遵守公司技术答复行为规范和统一宣传口径，遵循技术职业道德，具有公司技术保密意识并严格遵守技术保密规定
二级工程师	**专业成果** 1. 每年编写 2 篇产品缺陷的案例 2. 每年完成不少于 20 台的非新产品的调试 **集体攻关** 1. 参与分析客户使用产品过程中因电器缘故引起的重大问题的讨论会不少于 5 次，且能为制定解决方案提出案例 2. 参与紧急攻关任务 **结果影响** 所承担模块的设计、实现等任务按时完成并具安全性、可维护性、可操作性、可测试性，达到各项协议、标准要求的性能指标，符合所从事工作的质量、客户满意度一次性做好的要求	**开发课程** 每年开发 1 个部门级培训课程，授课 2 次（含）以上 **组织建设** 在项目组或职能范围内提供可供参考的产品技术建议；有效完成工作文档，参与、推动项目组内的技术共享 **下属培养** 在实践中培养了 1 名以上一级工程师 **技术合作与交流** 每年参与项目组间或公司间的产品知识、产品技术或研发技能交流会不少于 2 次；参与技术评审时，1 年内提出的建设性意见不少于 2 个
三级工程师	**专业成果** 1. 每年能提交完善现有产品的控制建议 3 个，并得到公司采纳 2. 全程参与公司 1 款以上新产品的研发、试制及调试，对新产品平均故障间隔期控制在 2 个月或以上 **独立攻关** 1. 承担调试过程和调试质量的控制工作 2. 独立准确地完成调试过程中故障处理 3. 承担所有机型的调试流程制定及调试培训的组织工作 **集体攻关** 1. 承担分析客户使用产品过程中因电器缘故引起的重大问题的讨论会不少于 5 次，且能为制定解决方案提出可靠的建议 2. 承担紧急攻关任务的核心成员 **结果影响** 所承担复杂新方案产品的设计、开发等任务按时完成并具安全性、可维护性、可操作性、可测试性，达到各项协议、标准要求的性能指标，符合所从事工作的质量、客户满意度一次性做好的要求	**开发课程** 每年开发 2 个或以上的部门级培训课程，授课 3 次（含）以上 **组织建设** 在项目组或职能范围内提供有效的产品技术、安装维护流程或规范改进建议；参与推动技术共享 **下属培养** 培养出 2 名二级工程师 **技术合作与交流** 每年参与项目组间或公司间的产品知识、产品技术或研发技能交流会不少于 5 次；参与技术评审时，2 年内提出的建设性意见不少于 10 个 **技术协调** 在对周边部门的工作中有效应用协作技巧和集体力量提高效率。
四级工程师	**专业成果** 1. 每年提交完善现有产品的控制建议 10 个，并得到公司采纳 2. 在行业刊物上发表技术论文 2 篇或申请专利 1 项 3. 制定或修订 1 个以上企业技术标准 4. 全程参与公司两款以上新产品的研发、试制及调试，对新产品平均故障间隔期控制在 3 个月或以上 **独立攻关** 1. 及时解决本专业领域中复杂的系统问题和难点 2. 每年独立完成维护类项目不少于 10 个 **集体攻关** 主持分析客户使用产品过程中因电器缘故引起的重大问题的讨论会不少于 5 次，且能制定解决方案并有效实施；在紧急攻关任务中起组织领导作用。 **结果影响** 所承担核心技术任务按时完成并具安全性/可维护性、可操作性、可测试性，达到各项协议、标准要求的性能指标，符合所从事工作的质量、客户满意度一次性做好的要求	**开发课程** 每年开发 1 个公司级培训课程；年授课 3 次（含）以上 **组织建设** 组织实施可行的产品技术建议，主导推动相关流程、规范的改进 **下属培养** 指导培养低级别工程师提高业务技能，在实践中带领培养出 2 名以上的 3 级工程师 **技术合作与交流** 有效推动项目组间的接口技术合作，参与项目组间及公司间的研发技能交流；参与技术评审，2 年内提出的建设性意见不少于 20 个 **技术协调** 有效地应用协作技巧和集体力量领导项目的开发

表 10.16 产品调试类工作成果定义

成果命名	内　　容	典型例子
创新技改成果	参与公司产品研发全过程中，提出有建设性的设计方案，或对现有产品的功能缺陷进行修复，并获得公司认可及采纳	针对印刷机在高速运作时的飞墨问题，提出行之有效的改良方案
新产品	公司新开发未批量投入市场的产品，或现有产品中，技术未成熟的产品	现有的 PD 机型还在处于完善阶段，把其列为新产品
紧急攻关任务	出现明显设备及人身安全隐患的故障	热风干燥温度过高可能引起起火
平均故障间隔期	在某段时间内，相邻两次故障间工作时间的平均值	某设备工作 80 小时后发生故障，修复后工作 60 小时又发生故障，再修复后又工作 70 小时发生故障，平均故障间隔期等于 80 ＋ 60 ＋ 70 的平均值为 70 小时

10.6　产品调试类能力标准（见表 10.17 至表 10.19）

表 10.17　产品调试类能力标准（知识）

知识要项		1级	2级	3级	4级
1. 专业知识	电气调试知识	1分	2分	3分	3分
	电气安装知识	2分	2分	3分	3分
	电气维护知识	2分	2分	2分	3分
	印刷调试知识	1分	2分	3分	3分
	技术文件评审标准	1分	2分	2分	3分
	工程服务评审标准	1分	2分	2分	3分
	人力资源管理知识	0分	1分	2分	3分
2. 环境知识	产品相关国家、国际标准	1分	2分	2分	2分
	国际安全认证知识	1分	2分	2分	2分
	安全生产知识与规程	2分	2分	2分	3分
	包装行业的法律法规	0分	1分	2分	3分
	产品相关企业标准	1分	1分	1分	2分
3. 公司知识	公司发展历程	2分	2分	3分	3分
	公司企业文化的核心内容	2分	2分	3分	3分
	公司制度的知识	2分	2分	3分	3分
	公司组织架构与岗位责任	2分	2分	3分	3分
	产品基础知识	2分	2分	3分	3分
	业务流程知识	2分	2分	3分	3分
	员工手册	2分	2分	3分	3分
	质量管理体系基础知识	2分	2分	3分	3分
	计划管理	1分	2分	2分	3分

续表

	知识要项	1级	2级	3级	4级
3.公司知识	时间管理	1分	2分	2分	3分
	激励管理	0分	1分	2分	3分
	沟通技巧	1分	2分	2分	3分
	会议管理	1分	2分	2分	3分
	产品知识及相关周边产品知识	1分	2分	2分	3分
	瓦楞纸箱机械及行业知识	1分	2分	2分	3分
	业界技术发展趋势	1分	2分	2分	3分

表 10.18　产品调试类能力标准（技能）

等级	项目实施						产品规划		技术文档整理		
	计划	执行	协调	沟通	合作	员工培养	分析	规划	资料收集	写作	宣讲
1级	1分	3分	2分	2分	2分				1分	1分	1分
2级	2分	3分	2分	2分	3分	2分	2分	2分	2分	2分	2分
3级	3分	4分	3分	2分	4分	3分	3分	3分	4分	4分	4分
4级	4分	5分	3分	3分	5分	4分	4分	4分	5分	5分	5分

表 10.19　产品调试类能力标准（素质）

基本素质要项	1级	2级	3级	4级
成就导向	2分	3分	4分	5分
主动性	2分	3分	4分	5分
演绎思维	1分	2分	3分	4分
归纳思维	2分	2分	3分	4分
服务精神	3分	4分	5分	5分
收集信息	2分	3分	4分	5分

10.7　技术培训类行为标准（见表 10.20 至表 10.23）

表 10.20　技术培训类 1 级行为标准

行为模块	序号	行为标准细项	行为要点
1.知识积累	1.1	构建公司的技术培训知识库	根据知识库的构建计划，执行计划，在上级工程师指导下总结执行效果（课件开发、培训技巧、培训组织实施、培训效果评估、案例编写）
	1.2	运作与分享	根据知识库的要项及本人发展方向，并提出改进意见
			根据知识库的知识要项及各工程师的研究重点，参与制定技术培训课程和培训效果评估

续表

行为模块	序号	行为标准细项	行为要点
2. 信息共享	2.1	技术交流	根据知识库的架构要求及技术培训工作的难点，参与公司各部门间的技术培训研讨及合作
			在分析客户使用产品过程中存在的重大问题的讨论会中，提出在培训过程中总结出来的典型案例
	2.2	外联	参与收集客户的培训需求和竞争对手的培训信息，为营销、研发等部门反映一线的需求情况
3. 项目运作	3.1	常规产品技术培训	通过深入了解（现场、电话、邮件、传真）客户的培训需求（如参训人员对印刷机的操作水平和文化水平、是否操作过公司的产品或操作过公司哪种产品、维修人员的状况、客户希望达到的培训目标、对培训的时间要求）、现场硬件资源提供（如场地、授课环境、投影设备、计算机设备、白板、资料复印等）和产品性能要求，制定培训方案并传真给客户确认，确保客户了解培训方案并做好培训前的准备，以保证达到培训目标
			严格执行培训方案，及时反馈培训过程中的问题，制定解决方案并观察实施效果，通过客户验收，达到培训目标

表 10.21 技术培训类 2 级行为标准

行为模块	序号	行为标准细项	行为要点
1. 知识积累	1.1	构建技术培训知识库	了解行业技术培训发展趋势，结合公司的产品特性、服务策略及定位，收集相关资料，为确定知识库的架构提供依据
	1.2	构建公司的技术培训知识库	根据知识库的构建计划，执行计划，并在执行过程中注意总结执行效果（课件开发、培训技巧、培训组织实施、培训效果评估、案例编写）
			根据不同的服务类型、问题类型及知识库的架构，提供相关资料，参与更新公司知识库
	1.3	运作与分享	根据知识库的要项及本人发展方向，完成研究重点，并提出改进意见
			根据知识库的知识要项及各工程师的研究重点，制定技术培训课程，并对最终的培训效果进行评估
2. 信息共享	2.1	技术交流	根据知识库的架构要求及技术培训工作的难点，参与公司各部门间的技术培训研讨及合作
			根据知识库的案例，参与研发的操作手册和配置手册的编制交流，提出建设性意见
			在分析客户使用产品过程中存在的重大问题的讨论会中，提出在培训过程中总结出来的典型案例
	2.2	外联	参与收集客户的培训需求和竞争对手的培训信息，为营销、研发等部门反映一线的需求情况
			根据部门的培训需求和培训计划，开发培训课程（课题大纲、课件教材、培训方式、材料准备），并组织授课
3. 项目运作	3.1	常规产品技术培训	通过深入了解（现场、电话、邮件、传真）客户的培训需求（如参训人员对印刷机的操作水平和文化水平、是否操作过公司的产品或操作过公司哪种产品、维修人员的状况、客户希望达到的培训目标、对培训的时间要求）、现场硬件资源提供（如场地、授课环境、投影设备、计算机设备、白板、资料复印等）和产品性能要求，制定培训方案并传真给客户确认，确保客户了解培训方案并做好培训前的准备，以保证达到培训目标
			严格执行培训方案，及时反馈培训过程中的问题，制定解决方案并观察实施效果，通过客户验收，达到培训目标

表 10.22 技术培训类 3 级行为标准

行为模块	序号	行为标准细项	行为要点
1. 技术培训策略	1.1	标准规范的制定	根据实际的工作流程、客户的需求,参与资料(研发中心编制的机器操作手册和配置手册、公司及同行案例、客户培训需求趋势、公司服务策略及定位、跨部门流程、现有资源、行业标准)收集,为制定标准化的技术培训规范提供依据
			参与对现有工作项目的作业时间、相关流程及客户反馈进行评估,对现有工作人员的效率和培训效果进行评估,找出和归纳工作流程及标准规范改善的关键点(注意事项:注意对培训效果的综合评估和应用)
1. 技术培训策略	1.2	对标准及规范执行的评审	收集规范实施过程的记录报告(培训效果评估表、客户培训记录表、客户投诉记录表、客户满意度调查表、受训人员绩效数据),参与研讨,并提出改善建议
	1.3	规范及标准的优化	定期提供工作过程中遇到的各种情况,并且记录在案,为标准及规范的优化提供依据
2. 知识积累	2.1	规划技术培训知识库	了解行业技术培训发展趋势,结合公司的产品特性、服务策略及定位,收集相关资料,为确定知识库的架构提供依据
	2.2	构建公司的技术培训知识库	根据知识库的构建计划,执行计划,并在执行过程中注意总结执行效果(课件开发、培训技巧、培训组织实施、培训效果评估、案例编写)
			根据不同的服务类型、问题类型及知识库的架构,对资料进行评审及筛选,更新公司知识库
	2.3	运作与分享	根据知识库的要项及本人发展方向,完成研究重点,并提出改进意见
			根据知识库的知识要项及各工程师的研究重点,制定技术培训课程,并参与对最终的培训效果进行评估
	2.4	核查更新	定期参与对知识库的架构及要项进行研讨,根据公司的服务策略及定位、客户需求,提出更新知识库的架构要项的建议
3. 信息共享	3.1	技术交流	根据知识库的架构要求及技术培训工作的难点,组织并推动公司各部门间的技术培训研讨及合作;
			根据知识库的案例,参与研发的操作手册和配置手册的编制交流,提出建设性意见
			在分析客户使用产品过程中存在的重大问题的讨论会中,提出在培训过程中总结出来的典型案例
	3.2	外联	收集客户的培训需求和竞争对手的培训信息,为营销、研发等部门反映一线的需求情况
			根据公司和部门的培训需求和培训计划,开发培训课程(课题大纲、课件教材、培训方式、材料准备),并组织授课
4. 项目运作	4.1	常规产品技术培训	通过深入了解(现场、电话、邮件、传真)客户的培训需求(如参训人员对印刷机的操作水平和文化水平、是否操作过公司的产品或操作过公司哪种产品、维修人员的状况、客户希望达到的培训目标、对培训的时间要求)、现场硬件资源提供(如场地、授课环境、投影设备、计算机设备、白板、资料复印等)和产品性能要求,制定培训方案并传真给客户确认,确保客户了解培训方案并做好培训前的准备,以保证达到培训目标
			严格执行培训方案,及时反馈培训过程中的问题,制定解决方案并观察实施效果,通过客户验收,达到培训目标
	4.2	新产品培训	根据研发中心编制的新机型操作手册和配置手册和类似成熟机型的培训方案标准模板,初步订定新机型的培训方案标准模板,快速掌握新机型的技术培训要点
			通过深入了解(现场、电话、邮件、传真)客户的培训需求(如参训人员对印刷机的操作水平和文化水平、是否操作过公司的产品或操作过公司哪种产品、维修人员的状况、客户希望达到的培训目标、对培训的时间要求)、现场硬件资源提供(如场地、授课环境、投影设备、计算机设备、白板、资料复印等)和产品性能要求,制定培训方案并传真给客户确认,确保客户了解培训方案并做好培训前的准备,以保证达到培训目标
			严格执行培训方案,及时反馈培训过程中的问题,制定解决方案并观察实施效果,通过客户验收,达到培训目标
			在实行培训方案的过程中,注意验证培训方案的可行性并及时进行修改,而且需记录培训过程中出现的问题及解决问题的方法及关键步骤
			整理新产品的培训资料报告,点评培训后新机器实际操作和维护保养情况并提出改良建议,形成该产品的培训方案标准模板
	4.3	特殊培训方案制定	根据不同类型客户(如大客户、样板客户)要求特点和知识库分析总结。参与特殊培训方案的研讨,集思广益,制定特殊培训方案
			监督方案的运行,并及时收集运作过程中遇到的问题,且要及时处理

表 10.23　技术培训类 4 级行为标准

行为模块	序号	行为标准细项	行为要点
1. 技术培训策略	1.1	标准规范的制定	根据实际的工作流程、客户的需求，组织相关培训工程进行资料（研发中心编制的机器操作手册和配置手册、公司及同行案例、客户培训需求趋势、公司服务策略及定位、跨部门流程、现有资源、行业标准）收集，为制定标准化的技术培训规范提供依据
			根据收集的相关资料，对现有工作项目的作业时间、相关流程及客户反馈进行评估，对现有工作人员的效率和培训效果进行评估，找出并归纳工作流程及标准规范改善的关键点（注意事项：注意对培训效果的综合评估和应用）
			根据关键点来制定技术培训流程和培训标准
	1.2	对标准及规范执行的评审	组织相关工程师及部门代表进行研讨，对报告进行分析总结并形成改善建议
	1.3	规范及标准的优化	并且记录在案，必要时立即进行优化
			根据规范的执行评审报告，初步制定优化计划
2. 知识积累	2.1	规划技术培训知识库	了解行业技术培训发展趋势，结合公司的产品特性、服务策略及定位，确定知识库的架构
			根据各级技术培训工程师涉及的领域及实施的培训项目，合理制定知识库建设的工作计划
	2.2	构建公司的技术培训知识库	对各级人员的执行过程进行指导（课件开发、培训技巧、培训组织实施、培训效果评估、案例编写），汇总分析各级人员的资料及报告
			根据不同的服务类型、问题类型及知识库的架构，对资料进行评审及筛选，更新公司知识库
	2.3	运作与分享	根据知识库的要项及各工程师的发展方向，划分并指导各级工程师的研究重点，并提供参考方向
			定期审查各工程师的研究成果，并给出具体改进意见。
			根据知识库的知识要项及各工程师的研究重点，制定技术培训课程，并对最终的培训效果进行评估
	2.4	核查更新	定期对知识库的架构及要项进行研讨，根据公司的服务策略及定位、客户需求，更新知识库的架构要项
3. 信息共享	3.1	技术交流	根据知识库的架构要求及技术培训工作的难点，组织并推动公司各部门间的技术培训研讨及合作
			根据知识库的案例，参与研发中心的操作手册和配置手册的编制交流，提出建设性意见
			在分析客户使用产品过程中存在的重大问题的讨论会中，提出在培训过程中总结出来的典型案例
	3.2	外联	指导相关人员收集客户的培训需求和竞争对手的培训信息，为营销、研发等部门反映一线的需求情况
			根据公司的培训需求和培训计划，开发培训课程（课题大纲、课件教材、培训方式、材料准备），并组织授课
4. 项目运作	4.1	常规产品技术培训	通过深入了解（现场、电话、邮件、传真）客户的培训需求（如参训人员对印刷机的操作水平和文化水平、是否操作过公司的产品或操作过公司哪种产品、维修人员的状况、客户希望达到的培训目标、对培训的时间要求）、现场硬件资源提供（如场地、授课环境、投影设备、计算机设备、白板、资料复印等）和产品性能要求，制定培训方案并传真给客户确认，确保客户了解培训方案并做好培训前的准备，以保证达到培训目标
			严格执行培训方案，及时反馈培训过程中的问题，制定解决方案并观察实施效果，通过客户验收，达到培训目标

续表

行为模块	序号	行为标准细项	行为要点
4.项目运作	4.2	新产品培训	根据研发中心编制的新机型操作手册和配置手册和类似成熟机型的培训方案标准模板，初步制订新机型的培训方案标准模板，快速掌握新机型的技术培训要点
			通过深入了解（现场、电话、邮件、传真）客户的培训需求（如参训人员对印刷机的操作水平和文化水平、是否操作过公司的产品或操作过公司哪种产品、维修人员的状况、客户希望达到的培训目标、对培训的时间要求）、现场硬件资源提供（如场地、授课环境、投影设备、计算机设备、白板、资料复印等）和产品性能要求，制定培训方案并传真给客户确认，确保客户了解培训方案并做好培训前的准备，以保证达到培训目标
			严格执行培训方案，及时反馈培训过程中的问题，制定解决方案并观察实施效果，通过客户验收，达到培训目标
			在实行培训方案的过程中，注意验证培训方案的可行性并及时进行修改，而且需记录培训过程中出现的问题及解决问题的方法及关键步骤
			整理新产品的培训资料报告，点评培训后新机器实际操作和维护保养情况并提出改良建议，形成的该产品的培训方案标准模板
	4.3	特殊培训方案制定	根据不同类型客户（如大客户、样板客户）要求特点和知识库分析总结。组织相关人员进行特殊培训方案的研讨，集思广益，制定特殊培训方案
			监督方案的运行，并及时收集运作过程中遇到的问题，且要及时处理

10.8 技术培训类贡献标准（见表10.24和表10.25）

表10.24 技术培训类贡献标准

资格等级	评价要素	
	专业成果	团队成长
助理工程师	**专业成果** 1. 每年培训客户的数量不少于10，且客户满意度不低于85分 2. 被公司评为培训师 3. 每年协助整理常规产品的故障图文说明不少于10次，包括故障描述、原因分析及解决方法 **独立攻关** 有效承担5次或以上的非新产品的客户培训课程开发	**组织建设** 职能范围内完成工作文档，参与项目组内的技术共享 **技术合作与交流** 遵守公司技术答复行为规范和统一宣传口径，遵循技术职业道德，具有公司技术保密意识并严格遵守技术保密规定
二级工程师	**专业成果** 1. 每年培训客户的数量不少于15，且每次客户满意度不能低于85分 2. 每年整理常规产品的故障图文说明不少于10次，包括故障描述、原因分析及解决方法 3. 被公司评为专业培训师 **独立攻关** 有效组织15次或以上的非新产品的客户培训，培训效果得到客户的较好认可 **结果影响** 培训方案或材料获得客户书面好评不少于10份	**开发课程** 每年开发2门部门级培训课程，授课2次（含）以上 **组织建设** 1. 在职能范围内提供可供参考的产品培训建议 2. 有效完成工作文档，参与/推动项目组内的技术共享 **下属培养** 在实践中培养了1名以上下级工程师

续表

资格等级	评价要素	
	专业成果	团队成长
三级工程师	**专业成果** 1. 每年培训客户的数量不少于 20，或公司新产品机型成功培训 5 台以上，且每次客户满意度不能低于 85 分 2. 每年整理常规产品及部分新产品的故障图文说明不少于 6 次，包括故障描述、原因分析及解决方法 3. 被公司评为金牌培训师 4. 公司级对外宣传服务专栏的及时更新，每月不少于 1 篇 **独立攻关** 有效组织 15 次或以上的部分新产品的客户培训计划和策略，培训效果得到客户的认可 **集体攻关** 在分析客户使用产品过程中存在的重大问题的讨论会中，能提出案例不少于 5 例 **结果影响** 培训方案或材料获得客户书面好评的不少于 15 份	**开发课程** 每年开发 1 个（含）以上的公司级培训课程或部门级 2 门（含）以上，授课 3 次（含）以上 **组织建设** 在职能范围内提供有效的产品培训流程或规范改进建议；参与推动产品培训共享 **下属培养** 培养出 1 名下级工程师 **技术协调** 在对周边部门的工作中有效应用协作技巧和集体力量提高效率
四级工程师	**专业成果** 1. 每年制定或修订公司各种成熟产品的培训手册及培训流程不少于 1 次 2. 主持制定公司全部新产品的培训教材，并被公司采纳且使用 3. 主持培训大客户及样板客户，且每次客户满意度不能低于 90 分 4. 每年整理新产品的故障图文说明不少于 3 次，包括故障描述、原因分析及解决方法 5. 每年在行业刊物上发表论文 2 篇 6. 被公司评为金牌培训师 **独立攻关** 根据客户要求及特点设计出独特的培训教材及培训方案次数不少于 6 次 **集体攻关** 在分析客户使用产品过程中存在的重大问题的讨论会中，能提出案例不少于 10 例，并能协助主持人制定出解决方案并有效实施 **结果影响** 培训方案或材料获得客户书面好评的不少于 20 份	**开发课程** 每年开发 1 个公司级培训课程；年授课 3 次（含）以上 **组织建设** 组织实施可行的产品培训改善建议，主导推动相关流程、规范的改进 **下属培养** 指导培养低级别工程师提高业务技能，在实践中带领培养出 1 名以上的 3 级工程师 **培训协调** 有效地应用协作技巧和集体力量领导项目的开发

表 10.25　技术培训类工作成果定义

成果命名	内　　容	典型例子
新产品	公司新开发未批量投入市场的产品，或现有产品中，技术未成熟的产品	现有的 PD 机型还在处于完善阶段，把其列为新产品

10.9　技术培训类能力标准（见表 10.26 至表 10.29）

表 10.26　技术培训类能力标准（知识）

知识要项		1 级	2 级	3 级	4 级
1. 专业知识	机械安装知识	2 分	2 分	3 分	3 分
	机械维护知识	1 分	2 分	2 分	3 分
	电气安装知识	2 分	2 分	3 分	3 分

续表

	知识要项	1级	2级	3级	4级
1. 专业知识	电气维护知识	1分	2分	2分	3分
	印刷调试与培训知识	1分	2分	3分	3分
	技术文件评审标准	1分	2分	2分	3分
	工程服务评审标准	1分	2分	2分	3分
	配件销售知识	1分	2分	2分	2分
	人力资源管理知识	0分	1分	2分	3分
	营销管理的基本概念和框架体系	0分	1分	2分	2分
	商务礼仪	2分	2分	2分	3分
	技术培训知识	1分	2分	3分	3分
2. 环境知识	产品相关国家、国际标准	1分	2分	2分	2分
	国际安全认证知识	1分	2分	2分	2分
	安全生产知识与规程	2分	2分	2分	3分
	市场和竞争对手的知识	1分	2分	2分	3分
	包装行业的法律法规	0分	1分	2分	3分
	产品相关企业标准	1分	1分	1分	2分
3. 公司知识	公司发展历程	2分	2分	3分	3分
	公司企业文化的核心内容	2分	2分	3分	3分
	公司制度的知识	2分	2分	3分	3分
	公司组织架构与岗位责任	2分	2分	3分	3分
	产品基础知识	2分	2分	3分	3分
	业务流程知识	2分	2分	3分	3分
	员工手册	2分	2分	3分	3分
	CRM系统知识	1分	2分	2分	3分
	K3系统基础知识	2分	2分	2分	2分
	ERP系统基础知识	2分	2分	2分	2分
	质量管理体系基础知识	2分	2分	3分	3分
	计划管理	1分	2分	2分	3分
	时间管理	1分	2分	2分	3分
	激励管理	0分	1分	2分	3分
	沟通技巧	1分	2分	2分	3分
	会议管理	1分	2分	2分	3分
	产品知识及相关周边产品知识	1分	2分	2分	3分
	瓦楞纸箱机械及行业知识	1分	2分	2分	3分
	业界技术发展趋势	1分	2分	2分	3分

表 10.27　技术培训类能力标准（技能）

等级	培训实施					培训规划		技术文档整理		
	计划	执行	协调	沟通	合作	员工培养	分析	规划	资料收集	写作	宣讲
1级	1分	3分	2分	2分	2分	—	—	—	1分	1分	1分
2级	2分	3分	2分	2分	3分	2分	2分	2分	2分	2分	2分
3级	3分	4分	3分	2分	4分	3分	3分	3分	4分	4分	4分
4级	4分	5分	3分	3分	5分	4分	4分	4分	5分	5分	5分

注：表头"培训实施"下列为：计划、执行、协调、沟通、合作、员工培养（共6项）。

表 10.28　技术培训类技能等级定义

技能等级	熟练程度	经验
1级	有限的运作能力，仅仅有一般的、概念性的知识	非常有限
2级	在有协助的情况下的运作能力，实践过的知识	在有协助的情况下/在多种场合运作/在例行情况下独立运作过
3级	无须协助的运作能力，触类旁通的知识，可以成功完成大多数任务	重复的/成功的
4级	深入彻底的知识，可以带领和指导其他人有效运作	有效的/资深的
5级	可以给出专家级的意见，能领导其他人成功运作，被其他人当作磋商者和领袖；全面的知识和正确的评判能力，能够总结出有用的改进意见	全面的/广博的

表 10.29　技术培训类能力标准（素质）

基本素质要项	1级	2级	3级	4级
成就导向	2分	3分	4分	5分
主动性	2分	3分	4分	5分
演绎思维	1分	2分	3分	4分
归纳思维	2分	2分	3分	4分
服务精神	3分	4分	5分	5分
收集信息	2分	3分	4分	5分

10.10　方案解决类行为标准（见表 10.30 至表 10.32）

表 10.30　方案解决类 2 级行为标准

行为模块	序号	行为标准细项	行为要点
1.方案设计	1.1	资料准备	根据解决方案概念，跟踪和贯彻细分市场及目标客户群需求；跟踪目标客户需求变化，准备好设计过程的技术文档资料，为方案设计提供依据
	1.2	设计方案	参与开发过程中根据需求分析以确定解决方案规格；方案设计和需求分配以形成体系结构
			在上级指导下，按计划要求开始设计解决方案，并记录设计过程中的相关文档，提交上级审核

续表

行为模块	序号	行为标准细项	行为要点
2. 方案销售	2.1	方案推广	根据公司的战略市场开拓计划及销售策略，参与制订方案的市场推广计划，将方案给客户带来的效益、竞争优势，向客户推广，树立品牌形象，为达成销售目标打下基础
	2.2	方案销售	充分了解客户的实际运作情况和需求，在公司预制订的解决方案模版上修订，最大限度上满足客户个性需求，达成销售
	2.3	解决方案执行的评审	收集解决方案的推广和实施过程中的记录报告（如实施总结、效益分析），参与研讨，并形成改善建议报告
3. 知识积累	3.1	构建公司的解决方案知识库	根据不同的解决方案类型及知识库的架构，对资料进行评审及筛选，参与更新公司解决方案知识库
4. 信息共享	4.1	外联	收集客户的产品需求和竞争对手的产品信息，为营销、研发、供应链等部门反映一线的需求情况
			参加相关行业技术研讨论会，掌握行业发展趋势

表 10.31　方案解决类 3 级行为标准

行为模块	序号	行为标准细项	行为要点
1. 解决方案策略	1.1	解决方案初步分析	根据所收集到的相关信息，对方案设计的可行性进行先期评估，包括：通过分析客户选择和价值确定解决方案的目标客户群；通过分析客户价值获取确定如何为客户创造价值后采取符合双方共赢的利润模型；通过分析与竞争对手的差异化优势确定公司的战略控制点；通过综合分析后公司能提供的解决方案的范围
	1.2	解决方案规划	通过验证所收集的信息（市场细分和目标市场、客户需求收集、分析及选择）和先期评估（解决方案特性分析、竞争力分析、概括的解决方案成本分析、销售预测、投资分析）参与制订解决方案类产品的整体开发计划
			参与细化、完善解决方案类产品整体开发计划，清晰地定义解决方案及其竞争优势，制定资源计划，确保风险可以被合理地管理。包括较详细的市场分析、市场策略和计划；优化解决方案竞争力分析；更准确的解决方案、成本分析、销售预测、盈亏分析
2. 方案设计	2.1	提出解决方案概念	根据解决方案类产品的整体开发计划，提出单个解决方案概念及其项目开发计划
			将解决方案概念及项目开发计划提交公司评审
	2.2	资料准备	根据解决方案概念，跟踪和贯彻细分市场及目标客户群需求；跟踪目标客户群需求变化，准备好设计过程的技术文档资料，为方案设计提供依据
	2.3	设计方案	开发过程中根据需求分析以确定解决方案规格；方案设计和需求分配以形成体系结构
			按计划要求开始设计解决方案，并记录设计过程中的相关文档，提交上级审核
	2.4	验证方案	审视客户和市场需求，审视解决方案的财务假设，对解决方案进行修正，初步验证解决方案，形成解决方案模板，以便更好向客户推广
3. 方案销售	3.1	方案推广	根据公司的战略市场开拓计划及销售策略，制订方案的市场推广计划，将方案给客户带来的效益、竞争优势，向客户宣传、推广，树立品牌形象，为达成销售目标打下基础
	3.2	方案销售	充分了解单个客户的实际运作情况和需求，在公司预制订的解决方案模版上修订，最大限度上满足客户个性需求，达成销售
	3.3	解决方案执行的评审	收集解决方案的推广和实施过程中的记录报告（如实施总结、效益分析），参与研讨，并形成改善建议报告

续表

行为模块	序号	行为标准细项	行为要点
4. 知识积累	4.1	规划解决方案知识库	了解行业技术发展趋势，结合公司的销售策略和服务策略及定位，参与确定知识库的架构
			根据各级解决方案工程师涉及的领域及实施的解决方案项目，参与合理制定知识库建设的工作计划
	4.2	构建公司的解决方案知识库	根据不同的解决方案类型及知识库的架构，对资料进行评审及筛选，更新公司解决方案知识库
	4.3	运作与分享	根据知识库的知识要项及各工程师的研究重点，制定相应培训课程，并达成培训效果
	4.4	核查更新	参与对知识库的架构及要项进行研讨，根据公司的销售策略和服务策略及定位、客户需求，更新知识库的架构要项
5. 信息共享	5.1	技术交流	根据知识库的架构要求及解决方案工作的难点，推动公司各部门间的技术研讨及合作；
			根据知识库的案例，参与研发的技能交流，提出建设性意见
	5.2	外联	收集客户的产品需求和竞争对手的产品信息，为营销、研发、供应链等部门反映一线的需求情况
			参加相关行业技术研讨论会，掌握行业发展趋势

表 10.32　方案解决类 4 级行为标准

行为模块	序号	行为标准细项	行为要点
1. 解决方案策略	1.1	解决方案初步分析	根据所收集到的相关信息，对方案设计的可行性进行先期评估，包括：通过分析客户选择和价值确定解决方案的目标客户群；通过分析客户价值获取确定如何为客户创造价值后采取符合双方共赢的利润模型；通过分析与竞争对手的差异化优势确定公司的战略控制点；通过综合分析后公司能提供的解决方案的范围
	1.2	解决方案规划	通过验证所收集的信息（市场细分和目标市场、客户需求收集、分析及选择）和先期评估（解决方案特性分析、竞争力分析、概略的解决方案成本分析、销售预测、投资分析）订制解决方案类产品的整体开发计划，提交公司审核是否符合公司的战略
			细化、完善解决方案类产品整体开发计划，清晰地定义解决方案及其竞争优势，制定资源计划，确保风险可以被合理地管理。包括较详细的市场分析、市场策略和计划；优化解决方案竞争力分析；更准确的解决方案、成本分析、销售预测、盈亏分析
2. 方案设计	2.1	提出解决方案概念	根据解决方案类产品的整体开发计划，提出单个解决方案概念及其项目开发计划
			将解决方案概念及项目开发计划提交公司评审
	2.2	资料准备	根据解决方案概念，跟踪和贯彻细分市场及目标客户群需求；跟踪目标客户群需求变化，准备好设计过程的技术文档资料，为方案设计提供依据
	2.3	设计方案	开发过程中根据需求分析以确定解决方案规格；方案设计和需求分配以形成体系结构
			按计划要求开始设计解决方案，并记录设计过程中的相关文档，提交上级审核
	2.4	验证方案	审视客户和市场需求，审视解决方案的财务假设，对解决方案进行修正，初步验证解决方案，形成解决方案模板，以便更好向客户推广

续表

行为模块	序号	行为标准细项	行为要点
3. 方案销售	3.1	方案推广	根据公司的战略市场开拓计划及销售策略，制订方案的市场推广计划，将方案给客户带来的效益、竞争优势，向客户宣传、推广，树立品牌形象，为达成销售目标打下基础
	3.2	方案销售	充分了解单个客户的实际运作情况和需求，在公司预制订的解决方案模版上修订，最大限度上满足客户个性需求，达成销售
	3.3	解决方案执行的评审	组织收集解决方案的推广和实施过程中的记录报告（如实施总结、效益分析），组织相关人员进行研讨，并形成改善建议报告
			定期了解各级工程师在解决方案推行和实施过程中遇到的各种情况，并且记录在案，必要时立即进行优化
4. 知识积累	4.1	规划解决方案知识库	了解行业技术发展趋势，结合公司的销售策略和服务策略及定位，确定知识库的架构。
			根据各级解决方案工程师涉及的领域及实施的解决方案项目，合理制定知识库建设的工作计划
	4.2	构建公司的解决方案知识库	对各级人员的执行过程进行指导（总结报告、案例编写），汇总分析各级人员的资料及报告
			根据不同的解决方案类型及知识库的架构，对资料进行评审及筛选，更新公司解决方案知识库
	4.3	运作与分享	根据知识库的要项及各工程师的发展方向，划分并指导各级工程师的研究重点，并提供参考方向
			定期审查各工程师的研究成果，并给出具体改进意见
			根据知识库的知识要项及各工程师的研究重点，制定相应培训课程，并达成培训效果
	4.4	核查更新	定期对知识库的架构及要项进行研讨，根据公司的销售策略和服务策略及定位、客户需求，更新知识库的架构要项
5. 信息共享	5.1	技术交流	根据知识库的架构要求及解决方案工作的难点，组织并推动公司各部门间的技术研讨及合作；
			根据知识库的案例，参与研发的技能交流，提出建设性意见；
	5.2	外联	指导各级人员收集客户的产品需求和竞争对手的产品信息，为营销、研发、供应链等部门反映一线的需求情况
			参加相关行业技术研讨论会，掌握行业发展趋势

10.11　方案解决类贡献标准（见表 10.33）

表 10.33　方案解决类贡献标准

资格等级	评价要素	
	专业成果	团队成长
二级工程师	**专业成果** 1. 每年参与公司市场推广项目，参与提出 1 个以上的可行性解决方案，被公司认可并采纳 2. 承担公司非新产品的安装前规划准备项目 3. 每年为客户提供系统解决方案（包括设备选型、生产线的选择等）2 个以上，有 1 个被客户采纳 **独立攻关** 每年提供提升印刷质量的可靠性或效率提升方案 2 个，有 1 个被客户所采纳 **集体攻关** 每年参与针对特定客户的系统解决方案讨论会 6 次或以上，并能制定解决方案且有效实施 **结果影响** 1. 参与系统解决方案的产品印刷质量、印刷成本及印刷效率，达到各项协议、标准要求的性能指标 2. 所参与项目中有 2 个或以上获得客户书面好评	**开发课程** 每年开发 1 个部门级培训课程，授课 2 次（含）以上 **组织建设** 承担实施可行的系统解决方案建议，参与推动相关流程、规范的改进 **技术合作与交流** 每年参与公司间的交流和技术合作 1 次以上
三级工程师	**专业成果** 1. 每年参与公司市场推广项目，提出 1 个以上的可行性解决方案，被公司认可并采纳 2. 在行业刊物上发表解决方案论文 1 篇 3. 承担公司所有产品的的安装前规划准备项目 4. 参与修订 1 个以上企业技术标准 5. 每年为客户提供系统解决方案（包括设计公司的服务产品、产品选型、流程设计、品质提升方案、产能提升方案、投资回报预测、设备选型、生产线的选择等）3 个以上，有 2 个被客户采纳 **独立攻关** 每年提供提升印刷质量的可靠性或效率提升方案 3 个，有 2 个被客户所采纳 **集体攻关** 每年承担针对特定客户的系统解决方案讨论会 6 次或以上，并能制定解决方案且有效实施 **结果影响** 1. 承担系统解决方案的产品印刷质量、印刷成本及印刷效率，达到各项协议、标准要求的性能指标 2. 所主持的项目中有 1 个或以上获得客户书面好评	**开发课程** 1. 每年开发 1 个公司级或 2 门部门级培训课程 2. 授课 3 次（含）以上。 **组织建设** 承担实施可行的系统解决方案建议，参与推动相关流程、规范的改进。 **下属培养** 在实践中带领培养出 1 名以上的下级工程师 **技术合作与交流** 每年参与有效推动公司间的交流和技术合作 1 次以上 **技术协调** 在对周边部门的工作中有效应用协作技巧和集体力量提高效率
四级工程师	**专业成果** 1. 每年参与公司市场推广项目，提出 2 个以上的可行性解决方案，被公司认可并采纳 2. 在行业刊物上发表解决方案论文 2 篇 3. 参与修订 1 个以上企业技术标准 4. 每年为客户提供系统解决方案（包括设计公司的服务产品、产品选型、流程设计、品质提升方案、产能提升方案、投资回报预测、设备选型、生产线的选择等）5 个以上，有 4 个被客户采纳 **独立攻关** 每年提供提升印刷质量的可靠性或效率提升方案 5 个，有 4 个被客户所采纳 **集体攻关** 每年组织针对特定客户的系统解决方案讨论会 10 次或以上，并能制定解决方案且有效实施 **结果影响** 1. 承担系统解决方案的产品印刷质量、印刷成本及印刷效率，达到各项协议、标准要求的性能指标 2. 所主持的项目中有 2 个或以上获得客户书面好评	**开发课程** 1. 每年开发 2 个公司级培训课程 2. 授课 3 次（含）以上 **组织建设** 组织实施可行的系统解决方案建议，参与推动相关流程、规范的改进 **下属培养** 在实践中带领培养出 1 名以上的 3 级工程师 **技术合作与交流** 每年有效推动公司间的交流和技术合作 1 次以上 **技术协调** 有效地应用作技巧和集体力量领导项目的开发

10.12 方案解决类能力标准（见表10.34至表10.37）

表10.34 方案解决类能力标准（知识）

知识要项		2级	3级	4级
1. 专业知识	机械安装知识	2分	2分	2分
	电气安装知识	2分	2分	2分
	IE工程知识	2分	2分	3分
	工程投入产出预算知识	2分	3分	3分
	印刷知识	2分	2分	2分
	印刷上下游机械产品知识	2分	2分	3分
	技术文件评审标准	2分	2分	2分
	工程服务评审标准	2分	2分	2分
	商务谈判技巧	2分	3分	3分
	技术商务文件知识	2分	3分	3分
	品牌活动及传播知识	1分	2分	3分
	产品规划	1分	2分	3分
	人力资源管理知识	1分	2分	3分
	营销管理的基本概念和框架体系	1分	2分	2分
	商务礼仪	2分	2分	3分
2. 环境知识	产品相关国家、国际标准	2分	2分	2分
	国际安全认证知识	2分	2分	2分
	安全生产知识与规程	2分	2分	3分
	市场和竞争对手的知识	2分	2分	3分
	包装行业的法律法规	1分	2分	3分
	产品相关企业标准	1分	1分	2分
	招投标法律法规	1分	2分	3分
3. 公司知识	公司发展历程	2分	3分	3分
	公司企业文化的核心内容	2分	3分	3分
	公司制度的知识	2分	3分	3分
	公司组织架构与岗位责任	2分	3分	3分
	产品基础知识	2分	3分	3分
	业务流程知识	2分	3分	3分
	员工手册	2分	3分	3分
	CRM系统知识	2分	2分	3分
	K3系统基础知识	2分	2分	2分
	ERP系统基础知识	2分	2分	2分
	质量管理体系基础知识	2分	3分	3分
	计划管理	2分	2分	3分
	时间管理	2分	2分	3分

续表

知识要项		2级	3级	4级
3.公司知识	激励管理	1分	2分	3分
	沟通技巧	2分	2分	3分
	会议管理	2分	2分	3分
	产品知识及相关周边产品知识	2分	2分	3分
	瓦楞纸箱机械及行业知识	2分	2分	3分
	业界技术发展趋势	2分	2分	3分

表10.35 方案解决类能力标准（技能）

等级	解决方案销售						方案规划		技术文档整理			产品规划	
	计划	执行	协调	沟通	合作	谈判	分析	规划	资料收集	写作	宣讲	规划	实施
2级	2分	3分	2分	2分	3分	2分	2分	2分	2分	2分	2分	2分	2分
3级	3分	4分	3分	2分	4分	3分	3分	3分	4分	4分	4分	3分	3分
4级	4分	5分	3分	3分	5分	4分	4分	4分	5分	5分	5分	3分	3分

表10.36 方案解决类技能等级定义

技能等级	熟练程度	经验
1级	有限的运作能力，仅仅有一般的、概念性的知识	非常有限
2级	在有协助的情况下的运作能力，实践过的知识	在有协助的情况下/在多种场合运作/在例行情况下独立运作过
3级	无需协助的运作能力，触类旁通的知识，可以成功完成大多数任务	重复的/成功的
4级	深入彻底的知识，可以带领和指导其他人有效运作	有效的/资深的
5级	可以给出专家级的意见，能领导其他人成功运作，被其他人当作磋商者和领袖。全面的知识和正确的评判能力，能够总结出有用的改进意见	全面的/广博的

表10.37 方案解决类能力标准（素质）

基本素质要项	1级	2级	3级	4级
成就导向	2分	3分	4分	5分
主动性	2分	3分	4分	5分
演绎思维	1分	2分	3分	4分
归纳思维	2分	2分	3分	4分
服务精神	3分	4分	5分	5分
收集信息	2分	3分	4分	5分

致　谢

如果没有许多人的帮助与支持，我将不可能完成此书。

首先我得感谢我的妻子查晓萍女士，她对我在长沙教养一双儿女的方式十分不满。她担任东莞某日资公司的董事总经理，在深圳、东莞、香港、广州四家子公司频繁奔波，经常见她凌晨2点钟回到家里，蹑手蹑脚，灯都不敢开，生怕惊动熟睡中的儿女。

大宝杨重能上最好的公办高中，却偏偏选择上民办自费高中，他沉浸在他的世界里，向着"双一流"高校一路高歌猛进。他没时间搭理我，我啥心也操不上。

为响应国家"二孩"政策出生的小宝杨丹，在我端坐在计算机前写作的时候，总会钻进我的臂弯坐在我的双膝上，一双小手在键盘上任性翻飞。如果原稿有错误之处，有她四分之三的功劳。

我要感谢老东家美的集团与金蝶软件，是他们让我能够有机会积累任职资格体系方面的实战经验。

我更要感谢我在任职资格体系方面咨询与培训的客户，如格力电器、长虹集团、九洲电器、维宏股份、中粮食品、中车株洲、北大先锋、神东煤炭、金发科技、南京儿童医院、德赛电气、宁德时代、中航工业哈飞、桂林长海等（恕不一一列举），是他们让我有了为客户咨询与培训服务的机会，感谢他们。

我在湖南钢铁集团任职期间，得到了曹志强、李建宇、阳向宏、肖骥、成沛祥、刘建兵、汤志宏、汤建华、邓高、朱怀安、李贵平、彭新阳、康向君、张易、黄祉飞、汪忠、张昆、湛亮、张仕燕、彭剑兵等新老领导与朋友的关照，让我能够有机会积累国企推行任职资格体系的实战经验。

我要感谢写作，是写作让我内心宁静，是写作让我内心强大。"见月忽指，登岸舍筏"这句话源自佛教经典。意思是说，你找不见月亮，我用手指给你，然后你看到月亮了，你应该忽视我这根手指；你要渡河，我是小筏，我帮助你从此岸到彼岸，你应该舍弃小筏。我希望本书也能成为那一根让读者找见月亮而被忽视的手指，那一叶让职业经理人登岸后被舍弃的小筏。

欢迎大家批评指正。

杨序国

2024年3月于长沙